上海发展研究基金会丛书

名家谈中国经济未来

上海发展研究基金会／编著

上海遠東出版社

图书在版编目(CIP)数据

名家谈中国经济未来/上海发展研究基金会编著.—上海：上海远东出版社，2016
(上海发展研究基金会丛书)
ISBN 978-7-5476-1192-0

Ⅰ. ①名… Ⅱ. ①上… Ⅲ. ①中国经济—经济发展—研究
Ⅳ. ①F124

中国版本图书馆CIP数据核字(2016)第242618号

上海发展研究基金会丛书
名家谈中国经济未来
上海发展研究基金会　编著
责任编辑/程云琦　装帧设计/张晶灵

出版：上海世纪出版股份有限公司远东出版社
地址：中国上海市钦州南路81号
邮编：200235
网址：www.ydbook.com
发行：新华书店　上海远东出版社
　　　上海世纪出版股份有限公司发行中心
制版：南京前锦排版服务有限公司
印刷：上海市印刷二厂有限公司
装订：上海市印刷二厂有限公司

开本：710×1000　1/16　印张：21.5　插页：2　字数：361千字
2016年11月第1版　2016年11月第1次印刷

ISBN 978-7-5476-1192-0/F·593
定价：48.00元

■ 前言

《名家谈中国经济未来》一书是上海发展研究基金会历年来举办的学术活动的实录精选。

上海发展研究基金会于1993年成立，以积极推进经济、社会、城市发展决策咨询事业为宗旨；以募集、运作资金，研究、交流、资助、奖励有关经济、社会、城市发展决策咨询项目为业务范围。

基金会每月举办一次“上海发展沙龙”，邀请国内外知名专家、学者就当前的热点或敏感问题作演讲，并与参会者进行互动讨论，迄今已举办了120期沙龙。基金会不定期举办“中国经济未来”系列座谈会，邀请经济领域的专家、学者深入探讨当下的重大经济动向，各抒己见，迄今已举办30多期。基金会每年举办一次“世界与中国经济论坛”与一次“中国经济论坛”，迄今共举办9届。基金会近年来每年举办国际研讨会，邀请国际和国内知名专家共同探讨全球金融治理、中国金融改革和全球经济增长问题，迄今已举办5次。基金会同时将以上各种研讨活动中的精彩内容，不定期地编辑出版内部资料《研讨实录》和《研究简版》，在更大的范围内推广对发展问题的研讨成果。

为使读者能更好地了解这些名家们的真知灼见，基金会从以往的实录中撷取与中国经济未来有关的思想精华编辑成书，分为经济大势、财政金融、改革转型、国际视野四大类。希望本书的出版能够引发对中国经济发展更广泛的兴趣和更深刻的认识，并助推中国经济的成功转型。

上海发展研究基金会

■ 目　录

• 第一辑　经济大势

• 第二辑　财政金融

• 第三辑　改革转型

• 第四辑　国际视野

辑一　名家谈中国经济未来

经济大势

■ 人口因素如何影响中国未来经济增长

• 蔡昉*

乔依德： 蔡昉先生1982年毕业于中国人民大学，1985年和1989年毕业于中国社科院研究生院，先后获得经济学硕士和博士学位。现任中国社科院人口研究所所长、研究员，中国社科院研究生院教授、博士生导师，中国社科院学部委员，他现在还是全国人大常委会委员，在我国人口学研究方面是一位权威专家。下面我们就以热烈的掌声对蔡昉先生的演讲表示欢迎！

蔡昉： 大家晚上好！其实我跟左(学金)院长有点像，我不是人口学家，但是关注人口问题。由于我所受教育和所做研究主要是经济问题，所以我今天主要想谈谈人口因素如何影响过去以及未来的中国经济增长，立足点还是经济增长问题。

自从20世纪90年代后期遭遇亚洲金融危机，2008、2009年遭遇全球金融危机以来，两任总理都坚定要“保8”，意思是说如果达不到8%的增长速度，中国经济就不能解决每年2 000多万人的就业问题。当然这背后还跟财政有关系，但总的来说

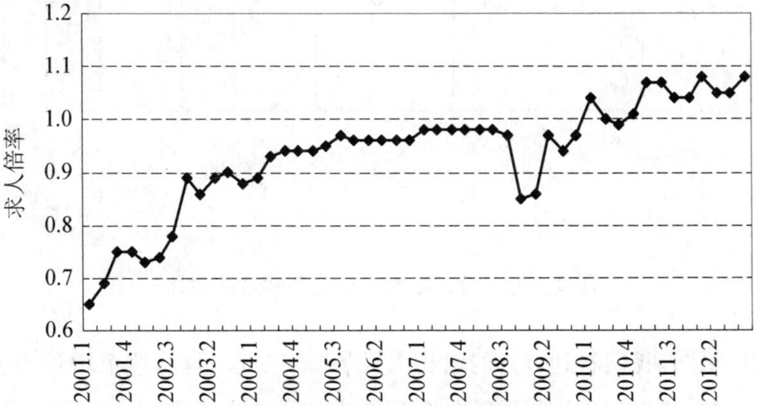

图1 求人倍率变动趋势

---

* 蔡昉，中国社会科学院人口研究所所长。根据2013年1月17日在上海新锦江大酒店的演讲录音整理，未经本人审阅。

是以就业的出发点去“保8”。2012年没有达到8%的增长速度，而且年初也定了不“保8”，结果是什么呢？没有对就业发生任何的冲击。也就是说我们一直叫狼来了，狼来了，但狼真来了却不吃羊。2012年9月全年的新增就业任务已经完成了114%，登记失业率4.1%，和往年一样，和多年来一样。

大家看到，这条曲线表示的是求人倍率（劳动力市场上的岗位数做分子，寻职人数做分母）近年来的变动趋势。2012年它大于100%，比往年都要高，并且逐年提高。同时有20多个省、市、自治区调高最低工资，说明还是存在雇工难问题。由此，主流仍是招工难，并不是失业现象。所以虽然没有保8，但“就业”却没有出现问题。

为什么没有出问题？当我们说经济增长会影响就业的时候，说的并不是绝对就业，而是指宏观经济下降会导致周期性失业的增加。同时宏观经济不好的定义是说经济实际增长率低于潜在增长率。实际上我们看到2012年虽然没有达到8%的增长速度，但它并没有低于潜在增长率。

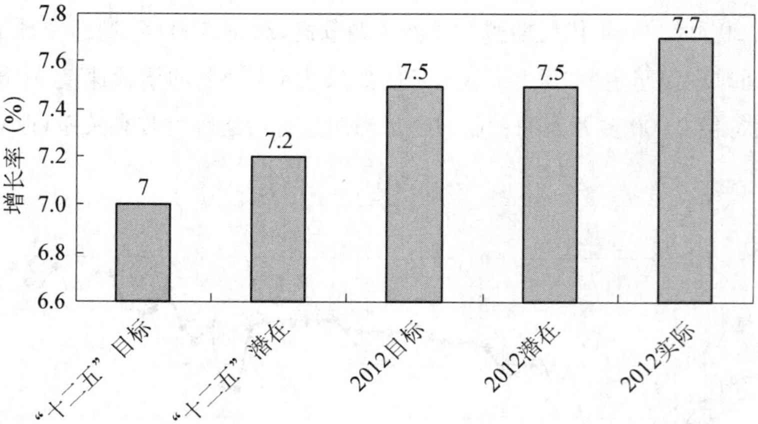

图2 “十二五”增长目标与实际情况对比

通过这幅图，我们看到，7%的增长水平是“十二五”目标，这个增长率怎么定的我们不得而知。“十二五”的潜在增长率是我和我的同事测算、估算出来的，它是7.2%。2012年的目标，温总理年初定的是7.5%，高于潜在增长率。实际上2012年的潜在增长率比“十二五”期间的平均潜在增长率还高一点，也是7.5%，而我们相信2012年最终实现的增长速度应该是7.7%。最后公布的数字是多少我们不知道，也许还会高一点，肯定不会低于 7.5%。也就是说在实际增长速度没有低于 7.5%或者 7.2%潜在增长率的时候应该没有任何问题。因为当我们讲潜在增长率的时候，就假设是充分就业，潜在增长率的含义就是在充分利用资源的情况下所能达到的最高的增长速度，高于潜在增长率就不会出现周期性的失业。

回到为什么潜在增长率下降这个问题，究竟是什么原因导致增长率下降呢？我认为这主要是由人口因素所致。在过去这些年里，我说的是比较早的时候了，总的来看，在改革开放整个时期内，我们人口的变化，撇开就业率、总人数不说，就看低于劳动年龄的人口变化，也可以说 15 岁到 59 岁，或者说 15 岁到 64 岁都可以，反正它代表的是劳动力，是生产型人口。

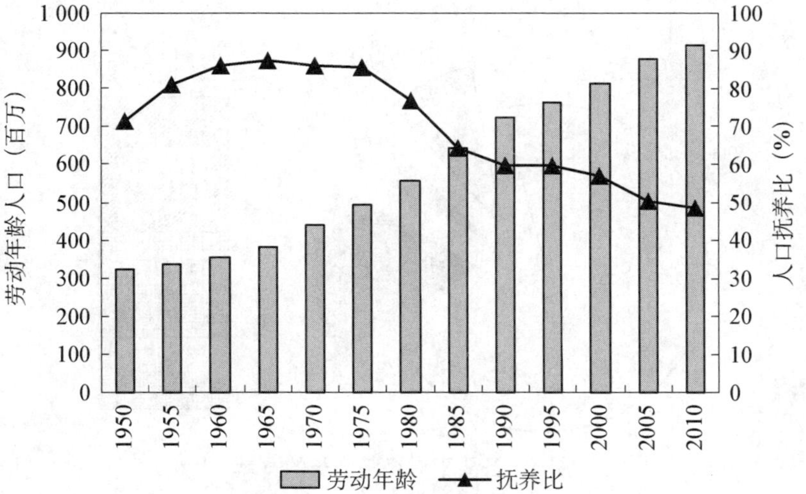

图 3　劳动年龄人口与人口抚养比

大家看这个图，迄今为止劳动年龄人口一直保持持续上升的趋势，这个迄今为止不是指今年，而是 2010 年。因为人口抚养比是以劳动年龄人口做分母，依赖型人口做分子得出的比值，从而劳动年龄人口在持续增加的同时，抚养比也会持续下降。

如果我们破除长期以来马尔萨斯的说法：人口的数量增长率影响经济增长率（多年证明没有这么回事），就会发现人口结构，特别是年龄结构影响经济增长。从上图中我们可以看出改革开放以来整个人口结构变化有利于经济增长。

有利的东西我们就把它叫做人口红利，人口红利为中国的经济增长添加了一个额外的推动作用。如果人们想通过计量方法,算出人口红利对中国经济增长贡献到底有多大,那么通常要找一个变量放入经济增长模型里。这个变量就是抚养比,人口的抚养比,也就是研究人口抚养比在下降过程中对经济增长做出的贡献大小。因为抚养比代表负担,抚养比下降意味着负担轻、储蓄率高,抚养比下降意味着劳动年龄增长。过去所有的计量,包括我们自己做的都是引入抚养比变量,估计抚养比所导致的经济增长变化,因此叫人口红利。

如果从整个经济增长理论来说的话,我们发现其实人口抚养比在统计上只不过是一个残差——人口红利的残差。人口红利体现在所有经济增长源泉当中,或者说所有促进经济增长的变量当中,而那些没有囊括的因素都进入到人口抚养比变量中。

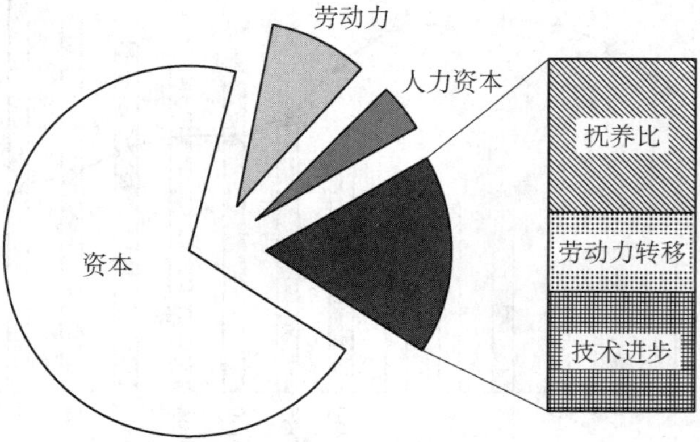

图 4　各要素对经济增长的贡献

在我们过去 30 多年每年接近 10%的经济增长速度当中,最大的一块贡献来自资本积累。从这个图上看,差不多 70%来自资本积累。资本不仅仅是物质资本的投入,而且和人口因素也密切相关。也就是说,如果没有人口红利的支撑,经济增速不可能维持资本贡献 70%的情形。原因有两个:第一,我们知道人口变得越来越具生产性,负担轻,从而实现高储蓄率、高积累率、高投资率以及高资本形成率,这是一个条件。第二点就更重要了。我们都知道经济增长,特别是新古典理论讲经济增长的前提就是假设资本报酬递减。克鲁格曼在批评东亚模式时,批评新加坡模式中没有技术进步,没有生产率提高。但他有一个问题,他不懂得在中国,甚至在东亚有剩余劳动力,劳动力是不短缺的,从而存在人口红利。在这种劳动力要多少有多少的情况下，你就可以不断地投入资本跟劳动力去匹配，从而不会出现资本报酬递减现象，当然这种现象终究还会出现。

今天发给大家的小册子里有上一次林毅夫跟大家讨论的一些内容。我觉得林毅夫说得有道理：资本报酬递减现象可以不发生，我们可以找到新的比较优势。但绝对的报酬不递减其实也是不可能的。我们没有看到哪一个国家不存在资本报酬递减现象。林毅夫讲了一个故事，克鲁格曼批评东亚模式，其中主要是拿新加坡做例子，新加坡人不高兴了，结果李光耀遇到克鲁格曼的时候，就质问克鲁格曼：我们连续 40 年积累率高达 50%，这是全球最高的(现在他们没有这么高了)，同时没有出现资本报酬递减，你还说没有技术进步，那我们是怎么做到这一点的呢？林毅夫的解释是：新加坡探寻到了新的比较优势。这种解释充其量占一半，其他没被解释的一半可能是数据不准确，计算不准确，它不可能没有报酬递减。但还有一部分，新加坡有一个特点，当它自身人口红利消失时，它采取了大量使用外工的方式。我们知道，新加坡的 GDP 中有 40%是移民创造的，因此可以不受到自身劳动力短缺的约束。这一点很重要。总的来说，因为有剩余劳动力，资本报酬不递减，所以才能够保持资本积累持续推进经济增长，而且保持非常高的速度。

此外看劳动力的贡献，也就是人力资本的贡献，我们都知道是人口红利，人口抚养比当然也是人口红利。剩下的叫全要素生产率。进一步把全要素生产率进行分解，发现其中有一部分是技术进步，也就是人们通常说的采用新技术来提高生产

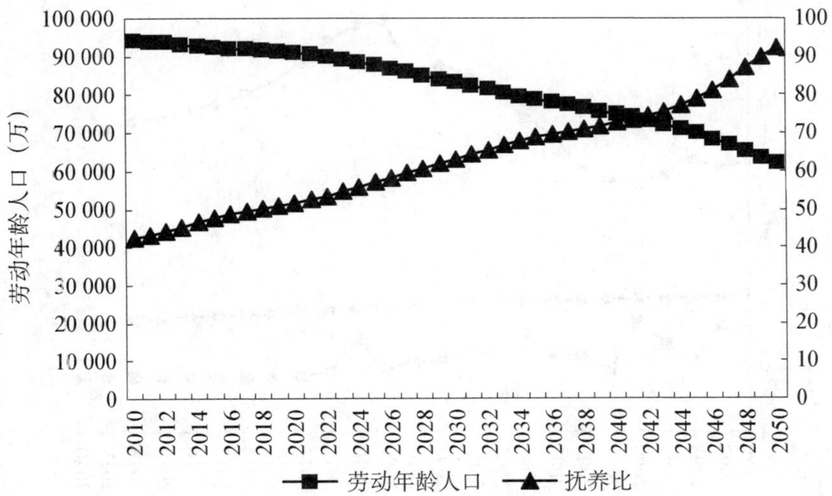

图 5 劳动年龄人口与抚养比的长期趋势

率。也许我们还没看到这跟人口红利有多大关系，但还有一部分，接近一半的全要素生产率提高是由劳动力从农业部门转向非农产业部门引起的。因为剩余资源，也就是劳动力资源，会从生产率低的部门向生产率高的部门转移，这种转移本身就提高了资源配置效率，因此它对提高全要素生产率的贡献接近一半。所以我们整体来看，中国过去30多年的经济增长虽然不能说就是靠人口红利来推进的，但在所有推进经济增长源泉当中都有人口红利的因素，都有有利的人口结构变化的贡献。因此很自然地，如果人口结构变化了，那么我们整个经济增长源泉就会发生不利的变化，从而我们的潜在增长率一定会下降。

事实上我们的人口结构的确发生了变化，我们看到2010年劳动年龄人口——15到59岁的人口达到了最高峰，也就是上面这条线。2010年之后，劳动年龄人口呈现绝对减少的趋势，我们看到在过去两年里已经在减少了。同样跟它相关的人口抚养比，在2010年达到最低点，之后开始上升，呈现出绝对上升趋势。所有有利的人口结构都在这一年里发生了根本性的转折，而这一年很重要，这是“十一五”时期和“十二五”时期的交界点。我们很自然地发现，“十二五”时期的潜在增长率一定显著低于“十一五”时期。

在继续往下讲之前，我想解释几点。第一，劳动力的增长率一定是负的，而且负值越来越大，呈现往下走的趋势。第二，投资增长率一定会有所下降。因为我们

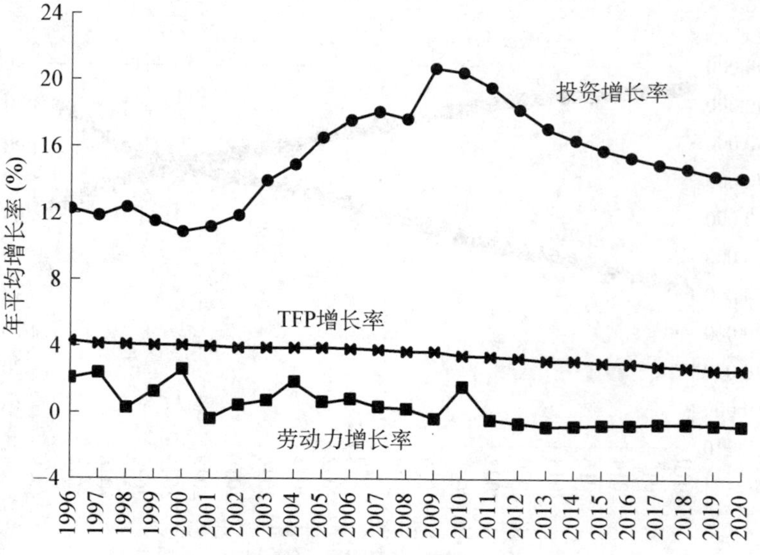

图6 生产要素变化情况

的资本报酬递减现象已经出现了。关于这一点，后面会为大家介绍。第三，对于全要素生产率的增长速度我们不知道，它有有利的一面，也有不利的一面，这里我们按照趋势来设想它。这就是影响我们未来生产要素变化的因素。

这里解释一下为什么我们要选择 15 到 59 岁的人口作为劳动年龄人口。左院长跟我做的东西一样的，但他用的是 15 到 64 岁的劳动年龄人口。我采用这个年龄段作为劳动年龄人口，原因是中国的劳动年龄人口有着很重要的特征，它的人力资本受教育水平分布非常不均。

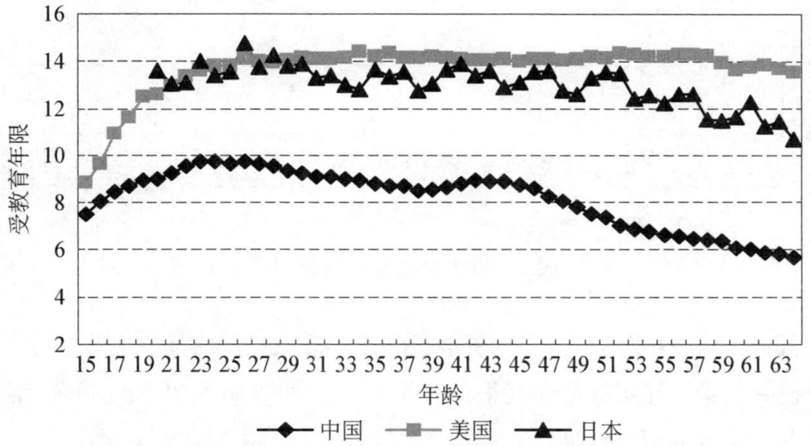

图 7　中国、美国和日本劳动人口受教育年限对比

从这个图大家看到，美国各个年龄段上人口的受教育程度基本是一样的。24 岁和 64 岁的人口受教育年限都是 14 年多一点，因此它在整个 15 到 64 岁的年龄段上的人口都是劳动力供给者。日本的情况虽然比美国差了一点，但还可以。再看一下中国的情况，64 岁和 24 岁的人口受教育程度迥然不同。而我们的产业结构需要的是具有十年以上受教育程度的劳动者，从这幅图里可以看到，只要过了 24 岁就不符合这个条件。到 64 岁时距离这个条件就很远很远了。再加上退休年龄，现在定的是男性 60 岁，女性 55 岁，因此没法想象 60 岁的人口可以作为劳动力供给人群，其实 59 岁就足够了。

为什么假设未来资本的投资增长速度要减下来？如果要减少的话，大致上怎么减呢？我们假设 2011 年到 2020 年，投资增长速度从过去每年大约增长 16%减到今后每年 13%。虽然从数字来看，投资增长速度没有减太多，但它确实是减少的。

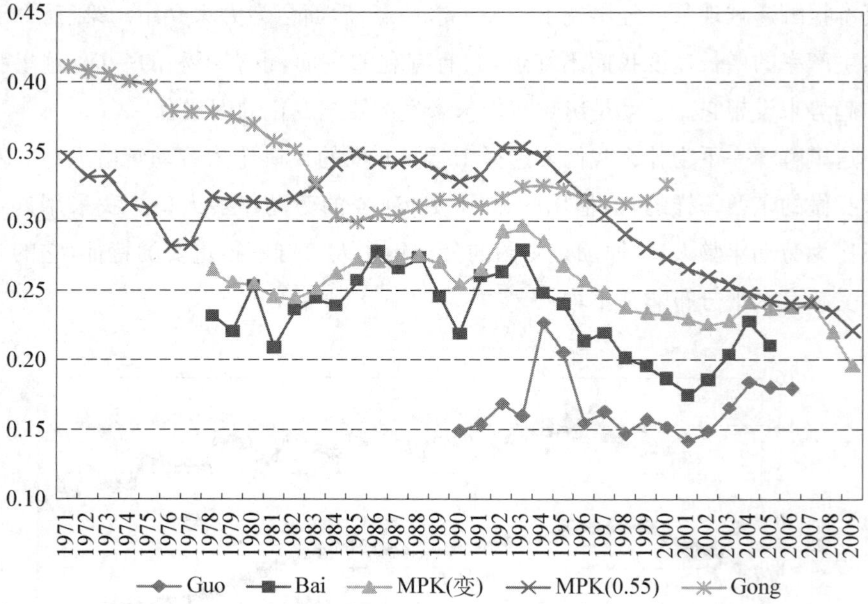

图 8　资本报酬递减现象明显

究其原因，从这张图可以看到资本报酬递减现象已经实实在在发生了，不仅仅我们自己做的结果显示这些年我国的年资本边际回报率大幅度地下降，而且我们引用的其他学者的研究结果也显示同样的结论。

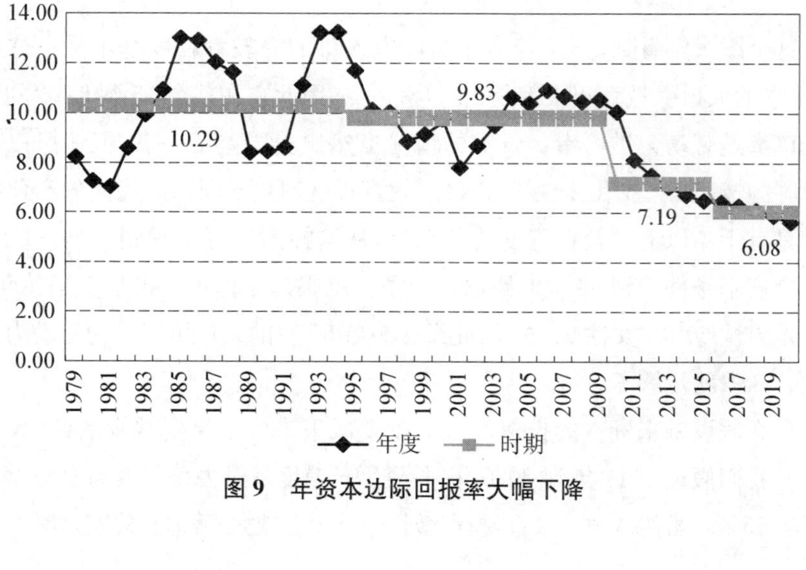

图 9　年资本边际回报率大幅下降

在回报率下降且政府不予以补贴的情况下，大多数企业家将不愿意再继续投资，因此很自然的结果是我们不可能再有这么快的投资增长速度了。基于以上假设，我们测算了各个时期的潜在增长速度：从改革开放一直到1995年的平均潜在增长率是10.29%，1995年到2009年平均潜在增长率是9.8%，其中"十一五"期间平均潜在增长率是10.5%，稍大于这一期间的平均水平。估计"十二五"期间平均潜在增长率只有7.2%，而估计"十三五"期间平均潜在增长率更少，仅为6.1%，潜在增长速度将进一步下降。以上数据表明由于受人口因素的影响，潜在增长率会发生变化。

今年我们已经进入到了"十二五"，潜在增长率应该在7.5%以下，但是实际增长速度还在7.5%以上。因此我们看到的现象是狼来了，但这个狼已经发生基因突变了，不吃羊了。

面对降下来的潜在增长率，大家纷纷进言献策。经济学家会跟政府建议说我们还有很多经济增长点，比如城镇化、基础设施建设、西部大开发以及解决"铁公基"问题。政府说经济学家们提的建议都很好，因为这些建议都有抓手，具有操作性，可以通过区域发展战略、产业政策等一揽子刺激方案来提高经济增长率。外国人也提出中国经济要硬着陆了，要赶紧采取一些刺激办法。他们也向我们提建议，是因为我们的经济增长速度越快对其他国家越有好处，因此大家都在往一块使劲，目的都是要提高经济增长速度，也就是说要把实际经济增长速度拉到潜在增长率

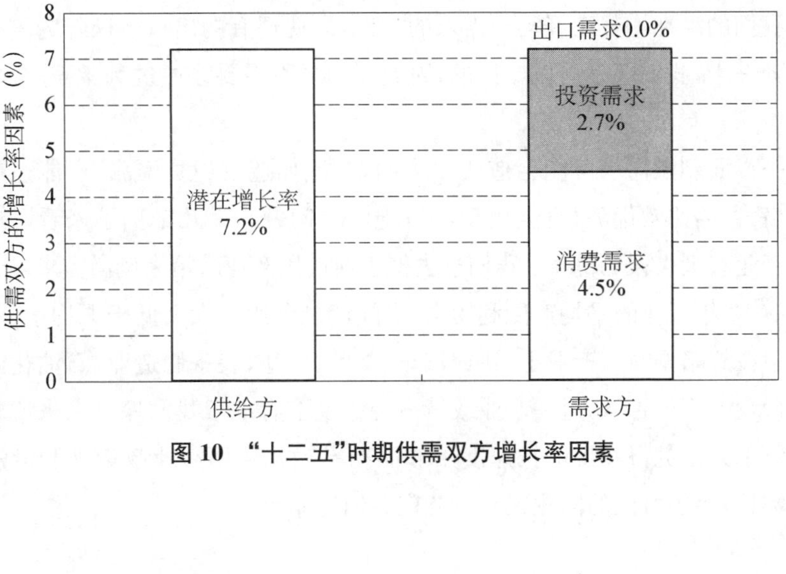

图10 "十二五"时期供需双方增长率因素

之上。那么怎样才能把实际增长速度拉到潜在增长速度之上呢？经济学家们之前的建议大多强调通过拉抬需求因素来提高经济实际增长速度，但是潜在增长率是由供给方决定的，是由资本供给、劳动力供给、生产率进步等因素决定的。没有触动供给而仅仅去拉需求的做法可谓是南辕北辙，至少到今天为止，实际上还不需要通过拉动需求来提高经济增长速度。

大家看这是一张很粗糙的图，根据我们测算的结果，“十二五”期间供给方的潜在增长率会降到7.2%，那我们的需求因素能否满足7.2个百分点的潜在增长率提出的要求呢？根据国家统计局相关资料的初步计算，我们对过去十年的相关数据进行简单的算术平均，得出的结果是消费需求的贡献率是每年4.5个百分点，投资需求的贡献率是每年5.4个百分点，而出口需求的贡献率只有0.5—0.6个百分点。将所有需求因素拉动的增长率累加起来，增长速度则将接近10个百分点。

我们先做两个假设：首先假设出口需求对经济增长没有贡献，即假设未来出口需求为零，当然我们并不希望它是负数。再假设投资需求的贡献率减半，这是因为我国之前过分依赖投资需求造成了经济增长的不平衡、不协调以及不可持续，加上过去几年一揽子刺激方案又留下后患，因此我们做出投资需求的贡献率降一半的假设，即从原来贡献5.4个百分点降低为只贡献2.7个百分点。而消费需求的贡献不发生变化仍为4.5个百分点，这是因为只要以潜在增长率增长，就业就是充分的，能保证居民的收入增长。最后把4.5个消费需求贡献和之前投资需求贡献的一半即2.7个百分点加起来，得出的结果是需求对经济总的贡献是7.2个百分点。这说明我们的潜在增长率经得起需求的支撑，即使现有的出口需求降为零，甚至投资需求降一半，我们还是可以支撑的，因此我们并不需要去通过刺激需求来拉动经济增长。

另一方面刺激需求可能会造成很多问题，比如造成通货膨胀、产能过剩、扭曲要素价格、背离比较优势，直至出现经济泡沫等问题。举几个例子来看，首先一个例子是产业政策失误的例子：我们过去擅于通过用产业政策来刺激需求，下图中的直线是2012年工业的平均产能利用率，实际产能利用率大大低于平均水平的行业大多集中在战略型新兴产业上，比如汽车、钢铁、船舶、装备制造业、石油化工、有色金属等行业。不可否认，过去产业政策一定程度上有助于我们探寻未来比较优势，但如果由于大家觉得经济增长速度不够而动不动就要用产业政策来刺激需求、拉动经济增长，上述所说的问题很有可能就会悄然而至。

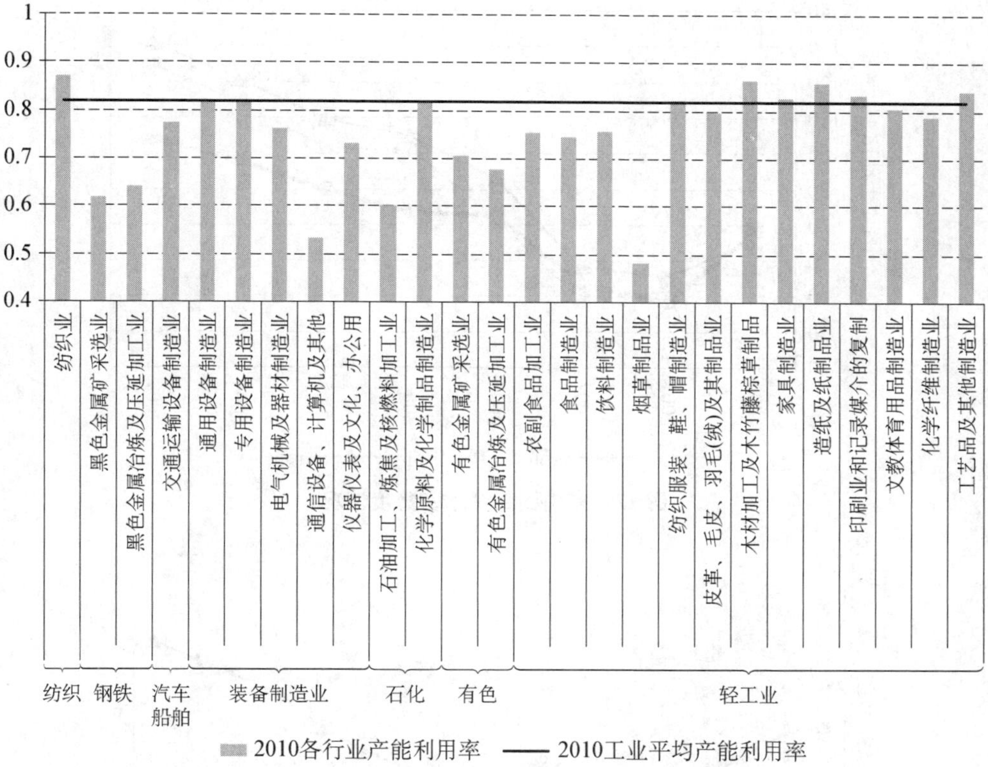

图 11　2010 年各行业产能利用情况

再一个就是关于区域政策，像西部开发、中部崛起、东北老工业基地的振兴等都是为了平衡区域发展、缩小地区差距而制定的一些政策。但是如果拿它来做投资的引导，刺激经济增长的话，会出现什么后果呢？我们通过图 12 即制造业的资本密集度加以说明。通过这幅图大家看到目前中部地区和西部地区制造业的资本密集程度（也就是资本对劳动的比率）已经大大高于沿海地区了。

从理论上来说，相对发达的地区资本相对充裕一些，其资本密集度高，而相对落后的地区资本密集度相对比较低，更应该节约资本。但事实上我国中西部地区资本密集度远高于东部地区，这在某种程度上说明中西部已经偏离了自身的比较优势，这是一种潜在的错误。

接下来要提到日本的例子，林毅夫喜欢把中国和日本的 20 世纪五六十年代相比，我个人更倾向于把中国和日本的 90 年代相比。1990 年是日本人口红利消失的年份，早在 1970 年之前日本就获得了人口红利，也因此取得了 9.2%的平均增长速

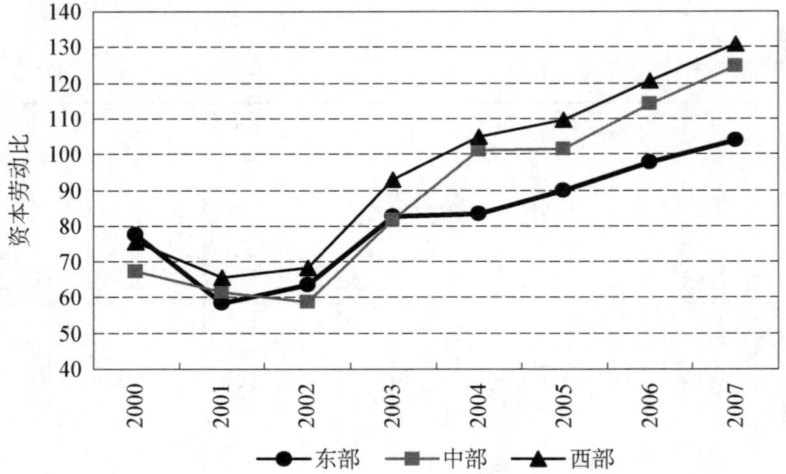

图 12 东中西部资本密集度情况

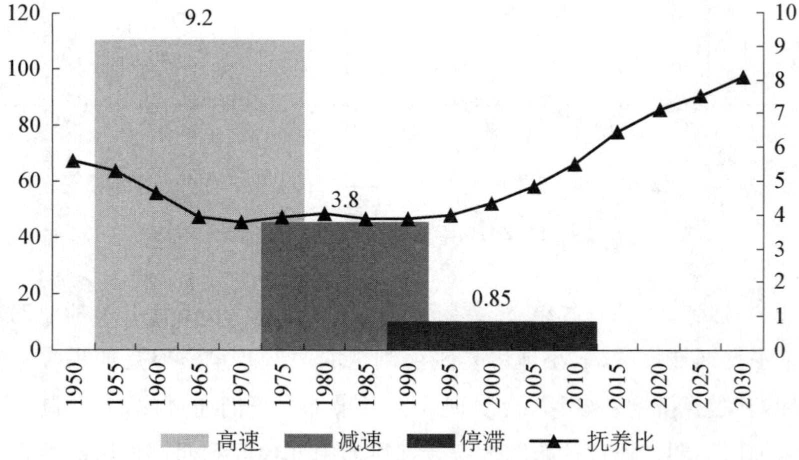

图 13 经济增速与抚养比的对比情况

度。1970 年左右日本人口抚养比降到最低点，之后人口抚养比没有马上提高而是稳定在那个水平，但实际上它的潜在增长率已经降下来。日本那时跟我们今天是一样的，它的产业界、政府和老百姓都不愿意接受增长速度下降的事实，因此就简单地认为日本的问题是由需求不足引起的。于是他们采用了许多办法，比如刺激性的财政政策，宽松的货币政策等来刺激经济增长，而其结果是 80 年代后期的经济泡沫。经济泡沫破灭之后，1990 年开始，日本的人口抚养比逐渐上升，而其经济则进入了零增长时代，日本从1990年到现在，经济增长速度平均每年只有0.24个百分点。因此从某种程度上来说，日本吃亏就亏在不愿意接受下降的潜在增长率，而下降的潜在增长率也是人口红利消失的结果。

说了这么多，潜在增长率到底是什么呢？我觉得虽然有很多人都在讲潜在增长率，但不是每个人都能真正明白。举个简单的例子来说，潜在增长率相当于刘翔的潜能，就是肌肉、骨骼、年龄以及人体的极限。那么需求因素会起什么作用呢？国家体育总局的好大喜功、老百姓虽有好意却不懂体育科学以及广告商的唯利是图等因素交织在一起，造成需求过高，远远超过刘翔的潜在增长率，结果导致刘翔会不断地受伤。

2012年我国的经济增长速度降下去了，我认为这其实是一件好事。因为我国过去一直保持10%的增长速度，但因为2010年人口红利消失了，人口的变量从正到负，从负到正变化，因此“十二五”一开始，潜在增长率马上降下来。如果我们不接受经济增长速度下降的事实，假设国际上还有很强劲的需求的话，那么我们很可能还保持很高的增长速度，而这会导致实际增长率与潜在增长率相偏离。但是恰逢欧债危机，美国也遇到了麻烦，所有这些因素使得国际需求下降了，这反而给我们一个机会来进行调整，换句话说就是我国被迫接受调整。这也是2012年我国的一个意外之喜，虽然地方政府采取了一些措施来刺激经济，但中央政府挺住了，并没有采取什么过分的措施去刺激经济。

前面举的几个例子想说明的只有一点，那就是不应该通过拉动需求来超越潜在增长率，单凭拉动需求来超越潜在增长率会产生一系列潜在的后果，但是这并不意味着潜在增长率不可以提高。那么到底靠什么提高潜在增长率才不会造成上述所说的后果呢？人口红利消失了，劳动力成本提高了，在此背景下我们可以做的有两件事：一是提高劳动力的供给，二是提高劳动生产率。

在提高劳动力供给方面有一个制约，即劳动力在数量上是不足的，因为劳动力的负增长是必然的。因此应该提高的是劳动的参与率，也就是在既定的人数中有更多的人参与就业。此外，在提高劳动生产率方面也有一个教训。我们知道劳动生产率的提高来自三个方面：第一，人力资本的提高。劳动者素质的提高必然是有利的。第二，提高资本劳动比（即用机器替代劳动），但这种替代并不是无限的。第三，提高全要素生产率。在提高劳动生产率方面，教训就是不能过度依靠提高资本劳动比来提高劳动生产率，而是要通过提高全要素生产率。为什么说不能过度依

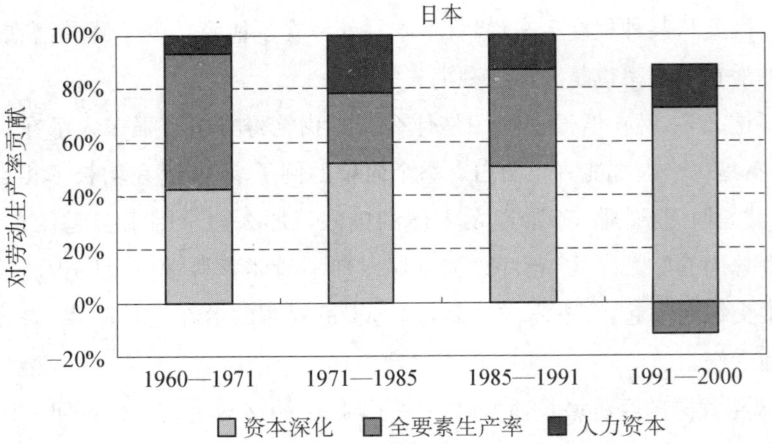

图 14　日本各因素对劳动生产率的贡献

靠提高资本劳动比来提高劳动生产率呢？我们可以看一下日本的例子。

图 14 中最右边的条形图是日本在 1991 年到 2000 年失去人口红利的第一个十年，其劳动生产率的提高中，人力资本、资本深化、全要素生产率 3 个因素的贡献份额。第一块即人力资本的贡献。第二块即资本深化的贡献，我们可以看出 94%的劳动生产率提高是靠资本替代劳动即用机器替代人来实现的。第三块是全要素生产率贡献，它是负的 15%。我们知道一个成熟的经济体失去人口红利之后，提高经济增长速度的唯一来源几乎就是来自全要素生产率的提高，但是日本在这整个十年里全要素生产率每年都在下降，可见日本没有经济增长是必然的。这是我们要吸取的一个教训，也是我们可以利用的一个机会。

我们做了一个模拟，图 15 中的趋势是在保持人力资本、资本深化、全要素生产率三个因素都不变的情况下，2011 年到 2020 年中国经济的潜在增长速度。我们可以看到潜在增长速度呈现出下降趋势。首先，假设我们的劳动参与率逐年增加 1 个百分点，即从目前劳动参与率大概 70%左右，第一年增加到 71%，第二年增加到 72%，以此类推每年这么往上增加的话，每年的潜在增长率可以提高 0.88 个百分点，接近 1 个百分点，因此我们的潜在增长率显然上升了一块。

再者，假设我们全要素生产率也增加 1 个百分点，比如过去全要素生产率增长速度是年均 3%，变成这十年里年均增长率是 4%的话，潜在增长率又能提高 1 个百分点。大家可以看到潜在增长率提高的效果非常明显，特别是到了 2020 年时，在

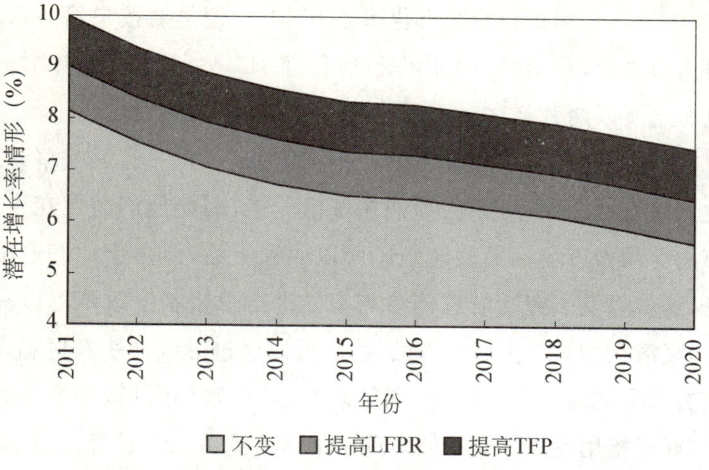

图 15　2011—2020 年中国经济潜在增长速度

劳动参与率和全要素生产率都提高 1 个百分点的情况下，潜在增长速度增加了 1 倍。以上模拟说明，既定的潜在增长率不是宿命而是可以改变的。但改变的途径不是靠需求拉动，而是要通过其他途径提高潜在增长率自身，换句话说就是把文章做在刘翔身上，而不要从外边刺激他。

我们前面说过我国劳动年龄人口岁数越大受教育程度越低，目前不可能靠延长退休年龄来动员这部分人成为劳动力，因为这不是我们所需要的，但户籍制度改革可以解决这部分问题。

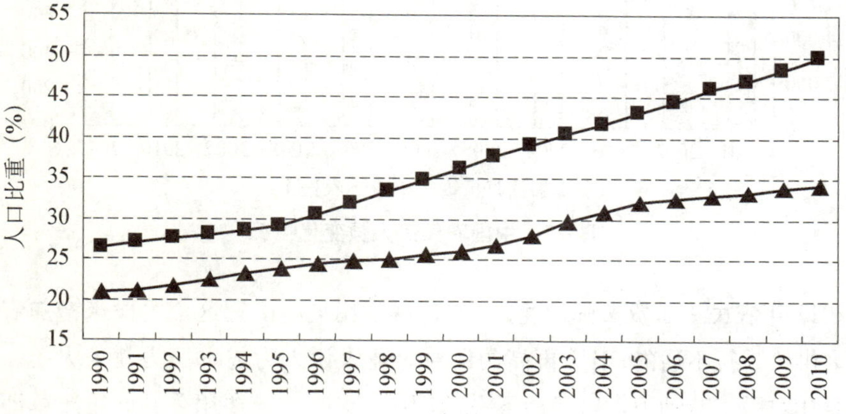

图 16　中国城市化率变化情况

从图 16 中可以看到我们的城市化率是 51.3%，但是要按户籍人口算，就是按非农业户籍人口来算，我国的城市化率目前只有 34.7%，这两个数字之间差了十六七个百分点。之所以两者差这么多，是因为有 1.6 亿多的农民工进城打工但没有取得城市户口，他们这类群体面临着就业不稳定的压力，一有风吹草动就回家了。再者因为他们没有社会保障，无法预期在城市养老，因此他们通常在 40 岁左右就退出了城市的劳动力市场。虽然他们还可以回家干活，但由于他们退出了城市的劳动力市场，这就降低了劳动的总体参与率。进行户籍制度改革可以提高劳动参与率，从而提高潜在增长率。另一方面，我们可以通过继续加快农村剩余劳动力的转移来提高劳动参与率。当我们讲“刘易斯拐点”到来的时候，不是说剩余劳动力完全没有了，而是指用原来不变的低工资水平达不到劳动力转移的目的，因此为加快剩余劳动力转移，工资得不断地上涨。

从图 17 可知，过去这些年农民工的增长速度是趋缓的，但农民工月实际工资是迅速增长的，即使这样我们目前还是不断地遇到招工难、民工荒等问题。

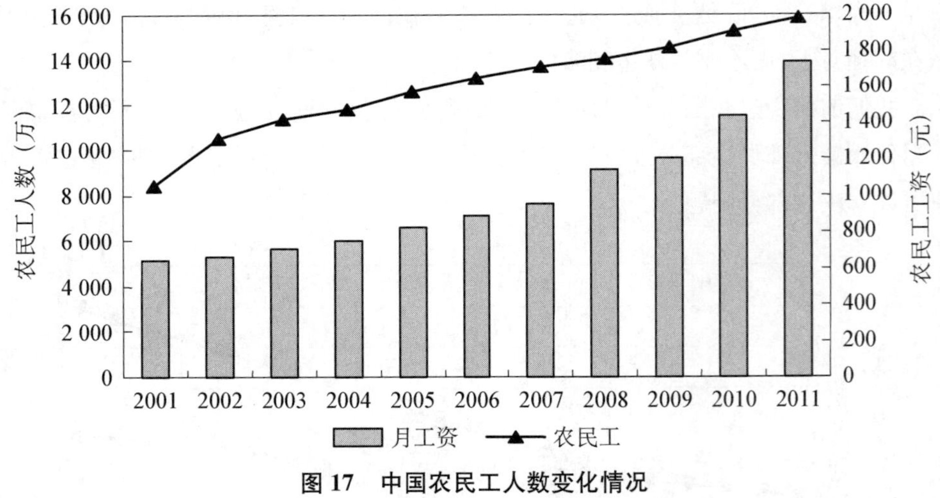

图 17　中国农民工人数变化情况

2011 年农民工工资实际增速是 21%，继续用提高工资这个手段来增加农民工劳动力供给是行不通的，工资再高的话对企业来说人力成本压力就太大了。因此我们要让农民工劳动力供给保持下去，但不能太快，这就要用公共政策改革即户籍制度改革，让农民工进了城更容易得到社会保障，更容易落户，然后有更好的预期。这样他们就可以继续地转移，继续转移不仅能增加劳动力供给，而且能使得全要素生产率从低生产率的部门向高生产率的部门转移。总的来说，就是目前不能让市场继续通过不断提高工资来加强剩余劳动力转移了，而是要用公共政策来部分代替市场的作用。

关于全要素生产率，有几个问题我要补充说明一下。第一个要说明的是：提高全要素生产率和提高人的素质有很大的关系。我们知道，我国目前的就业结构主要是第二产业的劳动密集型，未来产业结构升级会转到第三产业的劳动密集型，这要求劳动者受教育程度从9.1年提高到9.6年。而转到第二产业资本密集部门，要求劳动者受教育程度要提到10.4年。而要转到第三产业的技术密集型上去，要求劳动者受教育程度要提到13.3年（如图18所示）。

看上去要求的劳动者受教育程度增加不了多少，但实际上劳动者受教育程度

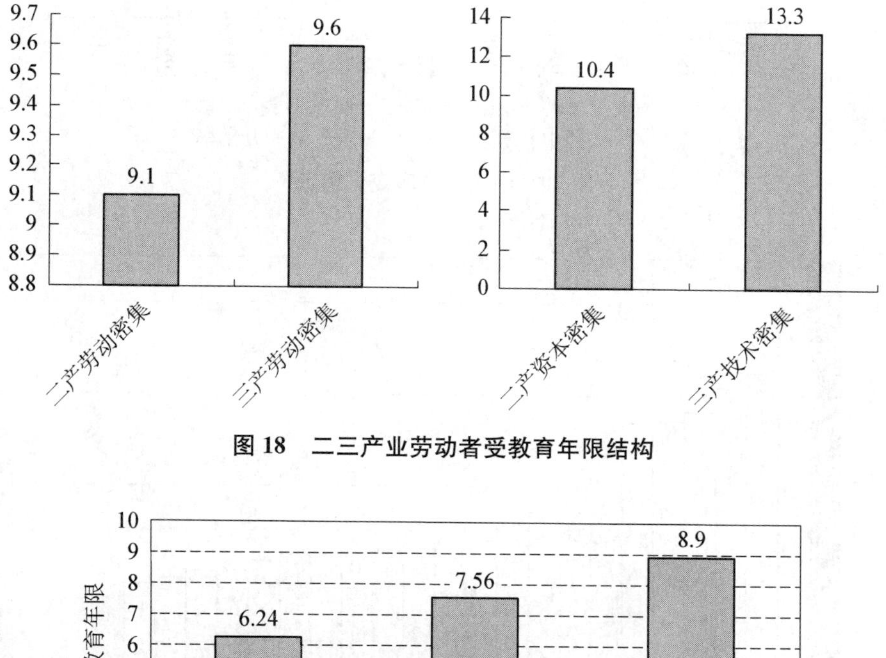

图18 二三产业劳动者受教育年限结构

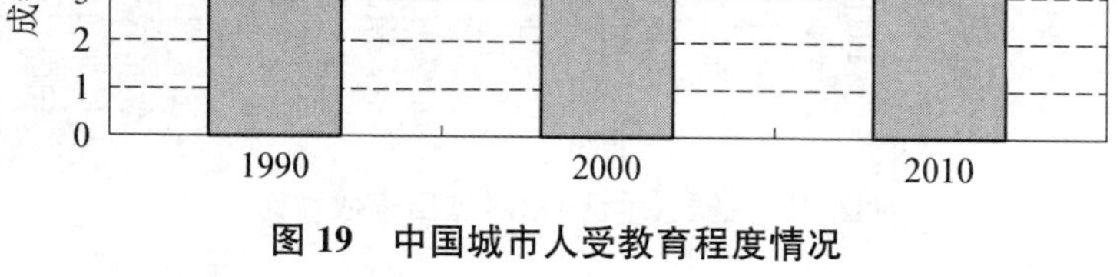

图19 中国城市人受教育程度情况

的一点点增加都需要耗费很长的时间。我们看图 19 的统计结果，每十年一次的人口普查发现中国成年人的受教育程度经过 10 年才可以增长 1.3 年。因此为实现就业结构的升级，提高劳动者素质要早做准备，多花时间。

如果要延长我们的受教育年限，到底应该怎么做呢？我国义务教育的毛入学率已经超过了百分之百，如果想延长受教育年限，提高劳动者素质，那么受教育者

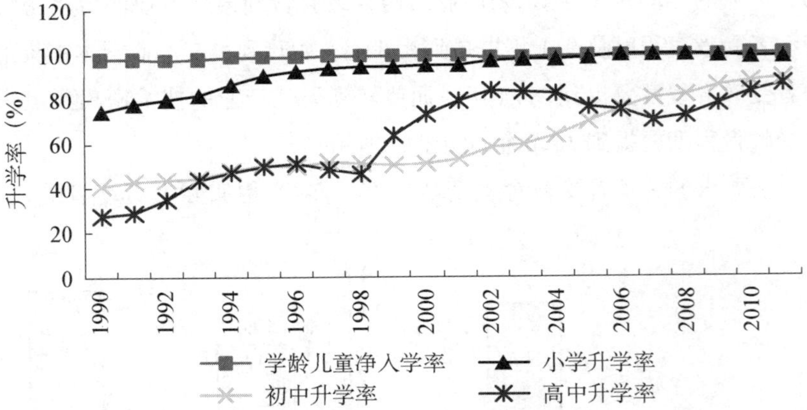

图 20　中国升学率变化情况

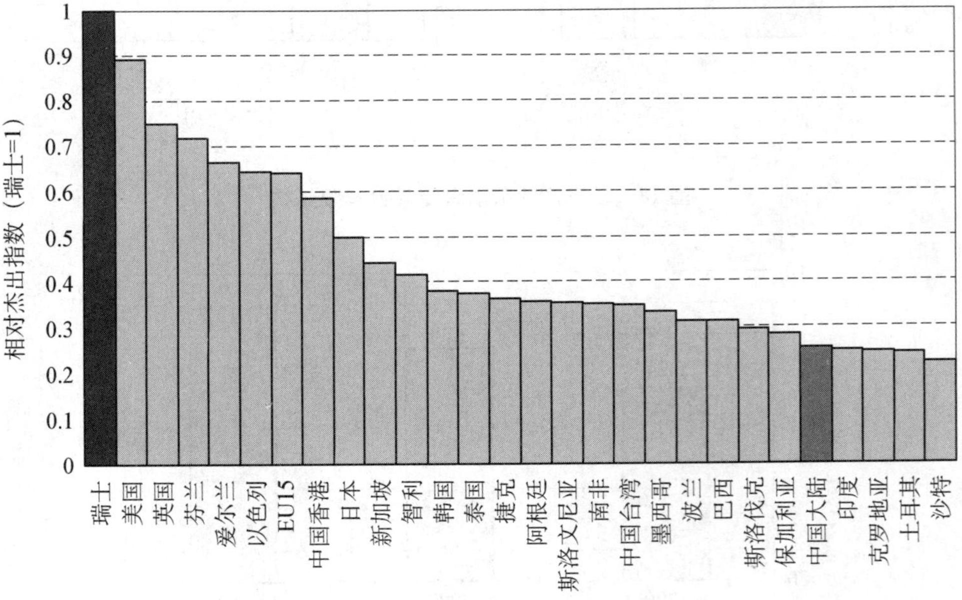

图 21　各国(地区)相对杰出指数对比

必须上高中，必须上大学。所以如果没有高中和大学的继续扩招，我们的劳动力的受教育年限不可能提高上去。

第二个要说明的是：提高全要素生产率还可以通过其他途径进行。首先是全要素生产率的提高可以通过技术进步进行。

从图 21 可以看出，我们中国和世界上最先进的国家还有很大的技术差距，有巨大的技术差距意味着我们还有后发优势；意味着可以用更便宜的方式，更快的途径去达到技术的更快进步，在这个时候不能让所有的领域都搞自主创新，如果是那样的话，等于我们自己放弃了后发优势。

再者，全要素生产率的提高可以通过改革进行。

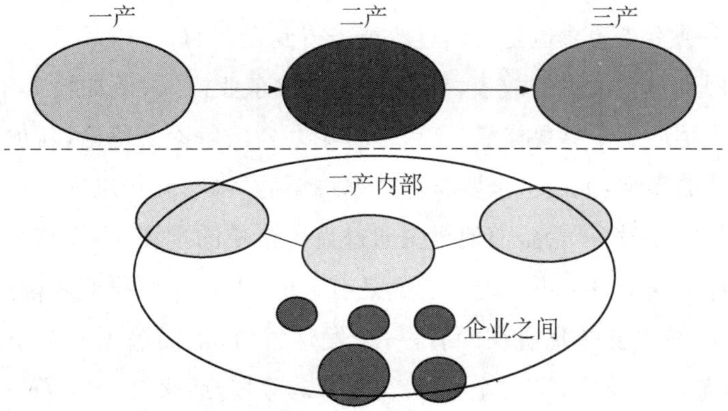

图 22　通过改革提高全要素生产率

如图 22 所示，我们过去提高全要素生产率的主要来源是从劳动力和农业转向非农产业，从而带来资源重新配置效率的提高。今后我国剩余劳动力会减少，相应地资源重新配置的效率也会降低。在一个产业内部比如第二产业内部，各行业之间存在着生产率的差距。而在一个行业内部，各个企业之间也有生产率的差距。如果能够缩小这个差距，那么仍然可以获得资源的重新配置效率。

这里向大家提供三个不同的研究，即三个 30%。第一个研究表明，现在像美国这样的成熟社会，它的全要素生产率有 30%到 50%来自企业之间生产率差距的消失。也就是说没有效率的企业退出市场，有效率的企业把其他企业的资源都拿过来，这种企业的生生死死、退出和进入机制是我们所没有的。第二个研究涉及中国，研究表明，我们中国部门内企业间的边际生产率差别是巨大的。如果把这个差距缩小到目前美国的程度，那么我们的全要素生产率可以提高30%到50%。这两个研究完全是由不同人做的，但他们都得到同样的30%到50%，两个研究结合到一起得到一个结论，即西方国家目前得到的全要素生产率一半的源泉我们还没有开发出来。第三个研究表明，在改革开放时期，我们国有企业全要素生产率只有非国有经济的30%。

将上述由三个完全不同的人所做的研究综合起来看，可以说第一个研究说明全要素生产率应该从哪儿得，而第二个研究表明我们没有得到全要素生产率，然后第三个研究揭示了我们为什么没有得到全要素生产率，这是因为国有企业的垄断性质。国企垄断在那儿了，它不退出，其他企业就不能进入，因此有效率的企业就不能替代无效率的企业，结果是我们不能有一个创造性破坏的制度环境，因此全要素生产率的一个重要源泉也是要通过改革来得到提高的。

最后又回到林毅夫讲的故事，克鲁格曼批评东亚模式，新加坡人不高兴，直到多年以后李光耀遇到了克鲁格曼，还跟他争论。当然争论归争论，新加坡政府还是做了一件正确的事情，他们把全要素生产率每年提高2%作为国家目标。他们具体怎么实施的我们还没有研究，但他至少通过克鲁格曼的批评，将提高全要素生产率作为一个目标。这个目标不管怎么说都是有益的，但目前对我们来说却很难实现。我是人大代表，积极支持我所在的省，一个发达省份，他们搞了一个小康社会的指标体系，我给他们提建议，说拿全要素生产率来考核，后来被否定了。否定了以后我给他们省委讲课，省委领导支持。结果统计局又来找我，他们说接受这个建议，可以拿这个来考核各个地方。那么怎么算呢，我就派了一个博士后帮他们算，算完以后他们又放弃了。因为这么发达的省份，结果排在第16位。

其实新加坡的争论说明两个道理。第一，全要素生产率的确重要，你如果认识到了这一点，并有意识采取正确的政策去改善它，那么是有收益的。所以李光耀说他们40年50%的积累率，却没有出现资本报酬递减，虽然不是真实的，但也说明新加坡的经济增长是健康的。第二，全要素生产率实际上就是一个统计残差，不要过分地在意它的数量概念，应该以理解它的基本含义为主。

我今天演讲的主要内容大概就是这些了，现在欢迎大家提问和评论，谢谢！

乔依德： 非常感谢蔡昉教授为我们做的一个有学术深度又非常有意义的演讲，下面是大家提问或评论的时间。大家看看有什么问题可以提出来？刘幌松你开一个头吧？

刘幌松：我觉得蔡昉教授研究得很全面，很系统，凡是涉及中国经济中长期增长问题的研究，肯定要研究人口因素。实际上很多经济学家可能过于专注于短期问题，却对人口因素关注度不够。中国经济的潜在增长速度是客观存在的并且在大幅度下降，我们也做了相应地研究，其结果和蔡昉教授所说的差不多。蔡昉教授的绝大部分文章我基本都看过，觉得他的研究非常系统，有些很技术性的问题，我想可能大家不是很关注我就不问了。蔡昉教授演讲当中曾提到，建议通过户籍制度改革来提高全要素生产率，我觉得这实际实施起来存在很大难度。演讲中说现在城市户籍人口和常住人口之间差 16 到 17 个百分点，也就是说大约 2 亿的农民工在城市里工作却没有户籍，到四十几岁以后他们就会回到农村去。这种城市化的年龄差异现象在 2010 年的人口普查数据中表现得很明显，15 岁平均城市化率达 56 到 57 个百分点，15 岁到 40 岁平均城市化率大约在 55 到 56 个百分点，而 40 岁以上的城市化率一下子下来了。我们的确可以通过户籍制度改革把这部分人留下来，从而提高我们的劳动力参与度。但问题是根据我看到的资料，现在一个劳动力如果要达到户籍化的话，全国平均大概需要 8 万块钱，在上海这种地方可能需要更多一点，比如说可能需要 10 万块钱。但按 2010 年人口普查的数据，2010 年上海大概有 2 300 万的常住人口，实际户籍人口只有 1 500 万人，也就是说大概有 900 多万的缺口，900 多万乘以 10 万意味着需要 9 000 亿元财政上的投入，这很显然已经超出了上海市的财政实力。从全国范围来讲，需要的财政投入可能就更多了，所以户籍制度改革在实施过程当中遭到多个城市市长的坚决反对，也遭到了市民的强烈反对。这是一个很现实的问题，我觉得建议推行户籍制度改革来提高全要素生产率，这个建议、这个方法、这个方向肯定都是正确的，但到底怎么样循序渐进地往前推进户籍制度改革可能还需要更深入的思考，所以我想听听蔡昉教授在这一点上有什么看法，谢谢！

蔡昉：我觉得这个问题非常重要，问得很好。我们也尝试做了一个测算，但我对测算不是太有把握，所以我就不说测算的具体情况了，总的来说我们测算所需的财政投入没这么多。我自己一直不清楚解决一个农民工的落户问题到底需要多少钱，基本上大家公认的是 10 万到 30 万元。但是，第一，到目前为止我们绝大多数的社会保障全是现收现付，这部分里面有些是政府补贴。但可以假设没有政府补贴，此时农民工是净贡献者，一分钱都不要政府给他补贴，反而他替政府养现在的人。比如我们养老保障制度是现收现付，他养老人甚至还要养中年人，如果制度设计得好还能把自己的个人账户做实，他一个人负担这么多东西，政府反而不是主要的了。第二，我同意总是有很多补贴，比如最低生活保障、城市低保，甚至十八大讲的基本公共服务常住人口的全覆盖。它的含义还有义务教育、保障性住房，这些东西都要加进来。这里面最大的该是义务教育问题了，这是地方政府无法解决的，因为我们的教育本身就是地区差距的集中体现，人们愿意纯粹为了教育去迁移，这让地方政府很难解决。过去我们也讲地区之间的教育不平衡，城乡之间不平衡，其实这都是由财力与实权不匹配造成的。我认为中央不会把财力向地方倾斜，中央不会改变这个基本原则，但应该多呼吁中央把责任承担起来，利用这个机会让中央把义务教育责任接过来，这样的话至少很大一块麻烦就解决了。像其他的保障性住房完全在于制度设计，可以涉及需要农民工投多少钱，政府可以补贴多少，让他享受什么样的水平，等等，但我的意思是要强调解决户籍问题的重要性。今天的农民工60%以上是1980年以后出生的，我们调查发现超过30%是在城市里长大的，而且16岁以前主要在城市居住的和在城市上小学的人占到了30%以上。他们几乎没有一个人务过农，更没有一个人还想回去务农。农民工已经进城，虽然看上去他们40岁就回去了，但未来这拨人不会这样做的，他们没有回头的余地。如果说他们不能回农村，他们的受教育程度决定了他们将来会受到产业结构调整的冲击，会受到就业的冲击。如果这时候他们没有平等的基本公共服务保障的话，我觉得这部分人可能不仅会对经济增长产生副作用，而且可能造成巨大的社会风险甚至政治风险，所以应该集中精力妥善解决户籍问题。

左学金：我有两个问题想请教一下。第一个问题，首先我是非常同意资本深化这一点，但我觉得实际上国家提高生产率，除了人力资本要深化，我们的金融和土地利用的效率也要大幅度提高。因为不仅仅生产率在不同行业间差异巨大，而且金融回报率差别、利率差别在不同企业之间也是非常巨大的。讲到提高全要素生产率时，我觉得还应该强调一下这两块。第二个问题，您的演讲强调要提高劳动参与率，我们中国现在平均退休年龄是53岁，我想请教一下您为什么反对通过延长退休年龄来提高劳动参与率呢？

蔡昉：先从后边一个问题说起吧。其实实际退休年龄和法定退休年龄不是一回事。法定退休年龄其实跟劳动参与率没多大关系，它和政府制定享受退休福利年龄的条件有关。真正重要的是实际退休年龄，如果你的实际退休年龄是53岁的话，不管是出于什么目的，这意味着年龄太大的人在劳动力市场上是站不住脚的；

如果你的目的是增加劳动力供给的话，因为没人用超过实际退休年龄的人，所以仍增加不了劳动力供给；如果你的目的是通过让他晚几年拿养老金填补缺口的话，你也会失望，除非决定让他们自生自灭，否则他失业了，你还要给他失业保险金，失业保险金拿完还找不到工作，你还要给他低保。因此53岁的实际退休年龄恰恰认为高年龄的劳动力是不需要的，他们是非常脆弱的，到了实际退休年龄还不让他们退休其实是将他们推到风口浪尖，所以我坚决地反对这个政策。

其实提高劳动参与率我们可以找到另一个办法，这个办法就是通过提高农民工劳动力供给的稳定性来提高劳动参与率。而关于第一个问题，我非常赞成。实际上我想说的是将来提高全要素生产率一个很大部分来自部门内部的资源重新配置，也就是说企业要允许真正的竞争，没有效率的企业退出去，有效率的活下来，并且要扩大规模。跟这个相应讲到的是国有企业垄断，实际上跟您的问题相结合起来就是我们的金融市场要让资金、资本在部门间、企业间自由地流动，让大家有平等的权利并且用同样的成本来得到资本的使用权，而在土地利用方面更是一样。

左学金：关于法定退休年龄和实际退休年龄问题我想跟您再探讨一下。首先，我认为法定退休年龄和实际退休年龄虽然有差距，但它们是相关的。如果延长法定退休年龄，实际退休年龄也会延长。有位中国科学院的女院士提议延长女科学家55岁的法定退休年龄，因为目前中国科学院系统的女科学家，如果想延长工作年限必须要打报告个案处理。这位中国科学院女院士的这个提案提了好几年了，全国人大都没有给她一个答复。女科学家55岁退休，我感觉很奇怪，同样像教授、事业单位、科研人员做到60岁就强制他们退休，我觉得这好像有点没有充分利用人力资本。再者，我觉得实际上提前退休可能会产生再就业问题，退休了并不意味着劳动力市场上不需要他，很多人50岁退休了然后再找一个工作。为什么仍然有企业愿意雇他们呢？因为所有的社会保险都免掉了，这造成了人力资源的错配，实际上造成了不公平竞争。最后，我感觉长期来看退休年龄过早加重了在职职工的社会保障负担，因为会造成我国的赡养比很高。国外把较高的赡养比这个指标作为不利于经济发展的一个因素。所以看到蔡昉先生不同意延长退休，我是比较着急的。

蔡昉：实际上我反对延长法定退休年龄的所有理由都源自前面用过的这张图（图7）：从这张图可以看出，在美国如果企业想雇24岁的人，没有24岁的劳动者，那么34岁的劳动者是一样的，44岁的劳动者甚至54岁的劳动者也一样，更甚至如果不需要体力,64 岁的劳动者一样可以雇佣。而中国劳动力的人力资本随着年龄的提高迅速地下降,在中国是说如果企业想雇 24 岁的人,你给他 34 岁的,他已经不愿意要了,也就是说 34 岁的劳动者已经没有竞争力了。这不是我们的意愿所决定的,这是一个现实问题。

接下来如果我们关心的是潜在增长率可以通过增加劳动力供给,也就是说可以通过增加就业提高劳动参与率来得到提高的话,如果这是我们的唯一目的,你要退休年龄干吗?他 30 岁退休了,到其他地方干活去了,这对经济总体来说不就是劳动力供给吗,这不很好吗?

左学金: 我们讲的是法定退休年龄,考虑的是养老金问题。

蔡昉: 我的意思是,我们现在真不是解决养老金问题的时候,因为老实说那些 53 岁退休的人是拿不到养老金的。那叫内退,先空着,到时候才可以拿,不用担心这个。到一定时候还不让人拿养老金,他就没法活了,这是工人真实的状况。

我们国家有这样一个规定,如果你没有到局级、高级职称,女同志 55 岁要退休。但中组部给你们所有单位的人事部门都发了一份案例,你可以参照执行,你有权力让你的女处长干到 60 岁,但也可以装作没看见这个案例,不执行,都可以的。我赞成科学家、白领都可以延长法定退休年龄,但对老百姓来说,并不是我们不需要他干,而是他真干不了。

乔依德: 学金,你提出的这个问题很有意思,以后我们可以私下再谈,或者可以作为一个课题来研究,总之我们可以继续对这个问题做深入研究。下面看看其他人还有什么问题吗?

张朝晖: 蔡教授,现在有各种不同的数据,所以我想请教您一下,我国的总和生育率到底是多少?未来的人口趋势又会如何?

蔡昉: 前几年看联合国的预测,他们一般预测大约到 2030 年左右中国人口会到达最高峰 14 亿人多一些,他们很长时间用的是 1.8 的总和生育率,这 1.8 被我们人口计划生育部门说了 20 年之久。但国内、国际上一致反对,人口学家不仅批评我们,而且还批评到联合国去了。虽然计生委没有公开说,但他们默默承认了学者的估算值,一般认为在 1.4 到 1.5 之间,有的时候像讨价还价一样,说是 1.6,总之他们还是倾向于说高,学者们倾向于说低。同时联合国也根据这种趋势做了一些调整,所以会得出不同的结果。但是如果按我们目前的状况推算,在 2022 年,也就是说在不到十年的时间以后人口开始负增长,人口的峰值为 13.8 亿人,仅仅为

13.8亿人。即使将可能要进行的生育政策改革——比如一对夫妻只要有一个人是独生子女就可以生两胎等因素考虑进来——对人口峰值的预测进行调整的话，估计大约在2024至2025年达到人口峰值，峰值仅仅是14亿人多一点点，中国人口峰值不可能再高了。所以我猜想人口发展趋势其峰值的低限是13.8亿人，高限是14亿人多一点，而关于总和生育率应该在人口普查的结果1.2和大家的估计值1.5之间。这是目前世界上最低水平的生育率了，现在日本的总和生育率为1.4。

乔依德：好，如果没有其他问题的话，让我们再次以热烈的掌声对蔡昉教授的演讲表示感谢！也感谢大家的参与。

■ 中国经济运行"新常态"解析

• 连平*

连平（交通银行首席经济学家）：各位来宾大家下午好！很高兴基金会给我提供了一个交流和学习的机会。今天下午这一节的话题主要是讨论中国经济的运行。刚才两位专家的发言也对短期、中期、长期各方面问题都谈到一些。我重点谈谈短期和中期的运行。

最近有一个词还是比较流行的，那就是"新常态"，什么方面都说有新常态。我就在琢磨，中国经济最近这段运行，整个有没有新常态？有没有什么我们可以捕捉的新常态特征，来说明这一段时间的经济运行有了跟过去完全不同的一些特点。最近数据已经陆续出来了，半年度的数据出来以后，我们对下半年的经济运行心里多少有了一点底：下半年整体的经济运行会是比较平稳的，就是说它至少会改变今年一季度经济运行的急剧下挫，实际运行当中会有小幅度的回升。

我们再回顾2012年、2013年到2014年，把这三年整体的经济运行综合起来观察，我梳理了一下，有六个方面的特征。

第一，这三年经济增长总体来看是中高速增长。2012、2013年都是7.7%，今年估计7.5%左右，都是属于中高速增长，这一点跟过去有很大的不同。过去有的时候是偏低的，比如说危机冲击的时候，可能只有7%，高的时候十四点几，波动幅度很大，所以是高速增长，平均水平达到10%左右。而现在就是在7%到8%这个区间，但它也是属于中高速增长。

第二，小幅度波动。我们来看，这三年的增长有高有低，7.7%、7.7%、7.5%，波动很小。我们再看这三年中间12个季度的运行，也是小幅度波动。环比来看最低一个季度的增速是1.4%，最高一个季度的增速是2.2%，差距不大。然后季度同比来看，最低的增速也就是7.4%，最高的增速就是7.9%，波动幅度明显跟过去不

* 根据2014年7月15日在上海明天广场JW万豪酒店"2014世界和中国经济论坛——复苏与增长"上的演讲录音整理。

能同日而语。这是第二个特征，波动幅度相对比较小。

第三，平衡就业。这次经济运行掉到7%到8%这个区间，尤其像今年一季度到7.4%相对偏低的季度增长，但是就业状况没有出现明显的恶化，甚至在沿海地区劳动力工资还是在上涨，当然幅度没有过去这么大。所以基本上是属于平衡的。但是平衡中间，劳动力价格还是在往上走的。沿海地区劳动力价格在往上走，说明这个地区供给比较紧张。这种状况是在整个沿海地区出口产业受到很大影响下发生的。不像过去整个地区很旺盛，对劳动力需求非常大，那时候价格上涨是很正常的现象。可是现在不是，有些地方都偏冷，但是这种情况下劳动力价格还在上涨，当然相当多劳动力回乡之后没有再出来，没有出来是因为过去危机冲击下出来找不到工作，就在本地找到了工作。所以这个就业状况总体是平衡的，只是略减一些。

第四，低水平通胀。大家看CPI这两年也就是2点几到3点几来回波动，趋势似乎还有所回落。PPI连续28个月负值，当然在这当中，环比曾经出现过正值，但只是昙花一现，后来又掉头向下。本来这个月大家预期环比可能负到一个百分点之内，零点几的负值，结果还是1点几。这就表明在制造业领域中有一定的通缩。所以通胀水平是比较低的。这是第四个特征。

第五，有风险，但只是局部性风险。江浙一带持续受到冲击，前一阵子比较热闹的是钢贸，现在沉寂下来。钢贸的基本问题已经显现出来，总量大概多少，整个银行业都明白，差不多已经见底了。但是新的问题又出来了。不管怎么说，这些问题都还是在局部范围内，并不是全局性、系统性的。

最后一个特点，就是前面各位都讲得比较多的政策方面，我认为这个政策是有限度的刺激。毫无疑问，中间有刺激，不管你承认也好，不承认也好，的确是刺激了。但是这个刺激是有限度的，或者说微调，或者说微刺激。有刺激并不坍台，因为经济运行在往下走，现在只是做了一些逆向的宏观政策调控，做了一些有限度的刺激。很多人不满意，还在批评，说应该大规模刺激，这是一种观点。但是还有一些人坚持认为，中国经济有韧性，不需要搞大规模刺激以避免在未来产生更多的积累。但不管怎么说，我认为这是有限度的刺激。这是最近三年来，把整个宏观经济各个方面梳理起来讨论的。

如果我们称之为运行新常态的话，它是可接受的还是不可接受的？这样的状态行不行？如果说是可接受的，你有能力维持吗？或者说有能力在之后适当改善它吗？能够使中间存在的一些问题得到改善，使经济运行更健康吗？这是我们下一步要着重考虑的问题。当然对这个问题，看法肯定是很不一样的。最近各方面的讨论都有，但有一点是肯定的：中国这么大一个经济体，投资有需求，消费增长也会比较平稳。大家想想，随着人均收入的提高，现在我们GDP人均是7 000美元，毫无疑问肯定还要提高。消费能力在增加，所以消费对经济的拉动是毫无疑问的，并且会占到非常重要的比重。投资也是这样，时间关系不展开多说。中国的投资未来长期还是有很多需求的，主要是公共投资这个方面。

像这样由投资和消费，这样由内需所拉动的增长，至少能够推动中国经济增长多少呢？我想大家的共识是，至少从现阶段来看，6%以上的增长应该是没有问题的。

在西方来看，一个是靠消费，一个是靠出口，投资这个功能对它整个GDP的推动作用是微乎其微的。为什么中国过去长期以来GDP增速比较高，尤其在出口增长非常好的时候，GDP的增速一定是11%以上？因为出口拉动了一块，投资又拉动了一块，消费又稳住了一块。但是现在这个格局就不一样了。从去年到今年的统计，都认为出口对GDP每年的贡献现在已经降到0.5%以下，去年就是0.3%到0.4%的贡献，其实还是有贡献的，带来这么多的就业等等。从对新增GDP贡献来看，出口跟过去相比确实是时过境迁了，没有起到好的拉动作用。剩下就是投资跟消费。现在6%以上的增长，一般都没有什么大的问题。大家都认为中国经济需求拉动6%以上的增长应该是不成问题的，预期6%以下增长的是极少数。当然了，认为中国继续保持8%的高速增长这种观点也是极少数，所以大概运行的区间就是在6%到8%这个区间。

2012年以前，在2009年危机冲击下，政策的高度刺激带来了百分之九点几的增长。2010年GDP再度呈现2位数的增长，2011年降到八点几。从2012年开始，降到8以下，两年运行在7.7%左右，然后在今年再下一个台阶到7.4%—7.5%这样一个水平上。今年房地产这一块对经济的拉动持续下降。

因此我们看到，这三年运行下来的情况是，就业问题基本上没有什么太大的变化。很长一段时间以来，中国经济之所以要保持一个比较高的增长，最重要的理论依据就是就业。现在增长减弱了，但就业的状况没有多大的改变，还是比较平衡，虽然偏紧了一些，总的来说比较平衡。就业不是一个大的问题，那么是不是就没问题了？中国经济增长可以继续往下滑，到6%、5%也没有问题？我想并不是这样的。就业状况平稳，经济照样发生危机，这种事情在国际上有的是例子，最典型就是日本。日本经济状况很差，1%的增长、负增长，它的就业状况基本上平稳的。比较差的是欧洲，稍有风吹草动，它的失业率就上到10%，美国稍微好一点。各个国家的经济结构不一样，社会管理体制也不一样，所以还不能够简单地说就业没问题，增长就不怕，降下来没有问题，不能简单这样说。

所以我觉得中国现在的就业问题，随着人口红利的逐渐消退，在未来一段时间只要经济增速不是急剧下滑，这个问题就不是焦点问题了。焦点问题是什么？是风险，是中国经济的风险。从这一阵子三年的两个7.7%到今年7.5%左右，其实我们看到的风险因素逐渐被暴露。经济增长往下走的压力越来越大，问题逐渐暴露出来。就像是一个打足了气的皮球，这个皮球某些方面不太牢固，气拼命往里面灌，从这几个不牢固的地方，有一些小毛病的地方，气就要跑出来。现在就处在这样一个状态，压力越大，开始漏气的地方越来越多，直到压力继续加大，到最后承受不了就要爆掉。

所以我们认为，目前的风险状况不得不引起关注。第一，就是前面我们也讲到的通缩，连续28个月通缩。中国经济在20世纪90年代以来，工业和制造业领域经历过4次通缩的过程，最长的一次是亚洲金融危机之后通缩31个月。这次已经到了28个月，可能还停不下来，也有可能这次的过程跟最长一次差不多，甚至超过它，现在谁都不好说。我们知道通缩对整个经济的伤害是很大的，会抑制消费，抑制投资，对未来经济运行持续产生较大压力。

第二，最近房地产投资增速回落极其惊人，估计三季度是回落的最高点，四季度回稳。现在政府加大基础设施投资，包括棚户区、铁路这方面的投资进行对冲，恐怕难以做到全部对冲。按照相对比较乐观的看法测算了一下，对冲之后整个投资的增速大概会在18%左右，去年年底是19.6%，今年又下来了1点几个百分点，而且是在政府启动了相当多的基础设施投资项目之后才能够对冲到这个水平。要么你就启动更大规模的这类投资，但是从长远利益来看不应该这么做。

第三，市场上的违约风险现在开始慢慢显性化。去年和前年这类事件零零星星。首先是信托产品，去年年前大概都有十几例是属于违约的压力，最后在各方面因素的参与下把它摆平了。今年到现在为止违约事件明显增加，而且下半年我们认为可能压力还要大。这其中主要是两方面的信托：产业信托和房地产信托。基建信托问题不大，后面有政府支持着。产业信托和房地产信托这两个信托相对来说压力比较大。从信托产品的违约来看,风险在逐渐地暴露。

还有一个情况,就是联保联贷,在沿海地区,尤其是江浙一带,当然其他地方也有,福建、广东、山东、河南,甚至一些内陆省份也有。这个一实施就是一大片,几十家,甚至上百家企业全都扯进去了。这里面有两种情况,一种是大企业,还有一些是小企业。联保联贷的监管部门本来比较支持的就是小企业,因为小企业没有什么东西可以抵押,资产极其有限,为了给它们更好的支持就采用了所谓联保联贷的方式,十几家企业一起为它做担保,后来发展到相互之间交叉担保。到最后这个担保把大家全都扯进去了,导致负债率非常高。所以现在一些地区出现了这样一些风险。也就是说,随着经济增长速度进一步往下走,压力会越来越大,目前这些方面的风险正在由原来比较隐性走向显性化,这是我们必须要加以关注的。

我认为目前的新常态,是经济增长处在这样一个水平,就业是一个平衡,CPI还不错,KPI看来是需要很好地加以解决,还存在这些风险因素。所以我觉得中国的GDP在未来尤其是下半年和明年不应该继续往下走,希望这种状态至少能够平稳运行两到三年。调结构需要时间,改革也需要时间,还有很多改革没有办法推行,还有很多改革有很多阻力,只是一个总体的方案出来了。现在国企改革也推出一些方案,我个人认为力度是不够的。改革也需要时间,它的效应的发挥也需要时间。尤其是我们还要注意到,改革不一定都能够带来好的能量、正的能量,在这个过程当中,有可能由于处理不当带来一些短期内的压力。刚才也讲到利率市场化,现在明显感觉到融资成本高,融资相对贵。融资难,肯定融资就贵,从去年下半年以来到今年上半年特别明显,这和利率市场化也有关系。利率市场化推进之后,我们看到一个最清晰的结果,就是存款利率大幅度上升,对于很多老百姓来说这是件好事,因为理财产品多了以后,这些理财产品的收益率比较高,大约4%到5%。我们也看到,这一块的投资收益率从去年到今年普遍上升一个百分点。

我们要问了,是谁得到好处呢?当然是居民部门得到好处。企业部门也得到好处,但是企业部门利弊皆有,一边融资成本贷款利率很高下不来,一边它有一些资金去进行投资,获得的回报提高了。可能对于一些大企业有更多的好处,有好多大企业并不缺资金,但还是要向银行贷款。这些大企业得到的银行贷款利率是不高的,可能6%左右就能得到,但它们有可能把这些资金用出去,比如说用于信托、委托贷款之类的,肯定能带来两位数以上的收益。那么苦了谁呢?小微企业,它们本身就没有钱,信用又不好,这种情况下融资难、融资贵所带来的压力很大。也有不少比较大的行业，像一些财务公司群体，其实很有钱，利率市场化有可能给它带来的好处还不少。所以目前来说对小企业的压力还是比较大的。老百姓是得好处的，整个投资回报包括一些大额存款，都相对过去要提高了。银行是有压力的，但是我们要注意，如果说对企业带来的好处比较多，融资比较宽松，利率比较低，企业会去进行投资，但是对老百姓来说就不是这样。中国储蓄率为什么高？中国有很多问题，社会保障体系、教育、医疗等等许多问题，中国老百姓钱多了以后，反而会有更强的储蓄倾向，这对经济短期增长是不利的。

利率市场化推进既要积极也要稳妥，其他各方面的改革要协同推进，比如说国企改革，现在利率市场化了，请问国企真正市场化了吗？国企财务软约束都改革掉了吗？没有。所以国有企业，或者说央字头的地方性企业，这个行为离商业化和市场化的距离很远。资金价格的市场化对它们的约束力非常有限，对它们行为的改进和改善总体来说也是非常有限的。所以国企不做新的改革，只是推进这些改革，效果不明显，甚至还可能会带来一些问题，这需要加以协同。

我觉得要维持这样一个局面，并且使得它能够有所改善，使得这种新的运行状态不会由于政策不到位而导致明年初经济增长又再往下一层。如果那样，压力就更大，持续不断的负面压力之后，必定会导致一些风险，最终风险由隐性走向显性。现在要想办法改善。我觉得财政政策应该更加积极。既然我们认为，因为中国的货币存量过大，金融政策要适当采用，在这方面谨慎推进的同时，财政政策可以更加积极一些。中央财政状况整体是十分良好的，各项指标都很好，适当再扩大一些积极的程度，我认为是完全可以承受，并且在未来可以消化的。

目前，需要呵护一下、推一把的，尤其是小微企业。融资难，融资贵，最后都难在小微企业身上，政府能不能对它们不再征税了？它们能够解决亿万人的就业，保守来说，小微企业 5 000 万家，其中夫妻老婆店可能有 4 000 万家，它们有能力自己解决就业，这点已经很不错了，何必还要收它们的税呢？还有各地部门收的另外一些费用，对于小微企业都是不小的负担。我们农村税收不是全免了吗？为什么农民的收入增速要比城市居民来得高呢，这就是财政给他们的支持。对农民可以这样支持，对小微企业为什么不能呢？阳光应该可以照到城市的小企业主的身上，让我们的经济更加有活力。

货币政策我觉得在未来应保持目前这样一个总体基调不变，偏松的状况要保持好。上半年流动性整体来说是宽松的，但是这些流动性宽松之后，资金要进入实体经济，还要通过一些特定的渠道。因为流动性宽松在这里指的是银行间市场的宽松，企业是拿不到钱的。当然，也可以用发债券的形式，但债券总量有限。现在上半年统计数据显示，债券发行量占到新的融资规模比重大约是12%多，比去年略有上升。这个情况还算可以，但这个比例是不够的，应该还要进一步扩大。这些宽松的资金怎么能够通过金融机构包括银行和其他非银行金融机构疏导到金融机构去？这不是货币政策总量所能够解决的问题，而是需要一些制度性的改革来消除资金流动的一些梗阻。我就先说这些，谢谢大家。

■ 时代的挑战——中国经济转型综合征

• 张斌*

乔依德：欢迎大家到我们的新地方来，在这里比较方便一点。这一次我们非常高兴地请到了中国社科院世经所全球宏观经济研究室张斌主任。大家对他也不陌生，他发表了很多文章，对国际收支、中国宏观经济等有比较深的研究。他最近的一篇文章已经预先发给大家了。我们这个“中国经济的未来”系列研讨会，先后有很多人来过。这个研讨会是小范围的，人不多，可以谈得比较深一点。我想先请张斌做一个引导性的发言。然后，大家可以根据他谈的东西，还有预先提出的4个题目，大家提一些意见，提一些看法。请张斌先开始吧。

张斌（中国社科院世经所全球宏观经济研究室主任）：这篇文章完成了有三四个月，中间不断在改，到现在也不能说是个很成形的版本。写的过程当中，在北大报告过两次，在《比较》杂志和其他一些地方也报告过。我一直想有机会到上海来，与上海学界做一些交流，听听大家的意见。我前些年主要做汇率、金融方面多一点。这两年觉得那个东西，根子还是浅了一点，我的兴趣开始往增长问题上转移。

我的主要内容是讲四个方面。第一个是背景性的东西，就是中国经济在危机之后的一些新的现象和特征。重点内容是后面几个部分。

一些新现象就不多说了，如果看几个宏观经济指标，金融危机之前和之后关键特征发生了很大变化。现在经常讲各种常态，现在没有常态，变化非常多，很难说稳定住了。最突出就是GDP增速，2001—2007年中国GDP平均增速10.8%，且增速由低到高逐年上升；2008—2013年平均增速下降到9%，呈增速趋势性下降。进出口占比下降。工业占比有一些下降，服务业占比上升。如果再看投入产出表，中间品、最终品服务业占比上升，工业占比下降。

另外一个引起关注比较多的是债务，2001—2007年期间，在危机之前债务增长

---

* 张斌，中国社会科学院世界经济研究所全球宏观经济研究室主任。根据2014年9月12日在上海发展研究会的研讨会录音整理，未经本人审阅。

非常慢。2007—2012年增长非常快。2001—2007年，中国各部门债务占GDP之比从162%上升到172%，累计增幅为6.2%；2007—2012年，该比值从172%上升到215%，累计增幅为25%。为什么说25%呢？因为有人研究发现，如果一个国家在短短四五年之内债务占GDP之比上升25%，接下来发生的就是金融危机。他们看了其他国家的例子，跟我们央行报告了这个情况，提醒金融风险。我们也开过一次会，讨论中国会不会爆发金融危机，基本上大家不相信近期会发生金融危机，但是对于金融市场风险上升的担忧是存在的。

除了这些宏观指标，我们在政策上也看到一些新的东西。原来在2002—2007年间，是要防止经济过热，防止通货膨胀，主要怕经济过热。危机之后我们担心经济过冷，老是刺激。另外我们看到金融市场化改革加速，政府职能改革也受到高度关注。

把这些问题放在一块，就是当初写这个文章的原因。我现在很难说有一个严格的框架去解释这些现象，我想是不是有一些线索，把这些现象连到一块，形成一个比较完整的解释。

我先说说这个研究在文献里的一点背景，因为我自己看到的可能不完整。我看到的对经济增长前景的研究有两个逻辑起点，第一个逻辑起点就是人口年龄结构的变化，有代表性的就是刘易斯做的相关研究，这是从人口的角度去看的。除了蔡昉老师，还有很多人都从人口年龄结构角度去研究这个问题，包括未来增长前沿的判断。但是蔡昉老师对这个问题的研究给人留下的感觉是，他是完全人口论的，人口变化不光影响人口劳动的投入，同时影响资本的积累，也会影响到TFP。我自己感觉，对TFP这块的关联性解释不是特别清晰。不管怎么说，这是一个非常有影响的研究，而且光从人口角度看，这个逻辑大家能够认同。

另外一个研究起点是抛开人口，像林毅夫教授不大认同人口，他讲的是收入水平。昨天在北大国家发展研究院也开了一个会（“中国的改革与增长”研讨会），他就讲收入水平，他现在不说GDP增速8%了，他说8%是潜在增长率，他说今明两年增长目标最好是7%到7.5%，7%也可以。

另外就是IMF的研究，这方面研究很多，其实做得也挺好的，昨天IMF亚太局副局长（Markus Rodlauer）也在报告他们的研究。他的一个特色是基于收入水平，劳动人口年龄结构这块也有判断，但他的特色是依据TFP，看其他国家在某个收入水平上的TFP是多少，套用在中国上面，他计算中国未来的潜在增长率大概在6%

到6.5%之间。他还模拟不同改革对未来潜在增长率带来的影响。他比较有意思的地方就是关于TFP的研究。他发现从国际比较角度上看，TFP增长也是一个微笑曲线，当收入水平到达中等收入陷阱之前TFP比较高，过了中等收入陷阱之后也是比较高的，最低的时候就是在1万到2万之间TFP增长处于一个转型期，这段TFP增长反而比较慢。

除了这个IMF，还有Eichengreen（巴里·艾肯格林）。他没有给出太多的解释，只是说，如果投资占比太高，或者出口占比太高，经济反而可能会下降得更快。但是总的来说，这个研究是挺有争议的。还有其他逻辑起点对解释上面的现象不是太重要。

我这个研究，从逻辑起点上，还是从收入水平开始的。

先看一下国际上的经验，这个大家都比较熟悉。一个国家由穷变富总归有两个阶段，一个转型的标志就是增加值和就业在整个全社会占比的变化。其实现在所有发达国家和地区都在从工业社会过渡到后工业社会，美国的具体时间不太好判断，从就业上来看，应该基本上在20世纪60年代或者70年代初就开始了。西欧国家基本上在20世纪70年代初期，日本比西欧晚不了几年。接下来意大利、西班牙、葡萄牙等南欧国家往后工业社会走。再接下来中国台湾、韩国从80年代中期开始。

这个转型是发展过程中的一件好事，是往更高的阶段发展，它需要一些条件。最基本的条件，是要满足收入水平之后才有这个转型。法国、德国、日本在70年代中期，按购买力平价的人均GDP为4 500—5 000国际元，中国台湾大概也是在这个收入水平上，韩国在80年代中后期达到4 500—5 000国际元。如果用2005年的美元不变价，得出来的数据就不太一样。我为什么用这个呢？我用这个指标主要是因为，如果你用2005年的美元不变价，50年代、60年代初期那些欧洲国家的收入水平已经上万元了，但那个时候的生活水平和社会形态可能不太符合收入水平。如果用国际元来看，我们可以看到，几乎各个国家都是在4 500到6 000国际元之间，制造业在GDP里从上升转到下降，反而比较一致，这可能会更好地反映生活福利水平。这个可以再去确认。

还有为什么会发生转型？这个理解起来比较直观。一个就是社会弹性，收入水平提高之后，对工业品弹性是在慢慢下降的，这是恩格尔定律往工业品的拓展。另外还有一些文献讲，是TFP的差异造成的。我主要看的是这个解释。

我们可以看到，在一个工业社会里面，最迫切需要的是工业品。到了后工业社会，大家更多需要的是服务业。

看完国际经验之后，我们再看中国的情况。我们做一个判断，中国是不是已经要进入后工业社会了？根据上面的国际经验，按照同一个数据同一个标准，按照PPP折算后GDP，2005—2006年达到5 000国际元这个标准。事实上，从数据来看，我们看到从2008年开始，官方的统计数据中，工业品占比下降，服务业占比上升。这个数据会有一些疑问，但没有找到更好的替代，我们还是用这个数据。

为什么工业下降，服务业上升？看中国的例子，主要是两个机制。第一，随着收入水平的提高，工资也在涨。工资涨了很多后，低附加值出口品和进口品的市场率在下降。第二，国内市场收入增长过程当中，每单位收入增长所带来的对服务业产品需求增加超过对农业和工业品的需求增加，这样也会带来工业增速下降。

我们看主要的工业品，除了汽车的需求弹性还大于1，其他都小于1，这个市场满足最早的是彩电，彩电之后是冰箱，冰箱之后是洗衣机，洗衣机之后是汽车。纺织品、布匹跟冰箱、洗衣机差不多。

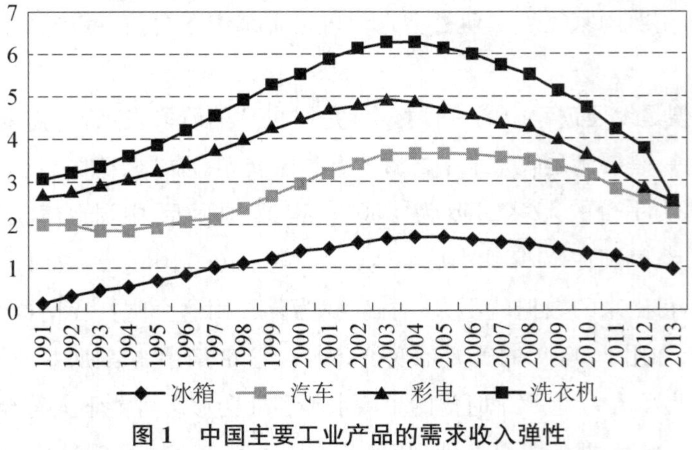

图1 中国主要工业产品的需求收入弹性

注：需求收入弹性用工业品销量增速除以城镇居民人均可支配收入增速，取hp滤波值

数据来源：Wind，作者计算得到

另外是国际市场。我们做出判断之后，马上有人说2008年是一个巧合，2008年之后因为出口下降，所以造成工业品部门的下降，工业品占比的下降。是不是一个巧合呢？我觉得有一定的外部因素在里面，但主因不是外部因素，即便没有金融

危机,危机几年之后也会下降很猛。我们把出口增速分解为进口国进口增速的变化(反映外部经济环境变化),以及中国在国际市场上的市场份额变化(粗略地反映了市场竞争力变化)之和。

表 1 中国出口增速分解

	中国出口增速	全球进口(除中国)增速	出口市场份额增速
2001—2007	25.8	10.9	13.5
2008—2012	12.2	6.3	5.9
变化	13.7	4.6	7.6

注:定义出口=X,其他国家的进口=M,中国在其他国家进口中的市场份额=S,X=M×S,等式两边求导并除以X,得到dX/X=dM/M+dS/S,即出口增速等于进口国进口增速的变化与中国在进口国市场份额变化之和

数据来源:Wind,由作者计算得到

做了分解之后,你会发现危机之前跟危机之后中国出口增速下降了13.7%,因为外部环境的变化,就是贸易伙伴增速下降的影响,只有4.6%。更主要的是市场份额增速下降,不是绝对水平的下降,是增速的下降。原来出口增速高的时候,30%的出口增速中,大概有超过一半是市场份额增速造成的,甚至更高。但是现在市场份额增速的贡献已经非常小了,从2004年以后就开始趋势性下降。市场份额增速为什么下降呢?我们专门有一篇文章讲市场份额增速变化的原因,大概是两个主要原因,我们也看了汇率、生产率、贸易成本、劳动力成本。第一影响是贸易成本。第二影响是劳动力成本,而劳动力成本的上升也就是收入水平的上升,工资的上升。所以把这个连在一块之后,还可以回到上面收入增长、工资增长,不仅仅是内需的下降,其实也解释了出口增速的下降。

到这里我们可以初步认同,中国从工业化到后工业化转型这个判断了。这个判断就意味着随着收入增长,对工业品需求下降了,对服务业民生基础设施这些需求在提高。但问题是,当我们做了一个转型,收入增长有转型需要时,我们的供给方并没有做好准备。因为我们讲服务业的时候,包括中高端的服务,另外还包括很大一部分公共服务,还有一些民生基础设施也是服务业很重要的相关内容。但是这部分没有跟上。

为什么服务供给没有跟上呢?简单一句话,就是因为政府职能错位和缺位。这个我在后面会再讲。

一方面是政策管制，职能错位。还有就是金融体制的不匹配。因为到目前为止，我们主要金融体系还是支持工业品部门，特别是与制造业发展相匹配的一个体系，特别是出口导向。它的金融体系很简单。我们看到的现象是，我们只需要银行，银行里面能够认识各种报关单，或者出口订单，然后就能够得到足够的抵押品，我们制造业有很好的厂房、设备、机器，都能作为一些抵押。如果做服务业，公共基础设施，特别是与民生相关的公共基础设施，或者做一些高附加值的时候，往往就是有形的东西越来越少，无形的东西越来越多，这时要在银行里做资金融通就越来越困难，需要有对风险控制更强的金融体系。我感觉我们金融体系这几年发展非常快，但是否快到足以适应转型需要，现在还没有看出来。另外，土地、劳动市场要素都跟这个有关系。

这是我讲的第一个问题。收入增长带来需求结构的变化，但是供给方没能做及时的调整，所以供求不匹配凸显，在这种情况下企业投资就会下降，增长动力就会下降。

政府不满足于经济下降。我们总的失业率没有太大问题，还不到年底，我们已经完成就业目标了。但是政府那边不会这么看，因为对政府来说，就业压力是区域性的压力，特别是产能过剩有几万甚至十几万人的产业失业型的压力。政府在这种情况下会采取刺激政策。刺激政策包括很多，主体部分还是高端基础设施，高端基础设施很直接地增加了钢铁、水泥等工业品需求。但是它面临的问题是什么？首先，基础设施越来越多，边际回报会下降。第二，工业部门增速下降，基础设施是为了服务工业部门，工业部门增速下降，基础设施带来的边际回报自然而然就下降。第三，就是设计糟糕，铺张浪费。这方面坐高铁就能看出来，上海这边还好，很多县级市高铁站，一个广场有一个足球场那么大，浪费。但我并不是说我们不需要基础设施，特别是跟民生相关的。在老旧城市的改造方面，上海做得很好，特别是比北京好。

这些基础设施出来之后，带来一个很大的问题就是我们的投资效率确实让人很担心，而且给金融市场带来很大的风险压力。城投资产收益率平均在3%左右，但是城投公司融资成本平均在7%。它还会对其他部门带来负面的溢出效应。

权衡（上海社科院世界经济研究所副所长、研究员）：数据是全国的吗？

张斌：全行业、全国的。我们看总体投资效率也面临这个问题。我们看一个指标，就是边际资本产出比，国际标准是3到3.5，中国在金融危机以前是3.5左右，目前超过 6。这对于企业来说是难以想象的,财务上根本没有办法持续。为什么有 6 呢?主要就是这个原因,都是亏本买卖。

它就形成了一个负向恶性循环,收入增长导致结构变化、供求失衡,经济增长动力下降,经济增长动力下降有了刺激政策,延迟了资本从产能过剩的传统工业企业向需求旺盛部门的转移。有了这个之后,更需要刺激,所以你会看到不断需要刺激,经济增长内在力量在下降,形成恶性循环。这是我们担心的问题。

我们已经看到了很多的政策,政府也有很多改革方案。我们现在政策谈得挺好的,但在实施环节上比较困难。根子还是在政策背后的一些理念,包括一些激励机制上面。

我们想回答的一个问题是,为什么政府对制造业可以搞市场化改革、放松管制,为什么对服务业就很难?我们看了一下服务业跟制造业的区别:工业部门 90%以上是高度市场化的部门,类似于一个完全竞争。而服务业 50%是政府管的,50%交给市场。政府管的医疗、教育,一部分是公共服务,一部分可以交给市场,但是没有交给市场。

为什么会有这么多管制?管理的数量为什么这么大?管理的质量为什么这么差?政府管得并不好。一方面,因为我们社会资本比较缺乏,我讲的社会资本,在文献里主要是讲缺乏信任,个人对个人、个人对企业、个人对政府、企业对企业,这种社会信任不多。如果这种社会信任不多,自然不管是居民还是企业,要求第三方力量的介入,需要管制。会有很强的管制需求,因为缺乏社会资本。

另一方面,是政府的权力,很多政府都是这样。从信任角度来看,制造业产品非常标准化,这个东西多少钱,大概什么价格,很容易就得到信任。但是服务业很难,哪怕消费完了之后,你都不知道质量好坏。医生给你开完药,你吃好还是没有吃好,不知道是不是因为医生的药方子。

管制总是需要的,为什么管得大家不满意呢?可能是两个问题没有很好解决。第一,对于政府来说,我为什么要给你提供好的公共服务?为什么要给你提供好的公共政策?第二,就算我是一个好皇帝,我基于什么样的信心,基于什么技术给你提供这么好的服务?

解决这两个问题,还有上面的问题,从根本上来讲,都需要制度建设,包括对政府职能的制衡,才能解决问题。西方解决问题,是靠投票,包括舆论监督,各种各样的监督。一方面这种监督解决治理机制的问题,一方面把信息告诉公众了。

怎么去解决这些问题呢？现在政府文件写得越来越好，但是为什么实施不好？可能还有一些相对来说是更深层次的东西。第一就是发展理念。发展是硬道理，集中力量办大事。这还是工业化社会的思维，它讲究的是有形东西的可比性。这个我觉得完全能够理解。为什么过去用这个东西是正确的？因为从一个农业社会向工业社会转化的时候，特别是中国过去100多年受了那么多其他国家的欺负，我们又是一个很有文化、有历史荣誉感的民族，那个时候我们讲中华民族的伟大复兴，这个理念全社会都非常认同，知识分子、政治家都非常认同，我觉得也是正确的东西。我们试了几次，苏联模式试不通，试起来之后，核心内容就是工业品的发展，包括做这么高大上的基础设施，包括政府给工业部门优惠，最终目标就是让工业部门长起来。从国际比较上来看，我们处在一个相对来说越来越好的位置上，现在很多工业品确实比国外做得好。

但是，到了现在，到了向后工业化社会转化的时候，丹尼尔的话是有道理的。工业社会的矛盾是人与机器的矛盾，你总是觉得机器不够多，不够好。到了后工业化社会，根本矛盾是人与人之间的矛盾，因为他需要的是服务，服务是人与人之间怎么解决信任的问题，怎么解决相互理解的问题。到了这个阶段，政府按照原来的理念制定很多政策，往工业部门、国家战略大项目上面去倾斜，究竟应不应该占用这些资源做这些事呢？到了后工业社会，这不仅起不到正面作用，可能还有负面的影响。到了后工业社会，人与人之间的矛盾更突出，可能更需要的是民权、民生、社会包容。这些理念更多强调了政府、市场、个人之间，包括人与环境之间的关系。

所以，我们可以看到，这种工业化向后工业化转型，不光是生产结构的转型，其实背后也需要整个认知理念、制度政策的转型。怎么才能转过去？除了理念层面以外，在制度层面上，根本的还是需要对政府的制衡，特别是社会媒体、人大、政协，包括同级政府之间的竞争。各种各样的手段，究竟哪一个手段好，这个问题离我稍微远了一点，我不太研究，我觉得这方面是需要探索的。我举一个例子。我来上海挺多的，也经常出去到处转转，上海的公共服务比北京好很多。我打开上海的电视，包括在出租车上听广播，经常能看到或听到抱怨的声音，哪里的公共服务不好了，哪里坏了，无形中对政府有压力。他会抱怨，他会说这里那里不好，或者他到哪里服务不满意就说。北京就没有一个抱怨的渠道。现在我们最需要就是这些小东西，对于政府的一些监督，一些抱怨。因为服务都是一些很细微东西。如果这点做不到，我不觉得我们现在各种各样的政策在实施层面上会有很大的效果，就算一开始政策制定得很好，一到实施环节层层减码，就变形了。我觉得还是要从制度建设层面、理念层面上做一些充分的调整准备之后，我们的好政策才能凸显出来。

乔依德：谢谢张斌把那篇文章主要的观点讲了讲，非常感谢。在讨论之前，还要介绍一下在座的几位嘉宾。张军老师是复旦大学的。权衡老师是社科院的，本来在经济所，现在到世经所了。费老师是交大的，本来在安泰学院，现在是高级金融学院的。刘海影是搞投资的，他对经济研究也很感兴趣，我们最近把他请来做特约研究员。这位是肖明智博士，是我们基金会的研究人员，一直在帮马骏做一些研究课题，包括宏观经济模型等。

下面我们就根据张斌讲的内容，给大家提 4 个问题：(1)中国经济是周期性下滑还是趋势性下滑？(2)中国是否面临向后工业化社会的转型？(3)如何看待经济转型的主要难点？(4)改革需要什么样的制度建设支持？大家可以根据这 4 个问题谈，也可以不根据这 4 个问题谈。这还是请张斌拟的一些问题。刚才他描述一些现象，到底是周期性的，或者是趋势性的，或者是结构性的？这是很重要的一个判断，如果是周期性的，那当然可能周期再反弹；如果是结构性的，就是成为现在所说的新常态，就是一个新的阶段。另外，对于后工业社会，我们最近讲得不太多，贝尔那个时候讲了很多。

张斌：这个是社会学家讲的。

乔依德：这个当然也可以谈。还有经济转型的主要难点。经济转型综合征，对中国来说是不是转型时必然要出现的，还是中国的特殊情况。这些问题都是大家可以讨论的。

权衡：还是从你这个题目开始，文章发过来我看了一下，首先比较吸引人眼球的是“转型综合征”这个概念。想到问题，转型综合征一定是在经济转型中各种因素相互影响、相互作用而形成的一种问题，这种问题是有因果关系的，也有关联关系的。当然，最后可能讲的是一种必然的结果，这个综合征几乎无解。但是我现在听你刚才讲的，似乎还不是这么一个含义。主要讲的是增长减速、政策刺激，导致更多减速的一个恶性循环，一个怪圈。

第二，关于转型的定义。刚才大家都说，我们比较早的时候是前工业社会到工业社会，后工业社会是一个比较早的分析，就是工业结构变化到服务业结构。从你刚刚分析的这条线路来看，你是按照产业结构变化到一定阶段，随着收入的变化再引起需求结构的变化，然后导致需求引发的供给结构升级，这个在逻辑上是对的，没有问题。因为你按照产业经济学和增长经济学的范畴来看，一定是这样一个内在的逻辑。但是问题就在于对中国来讲，我们现在讲的转型，内涵非常丰富，可能包括增长动力的转型、产业结构的转型、城乡结构的转型。中国的经济转型不仅仅是简单的后工业社会的转型，这是我们今天遇到问题比较多的时候的一个考虑，因为它涉及的面很多。所以你可能会觉得这个问题是非常复杂，也非常难，而且也不是单一的经济增长方式转变的问题。这可能和你的理解稍微有所不同。

第三，经济增长下降问题。首先，长期和短期的问题。前面讲的这些文献，说人口问题是一个长期现象，技术因素也是一个长期现象。你从短期来看，产出率是不变的，就取决于你的要素投入跟劳动资本的组合，或者资源配置的效率。但是长期来看就是技术进步。还有你列出的外部环境的变化，金融危机的影响，这是一个周期性的现象，这是需求层面变化对国内的影响。我觉得对经济增长问题，特别是中国的经济增长，到底在短期来看还是长期来看是下降的趋势，这个要把它分开，得出的结论可能是不一样的。其次，供给和需求的角度问题。研究长期增长问题一定会转到供给问题。消费需求、投资需求，这些东西实际上是短期内的分析范畴，不属于长期经济增长因素。你讲收入，我认为也是跟需求有关系，收入对经济增长跟需求有关系，这也是一个短期的因素。

关于刺激，我同意你的观点。如果经济增长速度是一个趋势性的下降，但采用的政策本身是短期的，就无法解决长期的问题，最后可能是长期的无数矛盾在短期内以更快的频率发生。我 2013 年写过这么一个专报，不能以短期的政策应对长期性的问题。所以你这一点我很赞同。为什么导致所谓的综合征呢？关键就是可能面对一个长期的趋势，这个政策却是在短期的框架内寻求问题的解决。这是我想对你做的一个评论。

关于经济增长转型，我们经济史讲两种。一种就是分工，分工决定经济增长，从制造业到服务业也是产业分工、产品分工，然后效率提高。还有一套研究增长的思路是创新，熊彼特讲的增长，还有制度的创新。为什么制造业发展到今天需要向服务业升级的时候，升不上去，或者叫制造业下降了，服务业供给这块不能满足收入需求的变化？原因就在于，我们有一个亚当·斯密的分工型增长，像制造业分工，但是我们没有一个真正的创新型的增长，或者叫熊彼特式的增长。我们政府的审批制度适合于大规模批量生产，一个一个部门批，完全按工业流程来。服务经济，特别是今天互联网服务化以后，扁平化了，没有什么中心。从这点来说，可能解决综合征的根本在于推动熊彼特意义上的制度创新，通过制度创新诱导技术创新，诱导企业家的创新，激发市场，就是微观的市场。

今年上海投资增长下降很快，经信委很着急。商务委也开会。我们加工贸易下降很快，怎么办？认为在这个阶段是不是出台一些鼓励政策扭转下降趋势？我说上海如果还在强调加工贸易，这个转型创新就不要去讲了，上海如果还在靠加工贸易来维持增长，我觉得是没有意义的。

张斌：上海现在人均GDP多少？

权衡：现在是2万美元。

乔依德：1万多。

张军（复旦大学中国经济研究中心主任）：按PPP计算基本上2万美元左右。

权衡：经济学里一般有两个解释，一个是资本边际效应下降，这是一般的规律，第二是经济增长率下降。你前面列的文献里讲的TFP下降，经济增长率90%是因为这个原因导致下降，大家喜欢用这样两个解释经济增长到一定收入时的下降，边际生产率下降，边际产出下降。上海是不是因为这两个原因导致增长力下降？主要原因在于，我们这些年的成本因素是一个很大的问题，特别是劳动力的成本、土地的成本、商务的成本，包括我们流通领域的物流成本。我们经济运行当中光是物流成本就占到GDP的20%—25%，美国这些国家物流成本只有5%到6%。资本回报率下降了，投资意愿就要下降。过去我们因为成本低，回报率就高。现在上海到了这个阶段，全国也是这个问题，因为劳动力成本因素上升，包括交易成本，腐败问题也是交易成本，这个也是要消化掉的，所以投资下降是必然的。

在这个意义上怎么办呢？我们"十二五"时期，强调比较多的叫创新驱动，这个有点太超前。最近在做"十三五"规划的时候，大家有一个看法，创新驱动在"十二五"要么没有创新，要么有创新没有驱动，根本没有达到"十二五"提出的目标。为什么创新驱动没有太明显的效果？很重要的，可能你还在要素驱动阶段，还不是创新驱动的阶段，仍然是效率驱动。按照国外的一些文献，效率驱动这个阶段，在技术进步不变的情况下，生产要素框架是既定的，唯一能做的事情是怎么提高生产要素的组合比例效率，怎么提高资源效率，怎么提高现有的劳动力效率，怎么提高土地资源利用效益。在这个意义上，随着长期技术进步，全要素慢慢上升，现在已经下降了。我们能不能通过提高效率驱动这个关键的环节来增加劳动、资本、土地产出效率？这是不是可能先于创新驱动？因为创新驱动的核心因素是技术创新，当技术创新在短期内无法实现的时候,效率驱动是不可逾越的。我们原来讲要素驱动,现在一下子提创新驱动,就意味着你要在短时间内改变你的函数,实际上短期很难做到,除非短期内有一个巨大的技术突破,而实际上没有。所以只能在效率驱动上来做。

我大致这样做一些回应,说的不一定对。

张军: 预测未来潜在增长率,这是个很难的事情。文献里面无非就是从收敛的框架来思考这个问题,跟离发达国家的距离有关系,越靠近它时速度会越慢,这个是基本框架。这可以帮助我们思考未来增长率的一些变化。

但是,我觉得经济学家很难准确估计潜在增长率在未来的变化,这的确非常复杂。关于中国现象,张斌有这样一个想法,这些年我们增长率是在持续减速,然后政府又用了很多政策来处理这样一些现象,所以他可能有一个看法,认为这个减速是一个长期的趋势。

我的想法就是说2007年以后增长率有一个减速,的确是短期政策上的问题。坦率讲,其实就是一个调控问题,如果不是用这种调控方式,我想GDP增长率会比现在更好。你看去年投资还有20%,今年只有17%,原因很简单,因为现在政府不愿意把它加上去。所以这本身是调控造成的,现在甚至连正常的投资都有点谨慎了,我觉得这是把这两年的增长往下拉的主要原因。

如果我们把增长现象放到一个更长期的角度来看的话,我个人的看法是:这两年的实际增长率应该是低于潜在增长率的。因为到目前为止,我们没有找到证据来证明,比如说2007年以后我们潜在增长率是低于7%的,没有这个证据。也没有人给出一些研究。刚才张斌讲,2002—2007年增长率是往上走的,大概10%的样子,2007年以后下来,大概接近9%吧。所以从这个意义上讲,有什么理由说2007年是一个拐点,是什么事情让2007年把这两个阶段分得这么清楚?我觉得是没有的。原因很简单,因为2007年百分之14点几的增长率是过热的,所以2007年以后采取紧的政策,把过热的经济拉下来。即使这样,8%—9%没有问题,实际上2008—2009年都接近10%了。投资增长率下降非常快。刚才讲到上海,我想全国应该都是这个情况。今年上半年只有16%—17%,这还是名义增长率。

到底为什么增长率应该保持这么低?我觉得理由是不充分的,至少目前我没有看到理由。如果你把2005—2007年作为一个异常现象拿掉,因为那时房地产过热,这条线基本上还是平稳的,并不是通常大家理解的很明显的拐点。这是短期。

长期来看，现在很多人说中国长期的增长率不可能这么高，这不可能错。我不能说中国经济过了35年以后还可以加热，这当然不可能。问题在于，是什么因素在超前变化，让这个经济增长率慢慢下来了？我想最重要的变化还是人口转型这样一个变化，而且这个变化在文献里讨论最多，其他方面的变化虽然大家都可能提到一点，但是文献没有。所以我们只能暂时相信，是人口统计学的证据来支撑所谓的拐点，就是劳动力增长率在放缓，导致2005年以后局部地区工资开始上涨，劳动力供求关系有一些变化了。到今天，工资上涨不仅是沿海发达地区的情况，内地上涨也很厉害，沿海和内地一线工人的工资差距没有很大。如果工资上升跟土地指标有关系，那应该沿海要高得更多，但实际上没有。在制造业里一线工资上升是一个普遍现象，所以只能用人口统计学特征来解释。

从长期来讲，它的影响非常明显，会让经济增长率下来，因为成本上去了。但是这不像日本在70年代初石油危机导致生产成本上升，中国是一个缓慢变化的过程，随着经济增长，人口出生率不断下降，农村向城市转移速度越来越慢，最后导致劳动力供给速度越来越慢，在2012年前后，劳动力基本上是零增长。

张斌：负增长。

张军：这是唯一在文献里找到的证据，这是明显的变化。其他方面的变化，我们没有看到证据。仅仅这一个变化，我觉得也可以解释中国增长率不可能像过去那样保持接近9%的增长，这不可能。实际上跟人口统计特征变化相关联的，还有其他的一些单项的占比指标，到底是哪一些指标，还值得我们去发现，去讨论。不仅仅是说工资在上升，其他方面，比如说张斌讲到一些需求的指标，是不是跟这个有高度的关联？我觉得需要去研究。比如说需求结构的变化，在哪些消费品领域里，我们占比的变化是不是到了峰值，接下来是不是会下来？会不会因为人口统计学的根本性变化，导致家庭储蓄率、政府储蓄率也发生相应的变化？因为通常我们讲经济的下降，经济的减速，背后跟储蓄率的变化有关系，储蓄率变化可能跟人口结构变化是有关系的。

但是不管怎么说，成本变化是一个内生缓慢的现象，不是外部的振荡引起的，所以这跟日本的情形不一样。日本在遇到石油危机跟汇率大幅度升值以后，它在70年代的增长率是剧烈跳下来的。因为这个是外部变化，它没有足够时间来消化。我相信在中国这个现象应该是一个缓慢的过程，也就是说我们的增长率会逐步下来，这是遵循收敛的基本规律，如果没有突发外部事件的话，应该是这样一个过程。

所以，我认为2007年和2008年以后的经济减速，是有很大的政府管控成分在里面的，这并不代表我们的潜在增长率已经到了这样一个水平。从中长期来看，可能过去10年，由于劳动力市场结构在发生一些微妙的变化，趋势上看我们劳动力成本是在逐步上升的。我觉得这个过程对中国经济的影响会更长远地表现出来，而且这会跟东亚四小龙比较接近，东亚四小龙也是比较明显的人口统计特征变化逐步引发一系列的占比变化，逐步帮我们认识经济增长率长期的下降趋势。1997年金融危机可能使东亚四小龙的经济增长下降幅度稍微大了一点。但是在1997年以前，其经济增长下降其实是非常缓慢的。我想中国应该也是这样一个特征。

到底未来10年或者15年的潜在增长率多少？这的确很难说。IMF假设未来10年、15年的投资率是多少，先要假设一下，给出了两个方案，一个高，一个低，比如说35%是比较高的，25%是比较低的。劳动力那部分本身是负增长，基本上会拉掉GDP增长率，而不是推动GDP增长，这也可以作为一个假设。然后在总量函数里面，用过去20年的增长数据，假设参数没有大的变化，把投资率假设放进去，把劳动力增长率假设放进去，应该会算出TFP的增长。在他们的这两个方案里，第一种情形TFP比较高，第二种情形TFP比较低一点。我印象中一种情形是2.2，一种情形是3.5，大概是这个范围里面。你看过去20年或者30年里，对于中国TFP增长，绝大多数文献基本上说在3.5到4这个范围里。

这样的话，从概率上讲，这个二点几跟三点几，你说要低于二点几，这个概率是零，不可能，除非你认为中国模式就是前苏联的模式，我想可能绝大多数人都不相信。但是你说要高于3.5，这个也比较难一点，因为考虑到你的收入水平很高，劳动生产率跟前沿之间的距离大大缩小，所以不像过去模仿空间那么大的时候进步那么快。所以从这个意义上来讲，你大概知道了TFP未来在2.5到3.5这么一个范围里面，它对应的GDP增长率也可以测算出来。它用排除法基本上排除9%，也排除6%，低于6%、高于9%都排除掉了。考虑到中国未来TFP可行的一个增长的区间，对应的潜在增长率应该是不高于9%，但是不低于6%。所以7%、8%也应该在这个范围，你说6.5%也在这个范围里面，你说7.5%也是在这个范围里面。

这其实是一个非常粗的匡算，你说这有多大价值？也没有多大价值。TFP为什么这么重要呢？你仔细想，投资率的高低实际上最终是由TFP决定的，因为投资的高低其实取决于投资回报率在长期能不能维持，回报率高低在短期来看跟需求有关系，现在没有投资机会，当然回报率就很低。但是从长期来看，有没有投资机会，其实看 TFP，因为 TFP 背后代表产业升级。实际上你讲需求结构也好，你讲投资结构也好，所有这些在经济学里都可以用一个逻辑来表示，即汽车人均拥有量跟世界平均水平，或者跟发达国家的水平距离是多少。比如说 10 年前距离很远，今天可能已经到了中位，这个变化本身你可以度量它未来的需求空间。但是反过来你也可以度量投资的空间。没有必要过分讨论是需求还是供给。比如说住房，我曾经讲过这个问题，可能在 90 年代中国人均住房面积很小很小，所以房地产发展空间很大，现在经过 10 年一下子把份额提高了。张斌讲到出口问题，可能我们的很多产品在世界上出口的份额增长很快，有可能 2001 年加入世贸组织让这个份额大幅度提高。在 20 年前这个份额很小，所以出口可以扩张很快，你可以说这是需求，你也可以说这是供给。但是如果现在的份额很大，就不可能很快提高了。这既可以理解为需求的方面，也可以理解为供给的方面。这些变化是非常非常重要的，这些东西直接影响 TFP。

未来 TFP 是 3 也好，2 点几也好，从哪里来？我觉得这个来源要靠升级了。等到我们像韩国、中国台湾这样的人均水平，TFP 大概在增长 2%以下，美国只有 1%。当完全靠研发投入来支撑技术进步，你的进步每年就 1%多一点。中国要出现这个现象恐怕是很长远的事，不可能短期里降下来，日本在 70 年代 TFP 突然变成负增长，那是外部因素造成的。如果完全是内生现象，随着人口变化，工资慢慢上升，然后产业不断升级，我想这个 TFP 会维持。正常情况下经济发展是这样一个过程。所以，我觉得在这个过程当中，产业升级伴随着结构的变化，服务业比重当然会慢慢上升，服务业吸纳的劳动力比重也会上来。现在有些学者提出一个概念，就是“过早去工业化”。

张斌：主要是讲拉美。

张军：后来有些人把它引到印度，发现印度有这个问题。最近我跟学生在一起看世界银行的数据，发现四小龙也有这个问题。在很多新兴市场国家里人均 GDP 还比较低的时候，制造业吸纳劳动力比重就下来了，它的峰值已经过了。欧美发达国家，这个峰值在人均 GDP 比较高的时候达到，然后再下来，这个时候再转向服务业了。这个结构变化在第一代发达国家跟战后这些新兴工业化国家，其实很不一样。所以丹尼尔说新兴市场国家出现了过早去工业化，他认为这会带来一系列问题。

但是，我们把更多国家放进去以后，就找不到一个规律。也就是说，很多国家很可能在更低的人均GDP水平上就下来了，而且是没有规律的。所以，去工业化这个现象是有的，但这是好事还是坏事，你没有办法说，除非你知道这个工业化峰值对应一个什么样的人均GDP水平。但事实上你判断不出，因为它是乱的，因此这个现象就比较复杂，即使有这个现象，也并不意味着那些过早去工业化的国家就错了，不一定。除非你能给出一个最优的工业化水平所对应的收入。张斌，你那个数据里有没有中国工业就业的比重?

张斌：工业增加值从2008年之后开始往下走了，我们其实是世界最高的了。

权衡：就业下来早。

张军：这个过早去工业化的现象在很多国家都发现了，但问题是你找不到一个所谓最优的做法。比如，你可以说在人均GDP1.5万美元时达到峰值下来是正常的，然后把这个作为规律，但现在没有这个规律。韩国、日本，包括印度等很多国家，的确都出现了这个所谓的过早工业化，相对于欧美发达国家是过早了。当然要用PPP，否则没有办法比较。这个问题我觉得在中国也会出现，也许会有人拿这个说事，这个要小心。

另外，我有几个东西要跟张斌讨论。第一，我听你说PPP用2005年作为基期?

张斌：我不是用2005年的。

张军：PPP不是每年有，这个PPP在2005年是用美元来计算的。

张斌：人均GDP有一个PPP折算之后当年的国际元，用当期价格折算，折成国际元多少。

张军：这个有意义吗? PPP本身是一个价格指数，它是有基期的，否则我用PPP干什么呢?

刘海影（卓越发展研究院特约研究员，上海国富投资管理有限公司首席经济学家）：PPP是人民币和美元每年都有一个折算比例。

张军：他们公布进行跨国比较的话，一定用某一个基期，比如说2005年或者2000年基期的美元来做价格指数，比如说美元跟人民币，或者美元跟英镑是这样一个换算，不然怎么进行比较?

刘海影：它是每一年比较。

张军：你都可以换算成2005年价格美元。

乔依德：长期的趋势必须要基期。

张军：第二是关于ICOR（增量资本产出率，Incremental Capital-Output

Ratio)。这个指标只有长期看才有意义，短期看没有意义，因为它是需求方。你一旦遇到商业周期的时候，高峰跟低谷这两个指标算出来很大，但是经济不可能变化，你说资本存量变化有这么大吗？

乔依德：它是倒过来算的。

张斌：还有伍晓鹰也做的。

张军：伍晓鹰的那个根本不可信，伍晓鹰他自己相信吗？你到你老家看看有没有 TFP 的增长？这个自己都不能相信。他到澳门来，我们参加一个会，我就问他这个问题，那个时候他已经在干这个事了，你自己相信吗？你说 TFP 低，随着商业周期的变化，经济下行的时候 TFP 往往都很低，这个很正常。但是 TFP 这个东西也要长期来看，起码要 10 年、15 年、20 年。所以这个 ICOR，如果你把发达国家、高收入国家的 ICOR 拿过来看，当然这个不完全可比，他们在 1981 年是 6.32，2001—2010 年是 11.62，发达国家显然比新兴市场国家的绝对水平要高，但是它没有那么大的波动。当然我觉得短期的波动其实并不代表长期的趋势。

乔依德：张斌你在前面的分析讲到收入水平，从人口角度讲得比较多。我觉得里面基本上没有提到土地，当然你后面讲供给的时候谈到了土地。从要素角度来说，土地还是很重要的。你可以从人口占有土地这样一个角度来看它的分布变化，因为工业化、城市化，人口向城市集中，现在土地价格也很高。再加上我们国家对工业用地在政策上是比较优惠的，造成居民用地、住房用地价格比较高。这可能对经济增速带来影响。从要素的角度，这恐怕也是一个问题，应该考虑进去，土地本身是这样一个投入要素，在经济发展过程中有很大变化。

张军：地价的变化，很多人理解它对资本没有影响，从定义上讲，土地价格变化，土地升值不增加资本存量，所以是没有影响的。但是我们实际上在统计里面，资本形成包括土地上建筑物的增值。你想一想建筑物的增值跟地价当然有关系，地价涨了，房价才能贵，实际上它是有直接关系的。这就是你讲的，土地价格上升了以后，实际上它在资本形成里是有反映的，所以这些年投资率高的原因也是因为土地价格。

乔依德：包括对劳动力也是有影响的。

费方域（交通大学中国金融研究院副院长）：这个领域我基本上不碰了，所以我也谈不出什么。我直观地听了张斌的介绍，我不知道他为什么要做这样一个题目？是不是现在大家都觉得是有意思的一个题目？我不知道这个题目是实际问题导向得出来的，还是理论问题导向得出来，还是纯粹写文章得出来的？这样界定的转型是不是现在国际上大家关心的一个转型，还是我们国家现在讲的转型？我们国家用词都是用得很含糊的词，政治化的词，从来没有准确过，大家要解释。这样的话，你如果把它作为一个词，现在大家听的转型主要指什么？"转型综合征"，这又是另外一个问题。我们提出转型，是把它作为药方开出来，还是作为病症提出来？还是两者都有？

权衡：因为这个药方导致这个病症。

费方域：因为我已经很长时间没有看这个领域的东西了，我来了，老乔看到我不说话也不好，我就光提问题。

第一个问题，你为什么要提出这样一个问题出来？你这个题目里面有两个含义，一个含义是转型，这个转型给它限定为工业化向后工业化，这样的话，这个题目是一个理论导向型的，还是实际问题导向型的，它和你们做这个领域研究的或者我们国家现在关心的，这两者的关系什么？这几年或者这一届政府执政以后，主要谈的就是转型问题，一直谈。

第二个问题，你后面一半谈的是综合征的问题，诊断以后当然要开药方。这个诊断是对转型本身开药方。如果你要对转型开药方，你首先要说它是针对什么来的，它是怎么样的情况，它的病症表现是什么，然后你对它开药方，这是一个问题。

我现在全当我们回到转型来。如果把转型简化为一个结构，这个结构可以是多种结构，不管需求供给结构也好，或者社会结构也好，或者劳动力供给结构，你在讨论这个问题的时候，整篇文章是在一个什么样的框架下讨论？你是从社会理论谈这个问题，还是从发展理论谈这个问题，或者说另外再辟一个，你是在什么语境下来谈？这样大家就可以相对集中来讨论。

谈到结构和增长的关系，这个问题过去是有人谈的，好像也有谁为这个拿过诺奖，通过产业结构调整可以使经济增长。但是这个东西基本上做了实证研究，现在可以把它作为一个很好的计量模型。

这里的讨论如果把转型和增长联系起来，如果你还是围绕增长来谈转型，这就涉及刚刚提的几个具体问题。比如说，刚刚谈到劳动力问题，谈到全要素，谈到土地问题等等，如果谈这几个问题的话，它们实际上都是有自己相应的模型。这几个模型本身和你整个总体联系这是一个，然后再每个东西分别来谈。比如说谈劳动力的问题，实际上我们现在讨论劳动力问题有点太简单，包括他们搞人口的。因为我不搞社会学,我是完全胡说,胡说有的时候就方便。比如说过去我们讲日本最初10年,当时他们做结论是用卢卡斯那套东西做的,第一是劳动人口减少,第二就是劳动失业率减少。如果是这个结论,马上会有一个问题,后面10年怎么样?后面又出来10年,这个10年里是不是也是这样,如果有变化,前面那个结论就有问题了,前面那套理论框架全部都要重新考虑。

我们现在一讲老龄化,还有一些新的因素,人口转移、机器人的使用、那么多闲置人口等等。说产业转化以后不一定是生产线上的东西,你可以做服务业,这对人的要求都不一样了,像这个新的现象,在传统领域里是被忽略掉的东西。现在碰到金融危机,挑战很大,就在很大范围里把过去的金融理论否定了,就提出了新金融。那么经济学是不是也有这样的问题?

刚才你讲到生产率的问题,其本身的增长率问题。过去30年,实际上是生产率提高。

权衡:生产率的概念是什么?

张军:应该是全要素。

权衡:是全要素生产率还有资源配置本身的效率,这个也要考虑。

费方域:结构肯定和生产率有关。比如说不同地区,不同部门,不同所有制,转型以后生产率就不一样了。通过这种转型,这块东西到底有多大。还有老乔讲的土地不动产。还有关于制度问题,我们现在讲制度是硬装上去的一个东西,你说对也对,但是它不包含在里面。实际上这个结构里面很多都是改革。你会发现,中国人讲改革,外国人听不懂,你要把改革划入外国人能听懂的一个个具体的项。讲改革在哪几个变量发生了变化,他就听懂了,而且大家语言也通了。因为我们的领导没有受过训练,他从实践概括出这个很重要,那个很重要,这个突破,那个突破,把这些统称为改革。你要把它还原,还原成对应的是哪一个变量,这样的话,整个结论就从里面出来了。比如说户口改革对应什么东西,比如说是流动。现在工商注册改革对应什么,是就业人数可以大大增加,就对应成这个东西。

权衡:具体的。

费方域:要把这两个东西对应起来。现在这方面有两个意见分歧很大,我参加过一个会,参会人员基本上是各个国家央行行长,或者一些研究首席什么的,他们对中国经济增长这块一直看到6甚至5都有,都往下看。在经济决策位子上的人都比较乐观,所谓的办法就是把未来的东西,把长期做的东西放到短期来做一点。

现在经济往下降的基本原因是什么，是现在体量大了不可能一直这么高，还是你本来做的东西已经把后面的透支掉了，你现在是在还前面的账？现在我们的基本判断是什么呢？现在大家实践下来不得不承认，往下行的东西扛不住，不能在原来预计的基础上乐观计划，因为他们要编后面的规划，要假定守得住还是根本守不住8或9。这个做出来的计划完全是两套东西，他们算来算去，实在不敢承担，不敢跟中央说我能够承担那套东西。他只能说肯定往下走。一个是发展型，一个是抵抗型。抵抗到底是什么，是还前面的账，前面投资太多了，产能过剩，还是什么？

权衡：费老师的意思是，如果从写一篇论文的角度讲，你要有一个还原，逻辑上有一个说明，你这个转型怎么和经济减速挂起钩来，这个方法要说明。转型是很大的概念，我们现在讲转型过程中经济出现减速，这两者逻辑上的关系是什么。

刚才提到增长速度的问题，经济学比较多的就是全要素生产率，速度是低还是高取决于全要素生产率低还是高，这是一个框架。我有一次开会，听周其仁讲一个道理，增长速度高低还取决于质量的好坏，有质量的增长速度下来是没有问题的，如果质量不高的话，速度不能下来，下来就死光了，我觉得也有道理。这当中怎么来考虑？现在我们讲得比较多的经济增长，到底是因为转型导致的下降，还是因为我们全要素生产率自然下降导致的下降，还是因为外部因素周期引起的下降？从做一篇好论文来说的话，后工业社会经济转型，要说清楚这个转型怎么跟我们国家现在这几年增速放慢在逻辑上挂起勾来。

张斌：听了前面的发言我特别有感触，我先做一点反馈。刚开始张军老师和费老师提的问题，我之前报道过很多次，没有听到很好的意见，今天很有收获和帮助，可以把这个文章的一些部分说得再清楚一点。

第一，关于潜在增长率。在文献里看到，潜在增长率传统上就是看一个指标通货膨胀，你看总需求是不是大幅超过总供给。从现阶段上看，如果超过总供给就会有通货膨胀，所以判断经济过热，或者判断是不是超出潜在增长率就看通货膨胀。但是这个指标在最近这两年是不对的，其实文献里从2008—2009年开始就是不对的，他们引入一个新的概念“金融周期”。从美国爆发金融危机的例子和日本爆发金融危机的例子可以看出来，虽然没有通货膨胀，但是金融资产价格泡沫很严重，之后经济增长一下子下去了，事后证明增长率是不可持续的。把这个东西套用在中国经济上来看，如果我们看中段，我们看到物价甚至还有下行的压力，从这个意义上来看，我觉得没有问题，中国增长率可能在低谷了。我们过去几年债务杠杆率提高这么快，5 年时间 25%，这样金融风险非常大。现在的增长速度根本不能持续的。如果还按照这种快速增长下去一定会有金融危机。一旦有了金融危机，增长率就不能持续。

第二，费老师跟张军老师的问题。这个研究刚开始谈不上什么导向，因为我希望自己能够理解这个问题，能够找到说服自己的一个解释。确确实实想要做下去，它是有文献基础的，必须回到文献里去，回到理论上去。张老师提的，是非常严格的一个新的增长框架，就是看两个东西，不知道我的理解对不对，就是看 Liber 和 TFP。但是我觉得它们的解释能力太差，如果这样的话，世界经济就会收敛。其实国家能赶超是一个例外，绝大部分国家不能赶超。我觉得它回答不了增长的原始动力问题。

还有，这个框架从理论的角度去看，即便对于对发达国家的增长，也是一个理论上没有解决的问题。增长理论过去一二十年也开始慢慢有多部门增长，结构性的增长是不平衡的。我们一旦把经济的结构性因素考虑到增长模型里面去，以我看到的文献，到目前为止没有一个好的文献能够把它解释清楚。简单说一个例子，比如说你刚开始就生产一种鞋子，那就是技术和劳动投入的问题。如果我生产红鞋子跟绿鞋子，我生产两种鞋子，假定 TFP 都是不变的。就是因为偏好的变化，随着我的收入增长，我更偏好一种鞋子，不喜欢另外一种鞋子。如果有偏好变化，谢丹阳他们在 2001 年的那篇很重要的文章里讲，在那种情况下经济基本上只有一个弱稳态，没有得到一个强稳态。这只是一个简单的处理，就是我这个偏好是事先给定的——喜欢红鞋子，不喜欢绿鞋子。现实的情况更复杂一点，我们看历史数据，随着收入水平的变化，确实是服务业产品和工业产品的收入弹性在变化，到目前为止它们没有很好地纳入到模型里面去，增长模型里面放不进去。我们没有这样的模型，数学没有办法处理这些东西。如果能够放进去的话，我想仅仅因为这一个因素，其他条件都不变，就可能让增长率不一样，就算 TFP 没有问题，劳动变化没有问题，就是因为收入在增长过程中居民消费偏好的变化，也会带来增长率的变化。这在理论上面没有得到解释，但是在实践上是有一定的解释的。丹尼尔最近写的文章可能有一定的启发。他讲的是，凡是能够从农业社会走到工业社会这一步的，很多国家是通过政府的有形干预，包括关税壁垒、贸易保护、各种各样的工业政策扶持带入工业化的。他讲在制造业里，赶超是无条件收敛，当制造业达到一定比例，看国际上的经验，那个比例是 40%，最大上限是 40%，一旦到了这个上限，如果再要增长就不一样了。他讲了两个驱动增长的根本力量。第一个驱动力量是政策，工业化的政策，可以促进从农业社会到工业社会。

第二个，他讲的是人力资本和制度。这个后面力量的关键作用在于工业到了极限之后，如果再往上就是人力资本和制度的问题，就靠它们才能让TFP继续增长。为什么有一些国家能够赶超到美国的20%，有一些国家能赶超到70%—80%，到了一定比例之后差距虽然摆在这，但是你就过不去了，能过得去还是靠人力资本积累和制度政策的问题。

还有刚才张老师讲的，也是我说得不太清楚，为什么我会讲政策性的东西，如果写一篇学术论文，那些就砍掉不要了。从我自己的认识角度，现在最大的问题就是服务业问题，这里面有公共服务业，还有政府之外的服务业。服务业发展的最大制约因素就是在这些管制上面，而管制背后的问题主要还是对政府的制衡。我认为从这个角度把逻辑给理顺了。如果没有这些作为基础的话，我们现在的改革政策可能也不会发挥什么实质性的效果。最主要的是从这个角度把这些东西放上去。

接下来我想做偏模型一点的东西，看能不能把收入转型放在增长模型里，这些东西从数学角度基本上没有办法做，但还是可以做一些东西。

还有刚才费老师提的这是理论问题，还是实际问题，我自己的感觉，应该是从实践出发的一个问题吧，我刚开始没有想到做理论上的东西，我刚开始就是想能够对这个问题有一个完美的认识，能够解释前面这些现象，真正回答这个问题还要回到一些理论模型上才能说得清楚。

转型和增长的关系呢？我觉得凭这个框架，说不清楚为什么潜在增长率大幅度下降。但是能够得到的是，因为现在那种供求的不匹配，它能够解释一些近期的经济增长率。因为需求发生结构性变化，但是供给方没有做出相应的调整，这样供求不匹配，所以带来这种阶段性增长动力的下降。

权衡：讨论潜在增长率，我觉得收敛可能更多地用于解释潜在增长率，和发达国家差距越远，用收敛来解释是没错的。但问题是，现实增长率和潜在增长率又有距离，这个距离怎么能奔得快呢？取决于这个路途是不是很平坦。这就是中国当前最需要解决的问题。比如说，上海前两年试点营改增，为什么要营改增，为什么税收要改，信用体系要改，监管要改，投资体制要改？因为不改，服务业就外包不出来，转不出来。服务业，我们可以理解为专业化到一定程度的再分工，再外包。但是这个税收是多重征税，它就不愿意出来。

费方域：营改增现在到底是增加负担还是减少负担？

权衡：现在总体是减少的。按照上海财经大学一位专家的研究，百分之九十几是减少的，但是对交通、物流这些是增加的。总体来说是减负担的。

张斌：还有我想请教大家，我只是一个猜想：你讲的高附加值工业，高精尖工业，它的根本依据是不是来自比较发达的服务业？

权衡：当然是服务业。

张斌：我们不讲因果关系，就从现象来看，最高端的工业部门相对应地有一个比较高端的服务业部门。如果说要真正把我们的高附加值工业接着走下去，使得在TFP上的差距尽量缩小，它的依托是不是来自服务业？

刘海影：其实我觉得，你的框架里面比较重视服务业和工业相对应的份额问题。但是如果按这个顺序走的话，还是有困难。因为服务业的生产率增加比较慢，这是全球性的现象，实际上美国增速慢和这个也有关系。归根到底，要讨论还是理论框架本身，现在是不够用的。我们怎么去解释或者去预测一个国家未来一段时间里的增长率，我们现在的理论框架是不够用的，以传统古典的生产函数作为依托和分析，从这个角度走的话，它是一个自我循环。增长率为什么快呢？是因为TFP快。TFP为什么快呢？TFP是一个残差，实际上是由于增长比投入快，所以TFP快，这是从理论模型角度讲。所以，还是缺乏一个框架去解释一个国家所拥有的这种收敛的潜力在多大程度上能够被实现。要解释长期增长速度的话，大的框架肯定是看收敛。但有些国家收敛得很快，有些国家收敛得很慢，这是我们需要去解释的。收敛得快，体现出来的结果是TFP快，但是我们要对TFP做出一个解释。实际上我感觉，现在政府、学术、投资界对于未来经济增长增速的估算，我认为是有蛮大落差的。政府估算还是比较乐观一点。学术界也有乐观的，像林老师和张老师。但是在投资界而言，其实我们的估算是远比这个估算要悲观，大部分机构投资者认为也就是5到6。估算落差这么大，其实是有极其现实的政策含义在里面。如果它是8到9，应该是什么政策；如果是5到6，应该是什么政策，得出的政策导向是完全不同的。所以这不完全是一个理论问题，而是一个很重要的现实问题。

归根到底，我们怎么样去估算，这个理论框架能不能提供一些根据。我同意你刚才讲的就是，潜在增长速度以前的依据是通货膨胀，这个依据肯定是不正确的，要估算到泡沫导致的虚夸因素。但这是一个比较个别化的考虑。如果要从理论框架的角度讲，我觉得还是要去重视赶超的潜力怎么变成实际的赶超速度。张斌的理论路线是想从工业和服务业到区分去走这条路。我认为可以从出口和非出口走这条路。有一个研究说，凡是进入到全球产业链条的那些产业，它内在的 TFP 提升速度在各国几乎是同样的，都是蛮快的。各国经济发展速度的不等，不是由于这些国家出口行业增长速度的不同，而是这些国家把资源配置在出口行业的份额是不同的，这是造成增长速度区别的一个关键所在。

所以我的路线，是把它分成出口行业和非出口行业。出口行业的含义是什么呢？它是我们最大的，也是主要的通道去实现所谓的收敛，去实现所谓的后发优势，或是 distance to frontier（与发达国家的距离），是透过这种出口行业加入到全球的分工链条之后，它们具有最快的能力去把国外的先进技术流程引进到国内来，导致了在微观层面的生产效率的提升。所以你刚才讲的，我们中国过去多少年，比如说 2001—2007 年中国出口增长速度是 25.8%，相应的中国非出口行业远低于 25.8%，由于有了出口行业极高的增长，导致一个涟漪效应。国外的新兴技术对于中国的传导和学习过程，第一波体现在出口行业，然后是为出口行业配套的各种本地化、国产化零配件，配套的零配件行业能够承接第一波的技术转让和技术进步，一轮一轮往下扩展。如果用这个框架去算中国的经济增长速度，我算过一个账，在过去这 10 年时间里，中国出口行业是百分之二十几的增长速度，而非出口行业大概是个位数的增长速度。

张斌：这个不可比吧？出口增长速度是一个产值增长速度。

刘海影：没错，是有不可比的因素。但它背后的意义是什么呢？是出口行业的技术进展速度比非进口行业更快。

张军：我觉得应该是这样解读。出口行业因为参与国际链条竞争，所以它的效率高，所以投资回报率会高，它会吸引更多的资源到所谓贸易部门，贸易部门的扩张就比较快。到了一定的份额，出口份额会下来，出口行业成本开始上去，然后就会出现资源开始往非贸易部门转移，就慢慢拉动非贸易部门的生产。

张斌：在这个过程当中，非贸易品的相对价格改善。

刘海影：所以如果你的出口速度降低……

张斌：说贸易品、非贸易品比较好。

刘海影：对，说出口比较简单嘛，比较顺畅。如果它以比较大的速度降下来的话，整个中国经济的增长增速会有比较大的降低，这是一个链条。第二个链条，是想跟张老师探讨一下。张老师说我们没有看到一个现象能够告诉我们,凭什么现在中国的潜在增长速度就下来了。其实这个现象,就我们做投资的来看是蛮丰富的,核心的就是中国投资回报率出现急剧下滑,不管在宏观层面还是微观层面都是这样。包括我们上市公司的ROA和ROE,在2007年之前是一个状态,在2008年之后是另一个状态。从宏观角度讲的投资回报率、资本存量比来说,也是在那个状态。实际上我是比较重视一个指标,也是有common sense(常识)的,就是过剩产能这个问题。

张老师刚才有聊到,如果现在的投资增长速度不是17%,而是去年的20%或者25%,我们的增长速度肯定不会这么低。由此得出一个猜测,说是由于政府在压制增长速度,所以我们的增速是比以前增速低。但是我的角度不一样,认为这个增长速度低,或者说正在降低,它背后的压力是现实的,这个压力就在于各行各业都出现了巨大的过剩产能,以至于这些行业里面的投资回报率都在降低。在降低的情况下,我们相当多行业的投资回报和资金成本是倒挂的。我们的国营企业,全中国拉平来看投资回报率大概只有4.2%左右。民营企业高很多,不同估算有不同的数字,有8,有9,有10。但是整个国营企业大概4点几,远低于它们要支付的资金成本。从整个中国的投资回报率而言,现在基本上是在资金成本附近。投资回报率这么低,它反映的是我们过剩产能的严重程度。这个过剩产能之所以严重,是由于在行业里面有大量的僵尸企业没有退出,或者退出数量是非常低的。

在这种情况下,我们之所以担心债务问题,是因为大量企业仍然依靠融资才能维持生存,否则按照正常的市场经济,很多企业会倒闭,会释放失业出来,也会导致投资更大幅度的降低。由于我们没有让这些本该破产的企业倒闭破产,才维持了经济增速没有急剧下滑。但是由于有这么多行业、这么多企业的投资回报率是不足以支撑的,在这种情况下,我们仍然维持着相当高的融资来支撑这种过剩产能的行业,所以我们这些年的债务杠杆比例是急剧飙升的。我从BIS国际清算银行得到一个数字,我们的非政府债务占GDP比例,现在是全球主要经济体的第一名,是186%。美国在2008年的时候,曾经高达182%左右,这5年降低到165%。日本最高的时候到过220%,花了20年时间现在降到160%多。欧洲金融危机时是162%—163%,现在还是在162%—163%。中国从2007年的125%,直线飙到186%。实际上这么高的债务比例,它本身不是一个数据问题,你说我负债多一点,但我们居民储蓄多,或者说让居民负债高一点就把它抵消了,不是这个问题。它背后反映的是很多企业该倒闭没有倒闭的问题，是资源配置的不合理问题。如果有那么多企业该倒闭却没有倒闭，那么多的产能放在那边而无法发挥的时候，继续加入投资其实是在进一步加大过剩产能，而不是消减过剩产能。如果我们去看投资回报率所体现出来的中国实际投资效率的话，其实问题是比较严重的。

所以，核心的要点是，一个经济体能否取得高速增长，取决于该经济体能否把充分多的资源配置在有效的投资机会上。这个有效投资机会是否有效，其判断标准不在于我们人均资本存量跟美国的差距是多少，而在于这么一个投资机会未来能够带来的回报是否可以覆盖它的资金成本。用这个标准去衡量的话，中国目前能够创造出来的有效投资机会，跟之前相比出现了急剧萎缩的状况。解决这个问题所需要的变化并不是在宏观经济层面，比如说积极财政政策或者宽松货币政策，在这些层面是不能够解决的，而是需要深入到经济的微观运行层面，对于企业是否成功或应该被淘汰，有一个市场化的机制去处理这些问题。如果有很多企业需要被淘汰的话，这个代价是必须付的。如果不付，我们面临的将会是跟日本失去的二十年差别不太大的一个状况，就是整个经济体所产生的剩余被源源不断地浪费在支撑这种僵尸企业身上。所以从投资界角度而言，我认为就像政府界有一个共识，应该是7%到8%之间；投资界共识基本上也是认为，大概就是5%到6%这么一个水准。这是两个分析框架不一样导致的结果。

我更愿意从未来出口可能的份额去看中国的增长潜力，刚才你给出的数据和我算的数据差不太多，我们的进口伙伴的增长速度，你说从2008到2012年大概6.3%，未来我算的是在5.5%—5.6%，还有所降低。而我们的份额，你刚才算的2008到2012年的增长速度大概是5.9%，未来我们这个速度可能不超过1%到2%。这背后的因素很简单，首先，人民币在升值；其次，劳动力成本尤其是低端劳动力的成本在快速上升，在吞噬我们的竞争力；第三，我们劳动生产率的增长速度从高到低变化。从这个角度而言，中国份额的增长很有可能从你算的5.9%继续滑落。

张斌：趋势上是这样的，从2003年开始一直慢慢往下。

刘海影：2012—2013年这个份额速度已经是2、3这个水平了，已经是非常低的水平了。如果出口行业的增长速度下滑的话，从逻辑上说，我们很难想像非出口行业的增长速度会超过出口行业。我主要是说，出口行业内在的技术进步的速度会比非出口行业更强，因为前者移植国外先进技术的阻力是最小的。但实际上我们也把它作为一个比较理论性的框架，去连接投资有效性与过剩产能之间的关系，以及与债务融资的关系。从那个框架得出的结论，就像我刚才描述的这些东西，投资是一个轴心，这个轴心把增长机会连接到经济增长这块。这个问题可能非常重要，可能难点是在框架，因为我们的新古典增长理论没有最终回答我们要素增长率怎么决定，也没有最终回答 TFP 是怎么决定的。

乔依德：这涉及很多问题了，有几个问题值得进一步探讨，也很重要。特别是张军老师前面提到，没有证据表明现在已经达到潜在增长率，或证明潜在增长率在下降。刚才刘海影从微观企业的投资回报，从上市公司的 ROE 或者 ROA 来说明。我记得以前白重恩也做过一个研究，六七年以前，那个时候说回报率比较高，这是不是可以作为一个证据。潜在增长率是否降低，我们可以探讨。

刘海影：这个问题很难，可能也没有什么正确答案，都是从不同角度看这个问题。

乔依德：最根本的问题是怎么估量潜在增长率。拿我们来说，刚才讲可以从收敛的角度，跟发达国家比，或者跟四小龙以前达到的比。发达国家也有这个问题，它怎么知道潜在增长率。可能你们也知道，有学者认为，西方国家包括美国，处在一个长期的低速增长过程中。但也有学者认为这是一个周期性的问题。现在所有讨论就是说，要围绕潜在增长率到底是高还是低，从这个角度来决定我们的经济政策。刘海影刚才讲，从经济理论上说缺乏一个框架，或者张老师你也讲的，估算总有一个前提或者有几个假设，假设一有变化，当然判断潜在增长率就是难点。我觉得这个问题还是很重要，包括现在对经济怎么判断，包括现在的问题到底是周期性的还是结构性的，跟这个问题密切有关。如果没有偏离潜在增长率很多，那当然可能是一个周期性的问题。如果潜在增长率本身有变化，可以说这是一个结构性的或者趋势性的。我想这个问题到时候还可以再讨论一下。

肖明智（卓越发展研究院研究员，经济学博士）：对潜在增长率，按照张老师的说法，我们前几年有过这样一个研究。我们对中国劳动力人口增长做了一个分析，劳动力增长跟储蓄率再挂钩起来，把中国增长进行了一个分解。在 1981 到 2012 年之间，如果人口因素可以贡献 3 个点的增长，其他增长因素是 7.5 个点。如果控制住其他增长因素，单纯把人口因素分解出来的话，我们发现人口因素在 2012 到 2020 年之间的贡献机会为零。在 2020 年人口因素变成负的影响。这只是从一个方面来体现潜在增长率的判断，认为人口因素贡献了很大一部分潜在增长率的下降。

张军：这就是人口统计学的特征，还是偏短期的。你跟一个投资者去聊，他会说现在回报率很低，没有投资机会。现在信贷不能这样放了，因为积累存量很大，需要把杠杆降下来，因为投资需求受压，产能显得过剩。现在需要所谓李克强说的，要充足这个产能，很多要关掉，用行政办法，不管用什么办法要压缩产能。如果没有前几年经济过热造成杠杆这么高，产能这么高，现在也不会出现调整。

其实从投资者角度来讲，这不是一个长期的事情。在这几年里面，因为经济处于一个宏观调整的过程，因为前面杠杆率高了，库存多了，现在去库存，去杠杆。现在大家说中西部地区房子很多。我曾经建议，房子多就不要造什么经适房了，要消化这些房子，政府贴点钱出来，把造经适房的钱拿点出来让老百姓买这个房子，慢慢消化。这个城市化进程才刚刚开始，后面还有需求，问题是短期内大家僵在这里了，房子卖不掉，又不愿意降价，地方政府融资平台上欠了那么多钱，变成银行呆账，慢慢地消化。中国在过去 30 年里，产能过剩每隔几年就来一次。最严重的是朱镕基在 90 年代后期面临的。

乔依德：三角债。

张军：比现在严重多了。那个时候你问投资者，投资者一片悲观。我们经济学者包括我自己在内测算 TFP，TFP 都下来了。结果发现 90 年代后期中国 TFP 增长率加速，后面下来了。当时大家的确悲观，后来慢慢又上去了，又加速了一段，到最近几年又开始下来。所以我在想，随着我们人口转型，而且东亚四小龙也是这样子，很可能它对中国经济中长期潜在增长率的影响是明显的，但它是缓慢的，不像我们现在看到一下子下来了。他们就觉得是这样，甚至到 5%以下。我对投行说，我对他们的报告表示理解。如果让他们做一个投票，中国经济能增长 8%还是 5%，我相信 90%的人相信 5%，因为那个概率更大。如果增长 8%是奇迹，谁愿意为中国增长奇迹去赌博呢。问题是，我们研究潜在增长率还是要看所谓长期因素在发生一些什么变化，哪些因素的改变对增长率是有影响的。短期内你说的 ROE 的变化、债务的积累，的确影响现在投资的边际回报率，所以大家就不投资。另外讲到企业能不能倒闭，现在的确有这个问题，短期内你想哪一个政府能这样干，实际上不可能。因为这些债务怎么处理？

肖明智：上个月我们去江苏的一个县里调研，现在他们政府最头疼就是维稳。如果让企业倒闭，维稳支出会超出僵尸企业运营的支出，所以宁愿让这个企业继续僵尸状。

张军：从政府来讲，它其实很难这样做。过去我们也干过类似的。更重要还是要寻找新的投资机会，让经济能够转起来。转起来以后，氛围改变了，慢慢让那些能够醒过来的企业醒过来，实在不行的地方政府也不管了，因为它毕竟有新的增长点了，一般都是这样干的。你说完全对存量搞破坏，我看基本上地方政府也不会干，不要说地方政府，中央政府也不能。李克强的手段也是这样，一边平衡，一边尽量鼓励新的增长。所以我还不认为这个能够作为潜在增长率的重要因素加以考虑。我觉得中国跟日本有很大不同，日本体制是比较僵化的。对中国体制我曾经写过一篇文章，不管你怎么说它这个不好，那个不好，它不至于僵化，它没有原则，真的该放的时候，它也就放掉了，所以我说它是一个可改革的体制。

刘海影：我觉得着一点真是很好。我们中国形成了一种——我觉得可以不恰当地称之为——改革崇拜。这个是好事，现实中有问题就改革。

张军：这条路走不通了，真的逼到墙角，真的是会改的。很多国家，包括印度，你叫它改，哪有那么容易，阻碍的力量大得不得了。所以我觉得潜在增长率的问题，过去 2008 年前后确实产生了一个很大的问题。我觉得这个问题在慢慢消化，资产负债表不断修复，修复到一定阶段，投资回报率是会改善的。

刘海影：关键是这也不完全是从短期角度来看。我们做过一个模型，算过全球 200 多个国家过去 50 年的经济数据，中间的一个核心变量就是过剩产能率。计算中国的数据，在 1992 年一段时间的冒进之后，也是又下来了，那时的过剩产能率也没现在这样高，那个时候是 20%多，现在到了 30%多。而且那个时候银行坏账比现在高很多，是 20%多的坏账，但那时伴随着国企大幅度改革，其内容类似于壮士断腕，几千万工人为此付出血汗代价，为此买了单，体现出来的是银行 20%多的坏账就砍掉了。

但现在的状况是三方面都有所恶化。第一方面，那个时候中国能够拿到的出口红利现在没有了。1992 年中国的出口量大概是几百亿美元，2001 年大概是2 000 多亿美元，现在进出口是 3 万多亿美元。那时中国出口增长速度大概在 20%—30%，现在是个位数增长。

第二，那时过剩产能和产能缺口是大面积并存的，有很多行业供不应求，短板如电力、公路是非常多的。现在的产能过剩与产能不足相比是压倒性的。那个时候过剩产能最高点就到 22%—23%，现在我们是 32%—33%，而且是在本来就比较高的平台上继续往上走。如果没有一种奇迹出现，我们现在过剩产能是比那个时候恶化的。

第三，那个时候我们呈现的是一个通过改革去改进的过程。但是现在我们出现的状况是，至少在2011年到现在(2009年是危机状况就不说了，信用放量是天量级别)，就算是现在已经离开了危机状况有3年，我们的状况不是在改进，而是在恶化。它体现出来的是，我们这3年依靠加杠杆的方式来维持经济的增长速度，以至于我们过剩产能也好，杠杆率也好，都是在恶化而不是在改进。如果它是在改进，我们不会那么担心的。

张军：最起码增长速度是放慢了。

刘海影：但是加杠杆的速度还是在。

张军：加杠杆还是需要更加仔细地去解释。因为总的信贷发放速度是慢了，影子银行可能体现了你所谓的加上去了。从体制内来讲，它实际上是已经放慢了。但是你前几年积累的比较大了。

刘海影：说到坏账率和坏账总额，到去年年底一直是降低的，就是这10个月才慢慢往上走。之所以下降，是由于分母扩张非常快，因为坏账率是坏账除以资产总量。在经济扩张时期，很多该倒闭企业没有倒闭，这样它不断借旧还新，把坏账变成新一笔贷款，这样坏账就降低了。而且在基层单位，银行掩盖坏账的手段是五花八门，非常非常有创造性的。

张军：中国过去七八年的时间，大概从2005年以来，信贷增长率相当大一部分可以用土地增值来解释，也就是土地吸纳了大多数的信贷。土地吸纳信贷这个现象该怎么理解？原来土地非货币化，等到货币化以后变成一个金融深化的现象，吸纳了大量信贷，导致我们信贷存量在过去的八九年的时间里急剧上升。当然紧接着一个问题就跟房地产有关系了，这么大规模的信贷进入了跟房地产有关的领域，我个人看法是，今天金融上的风险主要集中在房地产能不能保持一定的平衡。中国房地产短期内过去5年是多了，希望有一个去杠杆的过程。这并不意味着中国房地产就到一个峰值了，从人均收入来看，从张斌讲的需求结构来看，我觉得还没有到。问题是短期内出现了存量过多的现象，所以我建议地方政府不要花那么多钱去造经适房。

乔依德：对这个问题是有很多人提出批评的，它也是短期行为，因为要促进投资。

张军：它是一个政策，地方要执行，要考量的，要完成多少面积的经适房。这些问题其实都不是我想出来，都是我到地方去，地方官员告诉我的。他们很困惑：现在还要我们造经适房，还不如把钱补贴老百姓，让他们去买房。

刘海影：他们现在要造经适房，是因为可以有投资，对经济有拉动，房地产背后是 80 多个相关行业。

张军：从我们看中国经济的角度来讲，现在能消化这些存量，其实是修复资产负债表的重要手段，用几年时间市场能够慢慢把可能引爆的定时炸弹给它解开，慢慢地经济又可以恢复。的确现在有风险，我这次在美国做了一个演讲，我说也许中国需要一次大的危机，危机可以改变我们的一些惯性。否则的话，很多东西都是有惯性的，调起来没有那么容易。来了一次危机，很多地方就没有办法了，这个时候实际上对改革也是一个推动。

我觉得我们也没有什么大的分歧，就是这几年的下降，我觉得可能还是政策的因素，更多的是政策因素造成的。长期因素像人口转变的那种影响，会慢慢把经济增速拉下来，但还不至于拉到这样一个程度。

张斌的思路是认为，收入的改变首先导致需求的升级，供给好像跟不上。但是我在想，你这个东西其实是一个一般的逻辑，并不针对中国。任何一个发展中国家不都面临这个问题吗？收入总是会导致需求结构的改变，需求结构升级换代，然后供给跟不上。那你现在为什么悲观，为什么叫综合征，为什么过去 20 年没有问题，是因为低收入阶段问题不严重吗？

张斌：在低收入阶段时，工业品需求超过收入增长需求，所以工业品本身 TFP 是供求两旺，这个增长很顺利。但工业品需求到了饱和，收入弹性开始发生变化，需求这块在减速，但是供给那块又不能往服务业转，就面临一个 mismatch（错配）的问题。

张军：但是你看，邓小平南巡讲话后 20 年，是中国经济增长最快的 20 年，那个时候是需求结构升级换代最快的 20 年。

张斌：那基本是在工业部门发生的。那时收入弹性是大于 1 的，所以供求两旺，小于 1 就不行了。

张军：那你能不能列出一些行的国家，其他新兴市场到了这个阶段以后……

刘海影：发达国家都是小于 1 的。

张军：欧美发达国家离得比较远。其他新兴市场国家，特别东亚经济，遇到这个门槛的时候，收入弹性从大于1变成小于1的时候，发生了什么样的现象？

刘海影：张斌你可能有一个逻辑上的小漏洞。你讲工业品的收入弹性，讲的是已经存在的产品，但完全有可能出现像iPhone这样以前没有的产品。

张斌：那iPhone在整个工业品中占的比重太小了。

刘海影：新产品对美国经济而言，对中国行业可能也有类似的效果，就是新产品带来的经济增长跟它所占的比例是不匹配的。比如你的这支笔，是个老产品，它带来的经济增长是非常非常小的。

张斌：这个现象是会有的。你去看西欧国家的增长速度在下降，它在20世纪五六十年代也是黄金期，但它到了70年代也开始下降，中国台湾、韩国也是类似的。之前都是一个工业部门快速增长时期，工业部门增长完了，这些国家和地区基本上都符合这个规律，到了一定阶段之后就慢慢开始减速，这个转折点就是工业往服务业的转型期。如果工业和服务业两个部门的TFP是不变的话，转型期并不意味着经济减速。

刘海影：你这个逻辑是对的，如果转到服务业，它的经济增长速度一定会降，这是没有疑问的。现在有疑问的是，工业品跟服务业的比例对于有些国家处于同样这个点，但它们的速度仍然是不同的。比如说巴基斯坦和孟加拉，工业品占GDP的比例都在这个层次上。

张斌：工业品占GDP比例的极限值是40%，大部分西欧国家基本开始往下走了。韩国与中国台湾高一点，能达到40%。中国大陆现在是超过了40%。

刘海影：我的问题是，如果两个国家的工业品占GDP都是30%，但经济增速仍然差距很大，背后是什么原因？

张军：我刚才讲的过早去工业化的概念，当我们把更多国家放在一起比较之后，其实发现是没有规律的。

肖明智：是不是可以把服务业分为生产型服务业和消费型服务业，因为生产型服务业跟分工相关，消费型跟收入水平更加相关。

乔依德：印度其实也不能算是去工业化。

张军：统计上看，印度的峰值也发生了。很多年以前，按就业比重算，它已经出现峰值了，然后这些年它也在下降。印度在人均GDP很低的时候，现在估计3 000美元吧，它可能在2 000美元的时候就开始逐渐下降。

张斌：中国其实原来也有高过。中国在五六十年代，我们全民都搞工业，都去炼钢铁。你看统计报表，那个时候工业化水平很高，但那个工业化跟现在这个工业化没有办法比。

张军：改革开放以后，我们从统计上看也出现一个峰值，也是前几年，已经达到峰值了，大概百分之四十几。但这是一个比重了，并不等于制造业没有在扩张，它还是在扩张。所谓过早去工业化，是指相对欧美发达国家这个比重下来的时候，他们的人均 GDP 比我们现在高得多。为什么后起之秀反而都是在人均 GDP 更低的时候这个比重开始下降了，它把这个叫过早去工业化。我个人看法是有很多因素可以解释，但这个概念没有意义的地方就在于，除非你能告诉我说，有一个最佳的点，就是你什么时候应该下来。事实上没有发现这个点，他们做了拉美的，后来我们用同样的数据把更多亚洲国家放进来，发现整个是乱的，没有规律。

乔依德：今天我们也讲了 3 个小时了。我觉得讨论得挺好，大家有互动有交流。有些东西还要进一步研究，特别是关于潜在增长率怎么来判断，有什么数据表明潜在增长率是否在下降，可能还要从实证方面做一些研究。好，今天的讨论会就到此结束，谢谢大家。

■ 中国的区域经济发展战略

• 陆铭*

乔依德(上海发展研究基金会副会长兼秘书长):我们现在开始吧。“中国经济未来”系列座谈会,主要是就一些热点问题、有争议的问题以及大家比较关心的问题进行小范围讨论。我们之前举办过多次座谈会,这一次是今年的第七次了。我们非常高兴地邀请来了上海交通大学特聘教授陆铭先生。近年来,他针对我国区域经济的发展战略发表了许多文章。这次请他来,也是想利用这个机会,重新梳理以前的研究。他提的一些观点是值得讨论、值得考虑的,特别是针对我国区域经济发展战略,我们讨论问题有时比较注重局部,当然局部也重要,但有时似乎忽视了理所当然的内容,因为整体的发展是至关重要的。具体内容我就不讲了,陆铭接下来会提到生产要素转移的方向和政府配置资源的方向,是一致好还是不一致好,以及对中国整体经济的影响。下面就请陆铭开始。

陆铭(上海交通大学安泰经济与管理学院教授):在座各位都是专家,我尽量在 45 分钟内讲完。首先,感谢上海发展研究基金会乔老师的邀请。其实他前面讲的这段话也是我想讲的开场白,我也高度同意当今中国许多事情在各方面是相互联系的,因此不能简单地就事论事,还要以更大的视野综合考虑。所以,我个人认为今天讲的话题,既涉及区域经济发展,又涉及城市化,也涉及政府职能转变,还涉及金融和政府财政。我设法在 45 分钟内把这个复杂的问题放在框架中说清楚。

我给它取了一个题目叫“中国经济的欧洲化——再论大国的区域经济发展战略”,我最近写的一系列文章都在研究这个问题。今天讲的内容,正如乔老师所说,可以看作是对我研究的总结。

我设定一个讨论的前提,即中国需要通过发展统一市场来追求其作为大国的规模经济,因为大国有许多好处,例如分散风险、减少经济波动和发展战略性产业

---

* 陆铭,上海交通大学安泰经济与管理学院教授。根据 2015 年 5 月 21 日上海发展研究基金会 2015 年第 7 期系列座谈会录音整理,未经本人审阅。

等。中国作为一个大国,并且经济高度开放,未来有可能成为国际储备货币,美元、欧元、人民币都可能成为国际储备货币。这对中国有巨大的好处,也是我们今天讲的前提:统一市场的好处和规模经济。甚至在技术创新领域,因为技术创新本身是有很多规模经济的,所以我认为中国如果在追赶美国以后,有没有可能再超越它,规模经济是非常重要的一个前提。

但中国在政治上为了适应大国的情况,采用了所谓的政治集权加经济分权的治理模式。这样一个模式,现在看起来是有好处的,这种自上而下的强激励和目标管理一经设定,大家要追求经济增长的就可以去追求,地方政府非常积极地发展本地的经济规模。但随之而来的会是很多的代价,其中非常大的一个代价就是长期利益和短期利益的冲突,还有全局利益和局部利益的冲突。

从长期利益角度来讲,因为现在地方政府任期短,加上中国实行官员异地交流,所以现在批评政府没有实现的一些目标,其实都是长期指标。中国在短期目标上,发展经济、招商引资,恐怕做得过头了,而不是不够,所以在这方面有大量的扭曲。从全局利益角度来讲,按道理说,中国这样的大国是追求整个国家的利益的,但我下面会讲到,中国很多政策的实施都是地方化的,这样就导致了我们每一个地方都在最大化自己的局部利益,有时候其实可能丧失一个国家总体的全局的利益。这是我设定的讨论前提。

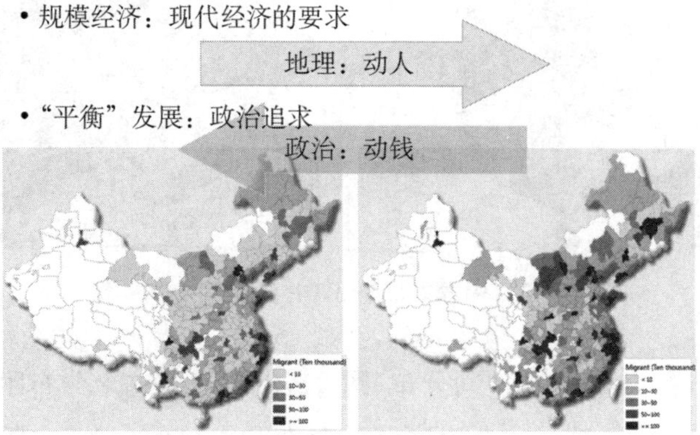

图 1 中国正面临"大国难题"

中国今天存在的问题,我认为可以称之为"大国的难题"(图 1)。现在给大家看的图的下部,是中国劳动力流动的空间分布,左边这个是 2000 年人口普查的数据,右边是 2010 年的普查数据。从这两个图来讲，中国的发展，只要有两个条件相结合，在地理上一定导致整个“动人”的方向：从中国中西部省份向东部省份移动。这两个条件是：第一，中国的地形，只有东边临海。而整个中国的东部临海地区放到国际视野里来看，其港口条件，如果从国际竞争力来说，其实环渤海湾基本上可以忽略不计，环渤海湾的港口条件并不好，只有大连是不冻港，其他港口都要结冰的。真正有港口条件优势的，其实就是长三角加珠三角。第二条就是规模经济。只要这两个条件加在一起，人口大的流向，按照市场配置资源，基本上从中国中西部往东部流。整个内地区域里面，不管是在左图还是右图，基本上是几个大的城市圈或者说都市圈所形成的经济中心有吸纳人口流入的优势。

但是从政治角度来讲，我们要追求所谓“平衡”发展，这里面打了一个引号。我马上会讲到，现在我们脑子里的平衡发展是指各个地方的经济规模要趋同。经济规模的趋同，实际上换一个说法，就是经济资源和人口要均匀分布。这里的逻辑是什么？因为人往东部流，往大城市流；但在政治上的想法却是要把资源包括钱和建设用地指标，往欠发达地区配置。

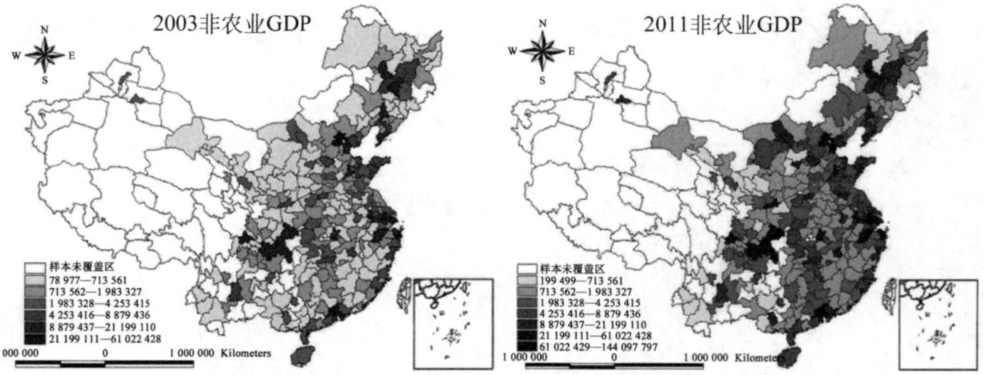

图 2　中国非农业 GDP 的空间分布

这是中国非农业 GDP 的空间分布（图 2），可以看到这个分布跟我们前面讲的人口分布基本上一模一样。实际上经济的分布和人口的分布，主要都是由市场力量决定的。

这里面涉及我们刚刚讲的，到底政府是顺应市场的发展，还是对着干？我的理解是，十八届三中全会上讲的市场作为配置资源的决定性力量，政府发挥更好的职能，实际上是要克服市场的缺陷，而不是和市场对着干。但是我觉得今天出现的问题是和市场对着干的问题，这里从理论上要梳理所谓城市化区域经济发展的原则性问题，我把它称之为：为城市化和区域经济发展“立法”。

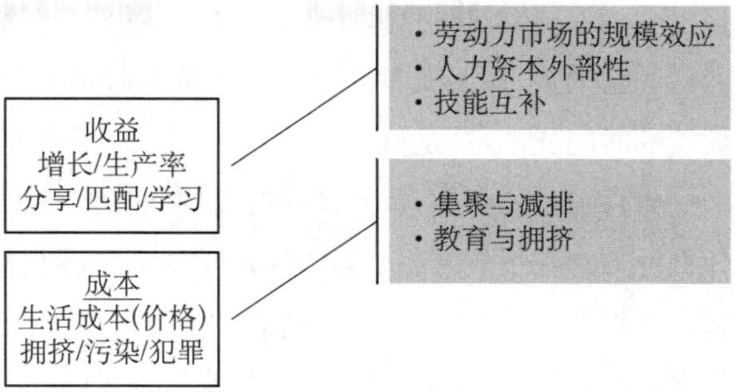

图 3 城市化和区域经济发展本质是选址问题

这里面我觉得有很多理论问题要讨论。首先我是这么界定这个问题的：城市化和区域经济发展在本质上是选址问题（图 3），人和企业都要决定在哪里生活和生产、居住。最基本的经济学框架告诉你，这是一个成本收益分析问题。我不否认人口的集聚会带来一定的问题，比如说人口的集聚在一定条件下会带来生活成本特别是地价和房价上升，也有可能会带来拥挤和污染的问题，甚至在美国，大城市的犯罪率也比较高。这是成本。

但我们现在有些忽略的是什么？我们有没有想过，为什么面临这样的成本，大家还是要大量往城市里面集中？住建部的部长说，我们有一些经济学家过度强调城市发展的规模经济效应。我觉得这个批评不对，不是经济学家过度强调规模经济，而是我们过度强调城市化带来的成本。规模经济没有人谈，因为这里面有很基本的问题，城市已经出现这个问题了，大家还往城市跑，还是因为收益大于成本。

在座各位都是专家，我不详细讲了，这方面有大量经济学研究告诉大家，城市规模经济来自哪里，城市规模经济能够有助于经济增长、生产率的提高，是通过我们讲的分享固定成本的机制、提高劳动力和企业匹配的机制、加强学习效应的机制。而随着现代经济的发展，大城市在促进经济增长、劳动力生产率，包括提高一个国家的竞争力方面，重要性越来越大。换一个说法，未来的竞争不是国家和国家之间的竞争，而是城市和城市、城市圈和城市圈之间的竞争，这个趋势几乎是不可扭转的。

这里面我们需要知道一些价格参数，比如说在决定成本的时候需要知道劳动力成本、工资，也需要知道土地价格、房价。按照道理来讲，一个国家的生产力要素是市场化的，市场提供我们进行决策的一些参数分析，然后我们做决策。

在此，我也需要纠正一点。很多人说你们经济学家只讲市场，市场不是万能的。没错,我们经济学家从来就讲市场不是万能的,当市场出现失败的时候,这个市场有正外部性和负外部性的问题。在我刚才讲的成熟规模经济里面,有一些正外部性。比如说学习效应,城市里面,不同的人坐在一起相互学习,像我们今天开这个会,就是相互学习,这是正外部性。还有一些负外部性,比如说我开车上路,我考虑的是油钱,但不太考虑我开车上路导致的拥堵给别人带来的环境污染和拥堵耗费的时间成本,这是负外部性。

当存在正外部性、负外部性的时候,经济学家当然要强调政府的作用。问题在什么地方?在于政府怎么做。经济学理论告诉我们,如果有政府介入,政府的职能就是要扩大正外部性,减少负外部性。怎么扩大正外部性?可以通过基础设施的建设,比如说在城市里面布网络、提高网速,还有一种是从人力资本方面,比如我们补贴留学回国人员,实施千人计划,这是扩大正外部性。还有一种做法是减少负外部性,比如说我们征收牌照费、拥堵费,比如说今年开始加大环境污染治理,这是减少负外部性。

经济学理论上面有一点一定要讲清楚,这是大家很容易理解的经济学最基本的知识:我们假设第一个状态是没有政府,在完全的自由市场经济下,存在正外部性、负外部性。另一个状态是有政府,增加正外部性和减少负外部性。政府介入以后,城市会变得更大还是更小?最简单的基本理论告诉我们,是变得更大,因为这个城市的好处更大了,坏处更小了。所以一个政府该起的功能是帮城市做大,而不是帮城市做小。

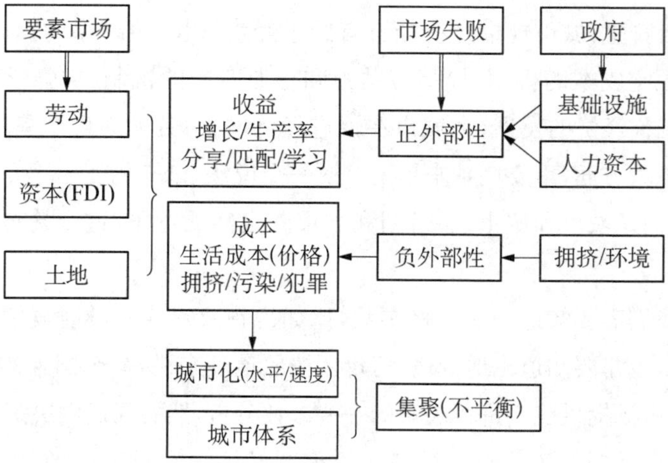

图 4 城市化过程中市场和政府的作用

世界发展报告里面讲东京问题的时候就说，为什么东京成为全世界最大的城市？因为政府在拼命降低拥挤、污染、犯罪的问题。我们到东京的体会是，东京交通不堵、很干净、犯罪率低。当东京长大的时候，恰恰能够发挥大城市的这些正效应，而且对日本经济有一个带动作用。政府职能是帮城市做大而不是做小。

如果生产要素市场到位，政府的这些干预也到位了，收益和成本就决定城市化的水平和城市化的速度，还决定了大城市有多大、小城市有多大，于是一个国家就形成了所谓的城市体系。

一旦有规模经济效益以后，一个国家的经济一定是"高度集聚"发展的，后面我会讲国际经验。我在这个"集聚"里面打一个括号，叫做不平衡。很多政府官员和老百姓认为集聚就是不平衡。不平衡的概念是什么？我的理解是经济资源和人口没有均匀分布。

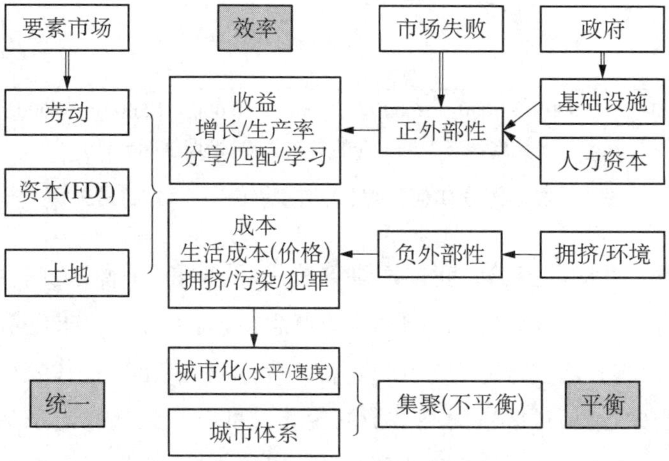

图 5 统一、效率与"平衡"不可能同时满足

这样一来，其实在一个大国里面存在的统一、效率、"平衡"的冲突，甚至可以称之为"不可能三角"。一个统一大国的生产要素，最终一定是要走向自由流动的。每一个人都在最大化自己的效益和成本的净值，企业最大化利润、个人最大化效用。你只要承认有规模经济，就一定不可能实现经济和人口在均匀分布意义上面的平衡，这实际上是一个不可能的三角。反过来说，如果要追求均匀分布，也是可以的，但另外两点里面至少要牺牲一个。或者是牺牲效率，让政府控制资源的分布，可以这样实现均匀分布。或者说牺牲统一，让这个国家在政治上虽然是一个国家，但经济上面却搞零散分割，每个地方都搞重复建设，每个地方都最大化自己的市场，实际上在经济层面是一个不统一的地方，越来越像欧盟，这样也可以实现均匀分布。但是这样一来，这个国家的大国优势便没有了。这是我对于基本理论的梳理。

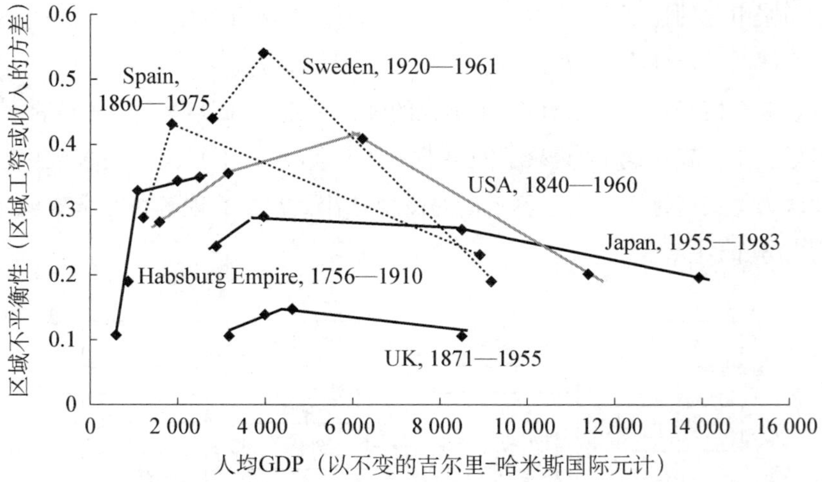

图 6 发达国家如何获得(人均)“平衡”：“动人”是关键

接下来看一些国际经验。我前面讲到统一、效率和“平衡”之间存在矛盾。有没有解法？有的。要把刚刚讲的“平衡”的概念换掉，不要去追求经济和人口的均匀分布，而是追求人均收入的均等化。如图 6 所示，世界上一些代表性的国家在经济发展过程当中，经历过区域间不平衡的变化。可以看到这些国家基本上经过两个阶段：第一个阶段是人均 GDP 达到 5 000 美元之前，我们可以看到区域间差距是扩大的。人均 GDP 达到 5 000 美元之后，这个差距是缩小的。这背后的基本原理是什么？可以这样想，在经济发展早期，这些国家的落后地区还有剩余劳动力，当人口流出到纽约、巴黎这样的大城市，纽约和巴黎的收入提高了；但欠发达地区还有剩余劳动力，收入没有提高。但是再往后发展，人均 GDP 达到 5 000 美元以后，剩余劳动力没有了，区域之间最后通过劳动力自由流动使得人均收入均等化。所以这些国家走过的都是倒 U 形的曲线。不管是区域性经济学的理论研究还是实证研究，都告诉我们这条曲线是一个普遍规律。而且，按照世界银行的说法，世界上凡是实现了区域间平衡发展的国家，都是人口自由流动的国家，就如图 6 中所示的各国。

我们中国现在混淆了什么问题？改革开放初期，东部收入的确增长很快，内地欠发达。但这个曲线说明，这样的不平衡最终不是问题，我们还是要进一步加大人口的自由流动。我们这么多年一直在提一个词，也概括了我所讲内容的精髓，就是“在集聚中走向平衡”，实际上区域间发展是越集聚越平衡的。

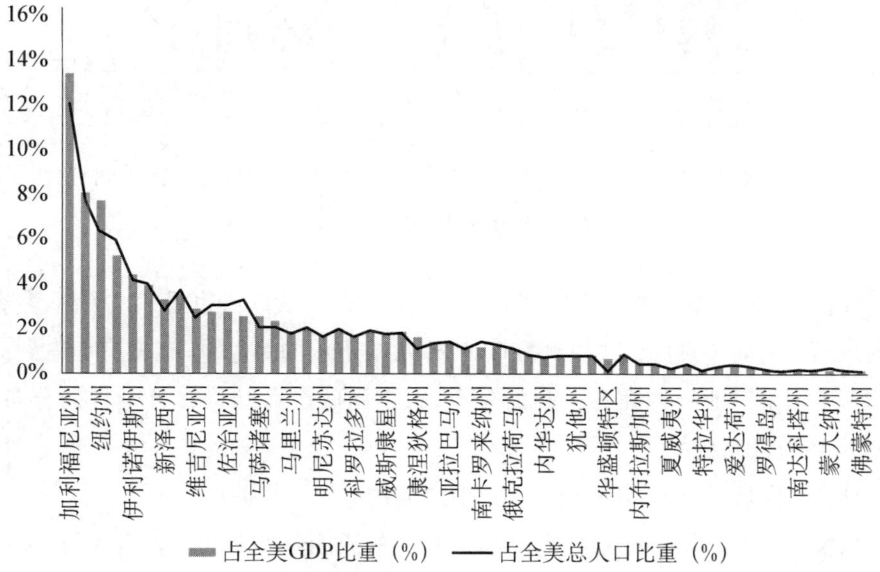

图 7　美国的 GDP 和人口分布

我原来讲的时候没有这么直观，傅蔚冈院长有篇文章，是我一直在引用的，他把美国和中国的情况画出来做对比。他把美国各州在全国 GDP 中所占的比重用柱状图表示，曲线表示每个州人口数量在美国总人口数中所占的比重(图 7)。一目了然的是，美国的各州 GDP 比重与人口比重是基本一致的。一些小的州，人口大概只有五六十万人，GDP 占比也与之相当，但区域间的人均指标就很平衡。因为当这两个指标高度一致的时候，人均就是一样的。

我们再看中国的情况(图 8)，对比美国以后，发现有几处不同。第一，中国柱状图和曲线是高度不一致的。柱高线低的地区就是比较富裕的，线高柱低的则是相对贫穷的地区。第二个不同在于，美国的柱状图斜率很大，就是说人口和经济大量集中在少数几个州，但中国的斜率基本上是平的。

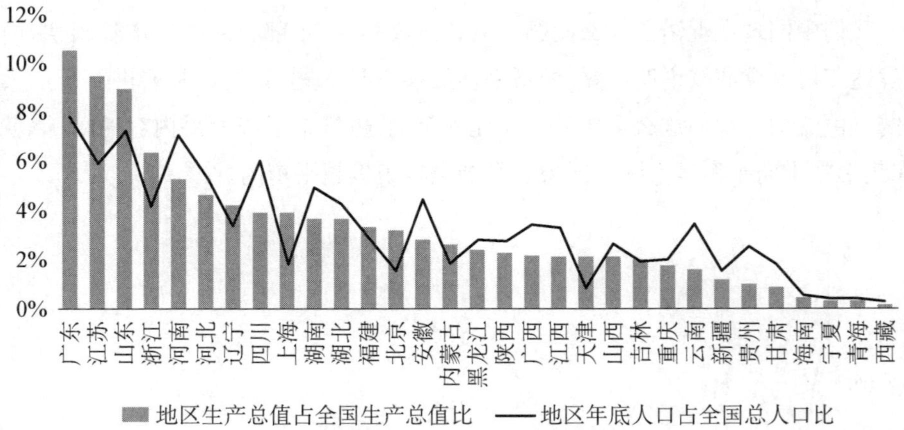

图 8　中国的 GDP 和人口分布

权衡(上海社会科学院世界经济研究所副所长)：我昨天也看了这个图，蛮有意思的。但我有一个疑问：这些州的 GDP 柱状图所示的是总量，有没有考虑到产业结构？美国的产业结构在各个州的分布，跟中国的产业结构在各个省的分布，与 GDP 分布有没有相关？

陆铭：你是指地区 GDP 分布和产业之间的分工有相关性吗？

权衡：应该有分工的关联在里面，最重要的原因是产业和就业有关，比如说制造业和服务业。

陆铭：在美国这样的模式下形成的，一定是区域间更强的产业分工，所以美国产业的集聚程度会比中国更高。中国的产业集聚是不高的，你想，一分散发展，各地区便发展同样的产业了。这是有研究定论的。

权衡：产业结构的影响是要考虑的，我的意思是，就业是跟产业结构有相关的。

陆铭：没错。我认为，如果我们以美国模式作为未来的参照，中国应该在人口和经济更加集聚的过程当中，加强区域之间的产业分工。比如说现在全国各地方都在发展汽车的模式，这情形应该是需要逐渐削弱的。

权衡：对的。

陆铭：我认为，中国的问题不是经济集聚的问题，而是长期以来我们人口分布远远落后于我们经济空间的集聚，导致区域间发展不平衡。从经济规模的分布角度来讲，中国未来一定趋向更不均匀，人口也将趋向更不均匀。现在我们政策的想法跟这个趋势完全是反过来的。

回到我前面讲的统一、效率、“平衡”之间的矛盾。理论上可以推得,如果要在统一国家的前提下,追求均匀分布意义上的“平衡”发展,根据这个理论框架,一定会导致效率的恶化。

下面这个部分,我要讲一个事情。我有一次在基金会和你们开会的时候讲过我这个研究,其实已经发表了。这张图(图 9)是我从中国工业企业数据库里,先在企业层面算每个企业的 TFP 增长率,再加总到全国层面算平均的 TFP 增长率。

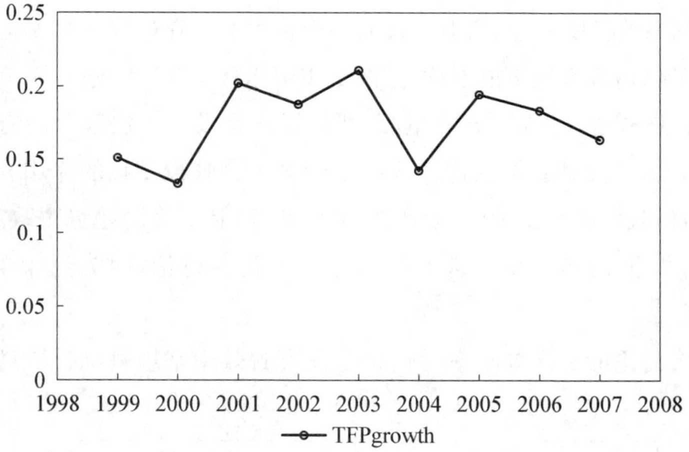

图 9 全要素生产率(TFP)增长放缓

在图 9 中可以看到,2003 年之前 TFP 增长率越来越快,2003 年以后开始放缓。你们可能会问为什么在 2003 年出现转折? 2003 年恰恰是我们大规模实施所谓区域间平衡发展政策的时候,把财政转移往中国的中西部转,往农业转,还有用地的指标大量往中国的内地转。从这时起,效率开始下降了。

关于这个问题,我们去年在滴水湖会议上有一些讨论,这里面可能涉及林毅夫老师和姚洋老师的一些看法。林老师说现在看到很多效率的恶化,是因为投资的外部性,特别是基础设施投资方面。我跟林老师讲,我用的数据只有企业数据,没有这种外部性,如果要相信基础设施投资有外部性,你应该看到基础设施投资的外部性体现在企业的效率上,TFP 增长反而应当更快才对。姚洋老师的意思是说,TFP 的增长计算有一个非常大的问题,就是它是顺周期的,因为顺周期的产能利用率高,同样投入的产出高了,在经济下滑的时候,反过来 TFP 是下滑的。这对我这个图也不构成威胁，因为我们看到 2003 年以后 TFP 增长率下滑的阶段，恰恰是我们经济增长率快的时候，不是我们刚刚讲的顺周期的问题。

还有白重恩最近的一个研究，说 2008 年以后，特别随着四万亿计划以后，我们投资的效率恶化。上次我们在交大论坛上遇见，我就讲，实际上 2008 年以后投资效率恶化的根源不是在 2008 年，而是在 2003 年。因为 2008 年很多的投资恰恰是为了投到中国中西部，而且当时哪里经济增长下滑得快，哪里就投得多一点。根源出在 2003 年的问题上面，实际上中国经济增长很多下滑的趋势，潜在的病根要从 2003 年区域经济发展的问题上面找。

权衡：如果从长期来看，TFP 一定有一个自然的下降过程。TFP 的自然下降，和你这里讲的区域开发政策的变化，这两个作用你有没有作区分？

陆铭：首先从这一张图（图 9）里面，严格说来是没有办法区分两者的，我等一下会作区分。虽然没有办法从这一张图里严格区分政策变化的作用和 TFP 自然下降的作用，但我们必须要考虑，为什么 2003 年 TFP 下降的趋势跟政策上面的拐点那么巧合，发生在同一年。这个问题等一下我会讨论，因为这个问题问得非常好。

第二个要讨论的是配置效率（图 10）。从配置效率来理解，如果市场经济在工

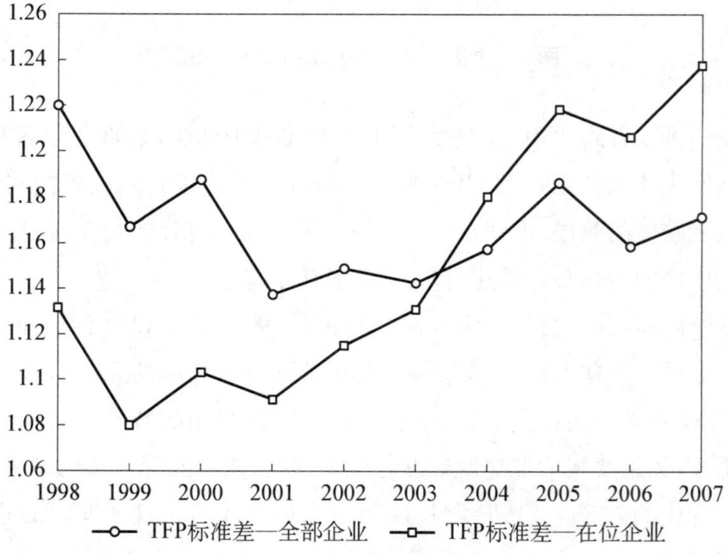

图 10　企业间资源配置效率恶化

作的话，不同企业之间的 TFP 应该是缩窄的。2003 年之前不同企业之间全要素生产率的差别在下降，2003 年之后就往上走了，又是 2003 年的巧合。

再把中国企业按东部、中部、西部区分(图 11)，可以看到 2003 年之前，三条线(都是企业间 TFP 标准差)都在往下走，而且基本是平行的，大家同时在改进。但

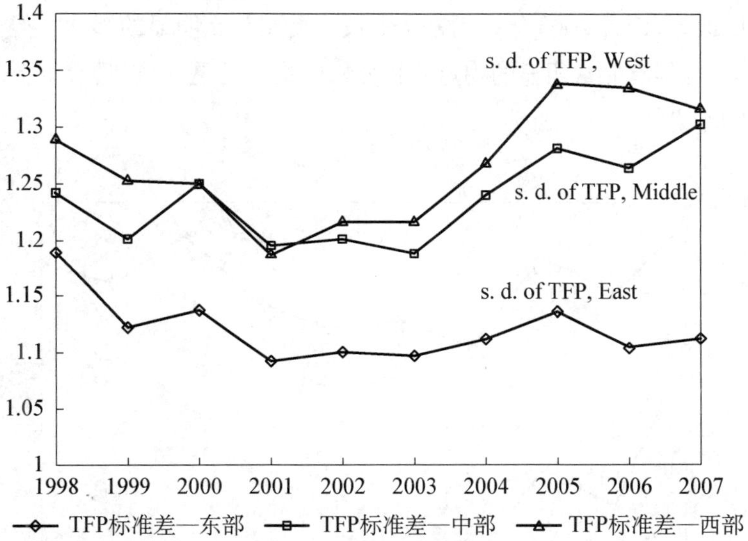

图 11 内地企业间资源配置效率恶化更严重

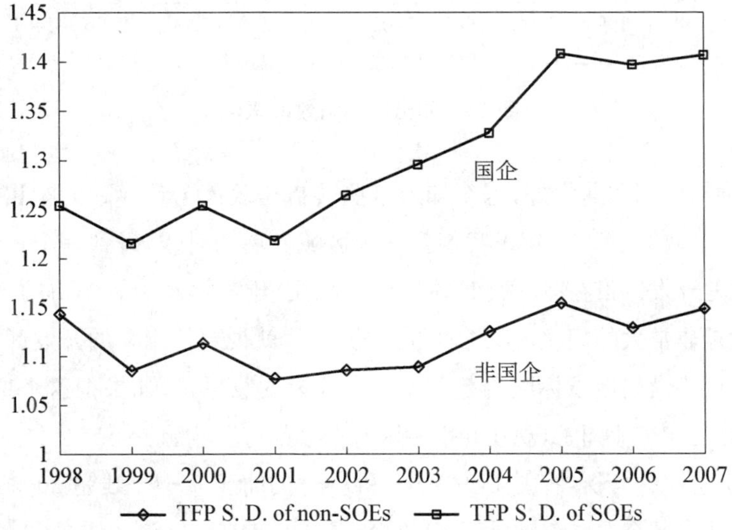

图 12 国有企业配置效率恶化更严重

2003年以后，东部只是微微恶化，尽管配置效率还是最高。中部和西部越往上走，恶化得越厉害，而且也是从2003年开始恶化，是非常清楚的拐点。

再按非国企和国企来分组（图12）。非国企配置效率更高，恶化较轻，主要是国企的效率在恶化。

我们再把企业分成出口型企业和非出口型企业来看（图13）。出口型企业总体来讲有不断改善，而且2003年以后基本上没有受到什么明显的影响。但非出口型的企业在2003年有非常明显的拐点。我分析所指向的是，一定是政策上的东西同时改变我刚刚讲的所有东西。

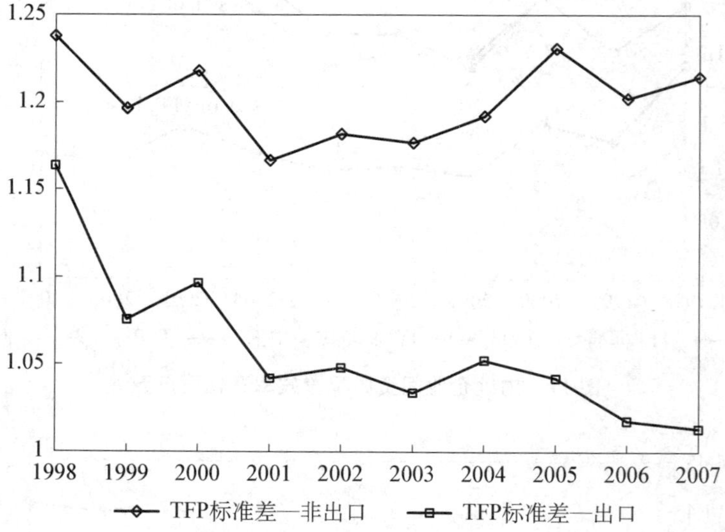

图13 非出口部门效率恶化

权老师提的问题非常好，怎么知道这些转折是政策干预导致的？我找到一个中国的开发区政策。2003年讲我们要平衡区域发展的时候，碰到一个具体的开发区政策，就是开发区设在哪？当时的想法是，全国开发区太多了，压缩了全国70%开发区，这是非常大的规模。压缩开发区的同时，就说要把未来的开发区更多往中国内地放，跟建设用地指标配合起来。这个政策的意思是，如果把这个地批给你，你就可以自己建工业园了，现在几乎中国每个县都有工业园。

我做了这样的分析，看图14中 —▵— 和 —◆— 的曲线。—▵— 线是2003年之前和之后，都是开发区企业。纵轴是TFP，即全要素生产率。—◆— 线是在2003年以前是开发区企业，2003 年以后由于开发区的关闭而从开发区企业变成非开发区的企业。我们可以看到，2003 年只有 —◆— 线受到了剧烈的影响，TFP 效率下降了。也就是说谁受到了开发区关闭政策的影响，谁的效率下降。如果权老师你刚刚讲的，这些是由于 TFP 自然下降的原因，那便应该同时影响到 —△— 线。但既然只影响 —◆— 线，便只能是政策的原因。

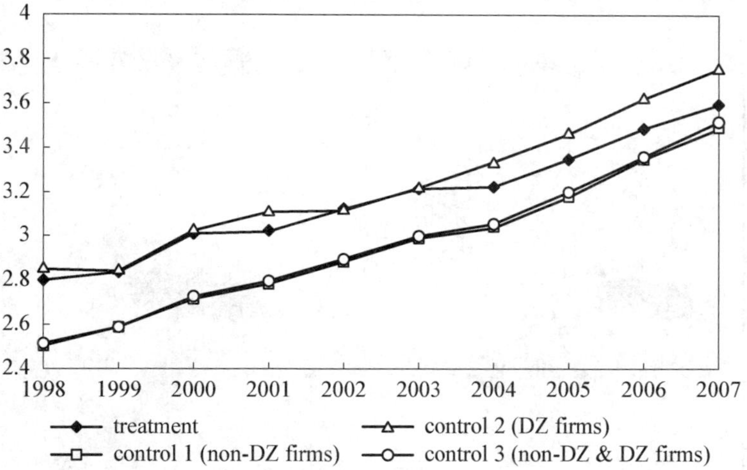

图 14　开发区政策对 TFP 的影响(DID 方法)

我进一步再去区分中国的东部和中国的内地，—◆— 线只有在中国的东部存在，压缩开发区所产生的负面效应只在中国的东部存在。这个政策的影响，是把中国东部企业的效率拉低了。反过来，如果关闭开发区对东部有坏处的话，说明之前的开发区政策对东部是有利的。为什么对东部开发区有利？我们的研究进一步告诉大家，这个都是有数据的，因为今天这个场合不是报告一篇论文，但我是有证据的。中国东部之所以有开发区政策的效应是三个因素：第一，东部有市场规模；第二，中国东部的产业结构更加是竞争性的；第三，中国东部的非国有企业的比重更高。这三个因素是市场的因素。我从这个例子可以讲到，开发区政策作为政府的政策，如果你顺应市场，是好事；你不顺应市场，就是坏事。反过来可以推，为什么市场成为决定性力量后，政府只能起更好的作用，就是这个道理。

2003 年，把大量的建设用地往中国内地配置。今年第五期《中国社会科学》，我写了一篇文章(《偏向中西部的土地供应如何推升了东部的工资》，中国社会科学

2015 年第 5 期，作者：陆铭、张航、梁文泉），我在讨论为什么中国东部 2003 年以后出现房价和工资的同步上涨。从下面这个图（图 15）里可以看到，浅色这一组是中国东部城市，深色是中国中西部城市，两条拟合线分别表示两组样本里职工平均工资和房价之间的关系，两者当然是正相关的，这毫无疑问。但是你看其中斜率高的直线线条，随着时间推移，就跳出来了，这说明什么？说明房价涨得比工资快。而且我们生活在上海都知道，中国东部房价上涨就是 2003 年以后的事情。

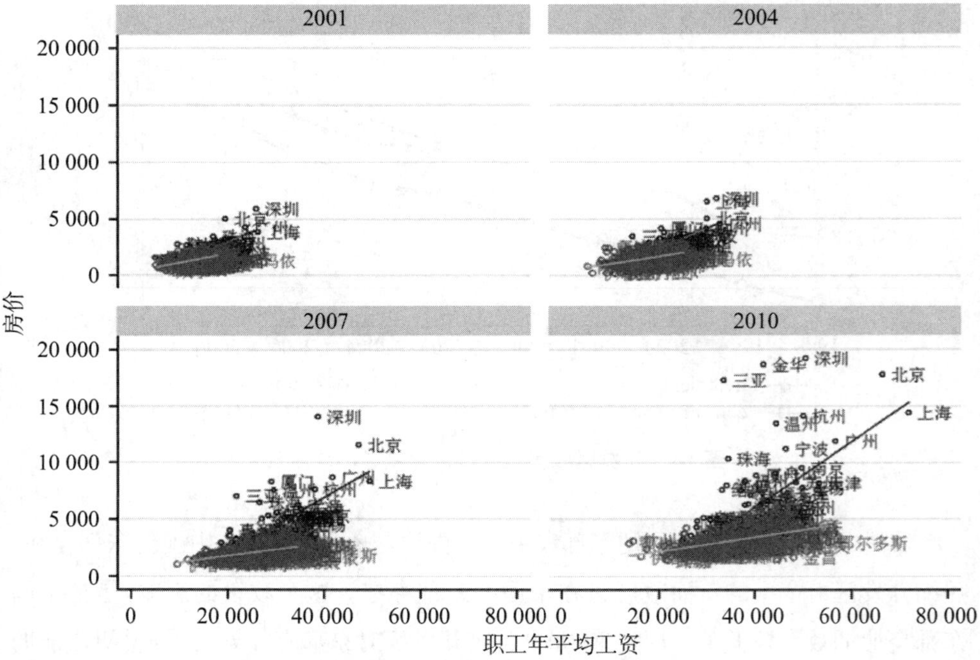

图 15　房价推动工资上涨：东部 2003 年后更明显

这里面的逻辑是什么？道理很简单，人在往那里走，但用地的供给收窄了，导致房价上涨，就是这么一个逻辑。这个房价的上涨，基本上在中国的中西部没有同样的趋势。斜率低的线条，斜率几乎没有变过，也就是中国中西部的房价和工资是同趋势上涨的。只有东部出现了房价相比工资上涨更快的现象。

房价上涨快，对劳动力有什么影响？房价的上涨和工资的上涨之间有所谓的需求效应和成本效应。工资上涨以后，我们有更多的钱来买房子，房价跟着上涨，这是需求效应。另一方面，房价上涨意味着生活成本上升，大家觉得到大城市到东

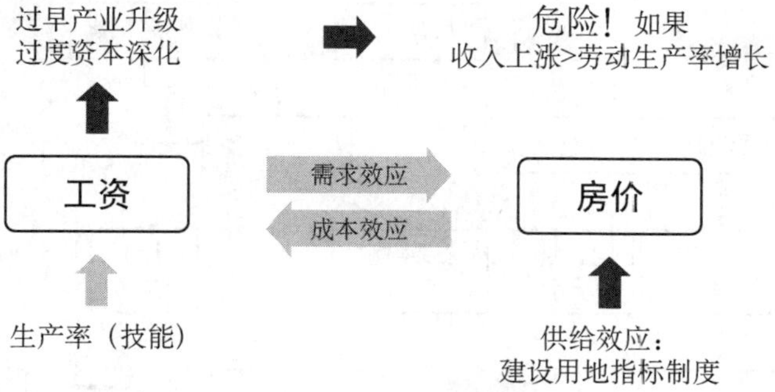

图 16 房价上涨影响竞争力

部打工，成本太高了，就不来了。当劳动力的流入减少时，你要为剩下来还是要来的人提供更高的工资，否则你没有办法弥补他生活成本的上升。这个效应叫做成本效应。

前一种是基于生产率的提高，从这个角度来讲，房价高不是坏事。房价越高，说明你这个地方的生产率越高，全世界都是这样。真正的坏事是什么？如果由于一个供给方因素的制约，导致房价上涨了，传导到工资上来，就会影响到这个地方的生产成本。于是你会看到今天在上海、浙江、江苏出现的情况，大家拼命搞所谓产业升级，我们政府也觉得低级的产业不要了，搞产业升级。浙江最近也说要帮助浙江企业加大资本替代劳动。从中国一盘棋的角度来讲，中西部劳动力还有，我称之为过早的产业升级和过度的资本深化，最后实际上在中国沿海地区出现收入上涨大于劳动生产率的上涨，我们的竞争力就没有了，这是我最近写文章在讲的。由于土地政策跟劳动力流向相反，结果伤害到了中国沿海地区的竞争力。

看看地方债务形成的机制（图 17）。

我们看中间这个等式，地方的财政支出减掉财政收入等于政府债务。这几乎就是一个恒等式，实际上是一个财务问题。地方政府支出是三大项，即社会保障、经济发展、公共服务。

第一个是"社会保障"，现在是本地支出，我们社保没有全国统一的。现在人口老龄化，随着人口的流出，现在人口流出地的老龄化比流入地还明显，这个支出是刚性的。第二个是"经济发展"，地方政府有非常强的发展经济的动力，搞工业园、开发区、基础设施建设。第三个是"公共服务"，中国的公共服务支出是本地化的，由于人口流动，人多了以后也需要有相应的公共服务支出。

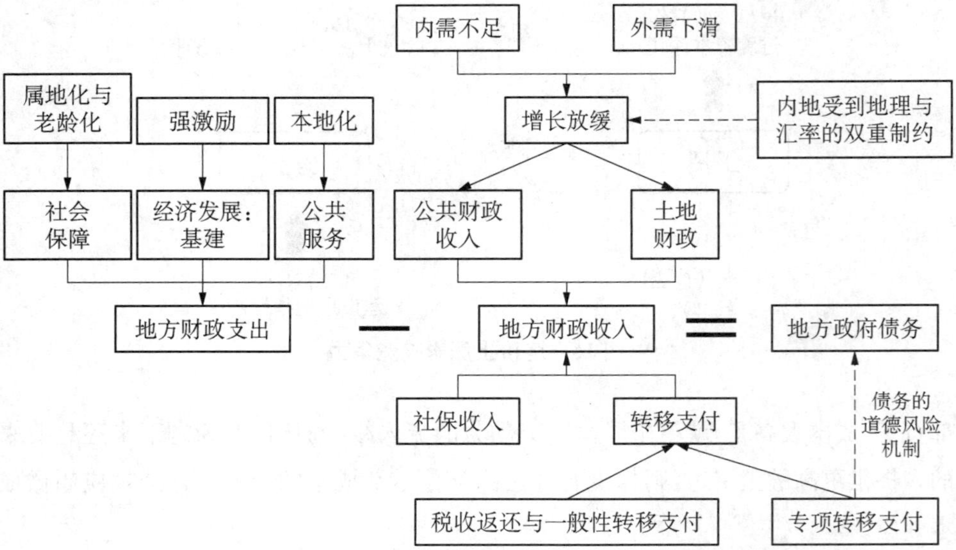

图 17　地方债务形成机制分析

再看收入端，收入端最重要的两块收入，我们称之为预算内和预算外收入。预算内收入主要是税收，预算外收入主要来自土地。现在因为经济增长放缓，税收增长速度明显下滑，如果地卖不出去了，土地财政也受到制约，所以地方财政收入的增长速度明显下滑。地方的支出和收入之间有一个差额，怎么补？中央财政转移支付可以弥补这个收支的差别。加上地方的社保收入，社保有一些收入进来。

转移支付又分两大类。一大类是税收返还和一般性转移支付，这可以根据公式算出来的；还有一类转移支付是专项转移支付，这是用于经济建设的。现在看看具体的中国内地的情况。中国内地一方面劳动生产率是偏低的，同时它的地理位置远离港口，发展出口型的经济和制造业是不利的。人口又没有流动起来，需要支付社会保障、公共服务、基础设施，又没有独立的汇率，不能搞贬值。几个因素加起来，制约了它的收入端，增强了它的支出端。

这就要借助转移支付了。按照道理来讲，如果转移支付，中央给你钱，你就不要借钱了。但是经济学要讲道德风险机制。有这么一个逻辑，中央政府越给我钱，我就借得越多，因为我想你会帮我还的，或者未来你会给我钱的。

我最近带学生做研究，发现中国存在的实际情况是：得到专项转移支付越多的城市，地方政府借债越多。而且这个机制不发生在一般性转移支付上面，一般性转移支付可以用公式算出来的。而且我刚刚讲的道德风险机制里面，只有中西部省份存在，东部不存在。中国欠发达省份与我们中央的关系，跟南欧国家与欧洲中央政府的关系是一回事：你现在不帮他，不行；但你帮他，就是道德风险。

我这个逻辑下面，最后只有一条路：经济肯定是逐渐走向统一的，一定要走向市场的统一，这个市场的统一就是劳动力自由流动，只有这一条路。

有一次，我谈汇率对于欠发达地区的制约作用时，复旦大学的杨长江说，没有问题，一个是名义汇率，一个是实际汇率，实际汇率要考虑工资。他说你可以把内地的工资水平降低，汇率不能动，可以降工资，劳动生产率低一点不影响出口。但是这条路走下去，地区间的平衡发展解决不了。所以如果又要统一，又要效率，又要"平衡"，就只有自由流动，没有别的路。这是国家发展战略问题。

按照我刚刚讲的逻辑，欠发达地区应该借债更多。给你看这个数据——城投债，从 2006 年以来中国内地中西部省份借的城投债，借债的只数和借债的规模的比重随着时间推移在上升，到了 2012 年以后这两个比重超过 50%。而在 2012 年前后，内地 GDP 占 40%，我们经济规模比较小的地方在借更多的债。

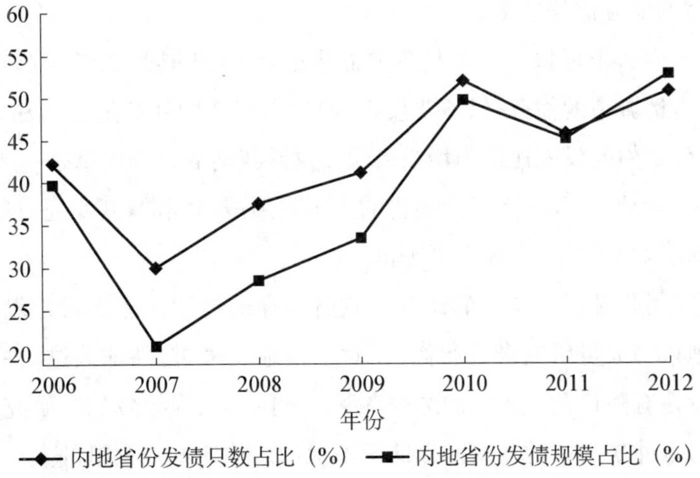

图 18　内地的城投债占比上升

图 19 中，横轴是人均 GDP，省份的人均 GDP，纵轴是政府公布的地方政府债务。前面那个图是城投债，这个图是全口径的，地方政府估计的。可以看到什么？如果画成拟合线，会发现越穷的地方，债务负担率越高。我们做区域经济研究，在

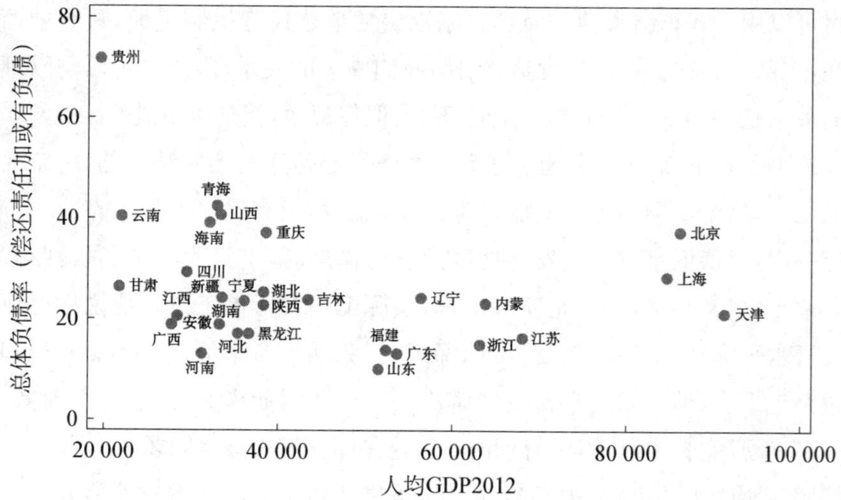

图 19　欠发达省份债务负担更重

做中国省级分析的时候，一定要做一件事情，就是把四大直辖市拿掉，因为四大直辖市太特殊了。四大直辖市拿掉以后，结论比我刚刚讲的更强。这个负相关就更明显了，越穷的地方债务越重。

为什么产生这个现象？一个是我前面讲的，中国内地城市像希腊。第二个是效率问题。内地城市的债务（借了要投入的）除以 GDP（GDP 是产出）的比例高，意味着什么？就是你的投入比产出增长得快。这跟我前面讲的逻辑是一致的。

如果限制劳动力流动，除了前面讲的大国发展战略问题，其实还有很多连带的负面后果，除了效率问题，实际上平等也没有了。

我们研究团队做了一系列的研究。政府现在的控制无非通过户籍，把人分成本地人、外地人。大量研究告诉我们，相对于本地人来讲，外地人进入一些高收入的行业、职业是有障碍的，会产生收入差距。是什么原因导致的？研究发现，同样教育水平的人，外来人口的教育回报低于本地的。相比本地户籍的人口来讲，外地户籍的人，生活满意度和快乐感更低。对于政府、社会、小区居民的信任度更低。上海出现外来人口聚居的现象，不高兴、不信任社会的人住在一起，这就是这个社会面临的潜在风险。而我们现在加剧对外来人口的歧视，我们政府不考虑这样的政策有可能产生潜在的更大的社会矛盾，最后这个成本还是要你负担的。

我最近又做了一个研究，关于农民的健康水平问题。全世界的移民国家有一个普遍的现象，外来人口进入我们国家的时候，健康水平是比较高的，健康的人才会流动。但随着时间推移，外来人口做的都是脏乱差的工作，比较低档的工作，一点点的健康优势随着时间推移就没有了。我们中国的数据没有发现这一点，外来人口不管在什么年龄水平上，都比本地人来得更健康。我开始觉得奇怪，中国创造世界奇迹了，后来再一看，明白了，是不健康的人回去了。我们这里健康的人进来。相当多的人做什么？建筑业和制造业。随着年龄增长，他们变得越来越不健康，这些人后来回老家了。数据上显示出来，留在城里面的人还是健康的。这也是一个大国问题，人口流入地在享受好处，却不承担成本。

户籍制度的负面影响

1. 城市“新二元结构”。

2. 没有本地城市户籍的外来人口面临着：

(1) 行业和职业进入障碍(Chen et al.，2013)，即使考虑到了方言的因素。

(2) 不平等的收入和教育回报(Meng and Bai，2007；Zhang and Meng，2007)。

(3) 不同户籍人口间的差距而更不快乐(Jiang et al.，2012)。

(4) 更低的信任水平(汪、陈、陆，2009)。

(5) 居住区分割(陈、陆、陈，2012)。

(6) 健康较差的回到了农村(周小刚，陆铭，2014)。

户籍制约消费

1. 如果没有当地城镇户籍……

(1) 预期未来收入下降。

(2) 耐用消费品移动成本高。

(3) 社会保障相对缺乏。

根据国家统计局2009年的一项数据，雇主为其缴纳养老保险、医疗保险、工伤保险和失业保险的农民工比例分别为5.9%、9.7%、20.7%和1.8%(盛来运、王冉、阎芳，2009)。

2. 移民消费低，主要是在耐用消费品和服务消费。

来源：陈斌开、陆铭、钟宁桦(2010)，Chen，Lu and Zhong(2015)

陆铭：我还有一个研究，研究户籍制约消费。我们讲中国的消费不足，我这个研究告诉大家：相对于一个当地城镇户籍的人来讲，一个外地人的消费平均要低17%，这是我用最新的数据做的。早期的研究里，2010 年我的一篇文章里用的是2005 年的数据，这个比例是 30%。2007 年的数据显示稍微低了一点。那么为什么是更少的消费呢？一方面是预期未来收入要下降，想到未来要回到老家。第二，如果现在买耐用消费品，未来是带不走的，能省尽量就省。第三，外来人口社会保障的覆盖率是比较低的。因为这三个原因，就只挣钱，不花钱。

我最近把这个研究进行深化，我一个学生在做。发现什么？他想省的都是生活性的服务业。一个城市里面，如果外来人口往老家汇的钱越多，本地人口的收入越低。老百姓脑子里不会转这个弯子，忘掉了外地人不花钱的时候，你就吃亏了。我们要把问题想深一点，要想到这样限制的结果是对自己不利的。

- 举家迁移率≈20%
- 6 100 万名留守儿童
  (National Women's Federation research group, 2003)
- 1 085 万名留守妇女
  Duan et al. (2009)
- 5 000 万名留守老人
  (Wu, 2013).

图 20　移民家庭的分离

还有移民家庭的分离。中国今天的举家迁移率只有 20%，现在的问题是有6 100万名留守儿童，1 000 万名留守妇女和 5 000 万名的留守老人。来的时候我跟傅蔚冈讲，最近上海要限制外地人口了，他们在做什么呢？在学北京，在基础教育里提高门槛，让大家上不了学。前一段时间在复旦大学开一个会，发改委的一个总经济师在把这个当作成绩来报告，说我们在过去一年不到的时间里减少了 2 万名外地人口孩子的上学。可你放在全国一盘棋来看，现在我们已经这么多留守儿童了，你是让这个数字增加还是减少？我们现在正在做的是增加留守儿童的数量。

中国未来肯定是希望像美国，统一大市场和规模经济。但我们现在做的，第一，没有效率。第二，我们现在经济事实上已经全球化了，除了资本账户，一般贸易领域都开放了，在国内没有效率的情况下，实际上我们面临资金和产业的双外逃。第三，人还在外逃。然后我们 FDI 是负增长的。如果这几个外逃都出现，中国接下来可能出现的是滞胀，经济增长往下滑，债务除以 GDP 的比率上升，早晚要调整的。三条路：第一债务下来；第二 GDP 上去。GDP 上去有两条路，一是实际经济增长上去，二是名义经济增长上去，所以最后很有可能，其实还是要走通货膨胀的路。

我两年前在基金会的发言就讲，中国未来非常大的危险是滞胀。当时很多人不同意，说现在中国是通缩，我说我说的是未来，通胀是早晚要来的。现在开始了，PPI 下滑止住了，今年货币政策是松的。接下来涨公务员和事业单位的工资，所有的问题都指向这个。实际上实体经济越有增长，通货膨胀的压力就越小；越是实体经济增长不起来，要让债务除以 GDP 的比率下来，就更要依赖通胀的方式，当然这里面还有很多的问题，我就不讲了。

我要进一步诠释为什么要让市场成为配置资源的决定性因素，并且更好地发挥作用。在我们今天这个话题里，非常强调人口的自由流动，另外建设用地指标和土地的配置要跟吸纳外地人口一致起来，不能反过来。如果政府在东部多配置一点土地，又有可能提高效率，又有可能缓解房价的上涨趋势，又可以吸引更多的劳动力进入，缓解沿海地区劳动力短缺的问题。

我刚刚忘了讲一点，我这个话题里，也部分地批评刘易斯拐点论。2003 年以来出现的劳动力短缺，主要是中国区域间的人口流动受到了制度性的障碍，如果制度性障碍去掉的话，劳动力短缺问题是可以得到缓解的。2003 年的拐点是政策的拐点，而不是刘易斯意义上的拐点。

如果是这样的话，内地要提高效率，提高竞争力。我也不是说内地不要管了，我讲话容易被人家误解为内地不要管，不是这样的，要管的。任何大国，都要做财政转移支付，关键是你给内地财政转移支付做什么？要投向基础设施、教育、医疗，避免直接投到产业里面，特别是避免投到重复建设的产业里面。因为你只要重复建设，就要市场竞争，如果没有竞争力，就需要持续的补贴和市场分割。这条路是走不出来的。所以内地要做的事情首先要找到有竞争力的产业。

比如我到内地调研，有竞争力的是一些农产品，但运不出来。在建的是什么呢？工业园。招商引资不到，这样的基础设施建设是没有回报的。还有给内地财政转移支付，要更多地投向教育和医疗，因为这个投下去以后，在短期里形成的是生活质量的提高，可以缓解纯粹为了追求沿海地区的公共服务而出现的劳工流动。从长期的角度来讲，在教育和医疗上的投入，最后形成人力资本的积累。人力资本的积累有一个最大的特点，可以和人一起走，寻求最高的人力资本投资的回报，不会有低效率的问题。不像产业的投资，一投下去就变成不动产了，最后没有办法移动，这不会有回报的。

我就讲到这里。谢谢大家！

乔依德：非常感谢陆铭！50分钟把很大的一个题目，理论、实证、政策、学术，几个层面都讲了。我也不重复他的一些主要观点了，下面我们有时间进行讨论，可以发表评论，也可以提问题。

沈明（圆信永丰基金管理有限公司首席市场官）：你说中西部的财政转移支付主要应投到教育和医疗，但现在也出现一个问题。因为人口是自由流动的，这样的话，投了更好的设施、设备，但有不少好的老师、好的医生从河南、东北甚至新疆跑过来。财政转移支付又不能把人束缚在那边，你白白造了一个医院、一流的设备，却没有好的医生在那边，这些我觉得是政府要作为的。

陆铭：我进一步升华你刚刚提的意思。我刚刚讲投资到教育和医疗上面，如果我们到中国内地去看看，其实中国内地缺的不是硬件，是人。现在中国内地农村的学校，实际上硬件都没有问题，都有标准的校舍、课桌椅，电脑也有，中国很多好心人也搞捐助，捐了文体器材过去。关键是缺老师。

发达国家做的事情，不是投硬件，是把你的工资提高，虽然绝对水平不一定有上海那么高，但如果扣除当地的物价水平以后，在当地的生活质量是高的。这样，人就可以部分地往内地转，包括中小城市，包括农村。

台湾也是一样，我十年前到台湾调研的时候，阿里山上有标准的学校，塑胶的跑道。在阿里山顶上学校工作的老师，未来优先进台北的学校。同时另外一句话要强调，你刚刚说河南、东北、安徽的老师往上海跑，这里要分情况的。一个情况有可能是因为我们对于欠发达省份的老师和医生的补贴没有到位。但哪一天真的到位了，刚刚讲的趋势还是这样的，只是缓解了。因为人就是这样流动的，特别高端的这一块，尤其是因为我们前面讲的学习效应和规模经济，高端的往大城市集中的趋势一定是不可逆转的。

权衡：谢谢秘书长。我参加过几次这样的讨论，范围也不大，大家对一个问题讨论得比较深入，确实非常好。由于时间冲突，我中间有两次没有参加。陆铭老师这个报告，我有几点看法，算是一个评论。

第一是讲大国的经济优势，这个一直在讲。前几年，我们做过一套书“大国经济”，现在看起来是对的。我们中国这样的空间大国、人口大国、市场大国，有巨大的空间，所以我们说东方不亮西方亮。现在中央领导讲韧性、空间、回旋余地等等。你这个报告很好地阐明，如果资源没有配置好，这个优势就变成劣势了。

陆铭：我认为非常正确。

权衡：大国有大国的优势，但如果资源错配的话，反而是劣势。

陆铭：负债就是劣势。

权衡：所以我觉得怎么更好地保持优势，取决于资源配置。这是第一。

第二，从经济规律来讲，不平衡永远是规律，不平衡是经济规律。中国过去30年高速发展就是因为不平衡，有这种快速的要素流动，要素流动本身就是资源的不断配置、优化的过程。但是我们这个过程和发达国家不同的地方在哪里？由于制度、体制上面的障碍，我们没有达到最佳配置。因此所谓的规模经济、集聚效应没有发挥出来，或者发挥得不够。这是第二个。实际上从经济学来讲，非均衡始终是长期的，均衡只在一点上是均衡的，只在马歇尔交叉点上是均衡的，其他都是非均衡的。因此如果没有遵循这样的规律，规模经济也好，集聚效应也好，就发挥得不是最好。

第三，我觉得这里讲到经济地理位置对经济增长的决定性作用问题，进一步回答人为什么往东部流，东部地区怎么集聚起来。研究一个区域大国，经济地理位置的决定因素，除了天然的优势、区位的优势，更重要的是交通、市场、人才，有一个匹配的问题。我们这样讲的过程当中，我认为你能解释为什么东部地区集聚起来，中西部地区集聚不起来，这个我后面要提出来，特别要重视经济发展当中经济地理位置的作用。

第四，大国发展的难题讲得非常好。难题在哪里？在经济方面，人应该按照非均衡的规律流动，这个流动当中，政治上有一个假设，说如果这个不平衡无限扩大的话，会带来巨大的政治风险。我们这几年为什么强调中西部开发或者强调区域的协调，很大的因素是发生了几件事情，比如说新疆问题、西藏问题，把这个和经济、民生问题结合起来。

最大的难题是，我把人弄过来，还是把钱弄过去，经济、政治上面怎么协调这个问题。决策层考虑的是后面这个问题，经济学家更多考虑的是前面的问题，这是我们现在讲的大的难题。这个报告的这几个方面，我听下来印象蛮深的。

第一个问题，这个报告还是要回答什么样的不平衡。因为这个不平衡，讲人口流动，核心问题是城乡流动。这里讲区域流动，但我始终认为中国的城乡流动和区域流动搅在一起。你说西部地区也有人从农村向城市流，向西部的城市集聚。因此这里面就有一个问题，如果有一天中西部的城市能够像东部的城市一样有吸引力、集聚效应，人就不一定在区域上流动。如果不回答这个问题，不讲清楚的话，东部地区这里已经很多人了，你还往这边流。因为我看到你发表的文章，有一些人问这样的问题，你要讲到底是什么不平衡，这个人口流动是区域和城乡之间的，还是中西部和东部之间的，这两个概念要再清晰一下。这是一个问题。

第二个问题，还是要回答大城市面临的人口压力过大跟人口流动问题。你的主张是人口要流动。在美国也有人讲到这个问题。我的感觉是，最佳的城市规模应该是市场配置资源的过程，是空间资源配置更为合适的问题。我们现在特大型城市的空间资源都是失衡的。所谓失衡，中心城区点到线，再到面，这个单中心的城市空间布局和体系是有问题的。

以上海为例，如果把 6 000 平方公里的大上海，撑到 5 000 万人口也没有问题，我可以把中心城区的很多人化解，还可以吸引更多的人到这边来。因此对上海的发展来讲，你说是城市化过度还是城市化不足？有一位学者说不要说城市化不足，工业化都不足，就是郊区的工业化。

我们现在的城市，大家为什么说大？大是指密度在中心城区，而没有在整个空间布局。恰恰在空间资源的配置中，也不是由市场配置的，在有限的空间里也是由政府在配置资源。人民广场为什么在这，不在那？这个环线为什么这样布局，不那样布局？所以我觉得交通规划这个问题要和市场配置资源匹配起来。如果市场化配置资源跟交通规划不匹配，这个空间资源也是失衡的。现在讲上海有更多的人进来，有一个前提，如果空间资源配置的问题解决了，郊区新城发展得更好，城市群做得更好的话，不是人太多的问题，恰恰是缺人的问题。我们到远一点的奉贤这样的地方去看，根本没有人的；临港新城是鬼城，晚上过去亮灯的地方就一点点。所以我觉得说大城市人口太多、密度太大,这是一个伪命题。刚刚讲的发改委的那个事,我没有听过。但我知道有人在强调这种观点。有一次我们在饭桌上吃饭吵起来了,他说:你知道吗?你解决他孩子的问题,他就把父母又带来了,这对我当地人也是利益损失啊——他用他自己掌握的数据算账。

第三个问题,你讲的这个规律,究竟是长期的必然的规律性趋势,还是在中国城市化这一特定时期的,将来有没有一天会出现梯度推移的问题?事实上 2008 年以后,已经看到一些沿海地区的产业开始向中西部转移。随着产业,特别是劳动密集型制造业从东部沿海地区向中部转移,相应的人口是否会由于产业而流动过去,我觉得还是要回答这个问题。梯度推移问题在 20 世纪 80 年代学界提出来的时候,中西部跳出来反对,说:你以为你东部是高技术梯度、高市场梯度,等到你那里发展了,然后才轮到我发展?事实上后来就演变为这个政策了,当时明确规定是沿海优先发展。结果西部意见非常大,尤其是内蒙古社科院有专家提出反梯度推移。后来我写文章说,你这个理论没有经济学依据。我们搞研究的在理论上面要站得住脚。

由此我也想到印度,我在印度待了九个月,一直在思考这个问题。当时我在印度观察区域和城乡的问题。你如果把印度的不平等和差距,跟中国做一个结构性的比较,是很有意思的。印度的城乡差距比中国小,印度城市内部的差距比中国大。中国是相反的。两个国家之间的地区差距也不一样。比如说我们中国的地区差距是东中西,印度没有东中西,它东部也靠海,西部也靠海,加尔各答不错,孟买也不错。但它北部就很落后。区域之间的这种差距跟城乡差距如果搅到一起的话,是不是有这个问题。

第四,如果有一天中西部,现在按照中央的思路推进新型城镇化,我们不知道将来推到什么程度,中西部现在户口已经放开了,城市化规模不断扩大,集聚效应会不会导致西部地区农村人口向城市集聚?一旦西部地区的规模效应、集聚效应发挥出来的时候,我们国家的人口是不是像你说的那样?

我们的地区差距跟过去我们区域战略上的碎片化有关,一会儿是东部优先发展,一会儿东北振兴,一会儿西部大开发。其实把区域之间内在的联系割裂了,好像政府想让你搞哪一块,就发展哪一块。西部大开发十周年的时候,我们开过一个会,最后发现西部开发的效果是非常差的。我是比较关注城乡差别的,西部大开发十年,城乡差别更大。原因是什么?中央给的资源、项目并没有在西部的农村,而是在西部的大城市集聚,但那里也有户口问题,人流不进去。

我们讨论"一带一路"时，我提了一个题目。我说"一带一路"，对外我们要研究；对内，以"一路一带"，把中西部的区域整合起来，这会不会是一个大的战略上面的布局，这样的布局对未来区域经济发展产生什么样的影响？大家就一起头脑风暴。

前面那些我是完全肯定，肯定你大的观点，里面包含了扎实的经济学。后面的这些问题，我们可以讨论一下。

陆铭：我先回应一下。首先感慨一下，因为我长期做这些方面的研究，包括你刚才讲的，有人在我文章后面跟帖什么的。这个问题特别复杂，我最近在写一本书《大国大城》。权老师讲的问题，我基本上都思考过的，借着你的提问，把我观点表述得更加全面一点。

以第四个评论作为第一个问题。刚刚讲到政治上的考虑，我特别强调东部有港口，因为时间有限，我没有强调瑷珲腾冲线的问题。瑷珲腾冲线的左边和右边，人口份额和经济份额基本上是差不多的，右边基本上占95%的人口，95%的GDP。从今天的分析框架讲，在追求区域人均GDP趋同问题的时候，我可以把整个瑷珲腾冲线的左边都排除掉，完全可以通过财政转移支付，甚至可以不顾效率，发展新疆、内蒙古、西藏，这没有问题。我们今天讲的东中西，实际上是在瑷珲腾冲线的右半边还有东中西，因为这右半边已经包括四川、贵州，也包括了上海。我的意思是说，我所讲的跟政治上那些战略性的考虑其实并不矛盾。

包括今天的"一带一路"，也涉及民族和政治层面的问题，我的回答是，我完全支持，但跟我今天讲的不矛盾。

对于第二个问题和第四个问题，我完全同意中国的区域与中国城乡流动是一致的。如果我有时间，我一定会讲中西部的发展也一定要向少数大城市圈集中。

但我为什么今天主要讲东中西呢？中国的主要矛盾是东中西的矛盾，涉及人口跨区域的流动，有一点像欧元区里国家与国家流动的层面。

我不是说中西部内部的情况不重要，而是在全国，涉及统一、效率、平衡的关系，其实东中西的矛盾更大。在劳动力流动、资源配置里，人口在跨省的东中西这个层面流动，而资源配置其实是在东中西之间反过来配置的，这是我强调它的原因。但我也绝对认为中西部也应该逐渐向大城市集聚。

这里涉及什么问题呢？有没有可能中国的中西部向大城市都市圈集聚以后，可以缓解人口向东部流动的趋势呢？我认为边际上肯定可以缓解，我也讲未来对中西部的教育、医疗、基础设施投资，这些政策都可以在边际意义上面缓解人口向东部流动的趋势。但是我们讲国家战略问题的时候，我们考虑的是，最终中国的人口和经济资源的分布是不是因为中西部的发展，包括“一带一路”的发展而根本性扭转？对于这个问题我们应该也是一致的，不可能的！

在人类可以预见的未来，不要讲太多，一百年以后的事情我们不讲了。一百年以内，几个条件给定：港口的重要性，贸易的重要性。只要人类的技术没有办法让铁路、公路运输的成本跟港口运输成本竞争，从产业布局的角度来讲，基本上沿海的重要性就定了。

我的意思是说，“一带一路”可以在边际上缓解人口向东部集聚，但大的原因是由港口的优势决定的，再加上经济发展的集聚效应、规模经济。集聚效应、规模经济为什么重要？哪怕你的产业结构不是以制造业为主，只要你初始情况下的人口是这样布局的，发展服务业阶段的时候，服务业是跟着人走的。这可以解释美国现在也没有什么制造业，日本的制造业也大幅度下降，但现在它的服务业中心还是港口，基本上是工业化阶段的地区。

权衡：这个我赞同。但我还是有一个疑问，可能还是要把城乡流动跟区域流动分开。你刚刚讲的很对，因为城市化最终还是服务业，这是毫无疑问的，这是大的趋势。这个情况下，如果中西部地区有那么几个大的城市圈，服务业比重又很高。

陆铭：我同意的。我在《空间的力量》那本书里就写到了，如果说大港口是重要的，服务业对于大港口的依赖性要小于制造业。

权衡：再补充一点，互联网和信息技术的发展。

陆铭：先讲港口的重要性。我的研究里面会告诉你，是有证据讲服务业对于大港口的依赖性没有制造业那么大，但仍然依赖于大港口。还是大港口有优势，但优势不像在制造业时那么明显了。这个对于人口分布大格局的影响是边际的，而不是根本上的改变。

我可以顺便把梯队推移的问题给讲了。在市场经济中也有梯队转移。纽约成本高，就往纽约周围发展；美国高了，我再往中国发展。但这里一定要区分两个问题：第一，产业的转移到底在市场力量的主导下，还是在政府力量的主导下？第二，就算有市场力量主导下的产业转移，中国这么大的一个国家，我们对于所谓沿海向内地的产业转移是否是不加区分的？我觉得要考虑这两个问题。

第一个问题，当前中国出现的产业转移，带有非常明显的政府干预特征，因为它在扭曲要素市场。看起来，很多企业是自愿往内地迁的，但我们不要忘记，企业往内地迁时面临的价格参数，是政府扭曲的结果。沿海地区的地价提高，劳动力成本提高，企业是自愿走的，但这个价格本身是扭曲的。如果没有价格的扭曲，企业就是要走也不是今天走，可能还要晚几年。

第二个问题，就算要转移了，也是市场力量主导的，我能转移到哪？中国内地是很大的概念，还有武汉、重庆的特殊情况。从大的格局来讲，中国的产业转移长江经济带，到武汉就差不多了。因为这里的内地，是中国唯一可以利用长江黄金水道的地方，把江海联运做起来以后，相当于把沿海港口往内移。其他中部地区必须是陆上运输加海上运输，再装船，这个成本的上升，在国际竞争格局下，足以使得产业不是往内转，而是往外转。现在很多"中国制造"都变成"印度制造"了，说明很多产业是往国外转的。

刚刚讲到印度，印度的问题你讲得非常好。印度的人口是自由流动的。所以它的城乡间差距不大，但城市内部差距大。你刚刚讲它的南北差距，实际上还是地理问题，外资进来，包括服务外包进来，不会到北部那些离山区更近的地方。人口流动加上地理差距的时候，区域间出现产业的不平衡，但城乡间的差距是缩小的，这恰恰是我们未来有可能出现的模式。

第四个问题讲到区域战略碎片化的问题。我非常同意的是，我们现在的区域规划实际上是把中国经济碎片化了。某种角度来讲，很多政策也不能单怪地方政府，中央政府也要打一板。比如说，为什么欠发达地区的工业园遍地开花？如果不给它建设用地指标，会遍地开花吗？我们中央想的，也是均匀分布意义上的平衡发展，所以每个地方都建工业园。

我也同意你的看法，最后还是要经过市场检验。不是说西部不要开发，我写的一系列东西都在探讨西部的优势在哪，或者中西部的优势在哪。除了发展少数有竞争力的制造业以外，大的格局来讲，中国的中西部发展，第一农业，第二旅游业，第三资源型的行业。在这些行业找到比较优势，所有的配套，人力资源的配套，基础设施的配套，是跟着产业走的。但我们现在不是这样的，什么地方都发展汽车业，建工业园。最后市场决定了，你想发展，也发展不起来。西部不是不要开发，而是看你发展什么。反过来讲，当你发展正确的产业的时候，刚才我们讲的几个大产业，核心的投入品都是不可自由移动的，农业靠土地、旅游靠山川，自然资源靠矿产资源。当核心投入不能动的时候，你要发展，人要出来，让剩下的从事的产业的人要少，人均就上去了。美国的中部就是这样的。

权衡：农业也是这样。

陆铭：靠资源型产业，人减少，人均就上去了。我们不是说不要中西部发展，而是发展什么是重要的，这跟“动人”的战略是不矛盾的。这个地方要变富，恰恰人要出来。

还有你刚刚讲中央资源给的是城市，这跟我们的研究完全一致了。如果我们算人均收入差距，中国中西部有很大的差距。但中西部和东部的收入差距，是由于城市和城市的差距导致的，还是由于农村和城市的差距导致的？中西部省份算人均的时候收入低，是因为还有大量的农民，农民比重也比较高，所以算人均的时候就拉低了。所以真要提高中国的中西部，应该主要帮助中西部的农民。

这又回到前面讲的，怎么帮助中西部的农民？又变成是给钱还是“动人”的问题。现在的想法，给你钱，发展经济，就地城镇化。但对于解决中西部人民收入的问题，更有效的方式是让人口转移到东部来。剩下的中西部农民越来越少，人均收入就提高了，应该走这一条路。

还有一句话，你刚刚举了内蒙古的例子，以前沿海地区给了很多优惠政策，现在这个政策应该给我们了。我一直反对这个说法。老百姓的思维很简单，看中国改革开放政策都从东部开始，所以认为东部的发展是政策带来的。不对的。你这样想，就算改革开放时，中国东部没有优惠政策，发展起来的还是东部。只要符合这里讲的经济规律，发展起来还是东部。这说明80年代中国做的事情，是把政策给对了。如果当时把政策给西部，你看会不会发展？所以很多中西部的看法，说是因为政策东部才得到发展，其实这个观点是不对的。

最后就可以回答“一带一路”的问题了。我的意思是说，“一带一路”战略里，配合一点西部有优势的产业，包括发展你的都市圈，我也同意，没有问题。

你已经提到互联网了，中国中西部的产业发展，在如何找对产业的问题上，我是这么看的：刚刚讲的确定有优势的几个是农业、旅游、矿产。互联网，特别是借助于互联网可以提供的服务、产品，的确对港口的依赖是低的。比如说软件业可以往内地移，呼叫中心可以往内地移，服务业的外包可以往内地移，这没有问题。但是你要想通过互联网改变全国的经济格局，我还是说：不可能。为什么？你看发达国家，去年在徐州开的一个国际会议上，一个加拿大学者讲，不要说你们中国今天还在城市化的过程当中，哪怕在美国和加拿大，人都在进一步向大城市集聚。为什么？因为产业发展起来以后，这个产业中越来越多的比重实际上是需要面对面的，特别是依赖信息、技术、科学这些东西的产业，面对面的需求越来越多。只要面对面的需求越来越多，从产业的比例上来讲，就越来越多去往大城市。

顺便回答刚才说的上海市内部空间集聚的问题，我认为你说的是对的。但是我给你补充一条，这也是阶段性的。我同意在目前阶段里，我们郊区在公共服务、基础设施发展以后，郊区还会进一步集聚。

但是你看日本东京的人口分布，1995 年之前，市中心人口是下降的，东京都往周围疏散。1995 年以后，人口重新集聚到东京。道理在哪里？就是产业结构变了，东京产业结构变成信息、技术、知识密集型的了。你想 20 年以后的上海，在市中心住的跟今天不是一拨人了。20 年以后，上海市中心住的是全世界最富的人，然后从事的行业是靠信息、技术的。他的生产需要每天跟别人开会。他钱多了，消费什么？看戏、听音乐会、聊天、喝咖啡。不管生产还是消费都往市中心集聚。东京就是这样，人口再回来。这个趋势现在美国也在出现，美国曼哈顿这个地方的人口还要继续增长，还要增加 100 万人，因为产业结构在发生变化。

我基本上做这么几点回应。

权衡：刚刚讲 20 年以后上海可能都是富人，我补充一句，要富人，也要穷人。

陆铭：这是对的，这个我完全同意的。这恰恰又会加剧我前面讲的趋势。我们的观点基本上是互补的。

傅蔚冈：刚才讲到互联网会改变空间的重要性。我记得一年前，陆老师在我们那边讲的时候，下面有一个人是做互联网的，说他们几个人和好几个国家的人一起工作，一年见不到一次面，但这一次终于见面了。那时候陆老师说，如果不是在上海，你不会参加我们这么一个活动，没有机会参加面对面交流的活动。你看视频和亲身经历不是一回事。

马云经常讲，阿里巴巴要为改变目前的城乡结构做出努力。前一段时间网上一个文章对淘宝数据进行整理之后，发现淘宝销售的商品数量和排名里面，上海、广州、金华、北京、深圳、杭州、苏州、温州、佛山是排在前十名的。

陆铭：跟"互联网＋"结合起来的产业，本身就是有规模经济的。开一个电子商务公司肯定不会开在人少的地方，而是开在人多的地方。物流成本降下来以后，你的销售更加有竞争力，物流成本现在最低的就是长三角。

乔依德：我先提一个问题，图 7 的数字包括转移支付吗？

傅蔚冈：GDP 不包含进去的。

乔依德：按照这个图，人均 GDP 基本是相等的。但实际上还不是这样，比如说南卡罗来纳州的人均 GDP 还是很低的，这就是为什么日本的汽车工厂要选在那些地方。

傅蔚冈：在图 7 里，美国也存在人均 GDP 的差距，但差距很小，最穷的和最富的差距两倍。中国是相差七倍，贵州和上海相差七倍。美国人均 GDP 最高的，不是我们所说的纽约、加州，而是另外几个小州。

陆铭：我补充一下。看美国问题的时候，在州层面看和在城市层面看，不是一回事。美国城市之间的收入差距是非常大的，甚至差距是在进一步扩大的，这就要想是什么原因。

第一，产业结构不一样。纽约越来越高端化，欠发达地区就到一些边缘性的产业里去。与此同时，美国人均收入高的城市也是房价最高的城市，这样的话，当你把实际生活成本放在里面（前面讲的是名义值），考虑到生活成本差异以后，房价会大大抵消实际收入差异。

第二，最近美国有一篇文章，还是一篇工作论文。讲的是什么呢？如果我们核算美国纽约对美国经济增长的贡献，并没有我们想象当中的那么大。为什么？因为在这些城市，土地供给受到了一定的制约。我们对美国的制度不太理解，我猜在规划层面可能跟中国很像。这个机制是什么？陷入土地供给制约的时候，人口流入减缓了，房价上去了。

减缓以后导致两个结果。第一个结果，反而加剧地区间的差距，因为进来的都是富人，与不进来的人拉开了差距。第二个结果，当人不进来的时候，也意味着核心城市的带动力下降。根据论文作者的研究，因为有模型可以测算的，如果把美国土地供应的障碍去除掉，美国几大城市对于美国经济增长的贡献可以大大提高。跟我前面讲的中国的情况是一模一样的。在中国的背景下，把沿海地区土地供应的障碍去除，跟地价、生产率配起来，中国沿海地区可以发挥更大的推动作用。最后通过什么？不断创造就业、不断吸纳人口，就是这样。

乔依德：下面我谈一点看法，可能也会有几个问题。基本上我完全同意你的分析框架、分析结论，资源配置、生产要素基本上应按照市场来做。也像你所说的，并不是因为过去的优惠政策给了东部，东部才发展起来的。主要是因为我们的开放政策，我们国家融入全球一体化或者经济全球化的过程当中，而沿海地区在生产要素、生产力、生产环节等各方面都比较好。李光耀他们都提到这是一个最基本的因素。当然,我也觉得,由于我们内部生产要素的变化,可能以后我们的出口贸易对GDP 增长的作用恐怕不会像十年、二十年以前那么大。

我再补充一点,包括生产要素的分配,我一直觉得要讲人性,我越来越觉得人性是不能丧失的。什么是人性？你可以从多侧面来分析。包括群居,社会性,这也是人性,这是克服不了的。大部分人希望大家在一起学习,这是一个最根本的需要,是不能战胜的。

这有两个东西,我不知道怎么解释意大利的南北差距,一直没有好好解决。你说人口流动,为什么意大利的南部跟北部的差距很大？当然这有很多研究,我没有做很多研究。是不是劳动力流动以后就可以解决,理论上我觉得应该可以解决,但为什么也有很多特殊的情况？

第二,在政策考虑当中,很明显要从经济的角度考虑,另外是不是也有一些所谓战略上的考虑？比如说东海、南海搞不定,对不对？这是另外要考虑的。比如说中巴经济走廊,从纯粹经济的角度,恐怕有很多的问题,因为按照运输成本,特别是山区造公路,还不是高速公路。当时是从战略的角度,说通过港口有石油过来。当然,这也是可以挑战的,所谓马六甲困局,是不是也是一个伪命题？现代战争中输油管就安全了？油轮不安全,输油管道就安全了？当然我觉得这里可能会有这样一个考虑,我也并不认为这个考虑就一定对。包括你讲的"一带一路",地缘政治上可能也有这个考虑。问题是怎么把这个放到你的框架里。

基本上我同意你的框架和结论。我也不太赞成片面强调就地城镇化。当然,你在这里面还可以进一步挖掘,为什么二十年以后我们还有很多制度障碍,包括医疗制度不能够统一,包括土地制度问题没有解决,造成房价越来越高。我在美国工作过,一到退休,很多人把纽约的房子卖掉,迁到南部去,玩高尔夫球,钱也积累了很多,在南部也可以享受类似的东西。但我们这里有一些制度障碍。

我就讲这些!

陆铭:你刚刚讲的相同意见,我就不重复了,我们大的看法是相同的。有四个方面的问题可以回应。

乔老师问的第一个问题,这是我没有把握的。意大利的问题需要特殊的对于这个国家的知识。仅仅根据我一点点的文献阅读,从制度角度解释,从历史上来讲南北的制度不一样,而且包括社会资本的状况也不太一样,有人从这个角度解释过,更多的我就不敢讲了。

至于前面讲到劳动力流动是不是可以解决所有的问题，这个问题在理论上是可以回答的。就是说劳动力流动，从空间均衡的角度来讲，最后实现的其实是效率的均等化，不是收入的均等化。从欧洲、美国、印度来看，当劳动力自由流动的时候，收入差距会缩小到很小，但不是缩小到零。

这里必须考虑有没有其他因素在起作用。第一就是物价，哪怕人口自由流动，纽约的收入还是比美国其他地区高。第二，物价也更高，这样就大大减少了实际收入。第三是生活质量，大城市不管怎么样，上班时间更长，房子住得更小。这样的话，在小地方，哪怕收入低一点，享受了更好的居住和其他方面的环境。我的意思是说，劳动力流动不能使得收入差距降到零，但可以使得实际收入和生活质量基本上达到一样，这是我对第一个问题的回答。

第二个问题，战略考虑，我觉得一定是有的。比如说东南亚、“一带一路”、西部发展。我对这个问题的回答是两句话。第一，我前面已经讲了，所有今天讲到的战略上的考虑，不会根本上改变人口的分布。比如说云南跟东南亚的交通更加通畅，很可能云南的集聚率会提高。第二，我们今天面临的问题，可能都不用扯那么远，为什么？因为我们今天面临的问题是，人口已经流动起来的这部分问题还没有解决，更不要讲未来了。中国30%的人口是城镇非户籍人口，上海40%的人口是非本地户籍的人口，就这个问题，跟我们前面讲到的“一带一路”、战略考虑，根本没有关系。这是我对第二个问题的考虑。

最后，中国的出路是保持现在的情况，加上劳动力自由流动，财政上是联邦制的。目前财政上是单一制的，道德风险没有办法解决。最后每一个省对地方的居民负责，就可以破产，为什么不可以破产？完了以后加上居民用脚投票机制。这几个机制做起来，在财政意义上变成一个真正比较独立的联邦制度以后，其实政治上的举手投票就没有那么重要了。省一级的层面对所属居民是负责的。

权衡：风险和破产，在中国一定要有。

陆铭：一定要有。我前面讲的意思是什么——我们现在有统一的财政，这既是好事，也是坏事，是双刃剑。

第四个问题，关于产业发展带来的收入差距问题。关键要解决全民共享机制的问题。可以通过金融市场解决很多问题，让老百姓可以搭这些技术创新者的便车，包括股权投资、众筹模式、股票市场的可进入、融资渠道的竞争性等等。

今天在中国大城市出现的流动人口压力，比如说公共服务的短缺、基础设施的拥挤,我始终认为无非是供给和需求的矛盾。在供给和需求存在矛盾的时候,你永远是增加供给,不要抑制需求。因为抑制需求,既无效率,又不公平。增加供给,空间是很大的。大城市的规模经济也有利于提高基础设施和公共服务的供应,因为造地铁、造学校都有规模经济,越是在大城市发展越好。

我先从经济角度讲,再讲社会伦理。从经济角度来讲,一个国家的区域间政策能不能说,我只要年轻男性进入,老人、孩子、女性不要,这可能吗?如果你说可能的话,一定造成家庭分居,带来社会成本。如果不可能的话,你要通过家庭的分割,产生社会成本,最后是劳动流动障碍。最后是制约了人口流入地的劳动力供给,制约劳动力供给的同时,劳动力价格提高,这个成本谁来负担?还是由城市的居民来承担。所以这一条路是走不通的。再讲伦理问题,现在从全国角度来讲,要全国一盘棋去解决家庭分居问题。刚刚讲只要20%的举家迁移率,以后肯定要不断提高,留守儿童要不断减少的。这是第一个问题。

我最近写文章讲,制定公共政策的人应该有一条原则,己所不欲勿施于人。你制定政策,不能说我不希望你爸妈过来。我反问一下,如果换成是你,你愿意只有你过来,你爸妈在老家吗?如果你不愿意,就不要讲这个话。我们往上梳理,大家都是移民,都是外地人,现在我们来了,我们在为城市做贡献。说你不要来,或者你来可以,但你爸妈、孩子不要来。包括现在一些三农学者,讲就地城市化,农民不要进城,在家精耕细作。反过来问一句,你精耕细作啊?这些人都住在大城市里,享受城市好处。就算行的话,要问一句,你愿意吗?你不愿意的事情,不要作为公共政策提出来,那是自私自利。

再接下来是什么呢?我们从技术和管理的角度来讲,城市客观面临着人口进来以后的资源紧张,技术和管理可以解决这个问题的。交通,地铁。整个上海如果达到东京那样90%出行靠地铁,拥挤问题不会有。环境问题靠两个。第一个是产业结构调整,上海早晚有一天100%是服务业;第二个交通达到90%出行靠地铁,也没有污染问题了。还有公共服务的短缺问题,包括自然资源的短缺问题,用水,可以造水库,用电,现在上海的用电已经从外面进来了。前两天我在新加坡上课,我的学生里有一个做太阳能发电的,技术上来讲已经能够实现一辆汽车完全靠太阳能,而且大楼可以全部用电池板,不用你发电,大楼自己的电池板可以完全供应这个大楼的用电,技术上都不是问题了。所以最后还是要不断增加供给,而且供给恰恰有利于发挥规模经济的优势。

反过来讲，现在有供给短缺，那是因为当前的公共服务和基础设施是按照十年前的人口规划来做的，我们当时对上海市2020年的人口规划是1 800万人。现在如果继续说上海以后不要增加人，未来就2 000万人或者2 500万人，按照这个规划来，十年以后的短缺问题会更加严重，不会减轻的。我认为还是要增加供给。

傅蔚冈：我们看上海、北京的数据，都一样。我们现在说上海入学难，实际上上海入学的最高峰是上世纪90年代，现在只达到那时的百分之六七十，而且我们现在的学校只有当时的2/3。这一段时间以来，学生在减少。以前是1∶29，一个教师对29个人，现在一个教师对15个人，都在下降。

陆铭：供给还是有空间的，规模经济使得增加一个外地人口进入到公共服务所占用的资源，远远小于平均的占用。实际上空间还是巨大的。

傅蔚冈：我再补充一个资料，这一点以前大家可能关注比较少。重庆医保改革之后，说要调高医疗服务价格，把透析的价格调到300元。为什么调？医保不堪重负，说想通过调高价格的方式解决。后来一看，原来重庆每年，比如说收入200亿元，支出有220亿元。为什么支出大于收入？最主要是劳动力人口跑掉了，缴纳医保基金的人数减少了，但生病的人却越来越多，人口老龄化。

后来看上海的数据，也和我以前做的社保数据一样，2011年以前医保也是有很大缺口，但2011年之后医保没有问题了，强制农民工缴费了。结果又出现一个问题，上海有城镇职工医疗保险和城乡居民的医疗保险。城镇职工医疗保险每年上海近200亿元，但城乡居民的医疗保险是有缺口的，一年支出24亿元，他们自己只交了4亿元，其他的20亿元从哪里来？从市政府、区政府和城镇职工医疗这里来，相当于城乡居民这些人占了外来用工的。本来城乡居民和城镇职工是两个池子，但是按照这个基金，40％的补贴来自城镇职工。城镇职工很多是外地人，相当于把外地人的钱挪了，这是非常不公平的。

乔依德：你讲2003年是一个转折点，就是指西部大开发政策？

陆铭：大背景是这个，2003年有几个具体的事情。

第一，从建设用地指标分配角度来讲，2003年是非常明显的拐点。政府增加中西部省份建设用地指标的供应量，相应地收紧沿海东部地区。中国中西部省份在土地当中的份额从2003年开始上升，持续上升，现在还在上升。经济规模虽然小，用地份额是不断增加的。

第二，开发区政策。2003年一下子压缩开发区，全国压缩了70％，沿海压缩得更厉害。中国中西部的开发区却遍地开花了。

第三,财政转移支付。中国中西部财政转移支付,尤其农业的财政转移支付,开始是平的,一下子猛增。不是不好,但客观上导致的结果,是让资源分配的方向发生变化了。当土地、资金、投资发生空间上的变化以后,人的流动方案就变了。

沿海地区,房价涨了,土地供应减少了。一方面,农民工说,我家门口有工作了。另一方面,沿海地区生活成本往上涨。两边一挤压,人不来了,导致劳动力短缺,称之为刘易斯拐点。

我一直讲一句话,刘易斯拐点的前提条件,是没有劳动力流动障碍。中国这个情况根本就不适用刘易斯的模型,而且再想一个问题,现在有学者估计中国的刘易斯拐点有没有到来,也有一些英文的文章估计。估计的是什么呢?中国东部到刘易斯拐点了,中国中西部还没有到,这个话本身就是有问题的。按照刘易斯模型,一个国家是所有地方同时出现刘易斯拐点的,怎么说有的地方有,有的地方没有?

权衡: 就是没有刘易斯的人口流动。

陆铭: 2003 年出现工资成本的上升,跟整个空间上的劳动力资源配置发生了拐点有关。

乔依德: 我再提一个问题,你没有提中国加入 WTO,中国加入 WTO 的效应应该是有对冲的。

陆铭: 中国加入 WTO 的效应不是没有,是有的,它还是在不断增加中国的出口,影响制造业的布局。有没有产生对冲?有的。前面讲了很多企业内迁,中国企业一部分在内迁,一部分还是在往沿海地区集聚的。我的同事陈钊昭他们有一篇文章,估算中国经济的重心有没有发生变化,发现实际上没有发生变化。

权衡: 我们单方面看这个产业的转移,已经有一些在发生。但你说有什么经济重心转移,没有。

陆铭: 一部分企业内迁,也有一部分往东部结合,整个中国的经济重心并没有发生明显变化。当价格发生变化以后,产业发生变化了,沿海地区由于劳动力成本上升,那里发展资本密集型产业的速度非常之快。如果单纯看 GDP,并没有发生经济重心的变化,但是从人口的流向来讲,其实是发生变化的。如果算中国东部劳动力流入的比重,2003 年之前还是往上走的,之后比重有所下降,虽然绝对量还是更多。这就回答了我前面讲的一个问题,企业是理性的,但它们所面临的价格被扭曲了。

沈明：我问一个问题，刚才有一句话我觉得蛮有意思的，就是说上海现在的城市化不足，这让我耳目一新。想想确实也很有道理，我们的郊区，特别是刚才说的一个例子临港，我也去过，临港开发十几年了，为什么现在还是这个样子？我的问题是，大城市出现鬼城，问题在哪里？我们什么地方做错了？发展大城市，重点要发展我们郊区，我们的想法是好的，但什么地方做错了？因为都十几年了，这必然是一个错误。

傅蔚冈：我接着再问一个问题，美国20世纪50年代之后有一个郊区化的过程，为什么我们上海没有出现这么一个过程？而且相反，临港新城是个鬼城。

权衡：第一个问题，我觉得，以临港为例，首先是城市规划中的交通规划有问题，公共交通没有跟上。始终在人先去还是交通先去当中摇摆。有一个过程我很熟悉，开始时让服务设施先上去，银行、学校、医院都先进去，然后他们说我进去为谁服务，没有人。那我就动人，想办法让人先过去。人过去，但没有交通，谁去？没有人愿意去。最后采取什么办法？我们让学校过去，而且还不是最好的学校，复旦这些是不会去的，他们去也是到闵行这些地方。最后是让电机学院这些学校去。学生过去了，老师也不肯去，就答应老师，房子每平方米便宜2 000元。

我们看了很多材料，日本郊区为什么会起来？这与新干线的开发有很大的关系。实际上交通规划先行，人会跟着交通走的。要先有交通，不是说有了人，交通再过去。实际上你看闵行、莘庄怎么会聚集那么多人？就因为有一号线。先有一号线，之前那里是农田。所以我觉得一号线起来，聚集人，带动人。

国外的规划思路也是交通先行，交通做好，布局做好以后，不愁人，人会随着交通走。我觉得临港可以说明这一点。到后来才发现，要把公共交通补上去。这个问题，陆铭是不是赞同？

陆铭：总的来讲，我赞同。第一，还是要讲明白什么是上海城市化不足的问题。如果看上海城市人口的比重，可以说已经非常高了。但是我觉得要问两个问题。第一，上海是否未来需要农民？如果横着比，上海城市化率是很高的。但上海未来是否需要农民？回答如果是否定的话，今天上海还在城市化过程当中。第二，我们现在把上海的人口规模当作一个研究对象，我做过一个研究，看世界上每一个国家的总人口跟它最大城市的人口，这两者之间的关系。我告诉你，这两者是高度相关的。如果按照这个规律，在我的估计里，上海未来应该是4 000万以上人口的城市。从这个角度来讲，以未来为参照，现在还是不够的，还早着呢。

这样来看，临港的问题，或者郊区化的问题，就清楚了。美国的郊区化，是三个条件。第一，是城市化，郊区化是城市化连带的结果。第二，是石油便宜。第三，当年郊区化的时候，不像现在技术、信息、密集型产业那么重要，所以人往外搬。现在不一样，回来了，大城市进一步集聚人口，市中心人口比重还在进一步上升。

上海的临港为什么起不来？第一，当初的规划是有问题的。临港距离市中心70公里的通勤距离，地铁应该是大车厢、快速度，现在的技术完全可以做到，地铁半个小时从临港通到陆家嘴，而且可以携带自行车上地铁。如果上海今天建这么一个地铁到临港，保证火了。

第二，你又想上海控制人口，又想在临港集聚人气，这是什么意思？只能在上海内部搬。这肯定是做死掉的。临港要好起来，近期靠地铁，大规模的地铁赶快建。远期，人多就好办了，临港的公共服务、住房需求，自然就起来了。

权衡：内生性。

陆铭：所以看上海的过程一定是这样的，先是市中心发展，然后松江起来了。十年前松江也不行的。青浦也起来了。你人多一点，临港就起来了。上海出现鬼城，从远期来讲是不用担心的，慢慢会消化的。中国大的问题是，中西部的鬼城永远也消化不了的，越往后，负债越高，越没有效率。最好早点清盘，我是这样的想法。

沈明：现在想搞PPP。

陆铭：不可能的。政府的想法，第一是PPP，第二是ABS。经济学道理很简单，不管你是PPP还是ABS，资产要有回报，这是没有戏的。权老师前面总结我讲的，非常准确，关键是能不能理解地理的作用。相信了，理解了，所有这些问题就迎刃而解，最后是做不到人定胜天的。如果不相信地理的作用，相信人定胜天，就往西部走。在中国有些老一派搞地理经济学研究的，他们甚至有这样的观点，说西部发展不起来不是给钱的问题，是钱给得不够多的问题。这样太可怕了，这是违反人类发展规律的。这条路我认为走不通。今天我们讲这个非常有意义，早点让大家清醒过来，有一些永远不可能有回报的资产，早点烂掉、炸掉，比持续投入要好。

权衡：新型城镇化里面中央有一句话，我也不是太赞同，留得住青山绿水，记得住乡愁什么的。

乔依德：我跟他们也说起，春节时候网上有一些矫情，说农村怎么怎么好——那你回去吧。

陆铭：我们很多在城里面的人，凭着对农村生活的想象，以为农村很好。我一个朋友也是农村出来的，他说回去以后发现生态恢复得很好，人少了，生态恢复，山上树长起来了。

阚明昉：你想象中的完美的人口流动了以后，小城市或者二线、三线城市是怎样的状态？我在英国的时候，那些城市或者小城市，你会愿意在那边待一个月，能住下来。你想象中的人口流动以后，未来中国的乡村是什么样的？

陆铭：中国的乡村，第一是大农场化。万广华做过研究，只要中国农场平均面积达到欧洲标准——而且我特别要讲一句，欧洲和日本的农场面积远远低于美国的水平——只要我们达到欧洲标准，中国只需要 6 000 万农民就可以了。如果你认为这个数字低，我们乘 2，再乘 2，就是 2.4 亿人。国际上，人口农场面积越小，农产品价格越高，越需要农业补贴。推到极致是 2.4 亿人，占中国人口比重是多少？最多 20%，城市化率可以达到 80%以上的水平。这样的话，农村的面貌是大农场化。现在看到的一家一户单个经营没有了，田埂不需要了，房子也没有了，因为农民少了。

第二，未来小城镇做什么？小城镇的第一个功能是连接大城市和农村。小城镇很多的职能是什么？是配套农业的相关服务业。比如说要有技术、种子、销售，要能把产品包装卖到大城市，这个肯定在小城市，就近去解决。小城镇接下来干什么？旅游很重要。你讲的英国的例子里，可以这样想问题，英国历史上农业人口占 90%，后来逐渐变成农业人口占 10%，有多少英国的村子都没有了，你看到的都是好的。中国那么多空心村，这些未来就没有了。你现在到中国农村去旅游，一些农村已经开始在改造了，把农村的房子改造成旅店，像英国那个村子。甚至一些城里人逐渐住到那里了，有钱养老也蛮好的，未来农村和城市会成为这样的面貌。但不要忘记，经济主体在城市，而且恰恰因为经济主体在城市里面，你看到的小农村的地方才可能是有需求的。是这样的一个面貌。

这是一个筛选机制。最近有一些言论也是很误导的，把这个空心村的问题讲得特别严重。空心村的问题要解决的是，有一些人出于自愿不流动的，要提供养老和医疗。自愿流动的，还要让他继续流出来。空心村逐渐归并，保留一点有古迹、有旅游价值的就可以了。东北人口流出，我说这是好事。全国一盘棋，而且东北几乎没有不冻港，这个地方发展制造业是没有竞争力的。冬天结冰，怎么搞经济发展？大连做一点外包、旅游，整个东北就结束了。大量的人还是要出来。从这个角度来讲，每年流出200万人是好事，人口在重新配置。

傅蔚冈：我记得有一个老师讲，在前苏联时代，为了解决西伯利亚的问题，通过财政补贴和强制的方式，让你留在那个冰天雪地里，其实东北很多地方是差不多的。前苏联一解体，这些人都走了，这当然是好事情。另外一个问题，假如当初英国移民不是登陆在美国新英格兰地区，新英格兰地区一定没有现在这样发达，因为那个地方是不适合人生存的。那篇文章就讲，美国从50年代到现在，东北部大城市的人口大幅度减少，都跑到南部来，美国人口是自由流动的。50年代，十大城市几乎都是在东北部，西部和南部只有洛杉矶，还有另外两个城市。但是现在，东北部的城市只剩下芝加哥、纽约，费城都不在前面了。休斯敦等南方的城市大量出现。

陆铭：人口迁移跟温度有关，我的研究表明，中国也是这样的。中国的人口流动也是看温度的。在海南就有很多东北人，整个东三省往大连跑，是不是跟气候有关？不单单是美国，全世界都一样。人口自由流动，大家选择自己的居住地。中国的人口流动本身不是问题，但如果按照目前的户籍制度，人口流出地会成为问题，比如东北的老龄化。未来不是让人口流出停止，而是人口流出的同时，要在全中国实现社会保障的一体化。要消除制度障碍，可以举家迁移，不要单是年轻男性出来。现在人口流出地的老龄化比人口流入地的老龄化严重，人口流入地只要好处，你给我交钱，但你回去养老，这实际上没有好的结果。

乔依德：感谢陆铭老师！大家收获比较大！陆老师整个梳理了一下，我们也有比较充分的时间提出问题来讨论，我们小范围讨论就有这样的特点。大范围的论坛我们也会搞，我们是多元化的。

陆铭：非常感谢大家！

辑二 名家谈中国经济未来

财政金融

■ 中国的利息率市场化改革

• 余永定*

乔依德： 这一次是我们第100期沙龙，我们也动了一些脑筋，第100期总归要和平时不一样。大家看手中第100期的纪念册子，可以知道沙龙第1期是在2005年4月8日，我们请了余永定先生作演讲。他那时还是央行货币政策委员会的委员，我那个时候已经请余老师做基金会学术委员会的主席了。他那个时候讲的是利率、汇率和宏观调控。刚好他最近对利率的兴趣比较大，研究也比较多，刚刚从澳大利亚中央银行待了一个月回来。下面我们以热烈的掌声欢迎余永定老师为我们作“中国利率市场化改革”演讲。

余永定： 谢谢大家。2005年的时候，因为我是货币政策委员会委员，同时又是实行人民币和美元脱钩的汇率制度的积极鼓吹者，所以那时我主要谈汇率问题。汇率问题一谈就是很多年，时过境迁兴趣自然就会转到别的方面。目前来讲，我觉得汇率问题似乎在中国不是一个很大的问题了，因为中国的国际收支已经处于一个比较平衡的状态，而且中央银行尽量减少对汇率市场的干预，所以现在中国的汇率出现了双向波动。我们说“新常态”，那么在未来，汇率的新常态是什么呢？就是双向波动。你很难说人民币以后会一路升值，不一定，有可能会出现贬值。所以你要想对人民币进行投机，那么你就必须小心点。关于这个问题，我就不多说了。现在，我讲一下利率自由化的问题。

我们知道中共中央在十八届三中全会的公报中，有一段专门讲金融改革。这个文件总的指导思想大家都清楚，就是发挥市场在资源配置中的决定性作用。市场可分为两大类：实物产品的市场和金融市场。你要想发挥市场在资源配置中的决定作用，那么市场就要一方面在实物资源的配置上起决定性作用，另一方面在金融资源的配置上起决定性作用。这两者又是相互联系的，没有金融市场在资金配

---

* 余永定，中国社科院学部委员、上海发展研究基金会学术委员会主席。根据2014年12月25日在上海新锦江大酒店“上海发展沙龙第100期庆祝暨演讲”录音整理，未经本人审阅。

置上的决定性作用，也不可能有真正的市场在实物资源配置上的决定性作用。所以，党中央的文件就把金融市场改革——让金融市场在资金配置上起决定性作用——提到了议事日程。

在公报中更具体的有几条内容。第一是完善人民币汇率市场形成机制。第二是加速推进利率市场化。第三是健全反映市场供求关系的国债收益率曲线。前面这些东西大家都看了，好像理所当然，没有什么可吃惊的。但一般人在看到第三条的时候比较吃惊，甚至业内人士都比较吃惊。中央文件应该讲宏观的东西，怎么把一个国债收益率曲线这么技术性的东西写在里面？这个很奇怪。但是我觉得这条的提出恰恰是非常重要的，我非常赞同这一条，如果没有这一条就谈不上让市场发挥在资源配置上的决定性作用。讲产品市场在分配资源中的作用要讲价格，价格要由市场供求关系来决定。那么在金融市场中价格是什么呢？价格就是利息率，要讲利息率就要明白什么叫利息。我们都是学政治经济学出身的，马克思在《资本论》里用了大量的篇幅，特别是在第三卷，来讨论利息问题。《资本论》里面特别提到西尼尔。大家可能都知道，马克思很讨厌西尼尔。因为西尼尔认为利率是对节约的报酬，我省吃省穿，把钱借给你做资本，你就应该给我报酬，所以马克思把他骂了一顿。关于学说史我们没有时间讨论，我现在要强调的一点就是，现在经济学界比较接受的是维克塞尔的利息率理论。维克塞尔认为利息率是由可贷资金的供给和需求决定的，可贷资金的供给是由储蓄者的时间偏好决定的，可贷资金的需求是由资本的边际生产率决定的。可贷资金的供给曲线和需求曲线的交点就决定了利息率，这个利息率叫做自然利息率。

大家马上就会问，现实中我们碰到的是成千上万种利息率，哪个是自然利息率？按照你的观点不就是一个自然利息率吗？不错，从本质上来讲，就只有一个自然利息率。如果把期限、风险等因素扣除，所有利息率最后都会归结为一个利息率。当然，你可以在众多利息率中选定某个有给定期限和风险的利息率作为基准，作为标准单位。例如，你可以把银行间拆借利息率作为基准。理论上说，其他利息率之所以不等于隔夜拆借利息率，只不过是因为这些利息率由于期限和风险不同而在隔夜拆借利息率的基础上加了价。所以，尽管在现实中有许许多多不同的利息，在理论上我们可以认为现实中只有一个利息率。同样，在可贷资金供给和需求给定的情况下，即在社会的储蓄者的时间偏好和资本的边际生产率给定的情形下，理论上只能有一个自然利息率。

图1就是所谓的自然利息率的决定,可贷资金的供给用"S"代表,可贷资金的需求用"D"代表,这就跟我们平常所说的产品质量和供给需求两条曲线相交决定价格的含义是一样的。

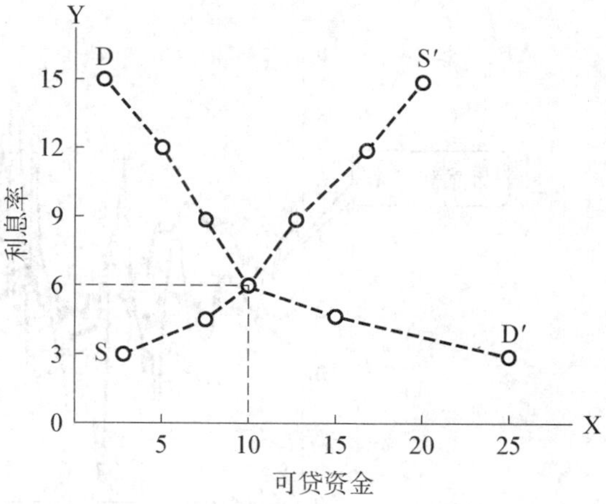

图1 自然利息率的决定

我们谈到央行货币政策的时候,不管是中国或是其他国家,都有一个由央行来决定的利息率。在凯恩斯的理论中我们会发现,凯恩斯认为如果央行改变货币的供给和需求,那么就会有一个利息率,这个利息率就是凯恩斯所说的均衡利率。那么你又发生疑问了,刚才说了半天自然利率,现在凯恩斯又说通过货币政策可以影响利息率,这样是不是就发生矛盾了?其实也不矛盾。怎么不矛盾呢?因为货币当局在决定基准利息率时是可以以自然利息率为基础的。自然利息率按定义,应该是保证一个社会能够有完全就业、稳定的经济增长、没有通货膨胀的利息率。你一旦这么重新定义凯恩斯所说的央行可控制的利息率,就会发现这个利息率跟我所说的自然利息率是一致的。这样,央行的基准利率就应该等于自然利率,因为只有你所决定的基准利率等于自然利率,经济才能实现物价稳定和充分就业。反过来说,如果你制订了一个利息率,使得经济稳定增长,没有通货膨胀,你这个利息率就等于自然利息率。各种利息率都是有相互关系的,要找一个锚,使得整个利息率体系的变动水平能有助于经济的稳定持续增长。所有国家都在找这个锚,这个锚是什么呢?就是各个国家作为货币政策中间目标的利息率,这个利息率在美国叫联邦基金利息率,在日本叫隔夜拆借利息率,在欧洲也叫隔夜拆借利息率,在英国叫做英国银行利息率,叫法不一样,都是利息率。这个利息率是隔夜的,时间最短的,是没有风险的。这个利息率一旦定下来,那么其他市场的各种利息率,通过套利都会同这个利息率一致起来。不同的就是风险加上了,时间加上了。但是如果你去掉风险、去掉时间,去掉这些差异,就都会归结到这个隔夜拆借利息率。所有的央行都要通过货币政策来调控这个利息率,通过这个利息率的变动来影响整个利息率结构的变动,而利息率结构的变动影

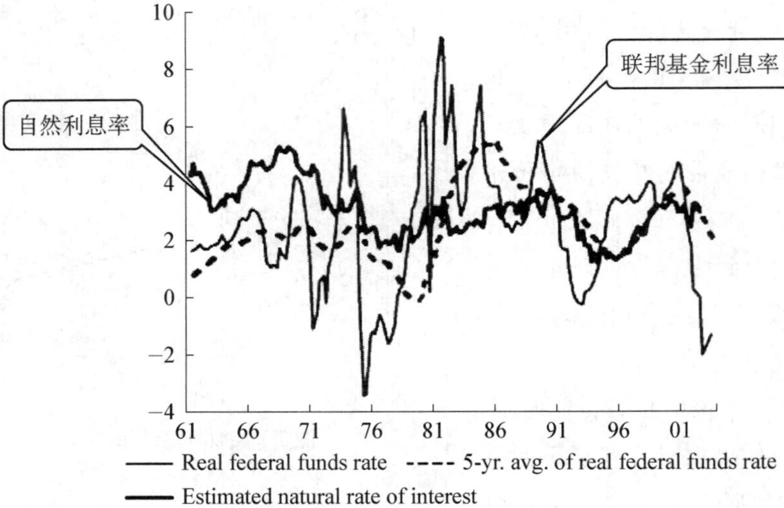

估算方法：5年移动平均、数学模型、卡尔慢滤波

图 2　根据联邦基金利息率倒推自然利息率

响了资金的配置，使得经济能够稳定、持续增长，而且不会发生通货膨胀。

因为自然利息率是看不见、摸不着的，需要从现实中的利息率推导出来。联邦基金利息率是可以观察到的。看给定联邦基金利息率之下，整个经济是否持续稳定增长，就可以倒推自然利息率。就好像我是一个枪手，我要射击，但并不知道敌人在哪里，我打了很多子弹发现这里死了一堆人，别处没有人死，就可以判断这个地方就是敌人的所在地。执行不同的货币政策，有不同的联邦基金利息率，最后找到确实能使经济稳定增长的利息率，经过一定的计算，就可以算出相应的自然利息率。美联储研究人员算出来美国平均的自然利息率是 3%，20 世纪 60 年代是 5%，90 年代有所增加，不同时期自然利息率不同。

稍微解释一下，为什么一个中央银行要把隔夜拆借利息率作为目标，希望通过盯住它来影响整个利息率结构。这个基准利息率有不同的名字，在美国叫联邦基金利息率。有人认为这和美国政府有关，其实这是误会，它和美国政府没有直接关系。它之所以叫联邦基金利息率，是因为银行要在美国联邦储备银行开一个户头，通过美国联邦储备银行的结算系统进行交易，这个隔夜利息率就是隔夜的银行之间的拆借，是在美国联邦储备系统和它的户头中进行的，所以就叫它联邦基金利息率。这个利息率在中国最主要对应的就是上海的银行拆借市场的利息率。

欧洲中央银行的基准利息率

基准利率是货币市场隔夜拆借利息率。如何影响隔夜拆借利息率？

1. 公开市场操作(main refinancing operations，主再融资操作)

• ECB事先决定主再融资利息率：

(1) 每周在货币市场向商业银行提供为期两周的主再融资贷款。

(2) 商业银行通过竞标方式获得这种贷款。

(3) ECB通过改变主再融资贷款供给，决定主再融资利息率。

2. ECB还为商业银行提供两种便利(Standing facilitates)

(1) 边际借贷安排(marginal lending facilities)：随时可以从ECB借款(隔夜)，从而构成货币市场隔夜拆借利息率的上限。

(2) 存放安排(deposit facilities)：随时可以在ECB存款(隔夜)，从而构成货币市场隔夜拆借利息率的下限。

1. 边际贷款安排利息率(货币市场利息率走廊上限)
2. 主再融资利息率(货币政策工具)
3. 货币市场隔夜拆借利息率(货币政策中间目标)
4. 存款安排利息率(货币市场利息率走廊下限)

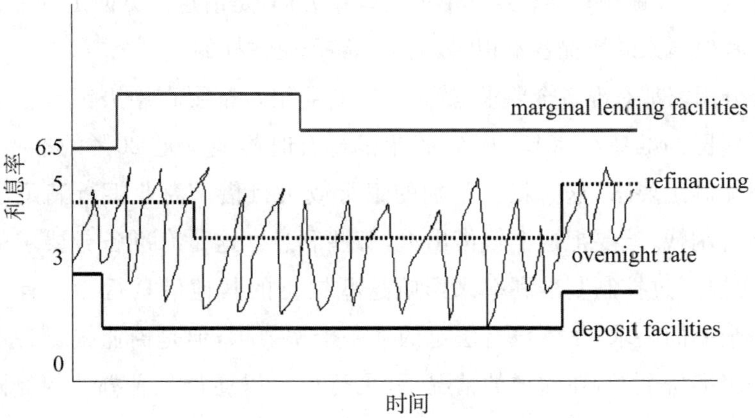

隔夜拆借利息率被夹在边际借贷安排利息率和存放安排利息率中间，以主再融资利息率为中心上下波动。

图3 欧洲货币市场的利息率

欧洲的基准利率也是隔夜拆借利息率。怎么把基准利率维持在目标值上，各个国家有不同手段。欧洲中央银行为了使隔夜拆借利率能保证经济稳定持续增长、没有通货膨胀，就要把它调到这个水平上。怎么来调呢？就是中央银行每周要拍卖贷款。商业银行为了满足准备金要求和结算的需要，资金不足的银行向有剩余资金的银行借钱，隔夜拆借市场上资金的供求关系决定了隔夜拆借利息率。央行为了控制隔夜拆借利息率，会向银行间拆借市场注入或抽出流动性。这又是如何影响隔夜拆借利息率的呢？央行定期在银行间拆借市场向银行拍卖贷款。拍卖的方式不同，一般是先定下拍卖价格（利息率），直到贷款拍卖完毕（没人买了）。这个利息率叫主再融资利息率。图 1 中水平虚线就是主再融资利息率。如果银行间拆借市场流动性过剩，银行都想把剩余流动性贷给别的银行，利息率就可能一路下降。这时，中央银行给定了商业银行在中央银行存款的利息率。流动性过高、利息率太低，你可以把钱存在中央银行，你至少可以得到这么高的利息率。这个利息率是银行间隔夜拆借利息率的下限。别的银行给的利息率太低，我可以把多余的流动性存放在中央银行，至少可以得到这个利息率。因而，不会有比这更低的利息率。另外，我还可以从中央银行借钱，我如果跟别人借不到钱，那么我至少可以跟中央银行借。如果从中央银行借钱是 5%的利息，你是 6%，那么我就不跟你借了，银行间拆借利息率最高就是 5%，这是上限。所以，银行间隔夜拆借利息率只能沿主再融资利息率，在上限（边际贷款利息率）和下限（存款便利利息率）之间波动。我最近感觉，中央银行基准利息率形成的改革方向，是沿这个方向走的。这是欧洲的情况。其他国家的情况各不相同，但基本路子是一样的。

大部分国家都有准备金要求，就是每个商业银行都要在中央银行存放一部分准备金。中国的准备金率是 20%，商业银行有时候能满足 20%的准备金要求，有时候不能满足要求，这时就要跟别的银行或央行借。商业银行满足了准备金要求后还有闲钱，就要把这个钱借出去，赚些利息。这是有准备金要求的金融体系，央行可以通过控制基准利率来影响这些银行的其他借贷行为。有一些国家没有准备金率的要求，尽管没有法定的准备金率要求，但是商业银行为了结算也是需要一定准备金的，在这样的情况下，央行也可以通过某种办法控制隔夜拆借利息率。

图 4 中的曲线叫无风险收益率曲线。最短的这一端就是隔夜拆借的利息率，它是银行间拆借的最小利息率，就是一晚上，这是无风险的，因为是银行间的。比

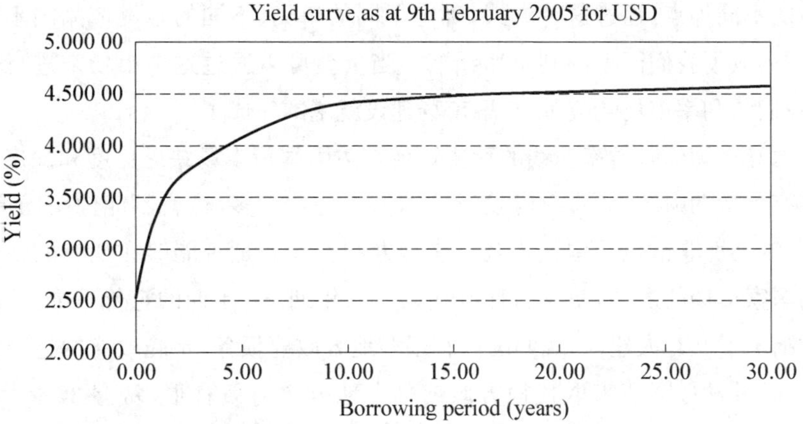

利息率(收益率)随期限的延长而上升由短期基准利息率(隔夜)到 30 年。无风险收益率曲线成为不同性质和期限产品定价的基础

图 4 发达国家的利息率体系的构架：美国的无风险收益率(或期限结构)曲线

如说，工商银行和建设银行之间拆借是没有什么风险的，而且只借一个晚上，就是最下面的这个点。然后 7 天、一个月、两个月、三个月、一年，都有相应的金融产品，不同时期无风险金融产品的利息率就逐渐往上走。在美国来说，无风险的 30 年利息率是国债的利息率，基本上 10 年以上就用国债利息率来代表。这个平滑的线叫无风险收益率曲线，或者是利息率结构曲线，而且我要强调是无风险的，有了这条线之后，所有的金融产品都可以定价。比如说，你看看这条线的一个礼拜的利息率是多少，然后要把钱借给你，要考虑这个借款者的风险程度是多少，要加几个点。比如，借给信用好的人不用加点，无风险利率是多少就给多少；借给我，我这个人没有那么老实，给你加 2%—3%。有的人简直是骗子，他向我借钱，那么就加 10%。总而言之，所有金融产品的价格都以这条线为基础，在上面加点。一旦一个国家有了这么一条曲线，那么这个国家就有了一个完整的利息率结构。中共十八届三中全会所说的健全反映市场供求关系的国债收益曲线就是指这样一条曲线。

我们中国现在的情况是怎么样的呢？中国还没有形成这样一条曲线，或者说这条曲线正在形成之中。所以我们现在讲的利率市场化金融改革，就是要建立各种各样相应的市场，然后参照相应期限的无风险利息率，根据风险加点，形成相应的市场利息率。

我们基本上已经有了比较复杂的金融体系和市场体系，但是还有许多市场并不完善。这些市场都有相应的利息率。如果我们有了无风险收益率曲线，然后根据风险的不同加点，通过这种方式，确定不同的市场、不同的金融产品的不同的利息率，就形成了我们国家的利息率结构。当资金可以通过这个市场来进行分配的时候，我们的利率市场化改革、金融市场建设就基本完成了。

中国健全国债收益率曲线的重要短板是中国国债市场缺乏广度和深度。因为中国没有大量的财政赤字，政府发行的国债不是特别多，这就不能像美国那样，有非常深、流动性非常强的国债市场。怎么办呢？我们是否能够在现有的条件下加速我们国家市场的发展，使我们有10年期、20年期、30年期的定价基准，这就需要大家动脑子了。有人建议，我们国家有很多地方政府债务，干脆政府把这个债务承担下来，通过发行国债来取代地方政府债。地方政府债有很多，有20多万亿元。政府来发行，一下子20多万亿元的国债就出来了。我们自己的想法是，央行有很多的外汇储备，觉得管起来挺难，是否可以由财政部发行国债，拿通过发行国债筹集的钱从央行购买外汇储备，财政部资产（外汇储备）和债务（国债）等量增加。至于财政部如何运用外汇储备是另一个问题，可以先置而不论。央行从财政拿了钱，可以通过降低准备金率等办法，把财政部发行国债从经济中吸走的流动性重新注回到经济中去。整个经济并不存在流动性增加或减少的问题，只不过是钱从这个兜到那个兜去了。这时候我们就有了一个很大的国债市场。当然，在政府财政状况较好的条件下加大、加深国债市场的方法应该是比较多的。希望大家能够提出更好的办法。

总而言之，我们要建立各种各样期限不同的金融市场，短期金融市场包括银行间隔夜拆借市场、债券回购市场等不同形式和层次的货币市场。中国在这些短期金融市场的建设方面已经取得长足进步。长期金融市场即资本市场的发展还任重道远。其中的一个关键市场是国债市场。总之，为了建立一个完善的金融市场，我们必须以银行间隔夜拆借利息率为起点，以国债收益率曲线为支柱，建立起一条平滑的无风险收益率曲线。

金融市场改革，并不是简单实现利率的自由化，更重要的问题是各种金融市场的建设、扩大和深化。只有这样才能建立健全一条作为金融资产定价基础的无风险收益率曲线。市场建设是一项艰巨和长期的任务，什么事都不能一蹴而就，我们要有耐心。

谢谢大家。

乔依德：永定讲得比较深，从中共十八届三中全会文件的一段话，讲利率市场化。下面还有时间，大家可以提问题，或者做一些评论也可以。

郑勇：谢谢余教授，讲得非常好。因为我是在银行做的，利率市场化这个课题，我们比较关心实质的内容。我们最近几年也在看，无论是行业内也好，还是国家政策监管机构也好，都在讨论利率市场化。我们有一个很实际的问题，就是对于利率市场化，商业银行会面对什么挑战？请余教授给我们指点一下。

余永定：我认为不同机构对于利率市场化，面对的挑战是不一样的。从商业银行的角度来谈这个问题的话，我觉得最直接、最简单的就是存款利息率。我们现在已经在放开，如果充分放开了之后，会存在一个存款争夺战，存款争夺战的结果就是存款利息率上升，存款利息上升的结果就是盈利下降。中国的商业银行是世界上最赚钱的银行，工商银行 2013 年的利润率是 28.9%，全球第一，最挣钱的。你凭什么能挣钱？当然有员工的辛苦工作，但一个稳定的利差是不可否认的。所以在这样的情况下，你就面临了挤压利润的问题，这个时候你需要提高竞争效率。中国为什么融资贵、融资难？一个很重要的原因就是中介成本太高，而为什么中介成本这么高呢？没有人和你竞争。美国有好几千家银行，都是很大的银行。中国就这四大银行，然后再加上别的大银行，就已经把中国所有银行利润的 30%都给拿走了，凭什么？所以说利率市场化对中国的银行，特别是国有大银行不是福音，而是风险，你得准备好。

利率自由化可能导致金融风险的上升。存款利率自由化了，利率就会提高。资金成本的上升，可能迫使银行投资风险很高的企业，那么就有可能出大事。日本就是一个例子，日本出事的一个重要原因就是存款利率自由化了，然后就不得不把资金投资到风险很高的房地产，最后来了泡沫风险。日本银行现在的盈利基本是零，成了世界上最不挣钱的银行。所以我认为商业银行对这些前景是需要做好充分准备的。

还有一个是期限错配的问题。比如说 2013 年 6 月，银行间拆借市场忽然间就起来的，为什么？那个时候因为种种的原因一下子没有钱了。一般来说，金融机构的资金运用是长期资产，资金来源是短期负债。为了能持有一个 10 年、20 年期的资产，银行是靠短期融资支持的。我三个月不断地借钱，借新债还旧债，以便继续持有长期资产。但是一旦出了问题，人家不借钱给你了。为了还钱，你没有选择，只能卖掉你的资产，一卖，价格暴跌，银行就资不抵债，银行就破产。我们必须警惕短期资金市场流动性突然干涸的可能性。

还有一个问题，就是如果我们资本项目完全自由化，它将对你造成什么冲击也是应该考虑的。所以我刚才说了三个问题，第一个是如何应对利率自由化所导致的存款利率上升造成的压力；第二个如何保证你有充分的流动资金，不会因为某种突然的冲击，由于流动性不足而导致你经营的困难；第三，你必须要准备如果资本项目完全开放了，它会给你造成什么冲击。

于卫国：余老师你好，我有一个小问题：我们没有这个收益率曲线，假设我们要问一年期的无风险利率，你认为哪个指标最接近？

余永定：我不知道。你都不知道，我怎么能知道呢？因为没有一个参考标准。更多的情况是，大家根据市场当时的供求，自己撮合一下就定了。但是这个决定不是我说的建立在这样一种基础上的价格，它往往不是资金的优化配置，对于实体经济和金融本身的影响可能是负面的。我要强调一点，虽然我们没有那么漂亮的曲线，但央行的官员或者是我认识的一些朋友，他们的看法是咱们中国的基准利率正在形成之中，所以成绩还是很大的。大家都知道央行过去的货币政策主要是卖央票，流动性太多了，就需要卖央票来对冲，把资金收回来，这样搞了差不多10年的操作。最近这几年，这样的操作基本上停止了，央行干什么呢？在银行间拆借市场、银行间债券市场做回购，这是调节流动性。最近推出了一系列新的工具，这个大家都知道，一个是中期借贷便利，一个是抵押补充贷款，一个是常设借贷便利，一个是短期流动性调节工具，所有这些新工具的推出实际上都反映了央行的一个意图，就是从过去的数量控制、控制贷款的增长量转向影响利息率，从数量控制转向利率控制，同时也反映了它引导市场利率、建立无风险收益率曲线的意图。比如说它有时候发3个月期的，有时候发1年期的，等等，通过央行跟商业银行做交易的时候定的这个价格，其他人看央行和他做一年期是这么一个价格，就考虑我是不是应该根据这个价格加一点或减一点来制定我的利息率呢，基本上是这么一个情况。而且我相信这些工具随着它们的发展，随着交易量的增加，会把我刚才说的这条线里面缺的点给补上，连成一条线，那么这样工作就好做多了。

凌云峰：余老师你好，在外贸趋于平淡的情况下，2014年以来外汇占款出现了明显下降，央行资产负债表的结构出现了拐点，外汇资产增长比较慢或者出现了停滞。在这种情况下经济要持续增长的话，在货币政策这个方面，希望余老师再谈得细一点。另外，在基础货币投放之外，是否可以通过增加货币乘数的方法？

余永定：确实是出现了这么一个问题，外汇占款的增加不再成为我们新增货币的主要来源。所以央行推出了一个新的货币工具，就是央行贷款。你要注意，央行贷款是20世纪90年代的事，那时叫再贷款。

搞金融的都知道，就是我首先要有基础货币的增加，基础货币的增加通过货币乘数导致了广义货币的增加，与此同时贷款也增加了，这两个是一致的。但是现在的情况有所不同，就是基础货币增加的方式已经不再是由外币占款增多自然产生很多流动性，然后对冲，就是说外汇使你货币增加100，这100太多了，我卖央票，收回80，然后流动性货币的增加就是20，这是过去的操作手段，基本上是属于对冲操作。但是这两年开始变了，因为外汇占款不再成为我们基础货币增加的主要动力，甚至不是动力，像你刚才说的变成负的了。但是经济要增长，货币资金是要增加的，货币增加的速度至少应该跟名义GDP的增长速度大致相当。在这种情况下怎么办？在中国就是央行给商业银行提供贷款，过去叫再贷款，现在叫央行贷款或者是什么新名字，然后它有不同时期，期限不一样，就是我刚才说的，大部分都是属于这样的一种性质。另外央行还有两个作用，一个就是要固定地不断注入流动性或者是收回流动性，使得经济能够稳定地没有通货膨胀地增长，如果经济增长每年是10%，由于有1%—2%的通货膨胀，货币供应量增速就应该是11%—12%，除此之外，在很多情况下是有外部的扰动，流动性一会儿多一会儿少。比如说今天突然大家要买年货了，把钱全取走了，那么就少了，这个时候央行也要注入流动性，这种流动性是所谓临时性的流动性。刚才我说的是永久性的流动性，永久性流动性支持经济增长，而临时性流动性的调整主要是用回购的方式，要使流动性处于一种稳定的水平，防止大起大落。

第二个问题，货币乘数不是常数，也不是你所能控制的。从理论上，在我看来，货币乘数是一个没有什么太大意义的概念。用你的高度除以别人的高度得出一个比例，有什么意义？没有什么意义。有些比例是常数，比如说重力加速度，这个常数反映了某种客观存在的固定关系，不是随便两个数字的比例。而货币乘数只是两个数相除的结果。任何两个量都可以除，这样得出的系数大部分是没有什么意义的。原来大家认为货币乘数是稳定的，是有意义的，但是它现在是不稳定的，由于金融的深化和复杂化，它已经没有什么意义了。所以一般情况下，发达国家根本不管这个事。我在澳大利亚央行研究部的研究员，他不但不管货币乘数，连货币供应量是多少都不知道。我问，你们这个货币供应量增长速度是多少？他说我们从来不管这个数，它没有什么太大的意义。

江南：谢谢余老师。其实今天除了来听余教授讲利率市场化改革，也想听听关于汇率的一些东西。有人说在美元进入加息周期的背景下，人民币正面临贬值的压力。我想听听余教授的想法，关于人民币的前景以及它和利率市场化的关系。

余永定：首先我要说一下，我从1998年开始研究汇率，我已经烦了，该说的话已经说了，没有什么新东西补充。就现在来说，人民币未来的双向波动是比较大的，为什么呢？因为我们的双顺差现在已经在缩小。我们的贸易依然有顺差的，而且上个月还涨了不少，所以说贸易顺差还是有的。资本项目顺差也还是有的，但是会很快减少，比贸易顺差减的还要少，但还是有顺差。关键就在于资本项目，资本项目现在流入还是比较多，但比原来少，现在流出非常多。关于流出，一是我们的对外投资，我们的FDI大量地在出去，资本外逃也是严重的。不要小看资本外逃，我记得前几天看了一个报道，二十几个处级干部就有上亿元的赃款，这是赃款。还有一种不是赃款，是他挣的钱，但是他对你不放心，也会转移财产。

还有非常自然的，就是大家希望使资产更安全一些，所以要多样化，我有人民币存款，有日元存款，有美元存款，这是非常正常的，没有任何不合法的地方，这是资产组合的调整。但是现在的问题是什么？中国居民储蓄50万亿元，我们简单算一下，假设人民币和美元资产的分配是5∶1，这相当于10万亿美元。如果我们想把10%的存款变成美元(台湾可能20%多，香港可能50%多是美元外币)，在短时间内可能有上万亿美元要流出去。如果出现这个情况，人民币就会急剧贬值。而中国企业的美元外债据说有8 000亿，如果人民币贬值，因为外债折合成人民币债务负担就大幅度上升了。所以说，将来这笔账应该好好算清楚。以后决定人民币汇率的最主要因素，我认为是资本项目下的自动流动。哪怕是到香港一日游。有一个学生告诉我，一个公司一天47次车开到香港再开回来，这算出口一次，然后就套汇套利，这些损失相当严重。我们希望有关部门把这个账好好算算，要不然咱们辛辛苦苦积累这么多，刚才说我们未来有伟大的愿景，钱都没了以后愿景就谈不上了，所以这事不能掉以轻心。

张明海：谢谢余教授。你刚才说到货币乘数的问题，我这里想额外做一个评论。我记得10年以前，你做了一个讲座，讲的也是货币，我当时问了一个问题。在80年代末90年代初你翻译过一本凯恩斯的书《后凯恩斯主义货币经济学》，我当时问你对货币供应量是怎么看的，你回答你对这个东西已经暂时不感兴趣了。今天是10年的一个回归，又重新提到货币乘数的问题。

余永定：我从来就不相信货币乘数是能稳定的。为什么呢？这是有学术渊源的，我是受所谓的后凯恩斯或者所谓的西方经济学左派的影响，他们都强调这个问题。我这个人有一个特点，你去看我从20世纪80年代写的文章到现在，基本观点肯定都是一致的，如果是错的那就是从头错到尾，但是我基本上没有变化，笨人都这样。谢谢。

乔依德：非常感谢余老师给我们做了一个精彩的演讲，也有很精彩的对话和问题。我们第100期沙龙终于要结束了，时间也不早了，2014年也没有几天了，我们从2015年会有新的开始。我借这个机会再次感谢我们的合作伙伴社联的沈国明书记，感谢今天的演讲嘉宾迟福林院长和余永定老师，也感谢各位在圣诞节来参加我们的沙龙。今天的沙龙就到此结束，谢谢大家。

■ 国家资产负债表研究成果及其应用

• **马骏、张晓蓉、李治国等**[*]

乔依德：

今天我们非常高兴在这里召开一个小型的内部研讨会。这是我们上海发展研究基金会跟复旦大学管理学院，还有《科学发展》杂志共同举办的。我们要不要每个人自我介绍一下？从何迪开始吧。

何迪：

我是何迪，是博源基金会的总干事。

马骏：

我是马骏，德意志银行大中华区首席经济学家，也是博源基金会的学术委员，复旦大学的兼职教授。

张晓蓉：

我是张晓蓉，来自复旦大学管理学院财务金融系。

李治国：

我是李治国，也是来自复旦大学管理学院。

徐剑刚：

我是徐剑刚，也是来自复旦大学管理学院。

胡怡建：

我是胡怡建，来自上海财经大学。

陈恭：

我是陈恭，是《科学发展》杂志的。

孙一民：

我是孙一民，复旦大学管理学院。

---

* 根据马骏、张晓蓉、李治国等“中国国家资产负债表研究”课题组 2013 年 5 月 10 日在上海明天广场 JW 万豪酒店的研讨会录音整理，未经本人审阅。

张义春：

我是张义春，市政府发展研究中心，谢谢。

任远：

我叫任远，复旦大学社会发展与公共政策学院，是人口研究所的。

韦森：

我是韦森，复旦大学经济学院。

薛求知：

我是薛求知，复旦大学管理学院。

乔依德：

我叫乔依德，是上海发展研究基金会秘书长。有三位还没到的我也先介绍一下。左学金是上海社会科学院的经济所所长。费方域是上海交通大学中国金融研究院的副院长。权衡是上海社科院经济所的副所长。他们在路上。

我们就开始吧。马骏博士在一两个月以前给我打电话，讲起他们的课题已经完成了，希望能在上海开一个内部的小型研讨会，同时能够结合上海的有些情况进行一下研讨。我觉得这是一件非常好的事情。因为从报纸上，其实我们也知道，这个课题2012年报道得也很多。类似的课题也有两三个。这个课题影响也是比较大。马骏博士跟我讲了以后，我一口答应了。原因在于我们这个基金会的性质是一个非营利机构，本身希望建立一个平台，让各种研究成果能在我们这个平台上面进行交流。我们每个月也有沙龙，一年也有几次比较大型的综合性的研讨会。同时，也有类似于这样的小范围的研讨，我们把它叫做"中国经济的未来系列"，不定期举办。所以马骏跟我一说，我非常高兴能够组织这样一个小型的研讨会。

我想我也就不多讲了。对于马骏博士，还有课题组到这里来给我们介绍他们的内容，表示感谢。对于各位专家，大家都很忙，能够抽空过来参加研讨也表示感谢。

下面，我们就有请复旦大学管理学院的副院长——薛求知老师简单讲几句话。

薛求知：

很高兴今天来这里参加《中国国家资产负债表研究》专著的研讨会。我想通过研讨，对于这本书的理论价值以及现实意义，会有进一步的了解。作为主办方之一复旦大学管理学院的代表，我就讲几句话。在此之前我也特地拜读了这本著作，确实做得相当不错，很扎实，也有很多地方有突破性的推进。

我认识马骏博士很早了。当年他在世界银行工作，我去访学时也跟他接触过。近些年，他一方面在德意志银行大中华区担任首席经济学家，同时受聘复旦大学管理学院担任特聘教授，经常到我们这里做一些讲座，帮助大家开拓思路。这次又和我们复旦大学管理学院几位年轻的老师一起组织课题组来研究中国国家资产负债表，取得了一定的成果。

我很有兴趣地看到前言部分，马骏博士还特地提到了三份同样的研究报告，同时他在这里面也阐述了这本书跟其他报告相比的一些特殊点。从三份国家资产负债表的研究中也可以看出，最后的结果还是有蛮大差异性的。

在这里进行一系列的探讨，对于加深这种工具的应用是有帮助的，更重要的意义在于对中国未来一些债务的研究和长期发展的研究是很有好处的。所以我觉得通过这么一个研讨会，可以请一些专家来在这些方面加深对于这些问题的探讨。我想这对于大家都是有一定的积极意义和帮助。那么，我们也非常高兴能够使校内资源和校外资源共同结合，大家来共同推动创新和创造。

马骏博士第一次到我们管理学院做讲座的时候，我们进行过交流，他对目前的状况感到非常满意。他说原来在世行做研究的时候，做的报告只有很少数的人看到，而现在他所做的工作，对于现实的经济活动，是有非常积极的推进作用的。我想一个经济学家如果能够在他自己的工作当中，感到对于社会经济发展的推动，这是一种很重要的贡献。我们中国的经济发展也确实需要这样的专家，希望大家共同努力来推进这项工作。

乔依德：

这本书，我们事先寄给一部分专家了。如果还没有拿到的话，现在桌子上也有。大家可以看到这本书是属于博源文库当中的一部分。实际上这个课题是博源基金会给予支持和赞助的。他们对这个课题的整个过程也是积极参与的。所以今天我们也非常高兴，博源基金会的总干事何迪先生特地为了这个会议过来。下面我们也欢迎他致词。

何迪：

谢谢乔依德，都是老朋友了。我想这个会有几个主办单位，包括复旦大学管理学院、上海发展研究基金会和《科学发展》杂志的支持才得以召开。首先我代表我们博源基金会表示感谢。因为我觉得研究成果最终还要看到社会效应，一是引起专家层的讨论，二是能够落地，接触地气。

至于背景，我简单介绍一下，我在后记里是说了一下。实际上是 2011 年，马骏、曹远征等我们几个人，在年初想今后两年我们重大的、涉及经济体制建设方面的课题有哪些。当时就讨论了 6 项。这 6 项课题我们也征求了一些经济方面的领导的意见。最后确定下课题。中间有一项，就是关于国家资产负债表。然后经过一年多到两年的时间，特别要感谢马骏领头，有张晓蓉副教授，还有他们的一支队伍，像李治国、徐剑刚、肖明智，这是在上海方面。北京方面由曹远征带领中国银行的一批人也在做这个题目。后来也陆续吸收了境外的何东、朱铭来、宋占军等人参加，组成一个课题组。

这个课题在上海、北京经过多次讨论和内部论证，到最后我们想形成三个不同的版本。第一个是政策建议版，这个版本后来是由曹远征通过中银等一些渠道送上去的，也得到了中央主要领导的批示，要求研究，所以才有了第二个版本的出现，就是李扬版本的国家资产负债表。这样，在政策上，这个研究引起了相当多的重视。

第二方面，必须引起公众的关注。对于国家的资产负债情况，除了专家、政府应该关心，它也涉及公众的切身利益，包括将来的养老、医疗等等。所以我们在 2012 年的《财经》杂志上(6 月)发表以后，引起相当大的关注。有些部门对于匡算等各方面提出了不同的意见。这样就引起了社会方方面面的讨论。李扬的会议是以后才进行的，我们把那个叫做公众版本。第三个版本，就是 2012 年年底出的这一本书，叫做学术版本。今天希望大家对于这本书、这个课题可以提出更加有价值的意见，使这个项目能够更加完备。同时这也是一个持续性的项目。因为资产负债的情况一直是在变化。我们现在这本书主要好在提出了新的概念、新的思想、新的方法，但是要持续做下去，还有赖于专家的支持和配合。

另外，我也非常高兴的是，在对国家资产负债进行研究的过程中，很多情况是跟各个地方的省市(本身也有小的资产负债表)相关的。我听马骏讲，张晓蓉持续在做上海地方的资产负债状况。从中我们也看到了项目开展得很好并且有所发展。

刚才我介绍的是我们博源基金会，资助单位方面的情况。我们原来没有想到有这样的效果，有点出乎我们的意料。后来我自己也在思索为什么会有这样大的反响，有两点体会，跟大家分享。第一，我觉得是由于我们国家的特点。实际上，中国政府是非常强势的，管的东西也很多。有这样一个强势的政府，是跟别的地方不一样的。所以它就有很大的责任，从现在到未来的支付责任，这是一个方面。另外，它掌握了大量的资产，从国有资产到现在经营型的、非经营型的资产，还有国际上没有的，包括大的表格里讲的土地、矿产、自然资源，都包括在内，都是国家所有的。所以，一方面它有责任，另一方面它有资源，涉及怎么匹配的问题。所以，我想既然中国政府承担了那么大的责任，它就要花钱。钱从哪里来，怎么把钱花好了，这成为一个执政党和政府执政的重要事项。所以弄清这一笔大账，有科学的方法，给我们这样一个具有中国特色的社会主义市场经济的政府提供了一个有效的工具。所以这是引起了重视的一个原因。另一个原因，我想尽管国家资产负债表看起来是一个经济的方法，但毕竟是一个新方法，也有新的概念、新的观念。所以我感觉，中国从传统向现代转型，在一个现代国家制度的建设中间，我们的的确确需要有新的方法、新的观念。而一个社会的改变，我觉得首先还是从观念开始的。我特别感觉到，如果我们除了国家资产负债表这样的一个可以做得很好的案例外，还有其他一些方方面面的研究，如果还能给我们的决策层和我们的公众、我们的专家带来新的思路、新的方法、新的观念，我觉得会有助于我们国家未来的发展，也会有助于学术的进步，最后会关系到老百姓的福祉。

顺便介绍一下，出完这本书以后，我们最新出的一本书是楼继伟牵头的，叫《中国政府间财政关系再思考》。这个项目也做了大概一年多了。他在当部长前，在中投，他还是有一些经历的，也有非常多的思考。他在财政部时期，从 20 世纪 90 年代初期，1993、1994 年，参与财税制度改革开始一直到后来，关于中国财经制度，他是有一些经验和思考的。他带领了一支队伍，也是我们博源支持的，也开了多次研讨会，然后写了这本《中国政府间财政关系再思考》。这里面我也感觉到他提出了一些新的方法，虽然在外国可能是老的，比如怎么重新划分政府的支付责任。他根据三个原则——信息可得性、激励机制一致性和外部性来重新划分我们的支付原则。这个东西，我感觉在国际上可能大家都熟悉，但在中国就是一个新的观念。如果有这个新的观念引入，而且在新的观念下有新的方法，我觉得是会有助于科学决策的。我就把这两点体会跟大家分享，谢谢。

乔依德：

好，非常感谢何迪先生。下面我们就请马骏博士及课题组的其他两位成员介绍一下他们课题的主要内容与成果。

马骏：

首先非常感谢乔依德，还有他的基金会，还有薛求知院长和管理学院给我们提供这么好的平台跟专家进行讨论。当然还要感谢何迪总干事在过去两年多的时间里花了大量的精力来组织这个课题研究，其间召开了许多非常重要的研讨会。我们课题组，包括我、张晓蓉老师、李治国、徐剑刚，还有肖明智，我们是作为生产方，何迪是作为销售方。我们到目前为止配合得非常好。销售工作还没有做完，希望大家一起来共同努力，希望我们一些有用的成果能够得到更好的转化。

今天，我想简单先讲几句关于这个课题的意义，然后主要讨论最近几个月以来一直在参加的一些国家财政预算方面的改革中跟国家资产负债表相关的问题。

关于课题的意义，我们有一个比较长的单子，可能有七八项，但是我想简单提三点。第一个意义，如果有一个国家资产负债表，我们就能够了解国家的家底。什么是家底呢？讲得简单一点就是知道你有多少钱，有多少债。"多少钱"说起来可能不太容易。可能是现金的形式，也可能是金融资产的形式。尤其困难的是要把国有资产的家底搞清楚。负债也很重要，尤其是很多或有负债，现在还不知道，以后可能会发生。这一块我们也花了比较多的时间去做研究，尤其是做预测。只有把这两件事情搞清楚，才能够真正理解国家的抗风险能力，以及国家现在及以后将要遇到的风险。

第二个意义，怎么样把短期政策的长期成本显性化。这一点我们在过去几年有比较深的体会。我们在刺激经济的时候，其实是负了很多的债，但是从流量的角度来讲体现不出来。你会发现流量的数字很好看，GDP 增长很快。但是在几年之后发现突然债务大幅度上升，尤其是地方融资平台的债务已经体现出来了。再过几年，可能就变成银行的金融风险。这方面的问题，就需要从资产负债表的角度，能够尽量早地显性地发现这些问题。

第三个意义，长期的结构性因素会体现出对于财政的压力。什么叫结构性因素？我举个最简单的例子，比如人口因素。我们人口在今后 30 年的大趋势已经确定了，因为二三十年以前我们实行独生子女政策，使得今后的人口老龄化是一个不可逆转的趋势。在这个过程当中，养老金成本或者养老金缺口肯定会上升，医疗成本肯定会上升。那么，在不改革的情况下，养老金和医疗问题对财政的压力会有多大？我们需要从资产负债表的角度，尤其是通过预测今后债务的发展来把这个问题显性化。所以，至少从这三个角度来讲，做资产负债表和以资产负债表为基础的一些政府债务的预测是非常有意义的。

今天，我想花差不多半个小时的时间来讲一讲国家资产负债表的研究和我们财税改革，以及与现在正在讨论的预算改革有什么样的关系。下面从四个方面来讲。

第一，关于财政统计和预算口径。这个问题就是最近北京讨论得很热烈的全口径预算问题。我想从国际的视野来讨论一下中国的全口径预算问题。第二，预算和国家资产负债表之间的关系。因为现在的预算基本上是流量预算，就是政府的收入、支出和赤字，但是基本没有反映主要的存量，包括资产和负债。我们希望可以在今后的预算当中引入一些存量的概念。第三个问题是关于滚动预算。很多国家已经开始做滚动预算。它不光是一年给人大或者给国会提供当年的预算，它还要提供三年、五年，甚至提供十年或十年以上的财政预测。只有搞了长期财政预测才能发现一些在短期内发现不了的问题，尤其是政府债务变化的趋势。第四个问题是关于地方债务的或有负债。这其实就涉及张晓蓉、李治国所建议的希望在上海能够率先搞资产负债表。最后简单总结一下我们对于改革的建议。

首先讲讲关于预算口径的问题。什么是好的财政统计和预算口径？主要有四个方面。这是我自己的归纳。我翻了半天的教科书也没有找到这个东西。我十几年以前在世行和基金做财政经济学家时接触过很多其他国家的预算，最近一段时间在考虑中国的预算口径时得出一些初步的想法。

我觉得至少有这么四个方面。一个好的预算口径必须要全面反映政府和公共部门的活动。为什么要全面？如果只反映一小部分的政府活动，就不太清楚整个政府的资产规模到底有多大，也不太清楚我们的政府负债到底有多大。比如说若干年以前我们只有一般预算或者预算内的那一块。预算内的那一块其实占整个政府经济活动的比重并不大，还有很多预算外的，还有社保这一块，还有国有企业这一块都没有进来。那么，你就很可能会低估政府的规模。政府的大小都搞不清楚，又怎么样来判断政府是过大还是过小，政府干预应该是提高还是应该减弱？其次，如果政府的规模在预算口径当中太小的话，所体现出来的政府负债就不全面，还有很多负债没有反映在预算口径当中。尤其地方政府的负债是不是反映进去了，社保的负债是不是反映进去了，在窄口径的预算当中就看不出来。所以从全面反映政府经济活动的角度来讲，需要全口径预算。

第二，一个好的预算口径不光要反映流量也要反映存量。刚才已经简单提到过，所谓流量就是收支和赤字，存量就是有资产、负债和净负债的概念。很多国家已经有了资产负债表。有些国家甚至把净负债作为政府财政指标的重要内容之一。这样才能反映流量所反映不出来的政府面临的一些风险。

第三，好的统计口径的特点就是不光要反映当年的财政活动，还要反映长期的财政趋势和风险。我前面提到的例子，就是相关的。比如说你今年借了很多债，但是这个债务并不直接反映在流量里面。到了若干年以后，要还债的时候，你就会发现压力很大。你要还本，又要付息。要是做三年、五年滚动的预算，或者说长期预测的话，就能把这个风险提前反映出来。

最后，不但要反映显性负债，也要反映或有负债。所谓或有负债，简单来讲，一个最典型的例子就是担保。中国地方政府大量地给它下面的融资平台做担保。这些没有反映在目前的预算口径里面。这些其实是风险。希望中国的预算体制改革能够提前反映这样的风险。

简单来看一下国际方面的经验。这是 IMF 建议的政府财政统计口径(图 1)。

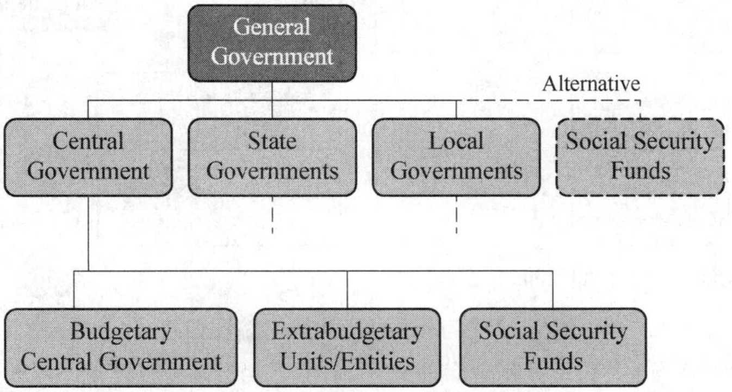

图 1　IMF(GFS2001)建议的政府财政统计口径

资料来源：Govt finance statistics：compilation guide for developing countries，IMF 2011

IMF 认为什么样是好的政府财政统计口径？最上面的 General Government，是广义政府的概念。其中包括中央政府、地方政府。地方政府分为两类，州政府和州以下的地方政府。除此之外，还有社保预算。如果再往下分，第三个层次是中央政府和地方政府之内都分别有预算内和预算外。也有可能社保是放在地方层次的，这取决于中央和地方财政关系的模式。如果是放在中央的，就在中央一级；如果是放在地方的，就在地方一级。总体来讲，希望有这么几个大块。一个是预算内，一个是预算外。还有社保也要放进来。西方国家没有单独的像中国叫做国有资本经营的预算，主要原因是因为它们的国有企业规模非常小。在美国，国有企业创造的GDP占总量的1%；在法国（西方国家里面算是比较大的），也只有4%。而中国，是30%。所以中国需要有一个单独的国有资本的经营预算。其他国家的国有资本经营预算事实上是存在的，只不过已经放进一般预算里面，作为政府的一个收入项而已。也就是并不是说它不存在，只是它很小，被隐藏在一般预算当中了。

图2是IMF建议的公共部门统计口径。如果把刚才讲的广义政府再扩展，就包括了公共企业，就是我们所谓的国有企业在里面。公共企业里面也可以分成国有的金融企业和国有的非金融企业。

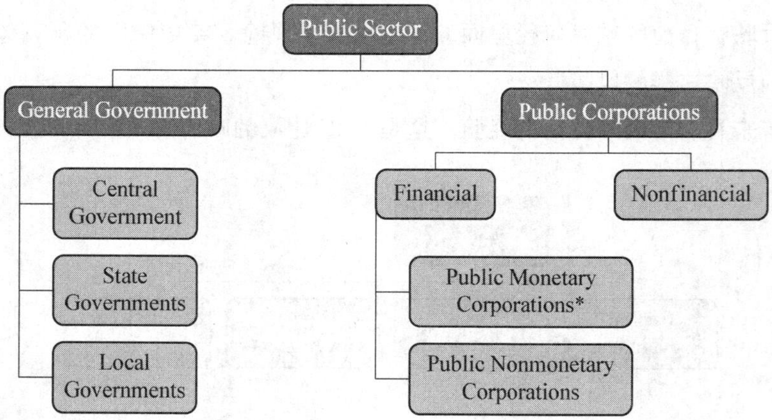

*Includes the central bank.

图2 IMF建议的公共部门统计口径

资料来源：Govt finance statistics：compilation guide for developing countries，IMF 2011

具体的国家案例，我就不讲了。我想给大家看一下各个国家现在实现全口径程度的比较。这是IMF做的（表1），看看哪些国家已经覆盖了几乎所有的政府经济活动。可以看到发达国家，像加拿大，德国，瑞士这些国家，它们的预算内、预算外、社保、中央、地方基本上都在预算体系之内。也就是，都会交给它们的国会去审批，是比较完整的预算。而发展中国家相对来说预算的全口径程度比较弱。最差的是津巴布韦和越南等。它们只有一项。中国的情况很有趣。这是两三年以前的情况，预算内和预算外都有了，中央和地方政府都有了，但是没有社保。社保是

2013 年刚刚放进去的，作为资本预算之一。现在中国从名义上来讲已经建立了全口径预算的框架。就是说有了一般预算，有了一个我们原来叫预算外，现在叫政府性基金的预算，有了一个社保的预算，有了一个国有资本经营的预算。但是中国面临的实际问题是什么呢？是我们的预算口径，它还是一个名义的口径。

表 1 各国财政统计“全口径”实现程度比较(基于提交给 IMF 的数据)

	预算内	预算外	社保	中央政府	地方政府	全部政府	年份
巴西				√	√	√	2010
保加利亚	√	√	√	√	√	√	2010
加拿大	√		√	√	√	√	2010
智利	√	√		√	√	√	2010
柬埔寨	√			√			2010
中国	√	√		√	√	√	2009
法国	√		√	√	√	√	2010
埃及	√	√	√	√		√	2010
德国	√		√	√	√	√	2010
加纳	√						2010
墨西哥	√		√	√	√		2010
秘鲁	√	√	√	√	√	√	2010
瑞士	√	√	√	√	√	√	2011
越南						√	2004
津巴布韦				√			1997

资料来源：GFSY 2011，IMF

举个具体的例子。我们有国有资本经营预算，但是国有资本经营预算当中纳入的国有企业的利润是非常小的一部分。如果看其他国家的案例的话(我们用了八九个别国的案例)，会发现这些国家的国有企业向财政上缴的利润比例一般来讲是在 20%—70%。而中国呢？用 2011 年的数据计算，国有企业向财政上缴的利润比例是 7%。2012 年比例有所上升，上升到 14%。但是还有一个很有趣的细节，就是上缴了这么多钱，并不是全部进入了公共预算的。绝大部分上缴的钱又返还给了国有企业。比如说 2012 年的预算当中，国有企业上缴了 1 500 亿元，但是只有 50 亿元留给了公共预算。绝大部分，90%多全部返还给国有企业。真正净上缴给公共财政的不到1%。如果拿这个不到1%的比例跟其他国家20%—70%的比例来相比的话，事实上我们国有资本的经营预算是一个非常不完整的预算。也就是说，我们这个庙是搭起来了，但是大部分的和尚还没有进去，这是中国的全口径预算的缺陷或者特色之一。

中国全口径预算面临的另一个问题就是，我们虽然把过去大部分的预算外收支纳入到现在所讲的基金预算当中去了，但是还有一部分没有进来，估计恐怕还有几千亿元的规模没有进来。我们把它叫做体制外收入，以后必须纳入到预算当中来的。还有一部分几乎无法估算，叫腐败性收入，以后应该要彻底清理的。到底有多少？谁也不知道。王小鲁估计，灰色收入大概为5万亿元。我认为就算是把王小鲁的数字打9折，5 000亿元，这也是很大的一个数字。如果要从广义的宏观税赋的角度来看一个国家政府到底有多大的话，不光要看已经在预算当中的政府收入，还要看体制外收入，还要看腐败性收入。这些事实上都是对整个经济的税赋。以后要减少宏观税赋的话，我想预算内的那部分税要简化是很困难的。因为一个萝卜一个坑，它都有用出去。体制外收入有一部分可能可以减掉。腐败性收入应该要彻底清理掉。这是中国今后一段时间要建立全口径预算很重要的任务。

关于体制外收入，到底应该怎么样纳入预算？我们最近一段时间也跟各方面的专家有过讨论。一个我比较欣赏的观点就是给定一个时间表，比如三年之内，对那些现在还游离于体制之外的政府收费，规定一定要取得中央一级和省一级的审批。如果三年之内得不到审批就宣布为非法。同时，也要向民众公布这些未得到审批的非法收入。这样才有可能在若干年之后彻底根除或清理掉这些体制外收入，降低宏观税赋。这是关于第一个题目，预算口径问题。

第二个题目是关于流量和存量之间的关系。事实上就是目前的预算和我们所研究的政府以及公共部门资产负债表之间的关系。按照IMF的GFS框架，存量和流量之间是什么关系呢？就是上期末政府的净资产加上本期的政府财政盈余就应该等于本期末的净资产。这应该是很简单的一个关系。

那么我们来看一下，如果用中国的具体的内容来解释的话，预算和资产负债表应该是怎样的关系。中国现在有四个预算，一个叫一般预算，一个是政府性基金预算，还有国有资本经营预算，最后是社保预算，分别对应的是什么样的一个资产负债表？一般预算就应该对应中央政府和地方政府资产负债表。中央和地方政府如果出现赤字的话，这个资产负债表会体现出来，净资产就会下降。相应地，如果有盈余的话，资产负债表也应该体现出来，净资产会上升。基金有流量预算，但是基金本来也应该有一个资产负债表。现在都没有公布，也没有人做。然后，国有资本经营预算，基本上国有企业现在的流量要跟国有企业资产负债表对应起来。目前有一些比较零散的数字。但是我们在这一本《中国国家资产负债表研究》当中已经编出了一个国有企业的资产负债表。最后是社保的预算。目前的预算也是流量预算，应该有存量的预算。其实从存量资产来讲很简单，就是还剩多少钱在这个账户里面。但是存量负债却是一个巨大的问题，尤其是今后的负债。这就需要我们在各种各样的假设前提下做很多预测。如果把今后的长期缺口——累积的缺口折算成现实的话，那就是存量的负债。这些事情在过去两年我们花了这么多时间和精力在做。我们提出了一些方法和初步的测算基础。以后政府如果想用的话，应该说，这可以提供一个继续在政府内部操作的基础。

我简单解释一下流量和存量之间到底是怎样互相转换的。如果公共预算出现赤字的话，它会增加政府的净负债，从而影响政府的偿债能力。因为负债如果上升的话，今后其实还本付息要更多。如果还本付息更多的话，支出就更多。支出更多，使得以后借钱就会借得更多。所以赤字和债务有一个自我强化（self-reinforcing）的关系，并会不断地加强这样一种关系。另外一个关系是如果政府的资产减少，比如土地卖掉了或者土地的价值缩水了，也会影响到政府创造财政收入的能力。因为在资产上面会有一个现金流。最后如果引入资产负债表的话，尤其是在资产负债表基础上对于负债进行一个长期预测，就可以用来判断很多政策和结构性变化的趋势对于政府财政以及债务可持续性的影响。

所以，国际上已经有很多国家编制了政府的资产负债表。这是 IMF 给的一个建议（表 2）。它有一个比较标准的格式，希望各个国家应该怎么样来编制。一个具体建议是，如果发现编制比较困难的话，可以先从金融资产负债表来编。因为金融资产负债表相对比较灵活。加拿大是我们做的几个国家案例之一（表 3）。这是张晓蓉做的工作当中一个比较主要的案例。可以看到加拿大政府的资产负债表比较完整。它有联邦政府资产负债表，有州的资产负债表，有地方政府资产负债表，还有它的养老金，就是最后面那一项。它全部都有了。刚才列的是总负债的内容。表 4 列的是各个政府和养老金的一些具体资产的内容。最后还列出来一个净资产的总额。再看发展中国家的例子。也有一些国家已经编制了。像巴西政府资产负债表（表 5），至少金融这一块内容已经有了。

表 2 IMF 建议的资产负债表格式

	Opening balance sheet	Closing balance sheet
NET WORTH (*A*+*B*+*C*)		
A. NONFINANCIAL ASSETS		
Fixed assets		
Inventories		
Valuables		
Nonproduced assets		
B. FINANCIAL ASSETS		
B. 1 Domestic		
Currency and deposits		
Debt securities		
Loans		
Equity and investment fund shares		
Insurance, pension and standardized guarantee schemes		
Financial derivatives and employee stock options		
Other accounts receivable		
B. 2 External		
Monetary gold and SDRs		
Currency and deposits		
Debt securities		
Loans		
Equity and investment fund shares		
Insurance, pension and standardized guarantee schemes		
Financial derivatives and employee stock options		
Other accounts receivable		
C. LIABILITIES		
C. 1 Domestic		
Currency and deposits		
Debt securities		
Loans		
Equity and investment fund shares (public corporations only)		
Insurance, pension and standardized guarantee schemes		
Financial derivatives and employee stock options		
Other accounts payable		

续 表

	Opening balance sheet	Closing balance sheet
C. 2 External		
Special Drawing Rights (SDRs)		
Currency and deposits		
Debt securities		
Loans		
Equity and investment fund shares (public corporations only)		
Insurance, pension and standardized guarantee schemes		
Financial derivatives and employee stock options		
Other accounts payable		

表 3 加拿大政府部门资产负债表案例

单位：亿加元

项目	联邦政府	省和自治州政府	地方政府	GPP/QPP	总计
总债务(账面值)	8 422	8 796	1 225	80	18 532
减去：政府间债务					1 574
减去：政府雇员养老金未补足的部分					2 405
对其他部门总债务					14 544

表 4 加拿大政府资产负债表案例(续)

	项目	联邦政府	省和自治州政府	地方政府	GPP/QPP	总计
金融资产	在联邦政府和其他政府企业的投资	2 039	1 250	31	342	3 662
	在私人企业的投资				286	286
	现金和存款	41	141	213		395
	贷款和抵押贷款	199	429	2		629
	短期票据	18	671	62	232	98
	债券	3	1 058	24	359	1 694

续　表

项目	联邦政府	省和自治州政府	地方政府	GPP/QPP	总计
对外投资			192	517	710
股票和共同基金	1	723		96	821
应收账款	6	42	43		90
其他金融资产	202	771	178	148	1 299
小计	2 542	5 278	769	1 981	10 570
减去：政府间债务					1 574
金融资产					8 995
净债务					5 549

表 5　巴西的政府资产负债表

Brazil 223
Fiscal Year Ends December 31

	Central Government			State Government			Local Government			General Government		
	2008	2009	2010	2008	2009	2010	2008	2009	2010	2008	2009	2010
Statement of government operatlons												
Statement of other economic flows												
Balance sheet												
6 Net worth	…	…	…	…	…	…	…	…	…	…	…	…
61 Nonfinancial assets	…	…	…	…	…	…	…	…	…	…	…	…
62 Financial assets	956 878	971 906	923 699	36 168	38 125	42 748	4 878	4 738	4 172	565 685	595 295	516 237
63 Liabilities	1 171 127	1 943 630	1 968 217	395 744	388 464	430 251	60 257	60 804	67 435	1 740 888	1 973 424	2 011 522

来源：GFSY 2011，IMF

我们自己编制的中国中央政府资产负债表是这个样子(表 6)。过一会儿李治国如果有时间的话可以简单展开来介绍。我们从 2002 年一直编到了 2010 年。中央政府的资产构成也是基于这个资产负债表得出的一些数字。可以看到(图 3)，如果把中央所属的国有企业的股份放进去的话，上市公司的股票市值占到 44%的中央资产。还有中央政府的负债结构的变化(图 4)。国债是白颜色的这块，在往上走。还有其他的，包括铁道部债券等等都放进去了。这是中央政府净资产占 GDP

的比重在历年之间的比较(图 5)。除此之外,我们还编制了中国地方政府资产负债表(表 7)。这是把整个地方政府全部放在一块,不是针对某一个省或者市,也是从 2002 年到 2010 年的数字。编制地方资产负债表比较困难,需要做很多的假设。如果大家有兴趣的话,我们可以做一些细节上面的讨论。关于地方政府的资产构成(图 6),可以看到一个有趣的特色就是非经营性资产很多。非经营性资产包括政府的大楼等等,看上去很多,但是其实不能变现。还有一个是地方政府净资产与 GDP 之间的比例(图 7),2008 年、2009 年跌得很厉害。为什么?我们负债大量增加。这是在那一段经济刺激过程当中,地方融资平台发行大量债务的一个具体表现。然后我们还编制了中国国有企业资产负债表(表 8)。这是把中央和地方的国有企业资产负债表放在一起了。我们发现 2011 年末,净资产总额有 32 万亿元规模。

表 6 我们编制的中国中央政府资产负债表(2002—2010 年)

单位:亿元

年 份	2002	2003	2004	2005	2006	2007	2008	2009	2010
总资产	73 173	82 053	86 490	93 126	130 943	259 018	173 566	245 420	281 630
非金融资产	35 700	40 247	45 559	51 754	58 831	66 751	76 169	88 791	103 200
非经营性资产	10 509	12 536	15 078	18 224	21 948	26 180	31 540	39 700	49 200
非上市企业权益	25 191	27 711	30 482	33 530	36 883	40 571	44 628	49 091	54 000
净金融资产	−15 804	−17 032	−22 204	−25 982	1 197	104 106	5 942	53 858	62 464
金融资产	37 473	41 806	40 931	41 372	72 112	192 267	97 398	156 630	178 430
中央财政存款	3 482	5 127	6 236	7 996	10 927	17 632	18 040	21 226	24 277
股票	17 783	19 698	17 192	15 046	41 479	151 776	56 308	113 175	123 142
四大资产管理公司资产	5 571	5 571	5 571	5 571	5 571	5 571	5 571	5 571	5 571
中投公司海外资产	9 000	9 000	9 000	9 000	9 000	9 000	9 000	9 657	10 439
国外资产	1 636	2 410	2 931	3 758	5 136	8 287	8 479	7 000	15 000
负债	53 276	58 838	63 135	67 354	70 915	88 161	91 456	102 772	115 966
国债	19 208	24 746	28 444	31 849	34 380	51 467	52 799	59 737	66 988
铁道部债务	3 968	3 992	4 591	5 240	6 400	6 586	8 684	13 034	18 918
四大资产管理公司负债	14 000	14 000	14 000	14 000	14 000	14 000	14 000	14 000	14 000
中投公司负债	15 500	15 500	15 500	15 500	15 500	15 500	15 500	15 500	15 500
国外负债	600	600	600	766	635	607	472	501	560
净资产	19 897	23 215	23 355	25 722	60 028	170 857	82 111	142 649	165 664

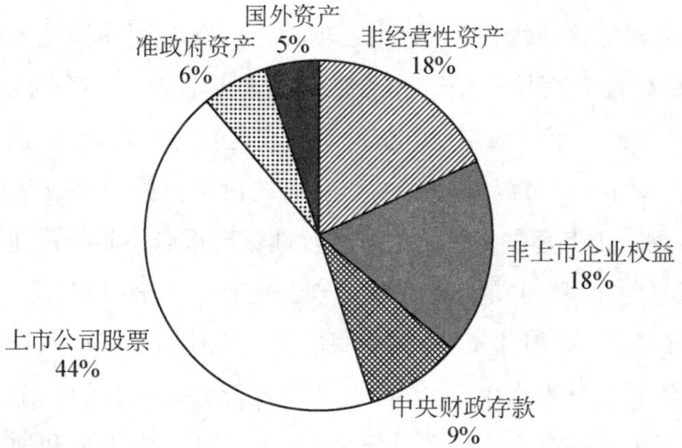

图 3 2010 年中国中央政府资产构成

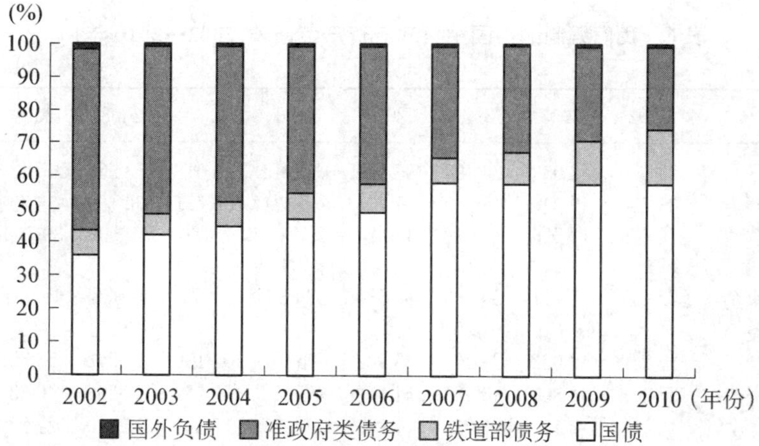

图 4 中国中央政府负债结构和变化

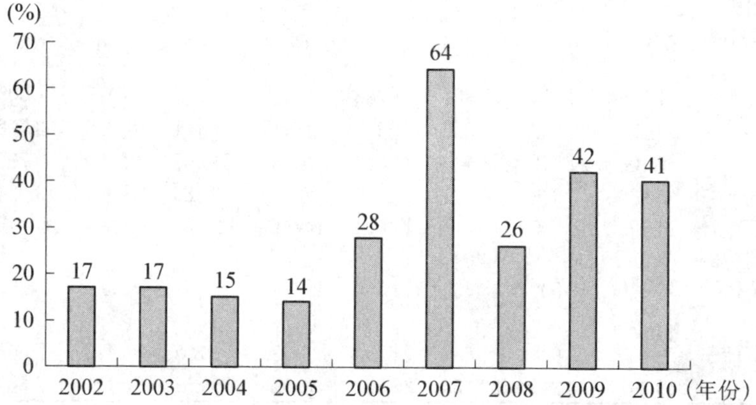

图 5 中国中央政府净资产与 GDP 的比例

表 7 我们编制的中国地方政府资产负债表(2002—2010 年)

单位：亿元

年份	2002	2003	2004	2005	2006	2007	2008	2009	2010
总资产	80 177	91 136	104 881	120 704	148 611	208 648	197 780	250 373	290 612
非金融资产	72 844	82 606	96 872	112 883	130 608	149 922	172 313	201 724	239 800
非经营性资产	24 521	29 251	35 181	42 523	51 212	61 087	73 594	92 633	114 800
土地储备	18 000	20 000	25 000	30 000	35 000	40 000	45 000	50 000	60 000
非上市公司股份	30 323	33 355	36 691	40 360	44 396	48 835	53 719	59 091	65 000
净金融资产	−6 688	−9 182	−14 366	−20 442	−17 698	13 627	−30 221	−41 520	−56 363
金融资产	7 334	8 530	8 008	7 821	18 004	58 725	25 466	48 649	50 812
地方财政存款	1 114	1 641	1 996	2 559	3 497	5 642	5 773	9 067	7 743
股票	6 219	6 889	6 013	5 262	14 507	53 083	19 693	39 583	43 069
负债	14 022	17 712	22 374	28 263	35 702	45 098	55 687	90 169	107 175
地方政府债券	996	1 258	1 589	2 007	2 535	3 202	3 954	6 367	7 567
地方政府银行贷款	11 077	13 993	17 675	22 328	28 204	35 628	43 993	71 243	84 680
地方政府上级财政借款	589	744	940	1 187	1 499	1 894	2 339	3 767	4 478
地方政府其他单位和个人借款	1 374	1 736	2 193	2 770	3 499	4 420	5 457	8 792	10 450
净资产	66 156	73 424	82 507	92 441	112 910	163 549	142 092	160 204	183 437

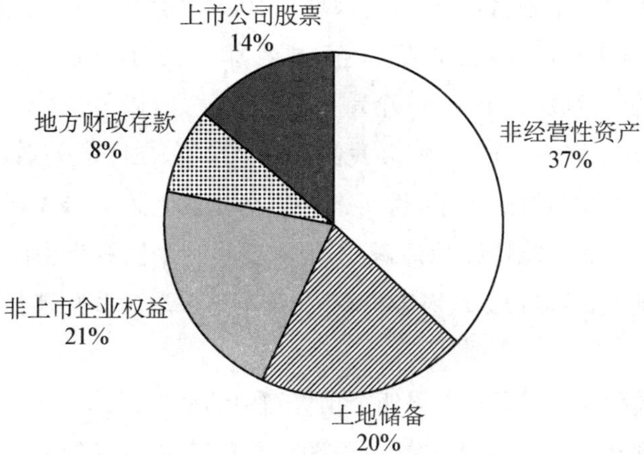

图 6 中国地方政府资产构成

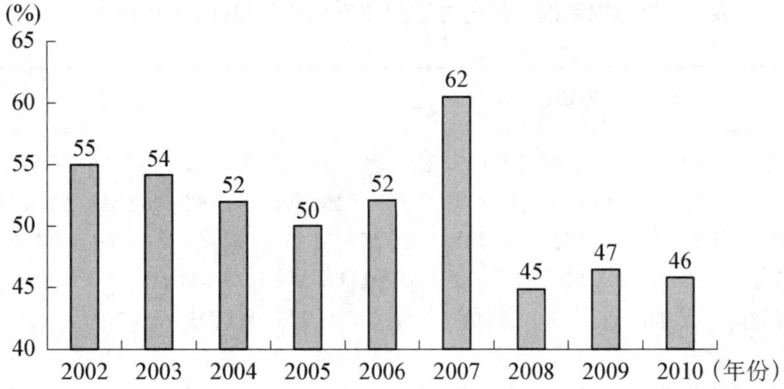

图 7　中国地方政府净资产与 GDP 的比例

表 8　我们编制的中国国有企业资产负债表(2011 年末)

单位：万亿元

	资产	负债	净资产
中央政府所属企业	112	93	18
非金融国企	37	24	14
中央控股银行	71	66	4
中央持股保险公司	4	3	1
地方政府所属国企	39	25	14
总计	150	118	32

现在进入到第三个题目,关于滚动预算和对长期财政风险的预测。其他国家,我刚已经讲到,很多都已经做了 3 年、5 年,甚至 20 年的财政收支和债务的预测,用来预测中长期的财政收支趋势。一个重要的好处就是,搞了这么一个中长期财政预测以后,可以建立各个不同的预算(我们讲四个预算)之间的关系,或者说它们的风险和压力之间互相转换的关系,从而来判断在政策上某一个预算是不是不能持续。如果这一个预算不能持续的话,是不是需要另一个预算当中的资产来加以弥补。在这个基础上,可以帮助政府未雨绸缪,及早地采取一些防范长期财政危机的改革。

我把它具体化,举个例子,如果四个预算当中的社保预算——其中最主要的是养老金——出现缺口的话,也就是社保预算出现赤字,如果其他的预算不能去补社保预算的话,它就会转化成一般预算的赤字。中央政府一定要去补这个缺口。如果中央政府的赤字上升的话，中央的债务就会上升。这是社保预算和一般预算之间的联系。

再举第二个例子。如果国有企业能够上缴更多的红利，那么它就能够补贴一般预算，使得一般预算的赤字可以减少，甚至有盈余。那么一般预算就可以拿这个钱去补贴社保，从而弥补养老金的缺口。这样就在国有企业或者国有资本经营预算和社保预算之间建立起一个联系。如果可以打通，我们这个风险就可能得到一定程度的弥补；如果打不通的话，就会演变成对一般预算和整个政府的债务风险。

再举一个例子。如果国有资产能够被划拨到社保的话，那么到了社保以后，这些资产就会产生新的资产收入，比如说每年都有百分之三点几的红利和股息收入，这个长期的可持续收入就可以弥补养老金的缺口，从而避免扩大一般预算的赤字。

最后再举个例子，就是地方预算和一般预算之间的关系。如果地方靠出售自己的土地使用权能够补贴地方的养老金的话，减少地方养老金的缺口，就能够避免一般预算的赤字。所以从很多角度你都会发现不同的预算之间如果有能够互相调剂的弹性，就可以帮助避免出现一般预算的财政风险，或者说出现中央政府的债务风险。

我们花了比较多的时间和精力来做中长期的政府收支和债务预测，在这本书的后半部分花了很多的篇幅在做这个事情。我们得出的基本结论就是如果你做今后38年的一个中长期财政预测的话，你会发现在不改革的情形下，中国财政面临的四大压力分别是养老、医疗、环保、地方和铁路债。分别有多大？在什么时点会发生？我们用这张图（图8）给出一个形象的描述。可以看到浅色区域是城镇养老金的缺口在不改革的情况下会占到GDP的比重。整个浅色区域的面积是最大的。从这一点来讲，养老金的缺口是中长期财政的最大风险来源。第二大压力来自医疗。你会发现，在中长期它不会变大，但整个面积差不多是排名第二。医疗会构成中国中长期财政的第二大压力。第三大压力就是环境治理成本。在今后的十几年当中也是比较明显的。总量最小，但是最急迫的就是今后几年就会发生的地方和铁路债。因为这些债都已经发了，都是几年期的债，几年之内都是要到期的，所以政府在那个期限当中就开始要承担它的财政风险。总量加起来就是很大很大的一个数字。如果不改革的话，几十年之后中国的一般预算肯定会面临一个不可持续的状况。什么叫不可持续？就是在不改革的情况下，中国政府的债务占GDP的比

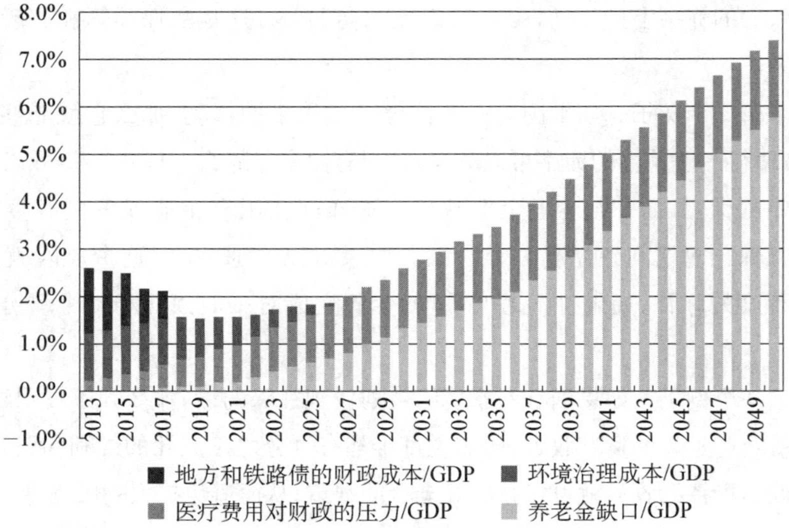

图 8　中国财政面临的四大中长期压力

重在 2040 年会达到 45％这样的水平，到了 2050 年会达到 160％这样的水平。我再次强调，这是在不改革的情形之下。

关于养老金缺口，我再多说几句，这本书里面专门有一个章节预测了中国城镇养老金的收支情况和今后 38 年的缺口，并在此基础上提出了两条改革建议。一是提高退休年龄，二是划拨国有企业的股份到社保。这张图（图 9）显示了人口老龄

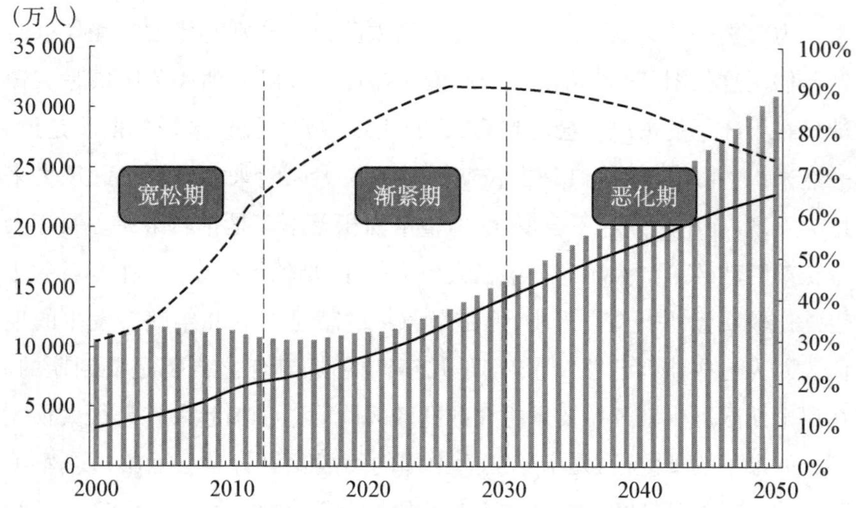

图 9　老龄化对养老金缺口的压力

化对于养老金缺口的压力，画的是我们赡养率的变化。赡养率的定义是根据联合国对老人的定义。65岁以上的老人和工作人口之间的比例，现在是百分之十几，到2020年会达到29%，到了2050年变成71%。因为老人的数量大幅度增加，而工作人群在今后30多年反而会逐步下降，导致赡养率的提高，自然会导致非常大的养老金的缺口。我再次强调，这些都是在不改革的情形下的预测。

看这张图(图9)可以比较更形象地感觉到养老金缺口的压力。养老金覆盖的退休人口是不断往上走的。养老金缴费人群在今后十几年中还会往上走，主要是因为在城镇化的过程当中，还有很多年轻人会进入城市，变成缴费人口。但是到了二〇二几年的时候就见顶了，此后就往下走。所以在今后的十几年当中，还处在养老金宽松期。在此后的十几年当中我们就逐步进入渐紧期，到了最后的20年左右就是明显的恶化期。因为缴费人口不断下降，但是养老金所支付的人口大幅度上升。在不改革的情况下，我们预测了中国城镇养老金收支的状况，发现到了2050年收支的缺口，也就是养老金的缺口会达到GDP的5.8%。那么怎么办？我们做了很多的模拟，如果要基本弥补这些缺口的话，提出两条建议。一条就是要提高退休年龄。具体地来讲，我们建议把企业职工中男性职工的退休年龄提高4岁，企业女性职工的退休年龄提高9岁。当然这是逐步的过程，在今后38年当中逐步实现，不会一步到位。即使提高了这么多，你会发现，我们比欧美国家目前的退休年龄还是要低很多。欧美很多国家已经到了62、63、64、65岁了。现在中国企业职工的退休年龄，女性还是50岁，提高9岁也就是到59岁而已。

第二个建议是划拨80%的上市国有企业的股份给社保。这个数字怎么算的呢？因为我们计算了上市公司股票的市值。这是2011年的数字。当时政府持有的上市公司股票市值是12万亿元，就是最后那个数字(表9)。我们算了一下，需要把80%的市值转移到社保，用它们创造的现金流去弥补一部分的社保缺口，再加上刚才讲的退休年龄的提高，这两件事情同时做，这两个改革同时实行，才能基本弥补我们所预测的养老金的缺口。

表9　中国政府所持有的上市公司股票市值(万亿元人民币)

中央政府系统合计	10.2
国资委和部门系统	7.2
汇金/财政部	2.6

续 表

社保基金	0.3
地方政府系统合计	2.1
总计	12.2

从这张图(图 10)可以看到,两项改革同时实施对于缺口的效果。如果不改革,那个缺口就像浅色这么大;如果改革的话,就是深色的缺口。有些年份有小小的盈余,有些年份有小小的缺口。这 38 年平均起来,基本上这个缺口可以被弥补。

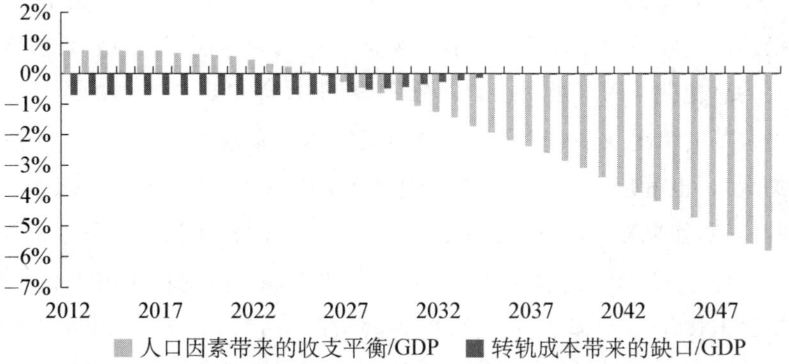

图 10　两项改革对解决养老金缺口的作用

刚才讲的是养老金这一块。另外一块,也就是所谓第二大中长期财政压力,来自医疗。而这个压力又是来自老龄化。大家看一下其他国家的经验,从 1960 年到 2010 年,发达国家的医疗支出占 GDP 的比重基本上都是从 5%左右上升到百分之十几,最高上升到 18%。那么为什么呢? 很明显,就是老人人均医疗的支出要远远高于年轻人。按日本的数据来算的话,75 岁以上老人人均医疗支出比二三十岁的年轻人高出 8 倍。在韩国是高出 4 倍。中国也不例外。这个大趋势也适应中国。还有很重要的推高医疗成本的因素,就是长期护理。这一块现在还没有得到关注。但是我们用数据可以证明,这部分的医疗成本上升也会非常快。可以看到,表 11 右下方的比例,60 岁到 69 岁的人不能自理的比例是 3%,70—79 岁不能自理的人是 7%,80 岁以上是 22%。这部分人都需要长期护理。这些护理成本是非常高的。随着人口老龄化,老人的数量大幅增加,因此带来的长期护理的成本也会大幅度增加。

表 10 中国未来 60 岁以上分年龄人口数据(单位：万人)

年龄	2011	2015	2020	2025	2030	2035	2040	2050
60—69	10 293	13 119	14 480	16 600	20 599	21 270	18 516	20 348
70—79	5 753	6 112	7 556	10 238	11 324	13 347	16 720	15 263
80+	2 121	2 573	3 070	3 537	4 518	6 381	7 361	11 972

表 11 2006 年分年龄组的城乡老年人日常生活自理能力分布(单位：%)

年龄组	合计	能够自理	部分自理	不能自理
60—69 岁	100	89.3	7.7	3.0
70—79 岁	100	77.1	15.7	7.1
80 岁以上	100	45.9	31.9	22.2

所以，由于老龄化带来的狭义卫生费用就上升，就是指门诊啊，住院啊等等，加上老龄化带来长期护理费用的上升，会导致广义卫生总费用的快速上升。广义总费用就是刚才说的这两项，包括狭义和长期护理费用之和。我们预测，广义卫生总费用从目前占 GDP 的 5.1%，会上涨到 2050 年的 10.2%。其实这个数字相对发达国家来说还是比较保守的估计。我刚才已经提到，有些国家已经上升到 18%了。

根据国际经验，一般来讲，在整个卫生支出当中，政府需要买单 1/3。按照这个比例，你去算一下，政府财政对于卫生支出占 GDP 的比重就会从目前的 1.4%上升到 2050 年的 3.1%。那么这个增量部分就是由于人口老龄化带来的对政府卫生支出额外的压力。如果把这些额外压力用今后 38 年的数字累积起来的话，就会发现相当于 2011 年 GDP 的 45%。这是非常大的一个数字。

除了刚才讲的两点之外还有环保欠账。环保欠账有很多内容，包括治理水的污染、空气的污染。这里我给大家举一个简单的空气污染的例子，叫 PM2.5。各个城市指数的比较，大家看，2013 年 1 月中国最高 PM2.5 的城市是石家庄，接近 300。北京是 150，上海是 100，深圳是 60，而国际卫生组织规定的一个阶段性的安全标准是 25。他们希望看到最终的安全标准是 10。澳大利亚是 8。你想象一下，我们要达到安全标准，或者达到真正的安全标准还有多长的路要走，还要花多少钱来进行治理。

讲完刚才几项长期的财政风险，我们看一下其他国家和地区，他们怎么样把这些长期风险显性化，就是怎么通过滚动预算这种方式让老百姓，让国会能够充分认识到这些长期的风险，从而对政府产生改革的动力和压力。

这是香港中期的财政预测(表 12)，基本上沿用英国的模式，每年做当年财政预测的时候，同时要向议会，他们叫立法会提供今后 5 年的一个财政收支和存量，包括政府债务的预测。除此以外，还专项地对一些特殊的结构性因素做长期预测。这是我参与过讨论的香港一次对于长期(2004—2034)护理成本的预测。政府把这项工作专门外包给专业机构，让他们去做，做得很细，有很多不同的情境，可以看到今后 20、30 年全部是往上走的(图 11)，也是香港老龄化带来的一个结果。

表 12　香港中期财政预测

(百万元)	2012—13 修订预算	2013—14 预算	2014—15 预测	2015—16 预测	2016—17 预测	2017—18 预测
经营账目						
经营收入(注(*b*))	347 935	349 460	392 889	431 592	449 051	476 102
减：经营开支(注(*c*))	304 828	352 000	321 100	390 400	360 800	382 400
经营盈余/(赤字)	**43 107**	**(2 540)**	**71 789**	**41 192**	**88 251**	**93 702**
非经营账目						
非经营收入(注(*d*))	97 571	85 598	55 226	61 332	61 006	65 472
减：非经营开支(注(*e*))	75 787	87 983	103 318	101 068	102 815	99 732
非经营盈余/(赤字)	**21 784**	**(2 385)**	**(48 092)**	**(39 736)**	**(41 809)**	**(34 260)**
综合账目						
政府收入	445 506	435.058	448 115	492 924	510 057	541 574
减：政府开支	380 615	439 983	424 418	491 486	463 615	482 132
未计入政府债券及票据偿还款项的综合盈余/(赤字)	**64 891**	**(4 925)**	**23 697**	**1 456**	**46 442**	**59 442**
减：政府债券及票据的偿还款项(注(*f*))	—	—	9 750	—	—	—
已计入政府债券及票据偿还款项的综合盈余/(赤字)	**64 891**	**(4.925)**	**13 947**	**1 456**	**46 442**	**59 442**
截至三月三十一日的财政储备	733 979	729 054	743 001	744 457	790 899	850 341
相当于政府开支的月数	23	20	21	18	20	21
相当于本地生产总值的百分比	36.0%	33.9%	32.6%	30.8%	30.9%	31.3%

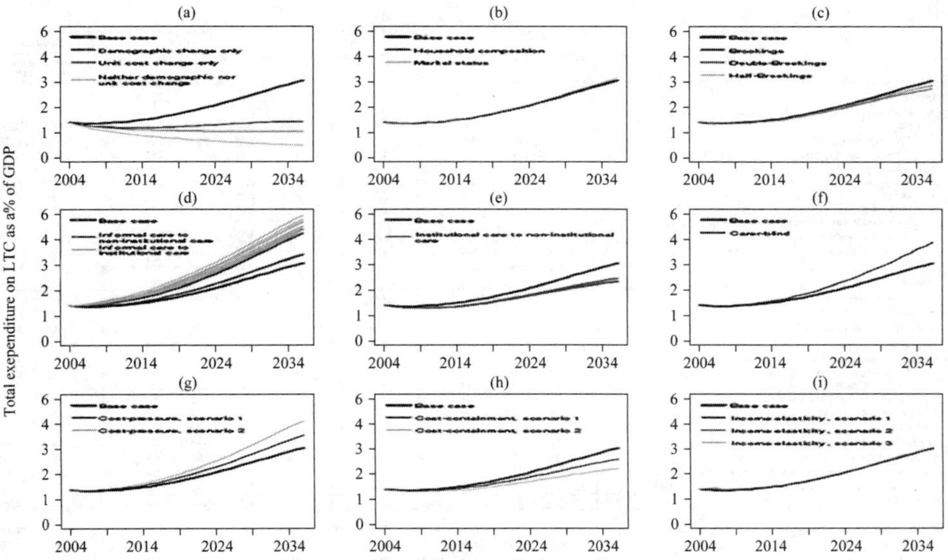

图 11　香港对长期护理成本的预测

在美国，总统向国会提交预算的时候，不单提交当年的预算，还要提交今后 20 年的中长期财政预测(表 13)。另外一点很重要，就是美国的社保局自己提供对于养老金缺口的一个长期预测(图 12)。在中国，现在是民间在做这件事情，政府方面并没有做。美国社保局官方公布到了 2017 年以后会出现一个巨大的养老金缺口(图 12)，如果再往下延伸的话就更大了，他们确实做了很长时间的预测。这是美国国会预算办公室对 2080 年时政府的一些主要支出项目的预测(图 13)，其中包括医疗，也包括社保。这样的透明度可想而知。澳大利亚也自己做长期预测，做到 20 年以后。

现在进入最后一个题目，关于地方或有债务。我最近一直在琢磨，中央和地方财政关系现在是一个热门话题，这几大问题当中，包括支出的责任的分配，财源的分配，还有地方债务问题，到底哪些问题是最急迫的？我自己发现地方债问题最可能构成系统性的宏观风险。为什么这样讲呢？你看国际经验，巴西在 20 世纪 80 年代以来经历过三次大的州政府债务危机，最后甚至导致银行危机。其实中国 2009 年以来地方融资平台也成为银行和宏观经济的一个重要的风险来源。而且这些风险会反复出现。为什么会反复出现呢？我觉得是由于大规模的地方融资需求，与

表 13　美国财政的中期预测

(In billions of dollars)

	2010	2011	2012	2013	2014	2015	2016	2017	2018	2019	2020	2021	Totals 2012-2016	Totals 2012-2021
Outlays:														
Appropriated ("discretionary") programs:														
Security	815	891	881	882	895	910	928	948	970	992	1,015	1,039	4,497	9,460
Non-security	491	496	462	444	444	449	455	462	473	485	497	509	2,254	4,680
Subtotal, appropriated programs	1,306	1,386	1,344	1,326	1,339	1,359	1,383	1,410	1,443	1,477	1,512	1,548	6,751	14,141
Mandatory programs:														
Social Security	701	727	761	802	847	895	947	1,004	1,065	1,129	1,199	1,272	4,252	9,922
Medicare	446	488	468	501	529	554	601	617	637	692	742	792	2,653	6,133
Medicaid	273	276	269	289	354	394	431	462	493	528	563	606	1,737	4,387
Troubled Asset Relief Program (TARP)[2]	−110	−28	13	10	5	4	2	1	*	*	*	......	34	35
Other mandatory programs	644	713	598	548	571	608	659	666	672	712	741	780	2,984	6,555
Subtotal, mandatory programs	1,954	2,177	2,109	2,150	2,306	2,455	2,640	2,750	2,866	3,061	3,245	3,450	11,660	27,032
Net interest	196	205	240	322	421	505	584	661	730	798	863	928	2,072	6,051
Disaster costs[3]	......	2	6	8	8	9	10	10	10	10	10	10	42	92
Total outlays	3,456	3,771	3,699	3,805	4,075	4,328	4,617	4,831	5,049	5,346	5,629	5,936	20,524	47,316
Receipts:														
Individual income taxes	899	956	1,145	1,329	1,491	1,628	1,765	1,898	2,028	2,157	2,282	2,404	7,368	18,136
Corporation income taxes	191	198	327	397	478	435	403	462	467	478	480	502	2,039	4,428
Social insurance and retirement receipts:														
Social Security payroll taxes	632	559	660	732	776	820	874	919	968	1,017	1,059	1,112	3,861	8,937
Medicare payroll taxes	180	187	202	217	236	250	267	282	297	312	325	342	1,171	2,730
Unemployment insurance	45	52	57	64	68	71	74	70	71	72	70	73	334	690
Other retirement	8	8	8	8	8	9	9	9	9	9	10	10	42	89
Excise taxes	67	74	80	87	98	103	105	109	115	125	129	134	473	1,084
Estate and gift taxes	19	12	13	14	23	26	28	30	33	35	38	40	103	279
Customs duties	25	28	31	34	36	39	40	43	45	48	51	53	181	420
Deposits of earnings, Federal Reserve System	76	80	66	47	38	37	41	45	47	49	52	53	230	476
Other miscellaneous receipts	21	19	20	20	53	69	73	75	79	84	90	96	235	659
Total receipts	2,163	2,174	2,609	2,959	3,305	3,487	3,679	3,942	4,159	4,386	4,584	4,820	16,038	37,928
Deficit	1,293	1,597	1,090	846	770	841	938	890	891	960	1,045	1,116	4,486	9,387
Net interest	196	205	240	322	421	505	584	661	730	798	863	928	2,072	6,051
Primary deficit	1,097	1,392	850	525	349	336	354	229	160	162	182	189	2,414	3,336

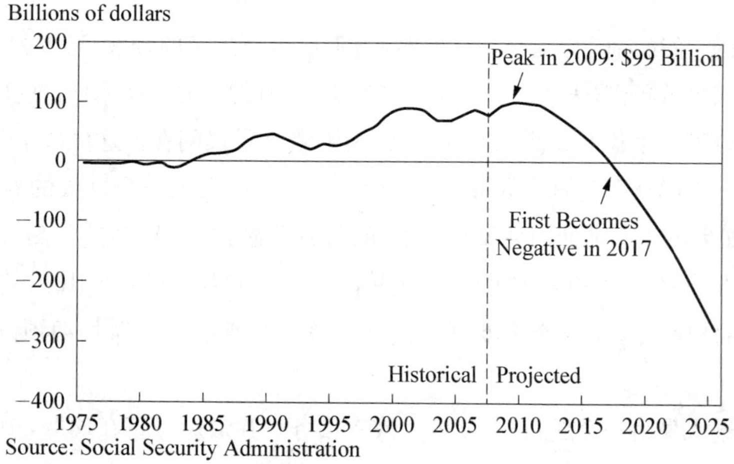

图 12　美国政府对社保缺口的长期预测

阳光融资渠道之间严重错配所导致的风险。为什么这样讲呢？我自己算了一下，地方对于基础设施和民生的资本性项目的投资需求大概每年是 5 万亿元，但是阳光融资渠道大概只有 1 万亿元。什么叫阳光融资渠道？我把两样东西叫做阳光融资渠道，一是中央政府允许地方政府发的地方政府债，前几年是每年 2 000—

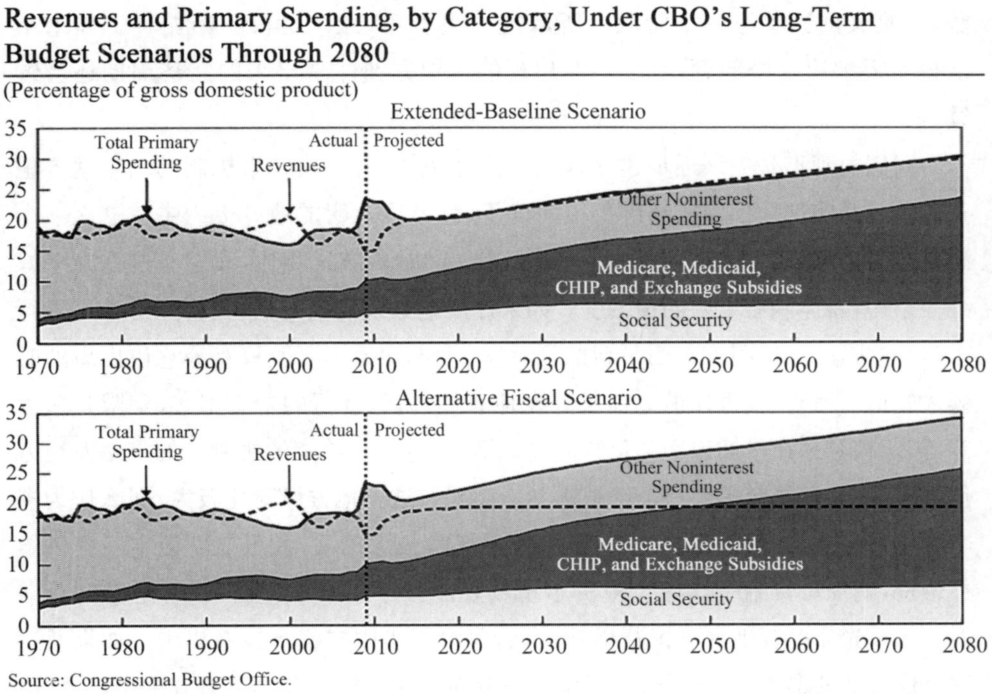

图 13 美国政府预算的长期预测

3 000亿元，现在是 3 500 亿元；二是城投债。城头债 2012 年是 7 500 亿元。如果把它们加起来，差不多就是 1 万亿元。其他的大部分地方政府融资是融资平台，我把它叫做非阳光渠道。它在三四年以前大量使用。后来银行卡紧了，不搞融资平台了，就去找信托公司，让银行发行理财产品。现在理财产品又比较难发行了，又开始去找券商。券商又不让发行了，又找基金公司。不断地用新的形式去找各种各样非正规的非阳光的融资渠道，很容易出现难以预测的金融风险。

那么这个问题怎么解决？先简单讨论一下，这个问题为什么会不断出现，会形成一个自我循环？我归纳了一下，中国的地方债问题，一般来讲遵循“三阶段”规律。第一阶段，就是经济低迷的时候，中央政府的监管部门为了保增长，开始放松对地方各种融资渠道的监管。如果这些活动搞得太猛了，就发现经济开始过热。经济一过热，又发现借钱借得太多，可能会出现银行的风险，不良资产、不良贷款等等的风险。于是进入第三个阶段，监管层突然开始收紧政策。突然收紧以后，基础设施投资和经济活动大幅度减速，又面临重新保增长的态势，于是又回到了第一个阶段。所以过去很多年，三个阶段不断循环。如果不从根本上解决这个问题，那么不断出现的由地方债体现出来的经济周期还会继续进行下去。

我们的观点是应该逐步建立以地方债为主体、有自我约束机制的一个地方融资体系。其实这个标题已经讲得很明确了，就是以透明的地方债为主体这么一个融资体系。跟现在以不透明融资渠道为主体的融资方式相比，我想有这么几个好处。第一，新体制有更好的透明度。如果你发地方政府债的话，我就知道谁是发行主体。这是一个透明度。而平台的话，一般就不知道。一般只有等它快出事的时候才知道。另外，我也知道你如果是发地方债的话，发行的量有多大，期限是多少等等，比较容易在早期识别和化解风险。第二，有自我约束的机制。如果是发地方债，债券市场可能会提供一个约束机制。如果你这个地方风险比较大，那么作为资本市场，我要求你给我比较高的利率，如果风险极大的话，我可能就根本不提供给你融资，就像对希腊一样完全被资本市场切断掉了。第三，投资者有足够的分散度。如果光靠融资平台去银行借钱的话，风险就集中在银行体系当中。如果通过这个地方债的渠道来融资的话，风险就分散在各种各样的债券持有者手中，包括银行、保险、基金，其他的机构，外资、个人等等，不会过度集中在银行体系当中，从而可以降低系统性风险。第四，可以降低道德风险。如果你是平台的话，隐含的一个假设就是，政府会保我。地方政府往往也有这样的假设，如果不行的话，中央政府也会来保。由于这种隐性的担保和过度的对于隐性担保的预期，它就会导致这些融资平台过度地借债。但是如果有了资本市场作为融资主体的模式的话，我们可以设计一套方法，使得这种隐性担保的预期大大下降。如果隐性担保的预期下降，投资人就不会因为隐性担保而过低地估计风险，过度地融资和投资。

最后，我们要讨论，到底怎么从目前的模式逐步走向一个以地方债为主体的融资模式？这可能是一个很长的过程，不是一步到位的，一年两年做不成，可能需要十年甚至二十年的时间。我们的具体建议有这么几条：

第一，由财政部对地方政府风险指标进行详细分析，先挑选一批地方政府，比如先挑十几个偿债能力达到一定标准的城市，允许它们发行市政债。当然，2011 年以前，中央政府已经挑了 4 个，上海是其中一个，做了一次试验，但是后来几乎又停下来了。这不能作为真正的地方债改革的试点。真正试点的话，应该有相当的规模。

第二,立法规定地方政府债务的上限,规定地方政府发债所筹得资金必须用于资本性项目,不得用于经常性支出。

第三,通过立法,明确宣示中央政府对于市政债的偿还不承担责任。光是宣示还没有用,还要在实际操作当中,允许若干没有系统性风险的中小规模的市政债违约事件的发生。如果光是宣称不承担责任,但事实上还是去担保的话,市场不会建立不担保的预期。必须让一个或者两个违约,不能太大,上海的不行,允许小一点的市政债违约。这个坎是非常难过的。我在北京跟很多方面的人讨论,他们都觉得比较困难。但不是不能过的。我给你举个例子,就是1820年以前,美国联邦政府为所有州政府和地方政府发债兜底。即将违约的时候,联邦政府都去保,保到一定程度觉得保不了了。从那个时候开始联邦政府决定不再为它们买单,此后允许8个州政府违约。从此以后,美国联邦政府从来没有为地方政府的债务买过单。这个坎是过了的,就看你的决心和信心了。再举个例子,就是中国1998年广国投事件。当时争议也很大。很多人说要保,说如果不保就会出现很多其他不良的后果。但是如果有一个有决心有信心的决策者,他下了决心要做这件事情的话,事在人为,是可以做得了的。当时是没有保。没有保以后,我想,实际上中长期产生了很好的效果。就是那些风险很大的信托公司突然之间停止了增长,很多慢慢就萎缩掉了。这为中国消除了一个很重要的金融风险。如果跨过这个门槛的话,就可以逐步建立起中央政府不担保的这种预期,或者叫打消债券市场对隐性担保的预期,使得地方债市场的定价能够比较准确地反映这些地方债务的风险。

第四,要提高市政债的信用评级的可信度。这里面有很多技术性的改进,我们可以做。我就不展开讲了。

第五,如果省级政府自认为对于下级政府有很强的监管责任的话,可以选择借鉴美国俄亥俄州的经验,建立对下级地方政府违约预警体系。有一套指标我们已经做过一些比较详细的研究和描述。省政府可以用这套指标来监控它的市政府,市政府在接近危机的状态之下可以直接进行干预,从而减少下级政府出现大规模违约的可能性。

第六,由中央审计部门负责对于地方政府公布的财政收支,资产负债表的偿债能力数据进行真实性审核。中国的数据质量一直是一个大问题。光靠地方政府自己公布的话,还没有足够的可信度,还需要中央层次的审计。

最后，在允许地方直接发债的同时，应该赋予地方一些自主的税权，同时建立比较稳定的一般性的转移支付公式。这种税权和一般性转移支付为什么很重要呢？因为地方发债的时候，要向市场讲清楚，今后一年、两年、三年到五年，有多少自主财源和转移支付可以支持偿债。如果自主财源很小，偿债能力就被认为是非常有限的。现在转移支付大部分是专项转移支付，是非常随意的，也不能放到预测里面去。所以必须要把相当部分的专项转移支付，改成公式化的一般性转移支付，才能让地方政府放进自己收入预测当中，来支持它的偿债能力。所以地方债的改革又牵涉到中央和地方税权分配的改革，也牵涉到转移支付的改革。从某种意义来讲，如果很想改革地方债务体系的话，就可以把它作为一个突破口，去带动其他方面的中央和地方财政关系的改革。

最后讲一点，是关于或有负债。典型的或有负债就是担保。其实中国各个层次的担保都有。中央实际上担保了资产管理公司发行的债务，但是在过去十几年当中一直没有看到过公开的数字。在地方层面就更多了，不计其数。其他国家和地方都有一些比较典型的案例可供我们借鉴。像香港的预算报告里面就一项一项列出来(图 14)，比如说出口信用局的担保，对于特别信贷计划的担保，对于中小企业的担保，对于银行的担保等等，一项一项是多少，香港政府要在某年的预算当中列示出来，还有对于隐性担保可能发生的支出。再举个例子，澳大利亚的预算当中，有很长很长的几页是或有负债(图 15)，就是它对各种各样机构的担保，都放在里面。我具体就不讲了，只是给大家举一个例子。

第 IV 部　或有负债及主要的无拨备负债

13　于二零一二年三月三十一日、二零一三年三月三十一日及二零一四年三月三十一日政府的或有负债，现载列如下，作为中期预测的补充资料—

于三月三十一日

(百万元)	2012 实际	2013 预算	2014 预算
对特别信贷保证计划所作的保证	62 751	50 350	46 888
对香港出口信用保险局根据保险合约所负责任的保证	23 751	28 725	30 500
对中小企融资担保计划—特别优惠措施所作的保证	—	24 954	24 155
对中小企业信贷保证计划所作的保证	7 012	7 844	9 128

续 表

（百万元）	2012 实际	2013 预算	2014 预算
可能向亚洲开发银行认购的股本	6 607	6 543	6 543
对海洋公园的商业贷款所作的保证	1 388	1 388	1 388
诉讼	3 168	3 497	168
对中小型企业特别信贷计划所作的保证	16	16	16
总额	104 693	123 317	118 786

图 14 香港预算报告中对或有负债的披露

Appendix C：Statement of risks（Continued）

Contingent liabilities — quantifiable

Broadband，Communications and the Digital Economy

NBN Co Limited — Equity Agreement

The Australian Government has enteredinto an Equity Funding Agreement with NBN Co. The Agreement formalises the Commonwealth's intention to provide equity to fund the roll out of the National Broadband Network，with such funding being conditional on the annual appropriation processes. In addition，it commits the Commonwealth，in the event of a termination of the national broadband network roll out，to provide sufficientfunds to NBN Co to meet its direct costs arising from that termination. The NBN Co Equity Agreement terminates in 2021. As at 30 September 2012，NBN Co's termination liabilities were estimated at $2. 8 billion.

Telstra Financial Guarantee

The Australian Government has provided a guarantee to Telstra in respect of NBN Co's financial obligations to Telstra under the Definitive Agreements. The Definitive Agreements are long-term contracts and，in the case of the infrastructure component，involve terms of at least 35 years. The liabilities under the Definitive Agreements arise progressively during the roll out of the network as infrastructure is accessed and subscribers to Telstra's existing network are disconnected. As at 30 June 2012，NBN Co has generated liabilities covered by the Guarantee estimated at $210 million.

图 15 澳大利亚预算报告中对或有负债的披露

接下来讲讲财政透明度。最近几年中国财政的透明度有比较明显的提高。我们现在已经看到一些部门的预算，而且预算的篇幅也比以前要多了。以前是一两页，现在有十几页可以看。但是美国、英国、澳大利亚等国家公开的政府预算一般详细到几百页，甚至有的有一千页。文件后面有各种各样的附件。所以在透明度方面我们还有很长的路要走。

最后总结一下，基于刚才讲的这些内容，中国的财政和预算改革的一些具体建议。第一，争取在五年之内将国企向预算上缴利润的比例提高到30%—40%。上缴部分应该大部分划拨到一般预算和社保。这样才能体现公共预算对国有企业利润再分配的功能。否则的话，事实上全民没有能力去分享国有企业成长的好处。第二，在明确的时间表（比如三年）内，将全部被中央和省级人大或政府认可的体制外收入纳入预算，将其他所有政府收费宣布为非法，并提供公开渠道，让民众对非法收费举报。只有这样才能抑制住体制外的过度收费。第三，在今后几年当中，政府预算在提供流量数据的同时，应该开始披露若干金融负债和资产，如政府债务余额及构成，金融资产余额及构成，政府的净金融资产负债。从中长期来看，应该编制完整的资产负债表。第四，财政部应编制5—10年的长期财政预测，作为附件跟年度预算一起交给人大审阅。除此之外，我们还建议人力资源和社保部应该提供和公开今后40年养老金的收支与缺口的预测，并开始对卫生费用进行长期预测。第五，政府财政统计预算报告应该披露有法律效应的担保所导致的或有负债。第六，启动以提高退休年龄和向社保划拨国有企业股份为主要内容的养老金改革。第七，允许更多的符合条件的地方政府发行市政债。第八，要求所有发行市政债的地方政府编制和公布资产负债表。其实上海已经在编制了，但还没有公布。建议上海率先公布地方政府资产负债表，披露或有负债，编制中长期财政预测，提高上海国企利润向市政府预算上缴的比例，以引领全国地方政府透明度的提升。我就讲到这儿，谢谢大家。

乔依德：

谢谢马骏做了比较全面的介绍。下面按照议程，我们请课题组的张老师发言。

张晓蓉：

谢谢乔老师，谢谢我们的薛老师，也谢谢何总。马骏博士讲了之后，我来谈一谈国家资产负债表和公共部门资产负债表。请允许我今天在这里特别感谢我们管理学院的孙一民副院长。实际上这个研讨会的想法是她最早提出来的，跟马骏博士谈了之后，马骏博士就找了乔老师，然后几个方面可以说是一拍即合。这也说明实际上各个部门，包括学校和业界，包括乔老师这样一个介于政府和学界之间的基金会都对学术的推广是有共识的。我在这本书里面做的最主要的工作是把国家资产负债表的概念和编制方法跟很多国家的经验总结了一下。

实际上，国家资产负债表并不是一个新的概念，它是借助了企业的资产负债表的概念。在国民经济核算体系当中，它也叫做国民经济资产负债表。在国民经济核算当中的GDP就类似于企业的利润表，实际上在西方国家，在20世纪30年代的时候就开始了很多研究。目前国民经济体系核算也一直在理论化和系统化。有的西方国家在发布国家资产负债表方面做得非常好。比如说加拿大，它每个季度都会发布。我们国家不是说没有发布过，实际上统计局做过，1998年发布过一次之后，就再也没有发布过了。我们在北京开会的时候，博源基金会曾经邀请了统计局副局长许宪春教授，也谈到了编制国家资产负债表当中很多的技术性难点。

国家资产负债表编制当中有五个基本问题：一是形式；二是关于什么样的资产应该进入国家资产负债表，国家资产负债表当中分类应该怎么分；三是国家资产负债表并不是只有一张表，实际上是由很多表组成的，也就是说，每个经济部门可以编制一张表，把它们加总到国家的层面，这个经济部门的划分应该采取什么原则；四是关于资产和负债进入资产负债表时应该用什么样的估值方法；五是加总。实际上在编制国家资产负债表当中，最难的问题，或者说一直在随着时间而演化的问题是资产的范围和分类，还有资产的估值方法。这两个问题又是相关联的，也就是说估值方法有进步之后，原来没有办法纳入资产负债表的资产实际上可以纳入了。这就像马骏博士说的摸家底，我们可以把家底摸得更清楚一点。

关于国家资产负债表的范围和分类，基本原则是测度经济资产。随着估值方法的不断进步，技术上的进步，1993年SNA，就是国民经济核算体系的组成，增加了三项重要的资产，特别是无形资产和租赁费用，当前服务产生的未来收入，还有没有开采的矿藏资源也纳入到国家资产负债表当中。当然这是一个建议的原则。实际上每个国家在编制自己的国家资产负债表时可以有自己的具体实践。在2008年SNA又增加了另外一项重要的资产，就是环境资产。环境也能测算出一定的价值，实际上环境跟将来的GDP产出的关系非常密切。

再来谈一谈估值的方法。从理论上说估值方法要求两个一致性。就是说，同样的资产和负债的估值方法要一致。第二是如果各个经济部门编制自己的资产负债表,然后加总到国家层面,各个经济单位经济部门对于同一个资产的估值方法必须是一致的;否则,就没有办法来加总。理论上市场价值法是满足资产和资产之间、部门和部门之间一致性要求的估值方法。但是具体实践中又会碰到两个问题:一是某些资产是没有市场价值数据的;二是以市场价值进入资产负债表,在发生危机的时候,没有考虑到流动性的冲击。举个最简单的例子,比方说国家资产负债表当中,政府大楼可能是一项重要资产。但是你不能想象一个政府要破产的时候把这个大楼卖掉了。有这样的例子,不是说没有。可以想象在中国、在上海出现要卖政府大楼这种状况时,可想而知其他的公共部门也好,国有企业也好,收入是多么的糟糕。

我们今天的研讨会可能跟上海的关系会更加密切一点。这是公开的信息,从2012年9月开始,海南、甘肃、上海、广东、深圳已经开始启动编制地方政府资产负债表。资产负债表提供了某一个时点的债务和资产的存量,可以为评估地方政府的举债能力提供更加合理的科学依据。但是我看到的信息是说,在初步尝试的阶段,编制单位只能是接受行政拨款的行政单位和事业单位,不包括企业化的事业单位,也不包括国有金融和非金融企业,因此资产负债表可能无法真实反映地方政府资产和负债的情况。实际上,我猜测上海可能内部有这样的数据,只是没有公开。所以关于地方政府资产负债表,我觉得第一个建议是要公布,向公众公布已经编制的窄口径的地方政府资产负债表。这很有意义。因为它增加了财政的透明度,可以帮助识别真实的财务账目水平,以控制将来账目规模的发展。更重要的一点是,公开信息以后,也便于监督。

第二个建议是,目前尝试编制的资产负债表只限于一类,实际上应该包括企业化管理的事业单位,还要包括国有金融企业和非金融企业。我们可以把公共部门再分为三块,每一块编制资产负债表,分部门编制地方的公共部门资产负债表可以帮助我们判断债务产生的来源。还有,什么地方是有利润来源和现金流入来支撑这些债务的,可以根据国家资产负债表把金融关系看得更清楚一点。

第三个建议就是关于宽口径,也就是或有债务。政府担保的或者隐性担保的债务体现在公共部门的资产负债表上,可以帮助我们识别真实的金融风险。特别是,一旦有担保之后,实际上政府就被“绑架”了。刚才马骏博士也讲到存在道德风险。实际上就是说,这个事情办成了好处是我的,这个事情没有办成坏处是你的。这样的话每个人都愿意做这样的事情。那么实际上政府的担保、隐性担保很容易引发道德风险。马骏博士刚刚还提到了地方债,要挑小规模的地方债务让它真正地违约一次。我是研究金融的，我的想法是，不但允许地方债违约，其实企业债等都应该找一个例子让它违约一次。我们现在观察到的都是一旦出事情了，然后为了维稳或别的原因把它给抑制下去了。这么做短期当中可能是有收益的，但是长期的成本是很大的。它会引发更多的道德风险。地方债实际上就面临同样的问题。

最后一个建议就是，除了编制所谓静态的资产负债表之外，还要提供滚动的长期的财政预测，除了列示资产负债表的存量之外，还要提供财政预算，收入和支出部分。在资产负债表上可能还要增加预测未来几年的资产负债表，尤其重要的是未来的负债水平，可以将滚动的长期财政预测从三年推广到五年甚至更长。我本来想十年已经够长了，后来发现马骏博士介绍，国外一般都是 20 年，美国都已经预测到 2080 年了。我想，我们可以有信心把滚动的长期财政预测做得更好。我就讲这么多。

乔依德：

谢谢张老师，下面有请李治国老师谈一谈。他也是复旦大学管理学院课题组的成员。

李治国：

我们抓紧时间，以便有更多的宝贵时间请各位专家给我们提供建议。我主要汇报三点内容。第一点是在我们的估算过程当中有一些假定和说明。我针对分部门的资产负债表进行一些分析，给出一些精确项。第二点是对加总以后的国家资产负债表给出几点分析。最后一点，就上海的情况提出建议并给出一些理由。

首先我们这张表的估算来自 4 个部门，以及 7 张子表(图 14)，包括实体经济的家庭跟企业的资产负债表。金融部门只有央行和商业银行的资产负债表纳入进来了，其他金融相关部门的没有进来。政府部门主要是估算了中央政府和地方政府资产负债表。不存在国外部门国际投资资产负债表。

表 14　国家资产负债表构成(2002—2010)：四个部门与七张子表

部门	子表
实体部门	居民资产负债表、企业资产负债表
金融部门	中央银行资产负债表、商业银行资产负债表
政府部门	中央政府资产负债表、地方政府资产负债表
国外部门	中国国际投资头寸表

首先在居民资产负债表当中,我们对居民住房是按照重置成本进行估算的。然后对居民持有的上市公司股票以及其他债券也进行了一定的假定和说明。我们可以看到就居民资产负债表而言,居民的资产构成相对比较保守。80%是房地产和储蓄存款。房地产增值是居民财富快速增长的最主要原因。居民的财务杠杆在2013年明显上升,但是与其他发达国家相比仍然较低。企业资产负债表,我们主要是对总资产规模进行了推算。主要是根据国家统计部门公布的规模以上的企业总资产以及相关统计工作人员给予我们的经验介绍,我们做了这样一个规模,然后借鉴非金融上市公司的财务数据给出的各项指标占比,对非金融资产和金融资产构成,以及总资产和总负债构成进行了一个估算。我们可以看到,企业资产负债表显示从规模来讲在不断上升,尤其在2008年和2009年非常明显;就资产构成而言,固定资产、存货和货币资金以及企业间信用(就是应收应付账款)占主要内容;负债方面,短期借款、长期借款占比逐渐下降,而企业间负债和其他负债占比在不断上升。

对于中央政府资产负债表,我们主要是对非经营性资产进行了估算。持有的上市公司股票和非上市企业权益,主要是在国有企业资产负债表的估算当中,我们相应地作出了估算。我们有专门一章的内容是由马老师牵头来研究的。我们将四大资产管理公司和中投公司的资产负债称为准政府债务和资产。对于铁道部债务,根据相关统计数据,我们也进行了梳理。最后,中央政府资产负债表(图16)显示,净资产占GDP之比在显著上升,但如果是跟隐性负债与或有负债相比就不容乐观了。资产方面,我们刚才也提到了,上市公司的股票、非上市企业的权益和非经营性资产是中央政府资产的主要内容。而国债和铁道部债务在中央政府负债当中占比不断上升。准政府债务在下降。那么我们可以看到,中央政府的债务与GDP占比在持续下降。但是如果考虑隐性与或有债务,那么比重可能就不容乐观了。

地方政府的资产负债表,除了非经营性资产和上市公司股票、非上市企业权益之外,我们对地方政府土地储备进行了估算,也考虑了地方政府债,主要参照审计署的报告。我们可以看到,地方政府的资产负债表(图17)显示,地方政府的净资产与GDP之比近年来突然下降。我们也都知道这个原因,尤其是2007年、2008年相当明显。而流动性较差的非金融资产在地方政府的资产当中占比较高。地方政府

中央政府净资产与GDP之比显著上升，但相对隐性与或有负债则不容乐观。
上市公司股票、非上市企业权益和非经营性资产是中央政府资产的主要内容。
国债和铁道部债务在中央政府债务中占比上升，而准政府债务下降。
中央政府债务与GDP之比持续下降，但若考虑隐性与或有债务则不容乐观。

中央政府净资产/GDP 比重

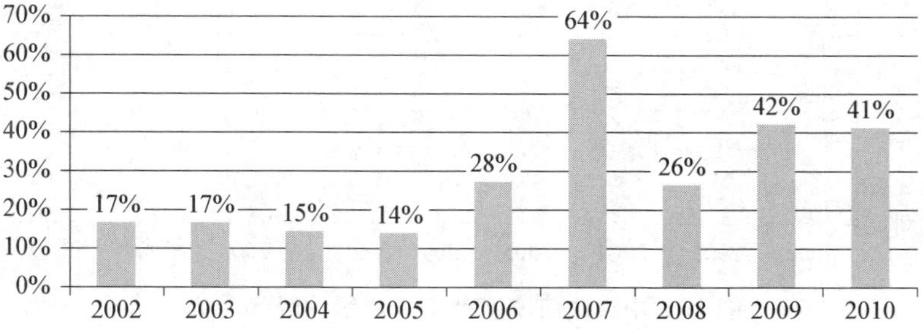

2010 年中央教育资产的构成

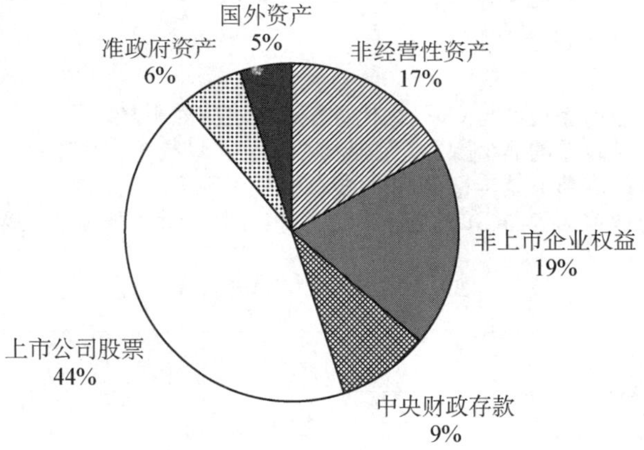

中央政府负债结构的变化趋势

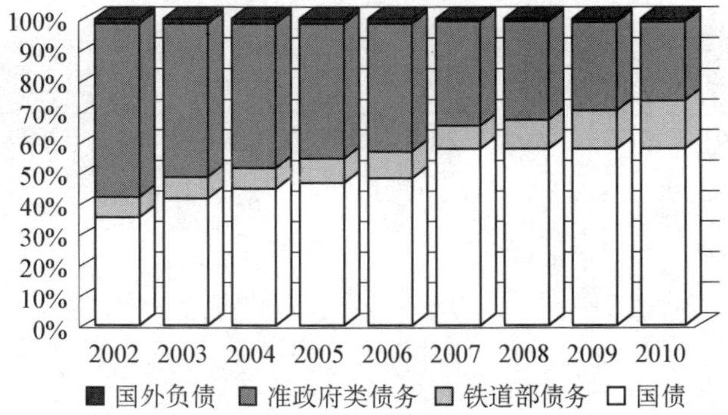

图 16　中央政府资产负债表显示的经济现象

债务很稳定，因为是银行贷款主导的。地方政府债务与 GDP 之比不断上升，尤其是近年来出现了跳跃式上升。

地方政府净资产与 GDP 之比近年来出现突然下降。
流动性较差的非金融资产在地方政府资产结构中占比较高。
地方政府债务结构稳定，银行贷款主导着地方政府债务。
地方政府债务与 GDP 之比不断上升，尤其是近年来出现跳跃式上升。

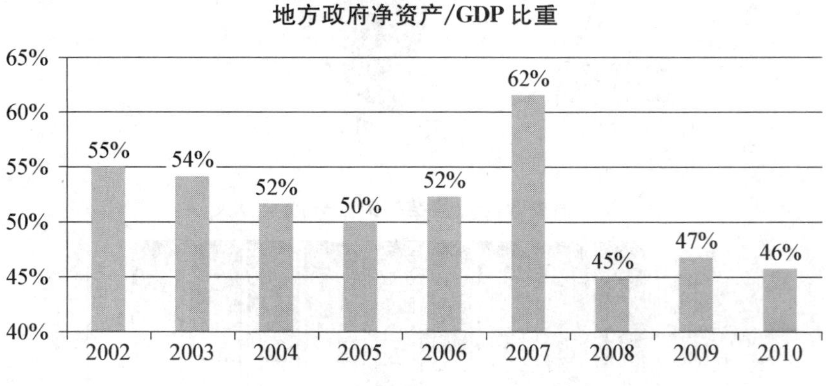

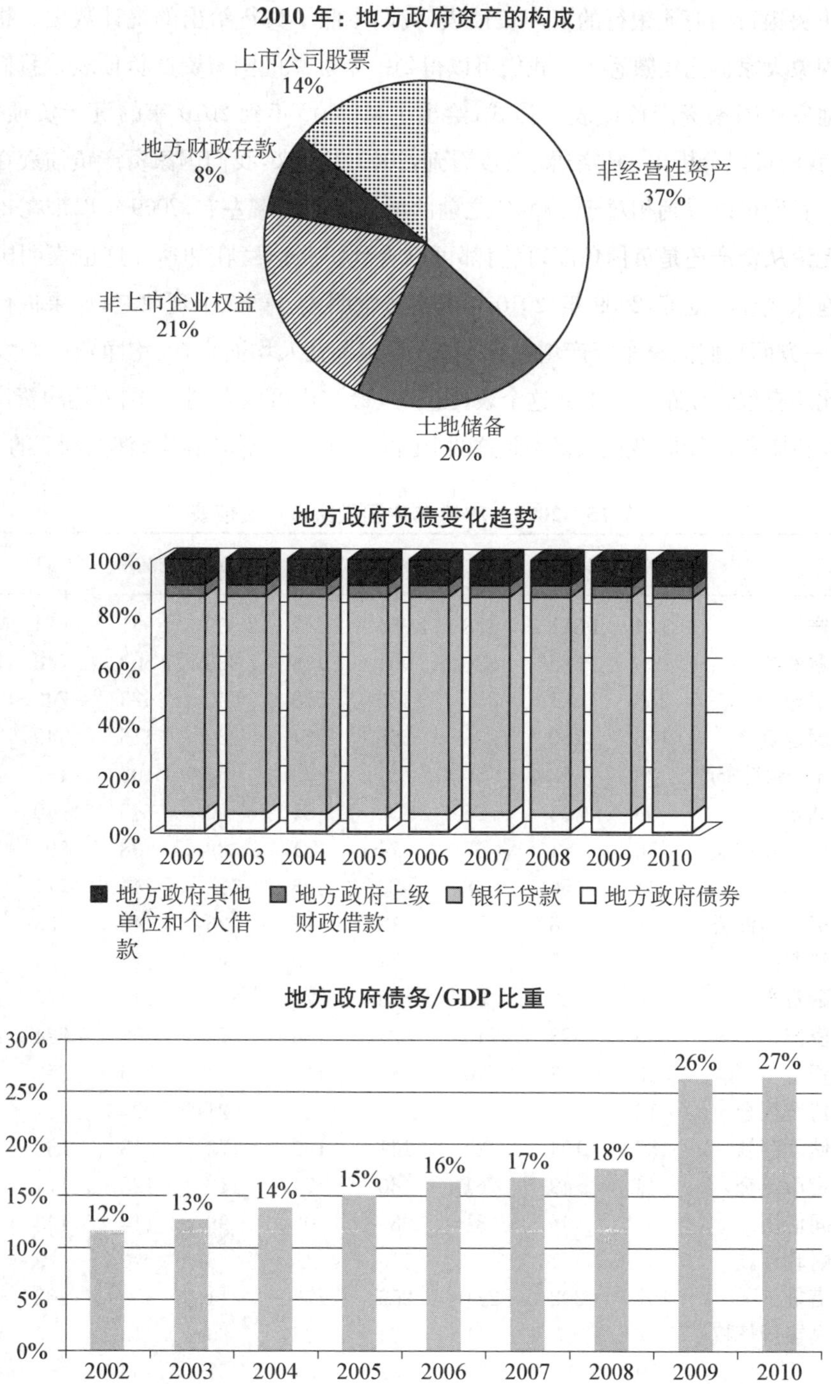

图 17　地方政府资产负债表显示的经济现象

中央银行与商业银行的资产负债表,我们参照了央行给出的统计数据。相关的经济现象大家也比较熟悉了。我们可以得到一个加总的国家资产负债表。我们也参照其他发达国家资产负债表的格式,给出了从 2002 年到 2010 年的资产负债表(表 15)。我们可以分析出一些结果,可以看到,2009 年以来,我们国家资产负债表在加速扩张。我们可以看到相对于 2006 年之前的增长速度 15%左右,2009 年以来在 20%以上。无论从资产还是负债角度,我们都可以看到扩张速度在加速。这也表明国家面临着泡沫式经济复苏,2009 年、2010 年确实非常明显。第二个现象是,如果进行国际比较,一方面我们国家净资产增速很明显,但如果就人均而言,人均净资产与发达国家相比还有很大差距。如下面这个表(图 18),最右边可以看到,中国人均净资产相对于英国和加拿大来讲,我们大概不到这两个国家的 1/7,差不多相当于澳大利亚的 1/13。

表 15 2002—2010 年中国国家资产负债表

	2002	2003	2004	2005	2006	2007	2008	2009	2010
总资产	1 134	1 311	1 538	1 784	2 142	2 809	2 961	3 624	4 214
非金融资产	605	688	820	961	1 156	1 338	1 503	1 740	2 013
居民房地产	288	321	358	422	518	640	623	742	815
企业固定资产	155	180	233	268	321	322	416	449	510
政府非经营性资产	35	42	50	61	73	87	105	132	164
土地储备	18	20	25	30	35	40	45	50	60
非上市企业权益	56	61	67	74	81	89	98	108	119
存贷	41	50	68	83	98	113	144	171	236
无形资产与商誉	8	8	11	12	15	26	45	53	63
耐用消费品	5	7	8	11	15	20	25	34	47
净金融资产	76	83	58	33	77	357	113	175	176
金融资产	529	623	718	824	986	1 472	1 458	1 884	2 200
国外资产	43	53	70	88	113	154	195	212	251
居民持有现金	12	14	15	17	19	21	24	27	31
居民储蓄存款	87	104	120	141	162	173	218	260	303
企业货币资金	44	49	61	60	74	110	128	171	216
企业间借用	52	66	81	86	92	99	114	143	193
地方财政存款	1	2	2	3	3	6	6	9	8
国内借贷	167	202	221	256	273	311	350	462	553
对中央银行债权	2	3	11	24	32	39	43	55	40
国债	19	25	28	32	34	51	53	60	67

续 表

	2002	2003	2004	2005	2006	2007	2008	2009	2010
股票	36	40	35	31	85	311	115	232	252
长期股权投资	18	20	26	27	31	30	38	41	53
准政府类资产	15	15	15	15	15	15	15	15	16
其他债券	5	5	5	4	11	40	15	30	28
保险准备金	1	1	1	1	1	1	1	1	2
其他金融资产	27	25	29	41	41	113	145	168	189
负债	453	540	660	790	909	1 114	1 345	1 709	2 025
国外负债	6	6	6	7	7	8	6	7	8
现金和存款(广义货币)	183	219	251	296	345	403	475	610	726
外币存款	12	12	12	12	12	10	11	12	14
金融债券	11	13	16	20	26	34	42	52	59
央行票据	1	3	11	20	30	34	46	42	40
居民贷款	14	17	19	21	24	51	57	84	112
企业贷款	71	86	116	127	148	147	204	212	241
企业间负债	58	69	93	112	137	170	211	278	351
国债	19	25	28	32	34	51	53	60	67
准政府类债务	30	30	30	30	30	30	30	30	30
铁道部债务	4	4	5	5	6	7	9	13	19
地方政府债务	14	18	22	28	36	45	58	90	107
企业债券	0	0	0	2	4	5	8	17	27
其他债务	30	38	50	79	71	120	138	202	223
净资产	680	771	878	994	1 233	1 695	1 616	1 915	2 189

分析二：国家净资产增速明显，但人均净资产仍与发达国家有很大差距。

2010 年中国人均净资产仅不到英国和加拿大的 1/7，澳大利亚的 1/13。

国家净资产：2002—2010 年，万亿元

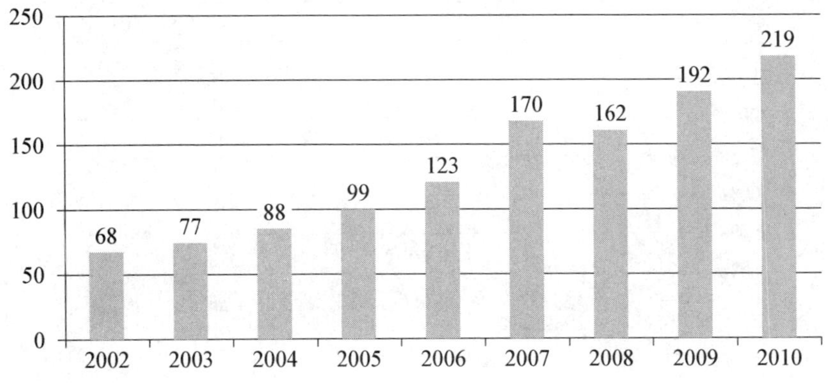

	国家净资产（亿本币）	对美元折算率	国家净资产（千亿美元）	人口（百万）	人均净资产（万本币）	人均净资产（万美元）
英国	73 330	1.51	110.9	62.3	11.8	17.8
加拿大	63 247	0.96	60.8	34.2	18.5	17.8
澳大利亚	80 272	0.90	72.2	22.2	36.2	32.5
中国	2 188 586	0.15	328.3	1 341	16.3	2.4

图 18 人均净资产与发达国家的差距

关于居民净资产，我们可以看到，2010 年相对于 2002 来讲，我国居民净资产差不多有 3 倍的变化。就财富效应而言，日趋明显。但是与国际比较，比如与欧洲或者美国比较，财富效应相对来讲还不能够显现。从政府的角度来看，我们认为政府的广义负债在不断上升。狭义负债是国债和准政府债务，但是考虑地方债、铁道部债务以及中投公司债务的话，可以看到，政府的广义负债率在 2009 年出现了跳跃式上升，上升了 10 个点。我们还可以看到，地方政府债务在 2008、2009 年扩张当中非常明显，所以地方政府债务在主导着国家资产负债率的上升。而居民和企业并不存在过度的负债，尤其是与地方政府负债相比。我们再来看地方政府本身的资产结构(图 19)。可以看到，地方政府的净资产还是明显较多的。但是我们提到过的，非金融资产在起主导作用，地方政府的净金融资产是负的。所以地方政府的净资产结构存在失衡——金融负债过高，但是较高的非金融资产又无法短期变现。这是地方政府债(地方债)相对来讲比较危险的方面。这是我分析的第二点内容。

分析六：地方政府净资产结构失衡(金融负债过高，但较高的非金融资产无法短期变现)

2010 年：净资产与 GDP 之比

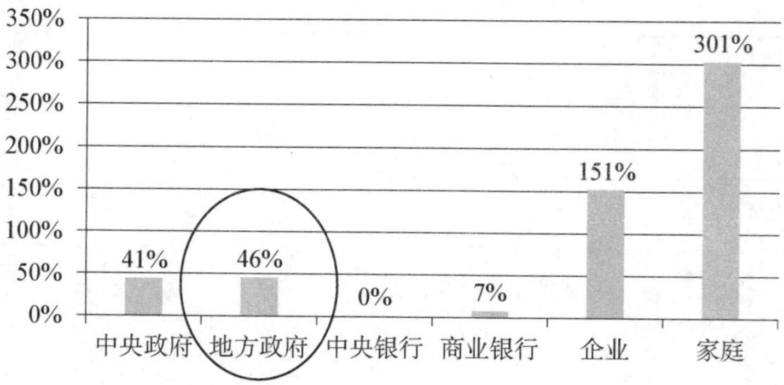

2010 年：净金融资产与 GDP 之比

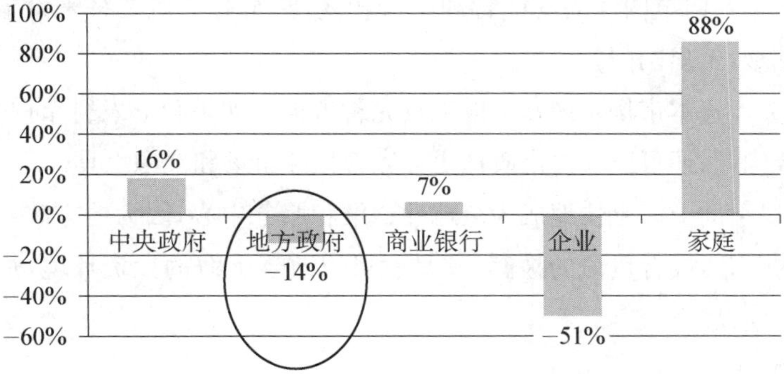

图 19　地方政府净资产结构失衡

最后，我想就第三点内容花点时间。因为刚才马老师、张老师都提到了上海急需编制地方政府资产负债表。我们给出几点理由：

首先，我们说上海的试点与率先作用要发挥出来。因为在构建地方政府资产负债表过程当中肯定是有试点的，而且上海已经进入了过去一轮的地方债试点。上海与其将来被动接受，还不如现在主动请缨。

第二，我们说如果上海编制和率先公布地方政府资产负债表，将会获得一个将速度和流量劣势转化为质量和存量的优势。因为从 2008 年到 2013 年，无论是经济增速还是财政收入占比，上海均在持续下滑，而地方政府资产负债表的公布，可以帮助上海提出一些内涵式和质量性的指标，帮助上海正名。

第三，如果上海公布了一个相对比较健康的资产负债表，就可以显著降低地方债的融资成本。尤其在长期，它可以显示出上海有更强的支付与偿还能力，以区别于其他地方政府。

第四，我们刚才也提到了，它可以提高财政与政府的透明度，有利于民众对财政问题的了解，有利于人大在预算制订过程当中发挥更大的作用，也有利于推动法治化进程。

第五，刚才提到了滚动预算的提出和执行。如果给出了地方政府资产负债表，就可以根据存量指标，更加科学地提出三到五年期的滚动预算，使财政工作更加科学有效地推进。

第六，可以形成更加良性的约束机制。刚才也提到了，这可以进一步凸显上海在财政金融管理方面的优势,很有可能会使得上海这样一个已经相对比较健康的地方化融资平台向全国性的资产管理平台转变,甚至有可能在将来设置区域性的主权投资基金,走出国门。

第七,关于资本市场发展和金融工具完善方面。如果独立发行市政债,不但可以解决资金问题,还可以通过市政债更加完善债券市场和金融工具。

最后,也帮助上海更快地成为全球性金融和服务中心,因为地方政府的资产和负债情况的公开,或有负债的披露,本身就可以改善上海的投资环境,加快上海国际金融中心建设。

乔依德:

非常感谢马骏领衔的复旦大学课题组给我们做了非常全面详尽的介绍。我补充一点,本来我邀请了上海统计局的副局长,但他今天上午有会议,不能来。我想把今天研讨的内容整理以后再给到他们。特别是李治国刚才讲的八个理由,你讲到上海建设成为金融中心,他们很听得进的。

下面我们大家抓紧时间。各位专家学者可以作出一些评论或者建议,哪怕是批评意见都可以。韦森,你开头,你对预算等等各个方面作了比较长期的研究。

韦森:

听了马骏博士的报告,我受益很大,观点基本一致。我先提一个问题,在你们的研究里面,有没有考虑经济增长和财政预算有什么关系?研究政府资产也好,财政收入也好,我们的增速在下行,是否会影响到我们的财政收入?这是一个非常重要的因素。2013 年第一季度的财政收入突然下降这么多,我感觉中国财政收入高速增长的时期可能一去不复返了。它表现为整个中国经济的资本边际收益率在下降,资本投资的回报率在下降,经济在下行,财政收入的增速可能也会发生变化。这将对整个国家资产负债表产生什么影响?

马骏:

我简单回应一下。我做了 38 年的财政预测和债务预测,这里用到财政收入占 GDP 比重的假设。我是假设 GDP 会逐步放缓的,从现在 8 点几到 20 年以后是 5 点几,再到 2050 年是 3 点几,这样一个趋势。同时假设,财政收入占 GDP 的比重不变。也就是说,它跟 GDP 的增长速度是一样,不会像过去十几年二十几年长期地高于 GDP 的增长速度。这是一个基本假设。从其他国家的经验来讲,只要财政政策、税收政策没有巨大变化的话,这个中长期的假定应该算合理的。

韦森：

另一个担心是什么？就是对于资产贬值，包括政府资产和经营资产，总是在现在的这种状况上发生。当然，我们只能假设，如果经济出了问题，会不会出现大萧条或者突然断裂的情况，那资产会发生什么变化？你总觉得有这么多资产，怕什么，没有问题的；但是真到了你需要兑现资产来还债的时候，资产就卖不出去了。如果经济出了问题的话，怎么办？

另外，我非常同意要把国有企业的上缴利润提高，但是能做到吗？当时，温总理下命令要提高到5%—15%，后来一年过去了，15%没有实现，提高到7%，结果一返还，提高1%还不到。实际上，这些国有企业能不能做到？看起来中央政府权力很大，实际上一做这种事情，都很难，都得打一个问号的。

马骏：

我简单回应一下你刚才提的两个问题。第一个是资产贬值，这是我们跟其他研究小组（包括李扬的）有分歧的地方。我们在这里专门比较了三个资产负债表。在李扬的研究当中，他们做出了一个比较大的净资产。所以他觉得比较乐观，风险不大。我就专门讲，跟你的观点非常类似：你有资产，但不一定在变现的时候还有这么多资产，价格会有很大的变化。另外还有很多资产，我前面提到的，是不可变现的，不能完全放进表中，作为以后偿债能力的一部分。这一点我们的观点是相同的。关于国有企业利润上缴比例的问题，我觉得最终会上升到一个政治问题。国有企业要留下多少为它自身的发展提供资金，应该要给多少到财政，为民生提供资金，国有企业跟民生到底哪一个更重要，这既是一个财政问题，更是一个政治问题。但是我想政治决策受很多东西的影响，包括学者的研究，包括民意的压力等等。学者和民意在里面会起作用。

何迪：

我补充一点，刚刚讲的国有企业利润上缴比例的问题，实际上分为三个问题。一是刚刚讲的政治问题，是意识形态的。很多国企是作为国民经济的经济基础，执政党的经济基础，宏观调控的手段等，这一个层面我们要澄清，这是个政治问题。刚刚马骏讲了。

第二个问题，实际上也涉及一个观念的问题。国有资产怎么变为国有资本，特别是上市公司，价值有了流动性，国有资产最佳配置，我想这是一个老问题，也是新问题。新问题就是对于领导来讲，他没有领会到资产的管理变为资本的管理是可以和国企本身的经营拆分的。有关这个方面，陈清泰在2012年初就给中央领导写了12条建议，引发了内部很多不同的声音，最后在温家宝的支持下发表了，也在《财政》杂志发表了，引起很多的争论。2013年3月，我见到他的时候，他讲他的建议，就是把国有资产变为国有资本，配置到我们的社保、医保、环境保护等等。他这样一种提法，相当大的部分被新的领导接受了。所以我想，还是刚刚一开始讲的，包括国家资产负债表，可能在国外做了很多年，国内有关统计局也用这个概念，但是真正对于执政者来讲，这还是一个新问题。所以我觉得学者专家们要不断地讲，要像庖丁解牛一样，一步步把道理讲清楚，把新的观念输进去。

权衡：

这个研究很有价值，实际上2008年金融危机之后，国际上在讨论主要国家的金融危机时就涉及这个问题。日本1997年爆发金融危机到现在，大家观察到一个现象，日本一直在复苏，但复苏进行得非常艰难。我们跟日本学者交流的时候，他们有一个观点，说尽管增长率非常慢，但一直在修复我们国家的资产负债表。所以从这一点来讲，其实这次危机，也包括1997年危机，从另外一个意义上其实是资产负债表发生了问题，特别是从欧洲、美国债务危机的发生过程中，可以明显感觉到这个问题。所以我觉得在现在这个背景下讨论这个话题是非常有意义的。就是说，我们怎么来重新思考债务问题和经济增长的关系。刚刚韦森老师讲到财政和经济增长，那么换个说法就是债务和经济增长的关系问题。我觉得这确实非常有意思。

另外，我觉得有价值的地方在于，这对于我们思考中国未来中长期发展所面临的一些挑战有预警作用。为什么呢？课题当中讲到从债务来看，我们现在面临着养老问题、医疗卫生、环保，包括地方融资等等问题。这些现实问题确实是最近我们特别关注的。大家都在讨论。但是从政府层面讲，我感觉是不愿意承认这样的问题，不愿意公开说可能有这方面的问题。所以说这确实对于我们思考中长期面临的问题很有价值。

我有三个小问题要提出来做一些讨论和评论。第一个就是关于负债或者债务问题与经济增长的关系，确实需要从理论上再做一些清晰化的描述。为什么呢？最近欧债发生以后，国际上特别包括哈佛的几个老学者，对于债务问题和经济增长关系又讨论开了。前天的《金融时报》一直在争论。有的说90%的标准线的问题，还有的说颠覆了过去债务对于增长的用途。最早的债务增长实际上是企业的概念，负债经营是企业的概念，那么现在如果从企业负债经营再到国家负债经营，到底怎么来看？怎么来理解这个概念的变化？包括我们国家最突出的城市化进程的负债经营问题。陈志武一直强调欧美国家兴起的过程就是金融创新，也就是负债的过程，因为金融创新就可以通过债务贴现过来，金融创新在西方国家崛起中发挥着重大的作用，所以他是主张适度负债的。在我们国家现在有这样一种观念，认为我们的金融创新还不够，负债还不够。所以，我想这个问题到底怎么来理解，到底怎么从理论上判断债务与增长的问题，能不能再有一些清晰的讨论。

第二个问题，实际上我感觉负债是规模大小的衡量问题。我看到书里面介绍了三个口径。那么我想请教一下，对于中国经济发展最有实际价值的分析中，所用的口径是宽的、窄的，或者大的、小的，还是中口径？因为你说资产负债表的关键还是比例合理不合理，关键是既要考虑资产，也要考虑负债。另外，如果说我们大量超发货币、通货膨胀、利率变动，这些因素考虑起来，资产和负债确实是有不确定的因素的。这个规模该怎么评价，能不能请课题组再做一些讨论。

另外一个大家比较感兴趣的问题，除了课题组讨论到中国经济当中地方政府债务规模到底有没有达到临界点，除了回应这个问题以外，包括我们中长期的风险、老龄化问题等等刚刚提到的四个方面，我想还有两个问题是跟它有关的，是要考虑的。一个就是我们韦森老师一直在做的财政预算体制改革问题。其中怎么重新思考我们在新一轮经济发展当中中央的财权和事权划分，确实争议很厉害。1994 年财政体制改革以后，财权不断往上提，事权不断往下放。楼继伟在发展论坛说我们的财权和事权还是要往匹配的角度来思考。涉及我们财政体制改革，如果从事权和财权匹配来讲，资产债务表是不是会有新的变化。前不久我们开了一个国际研讨会。有一些国外专家对中国经济最担忧的一个问题是新的城镇化提出以后，融资渠道在哪里？谁为新的城镇化来融资？因为原来的土地财政融资现在难以再搞下去。那么，未来要加快城镇化发展，融资渠道在哪里？融资的方式是什么？地方政府到底可不可以发债？这还涉及修改财政预算法这些法律方面的问题。

胡怡建：

我们一直在讨论财政口径的问题。原来我们是说预算收支，现在转到了国家资产负债表，全面考虑国家的规模。这里面有几个问题。第一个是口径的问题。这里面讲到国家资产，已经讲了财政资产、金融资产，但是没有提到资源性资产。

虽然资源性资产很难来反映，但是如果没有把资源性资产放进去的话，那么在资产和负债的关系上可能会低估国家资产的能力。

第二个问题就是在口径里面有 4 项资产，包括下面 7 个子系统。子系统里面包含了企业资产、居民资产。也就是说，我们所研究的国家资产到底是公共部门资产还是包括整个国民的资产？可能我们实际上要研究的是国家资产、公共部门的资产。但是，在资产负债表里，包括公共部门资产，也包括私人部门资产。这样的话，怎么来真实反映公共部门资产这一块？怎么把它们分割开来？哪一块是公共的？金融部门里面也没有分类，比如中央银行与商业银行；企业也没有分类，有国企、私企；居民资产更不属于公共资产。怎么把它们切割开来？这是一个资产口径的问题。

第二个问题就是，资产负债表和国家的预算表是完全不同的。预算表是流量表。资产负债表是存量表。流量表的统计比较简单，按当年现价来计算的。存量表要有一个估计价格。估计价格有一个特点，就是说每年的价格是不断变动的，而且没有办法来估算的。现在我们看到的企业资产、政府资产都是按照账面价格来计算。实际上它们有一个评估价格和市价，而且评估价格和市价与账面价格之间有巨大的价差。比如 2010 年浦东的财政预算，浦东当年的财政收入是 410 亿元。但是里边有 120 亿元要还本付息，就是债务，60 亿元是招商引资财政给企业的税收返还跟财政补贴。实际可用的钱也就是 410 亿元减去 180 亿元，就是名义收入下的实际可支配收入，实际上只占到名义收入的 60%。那么如果在估算财政能力的时候，是按照 410 亿元来估算，还是按照 410 亿元减 120 亿元来估算，还是按照 410 亿元再减 180 亿元来估算？就财政本身已经是没有办法估算清楚了。那么如何来估算资产？我们现在看到资产有两个走向，一个走向是这十年来，随着货币流动性过剩，凡是资产其价格都出现了上涨，凡是现金都出现了下降。也就是说，你在估算政府将来的偿债能力，也就是资产能力的时候，到底按照什么价格来估算？如果按照前十年的情况，假定土地价格涨了 10 倍，矿产资源价格涨了 8 倍，其他资产价格也是上涨。债务作为现价计算的话，它将来是贬值的。但是，资产是增值的。那么在这种情况下，如果按照现在的不变价格计算资产，可能会低估了资产的能力和资产的还债能力。这样的话，我们到底用什么价格来进行估算？而且你说，按照历年资产的存量净资产加上当年新增的资产。那么我就问了，历年资产的计算是按照历年的历史价格来算的，还是按照新一年度的新的价格来算的？按照历史价格算，可能到了这一年价格上升了，也可能价格下降了。比如资本市场，如果在上证指数6 000点的时候算，那么国有企业股份的资产价格相当高，而现在按照1 600点来算，又相当低。那么到底怎么来算这笔账？我对计算的规模和能力，还是有些怀疑的。如果你把这两个问题解决掉，那么当然算起来就更好一点。

还有，上海曾经设想过，先算税收有多少(收入里面)，再算非税收入是多少，然后再算债务有多少，再算基金土地出让有多少。这些还好算。假如说再算政府将来所拥有的资源的能力，特别是现在有些沿海地区可能将来拥有海洋的能力，那么这种能力到底怎么算？现在都没有办法估算。我们提出这个问题，放到全口径上面来思考和考虑，肯定是有非常积极意义的，但是问题的核心就在于信息的公开。我们没有像国外那么多的统计指标，在中国又是一个资产和资源大量属于国家的情况下，怎么来估算？我认为好像难度就比较大了。

乔依德：

我也来说一说，接着胡老师讲。马骏给我打电话要组织这个会议，给了我很好的学习机会，也觉得收获很大。同时，我也有几个问题。第一，现在国家资产负债表的研究是很有意义的。刚才胡老师也提到了。但是表中也包括了企业，包括了居民。从公共政策的角度，恐怕政府的资产负债更重要，我觉得这一点可能要再强调一下。因为一般情况下，企业的或者是私人的，跟公共政策是无关的。

第二，马骏在前面也讲到了，跟李扬、跟曹远征的研究相比，为什么资产会有点不一样。当中就提到，刚才胡老师也讲到，一个因素是资源性的财产，还有土地。你们是把土地储备作为资产。我建议可不可以再进一步做些考虑。最近我看到党国英的一篇文章，说全国所有的土地大概是150亿亩，100亿亩是不能用的，适合人类居住的有50多亿亩，去掉耕地20亿亩，还有河流公路道路又扣掉5亿亩，现在的城乡建设用地大概是4亿亩，剩下21亿亩地，这21亿亩地再拿出10亿亩解决绿化问题，还有11亿亩地可以用。我猜想，这11亿亩地当中，按照现在的比例，如果政府征用的话，要补偿拆迁，现在大概的比例是政府能拿到45%。大概是这样。我觉得这是一个线索，至少也可以假设，可以有一个估算，现在土地大概是这样的情况。这是一个建议。

最后，刚才治国也讲到，我们人均净资产只占澳大利亚的多少分之一，但是我觉得我还要提一下。为什么？不管承认也好，不承认也好，我们国家还是社会主义国家，按道理说国家资产都是属于全体人民的。当然这是很难估算的。你说很简单，就是把国家所有资产除以13亿，那也是有问题的。以前有很多人都主张把资产要分给大家。至少你要提一下，不一定有数字，因为你这里面也讲到我们国有资产的比例跟其他国家是不能比的，是非常大的，怎么体现人均资产，至少要有一个说法，不一定是很简单地除一除，但是你至少要提一下，因为我们国家的性质就是这样。我想到的就是这些。其他人还有谁发言？任远？你来讲讲人口方面吧？

任远：

感谢邀请我来参加今天的讨论会，今天也印证了我的一些想法，就是说，当我们在提倡公共服务型政府的时候，国家的债务负担、地方政府的债务负担都属于增长的。因此，如何能够保持经济增长和公共福利的有效平衡，始终是一个国家发展所需要面对的基本问题。

你做的国家资产负债表是政府大管家的工作，我觉得很有意思，它肯定是很重要的政策工具。但是，显然这个工作是非常困难的。因为，就像刚才很多老师都提出的，如果很多资产负债信息不清楚的话，咱们在做资产负债表，就像外部人来做内部人的事情，有些东西是算不清楚的。比如说我今天第一次听说国有企业的利润只上缴了1％。还包括这么多年，我们都是间接来推算在城市化过程当中土地是怎么样流转的，间接推算土地流转量，土地究竟征用了多少，土地出让金是多少，包括地方融资平台究竟融资了多少，通过各种衍生工具带来了多少负债。这些信息如果没有准确数据来反映的话，我们在盘算一个国家、地方的资产负债时，即使是拿货币来衡量，也会存在一些可靠性的问题。这可能也无法避免。讨论国家资产负债无疑是分析国家长远发展平衡的一个很重要的工具，而且显然有利于国家经济增长和公共福利的有效平衡，但这是一个绕不过去的大问题。

我的想法在于，我们确实看到了国家资产平衡在长远来说受到很大的压力，那么这个资产负债表，我觉得除了要把它作为一种盘算家底的工具以外，还要使这个资产负债表能够成为提供政策的一个工具。比如说老龄化和长远的养老保险的平衡，可以明显看到老龄化给养老保险带来了很多未来长久通胀和赤字失衡的问题。这个问题的解决对策可能也是多方面的，除了讨论国有企业的资产向公共财政转移，延长退休年龄以外，可能还有一些其他的政策工具，比如说增加人口的就业率，提高资本保值增值能力，还有调整经济产业结构带来劳动生产率的提高，在不同的政策工具之下，对于长远的养老保险基金的平衡都是起作用的。

哪一种方式的作用最为关键，或者说最容易办的一件事情是什么？我觉得可能要用这个资产负债表来看的。其实最容易办的可能就是把国有资产跟国有企业上缴的资金从1%增加到5%,我觉得这个事情是不难办到的。这个事情可能是最容易办到的。而且现在开始要讨论退休年龄的延长问题。虽然80%—90%的老百姓是持反对意见,但是从社会养老保险长期平衡的角度来说,这个问题不得不提到议事日程上。此外,延长退休年龄不一定会损害劳动者利益,可以在延长退休年龄的同时提高劳动者的工资替代率。这样的话,就能够实现在延长退休年龄上的一种社会和解,就是不同人对于这样一件事情形成共同利益的认识。那么,这件事情才能往前推动。所以,在长远的人口老龄化之下,养老保险基金的长期平衡必然面临很大的压力。可能我们还不仅仅是说面临压力,我们不仅要提出转移国有企业资金和延长退休年龄,我觉得怎么样来推进更值得思考。因为显然每一条推进路径都会遇到很多困难,国企不愿意把资金、利润社会化,老百姓对于退休年龄有不同认识,我觉得具体对策可以进一步细化,可以进行讨论的。

另外,再简单讲讲地方资产负债表。我觉得地方资产负债表跟国家资产负债表相比遇到的一个很突出的问题是,人口流动性对于地方资产负债表造成了很大的压力。比如上海现在是900多万流动人口,显然他们得到的各种公共服务水平是明显低于社会平均人口的。因此人口流动性对于地方资产负债表而言,带来了和国家资产负债表完全不一样的而且更为突出的压力。如果说老龄化可能对国家资产负债表造成长期压力的话,可能对地方资产负债表造成更大压力的还是人口流动性。我也简单推算了一下,即使从国家发改委的8种基本公共服务来看,如果推进基本公共服务均等化,也会使得财政占GDP的比重增加10%左右。现在地方财政本身就已经赤字了。所以,我觉得如果我们要做上海的地方资产负债表,更加要考虑人口流动性的问题。

费方域:

谢谢老乔给这么个机会。我也不太懂,但我觉得非常重要。为什么说这件事情很重要呢?实际上我们讨论问题需要大家能够占有更多的数据,怎么样能够在这个方面增加透明度,就是要做些这样的工作。有了这个工作以后,当事人应该有责任把真实的东西拿出来。如果没有这一步,就换不来那个局面。所以我觉得这一步的重大意义就在于,让领导也好,让老百姓也好,知道有这个东西,我们各级政府应该有责任披露这个东西,应该让老百姓知道这个东西,人大开会就要基于这个东西来开。这是非常有意义的。它不但对经济,而且对政治改革都是非常重要的。

所以我觉得这是一件功德无量的事情，是非常好的事情。至于具体内容，它是怎么定价、怎么处理，都好办。什么都不知道，就不好谈。有了这个东西以后，许多问题就明显了。

第二，就是地方债、养老金的问题等等。有了这个东西，就有基础来讨论，应该看看用怎样的思路来做。

第三，这里面提到了一个包容性的问题，谈到了分配不均的问题、人均财富的问题，还有知识的问题、人力资本的问题，这些恐怕是新的增长期一些特征性的东西。它们怎么样在我们已有的统计口径里面反映出来，实际上是很重要的事情。因为我们将来是往服务这边走，往资本化这边转。所以在这方面希望你们再做点工作，能够做出我们自己的特色，那也是非常好的。谢谢你们。

左学金：

我们上午另外有一个会，我做所长推不掉，我是很想来参加这个会的。我感觉马骏做的国家资产负债表在社会上引起很大反响，说明他还是看到了一个很重要的问题。随着我们国家未来的发展，国家资产负债应该给予关注。因为我的专业是在养老保险这方面，我看得稍微仔细一点。我感觉对我们未来做了估计，而且是一个很重要的提醒。

我也提一些建议。第一，我们未来的30多年是取决于人口生育率的，不同的生育率应该有不同的情景，但我们只有一个情景，给出一个区间可能会更好一点。

另外就是对于制度的改革，可能我们也没办法考虑很多。我感觉你们做的是城保，企业职工加上公务员、事业单位。你们现在这样做也是完全可以理解的，因为没有新的方案。但现在有一个比较大的变动，就是说我们现在的城保，农民工也可以参保了。但是现在农民工的参保率很低，有2亿多农民工在城里，现在城保把农民工加进来，支持比会大幅度提高。但问题是农民工能不能进来。这个前景还有一点不确定性。我感觉如果我们能进一步改革，让农民工进来，当然城镇职工、公务员应该进来了，会有很大的变化。这个是制度上的。

另外，刚刚也提到了，我们现在的养老金制度实际上是现收现付，尽管理论上是20+8，20是现金，8是个人账户，实际上个人账户永远做不起来，因为是每年入不敷出。体制改革这一块，如果我们下一次做，我想可能稍微要描绘一下体制改革的前景。

另外对于你们的建议，我感觉主要还是要在现有的制度下补漏洞，包括税收啊、国有资产啊，用国有资产收益来补贴等等。我感觉有两个重要的问题需要你们注意，就是从公平的角度看。一个是水平的公平性，现在参加城保的人实际上是我们社会相对来说是收入比较高的人，城镇职工都是正规就业的，现在大概就是2亿多人，但实际上现在保险几乎没有覆盖非正规就业农民工，特别是45岁以后的农民工。大量的资源都是补贴这部分群体(中国社科院已经提出来了，它有一个社会保障年度发展报告，你们可以关注)。这也反映了水平方面的公平性问题。

另外一个问题是垂直的公平，代际的公平。我们现在主要是考虑五六十年代出生的人。他们现在大概是50多岁、60多岁，今后还可以活二三十年。你们主要考虑的是这部分人。但是他们的小孩很少，这些小孩负担很重。如果大量的财政和国有企业的收益都补贴给这部分人，我就是属于这一部分人，但是我的儿子，我要为他们这一代人说话，他们这部分人负担很重。而且根据日本的情况，年轻人的收入水平在下降，储蓄率在下降，非正规就业比率在提高，这是一个很重要的政治问题。因为我们考虑政策到底是考虑30年，还是50年还是100年？我觉得养老问题应该考虑至少几代人，而不只是一代人。总的感觉，这个资产负债表主要是基于现有体制做的测算，非常重要。但是如果下一次做，可能要从改革的角度做更多的测算，要在测算的基础上提出政策建议。我觉得那样会更好。实际上，现在养老金改革的门已经被敲得很厉害了。

马骏：

非常感谢各位专家提出非常有用的建议，我们在下一步的研究当中都会吸收。我来简单回应一下吧，但我想不能做到面面俱到了。第一是刚才有专家提到资源性的资产要不要放到国有资产里面去。我们对此相对比较谨慎。很多资源性的资产如果过分地放入资产负债表，可能会人为地夸大政府的偿债能力。因为很多资产包括土地是我们政府最大的资产，事实上我们每年已经从卖地当中拿到大概3万亿元的财政收入，已经纳入到四本预算当中的一本里面去了，叫做基金预算。那么我们在中长期的财政预测里面已经假设这个3万亿元除以GDP的比例就是在财政预算里面的，永久都会在里面的。从这个意义来讲，如果把土地作为额外的资产认为可以随时变现的话，那就是重复计算了。如果今天卖掉，那以后每年的3万亿元就没有了。实际上每年的赤字都会增加，每年都需要增加负债。所以从这个意义上来讲，不能放入已经在目前的财政收入长期预测当中的这部分资产。

第二个因素前面已经提到，就是资源性资产受价格波动的影响非常大。一旦想靠卖资产去筹资的话，一般那个时候的资产价格就是危机性价格，可能比现在要低一倍，甚至好几倍。所以用现价去计算目前的资产也是有一定的风险的。这个方面，我想国际上没有成熟的经验，但是相对来讲我们会比较谨慎，不要过度地放入资源性资产。

还有一些关于统计的问题，比如说很多数据都不存在等等。其实我们在做国家资产负债表的过程当中，发现花很大的精力到各个部门、各个来源去找的话，还是可以找到很多有价值的信息的。比如我们做出来的资产负债表，很多政府部门都觉得信息量要比他们看到的还要多。从这个意义上来讲，我觉得信息的可获得性是一个约束，但是约束未必有想象的那么大。另外，更重要的就是做出一个不太完善的国家资产负债表，本身就很有意义。它是对政府的一个倒逼。政府如果不承认，说做错了，那请政府自己拿出来。我想这种压力可能是我们做这个项目的一个重要的原因。

提到公共部门和整个国家资产负债表之间的关系，其实我们做的国家资产负债表叫做 national balance sheet，还有一个概念叫做 state balance sheet。这两个词翻译成中文都叫国家资产负债表。national balance sheet 包括家庭的，包括企业的，也包括政府和国有企业的都在里面，其实是最广义的一个概念。我们做的 7 张子表，其中一部分是公共资产负债表(public balance sheet)，包括中央政府、地方政府和国有企业。这一块可以单独拿出来，形成公共部门资产负债表。所以这个工作应该是已经做了，就是怎么表述清楚而已。

左院长刚刚提到的一点也非常重要，就是社保，尤其是养老金的改革，有很多不同的选项。因为我们的侧重点在于把现有体制不变的情况下会造成多大的缺口这个事情讲清楚，实际上是想引起重视。如果现在不重视的话，再等十年，再要改革可能就晚了。把这个信息通过各种渠道传递到决策层那里去，这是主要的目的。具体怎么改，我们一定会有更多的选项去模拟，现在只是模拟简单的。我们认为，现在来讲，简单易行的两个选项，一个是提高退休年龄，另外一个是划拨国有资产。其他选项比如做大第二支柱、第三支柱，但量化以后有多大贡献，其实现在还是不确定的。其他还有很多问题都可以模拟，尤其涉及刚才左院长讲的这个代际公平性的问题，我们现在做的是 38 年的缺口，我们想通过改革把 38 年的缺口给抹平。其实是一代半人，差不多能够保障他们的养老金。如果要保障两代、三代、四代，那最后改革的结果肯定是不一样的。我们也做了简单的模拟，如果现在就放开人口二孩政策的话，在今后的 38 年当中，对于缺口的作用不是太大，但是对于 40 年以后的缺口会有很大的改善。从这个意义上来讲，你的建议是对的。如果我们做 80 年的预测，有更多的改革可以去强调。但我担心的是，现在对于 10 的关注度都没有那么高，对于 80 年的关注度能不能提高，这实在是很大的问号。

乔依德：

时间也正好。这个会议开得很好，按照预定的目标，我们请课题组做了介绍。他们也做得非常全面，给了大家很多启发。专家、学者们也提出了很多问题和建议。再次感谢大家，感谢课题组，感谢马骏，感谢各位来参加我们的研讨会。

■ 中国央行超发货币了吗?

• 韦森*

乔依德(上海发展研究基金会副会长兼秘书长):各位老师,各位同学,今天上午我们内部的一个小型研讨会就要开始了。我们非常高兴地请到了复旦大学韦森教授给我们做"货币内生理论与理论经济学的困惑"的主题演讲,然后我们会进行讨论。我想先简单介绍一下为什么会引出这个问题。大家知道 2013 年我们 M2 发行量突破了 100 万亿元,最近的数字是将近 110 万亿元,M2 跟 GDP 的比例很高。这在社会上引起争论,认为央行货币超发了。当然也有些人不同意,主要理由是通货膨胀不是很高。最近我注意到,在新闻发布会上,央行调查统计司司长盛松成特别讲到中国不存在"货币超发"。对于这个问题我们也比较关注,到底货币是不是超发,超发或没超发的标准是什么,怎么判断?这个问题既有实践意义,也有理论意义,我们要进行深入研究。韦森教授在这方面做了比较长期的研究。我们基金会最近得到了捐赠,用捐赠的钱建了"卓越发展研究院",这个发展研究院主要有三个研究方面:中国经济、国际经济、金融。我们也很高兴地请到了韦森教授作为我们发展研究院中国经济研究中心的主任。今天他也利用这个机会亮相,跟大家交换一下观点。下面不多说了,请韦森教授给我们做主题演讲。

韦森:谢谢乔依德。大家知道我是做制度经济学的,做思辨的经济学的,阴差阳错地关注货币去了。我最早是在 2004 年的《中国社会科学》上发表了一篇文章《货币、货币哲学与货币数量论》,那是我对货币认识的一个方法论基础吧。我真的是外行,但是看到了一些现象,觉得这些现象实在不解,所以今天与其说是给大家报告我成熟的想法,不如说是把我的一些困惑跟大家讲讲。至少我是不同意货币超发这个观点的。这个话题我在华南师大讲过,讲了三个小时,就讲了学术史。我刚写了一篇比较大的东西,就是对《凯恩斯大战哈耶克》的书评,越写越长。这本书

---

* 韦森,复旦大学经济学教授。根据 2014 年 1 月 21 日在上海市老年基金会的演讲录音整理,未经本人审阅。

的长处是把哈耶克和凯恩斯论战的故事讲出来了，但作者是一个记者，不知道他们论战了什么，论战的 follow-up(后续发展)他也没有讲。我最近把这篇文章写出来了，写得非常学术，有 10 万多字，《学术月刊》可能下一期给我发。今天讲的理论背景都在这篇文章里。第一章是讲他们论战过程的述评，后 5 章全是讲哈耶克和凯恩斯论战的内容。实际上，我的基本看法是，哈耶克和凯恩斯的论战导致了现在经济学的产生，或者说是导致了宏观经济学的产生。这一点恰恰是跟货币捏在一块的，他们两个都是货币经济学家，我就谈我读文献的感悟。当代的这种金融理论、货币理论我一点都不懂，一会儿听听潘英丽老师、刘煌松老师的意见。今天我不讲学术史的东西，我讲我的困惑是什么，然后引出来这个东西。我在复旦大学上课说，如果你能证伪我的观点，我请你喝酒。因为我们每个人是从自己的知识架构里思考问题，都有可能"走火入魔"。希望大家来说说这个理论成立不成立，我是真正来求教的。希望大家给予批评。

我想讲三句话，这三句话非常有意思。马克思讲的这句话非常有道理，非常有现实意义："货币越是抽象，它越是同其他商品没有自然关系，它越是更多地作为人的产品同时又作为人的非产品出现，它的存在要素越不是天然生长的而是人制造的。"现在说到底，我从 2004 年开始写那篇文章，我越深入，越不知道货币是什么。到底怎么解释货币，货币是怎么运行的？思考越深，越觉得简直是不可把握。

大家知道凯恩斯是一个货币经济学家，他的三本书《货币改革论》、《货币论》、

"货币越是抽象，它越是同其他商品没有自然关系，它越是更多地作为人的产品同时又作为人的非产品出现，它的存在要素越不是天然生长的而是人制造的。"

——卡尔·马克思

《1844 年经济学哲学手稿》

(单行本)，第 167 页

图 1 马克思关于货币的论述

《就业、利息和货币通论》，都是关于货币的。他说："要经常提醒人们的是：要科学地对待货币问题是不可能的，因为连银行界也无法理解自身的问题。如果确实是如此，那么它所代表的社会秩序就会崩溃。"他写这句话的时候是1923年，没想到后来出现了整个西方大萧条。

"要经常提醒人们的是：要科学地对待货币问题是不可能的，因为连银行界也无法理解自身的问题。如果确实是如此，那么他们所代表的社会秩序就会崩溃。"

——凯恩斯，1923，
《货币改革论》序言

图2 凯恩斯关于货币的论述

马克思是19世纪的，凯恩斯是20世纪的，奥地利学派德索托的这本书《货币、银行信贷与商业周期》建议大家去读一读。他2015年来上海的话，我请他来给大

"货币、银行信贷与金融市场，对理论家们来说一直是一个艰难的挑战，而对于普通大众仍然是一个未知的谜。到目前为止，货币直接或间接涉及的社会关系还是最抽象和最难以理解的。"

——赫苏斯·韦尔塔·德索托

School of Economics, Fudan University

赫苏斯·韦尔塔·德索托 (J. Huerta de Soto)

图3 德索托关于货币的论述

家讲讲。他说:"货币、银行信贷与金融市场,对理论家们来说一直是很艰难的挑战,而对于普通大众仍然是一个未知的谜。到目前为止,货币直接或间接涉及的社会关系还是最抽象和最难以理解的。"这就像在雾霾中飞行一样,根本不知道哪是哪。现在经济学仍然没有解决这些问题。

我今天是来求教的,谈一下自己的困惑和感悟。

第一,讲现实的东西:通胀通缩之惑。数字货币时代过时的货币主义,到了这个时代,货币主义显然过时了。

第二,从货币内生论看我国广义货币快速增长的根本原因。大家知道货币超发的概念最早是吴晓灵在上海提出来的,周小川过了一二个月说不同意货币超发。我认为央行尽了最大努力没有多发货币,但货币还是快速地增长起来了。

第三,讲一下货币、利率、投资、资本形成与商业周期,从魏克塞尔到米塞斯、哈耶克、凯恩斯。我现在已经感到,到了这个年岁我不能创造了,但魏克塞尔到米塞斯、哈耶克与凯恩斯提出的问题,是未来经济学的发展方向,我要把这个给理出来,这是我未来要做的一个项目。哈耶克与凯恩斯的争论发表之后,很多人都说看不懂,不知道他们在吵什么,现在也没有人知道他们到底在争什么。张五常就说他看不懂《就业、利息和货币通论》,张五常说最伟大的经济学家是亚当·斯密,其次是他,然后才是马歇尔,但他居然也说看不懂。我基本上把时间控制在一个小时左右,然后请大家多多批评。

第四,凯恩斯主义的失灵、货币主义的破产,经济学的缺环与中国经济学人的未来使命。

一、中国与世界各国的通胀、通缩之惑:数字货币时代过时的货币主义?

我们看一下中国与世界的通胀、通缩之惑。进入这个时代,整个金融货币领域发生了根本性的变化。

大家知道2007年7月之后,通货膨胀上去了,一下到了两位数。《文汇报》的记者给我做了一个访谈,篇幅有一版多,说怎么看待最近的通货膨胀。我当时讲了一个观点:从2001年到2007年这几年间中国经济增速超过10%,高速增长的时候是通缩,基本上这个通胀非常非常低。按照宏观经济学的教导,经济高速增长的时候,总需求比较旺,应该是通胀伴随在其中。但是高速增长,CPI下行,这个现象是一个非常亢奋的情景。我觉得如果通胀来了,反而没多大问题,是经济回归正常的现象,通胀在当时不一定是坏事,我觉得可能是一个泄洪效应。我的文章发表了之后,周其仁看到了,过了两个星期他写了一篇文章,叫做《要毫不含糊地反对通货膨胀》。他打电话给我说:韦森,我不同意你的观点。他的意思是说什么呢?1989年为什么会出现动乱,那是因为1988年有了一次通胀,我们国家是容不得通胀的,否则国家就要出事。到现在为止,周其仁还是坚持:通胀在任何地方永远都是一个货币现象,通胀之所以出现是因为央行发货币,发货币总是要通胀的。这个时候我才关注货币理论。

“通货膨胀永远是且在任何地方都是一个货币现象。”

——米尔顿·弗里德曼

图4 弗里德曼关于货币的论述

但是不是这样呢?整个宏观经济学包括菲利普曲线基本上都是围绕这个展开的。看一下广义货币的情形,1990年我们只有1.5万亿元的货币,到2000年才13万亿元货币,2013年12月是110.7万亿元,你想这是什么概念?这是最新的数据。大家看一下,现在M2/GDP是1.95,一直在攀升,确实货币的增长非常大。

到2012年12月,广义货币(M2)余额97.42万亿元,同比增长13.8%;狭义货币(M1)余额30.87万亿元;流通中货币(M0)余额5.47万亿元。目前广义货币M2大致相当于中国GDP的1.88倍。

中国历年货币总量(M2)										
年份	1990	1995	2000	2005	2008	2009	2010	2011	2012	2013.12
M2(万亿元)	1.5	6	13	30	47	60	73	85.6	97.4	110.7
年增速(%)		29	12	18	18	28	20	13.4	13.8	13.6
M2/GDP		1	1.4	1.6	1.5	1.8	1.82	1.81	1.88	1.95

图 5　中国经济的货币化进程不断加速

从图 6 来看 M2 的增速，这是总量的情形，每年平均增长 22%，一直到 2010 年。比较奇怪的是几乎没有通胀，唯一的通胀是 2007 年出现的这一波通胀。从

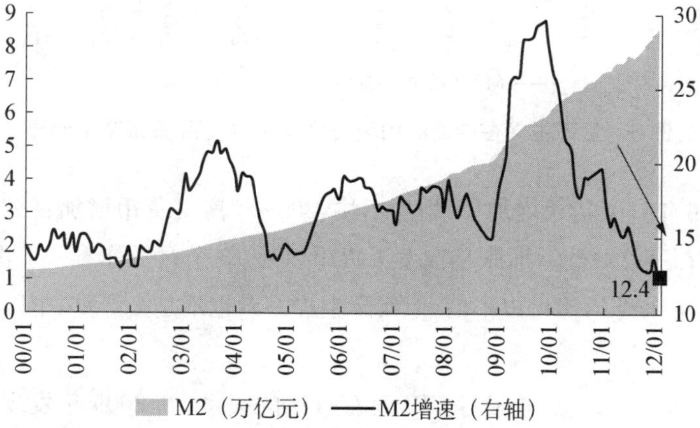

图 6　货币的狂飙突进，M2 平均年增 22%

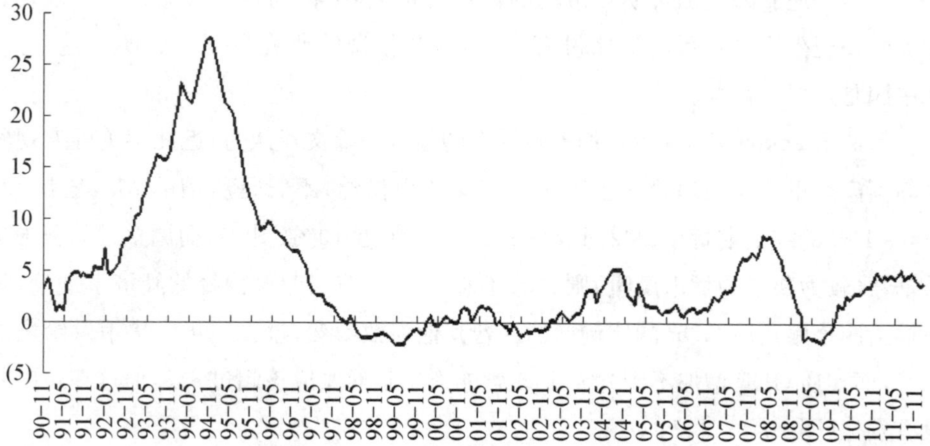

图 7　1990 年以来中国 CPI 的变动轨迹

货币供给超出需求，从理论上人们相信会造成 CPI 上涨压力，但货币需求不稳定，依据货币增长率预测通胀率有很大的不确定性

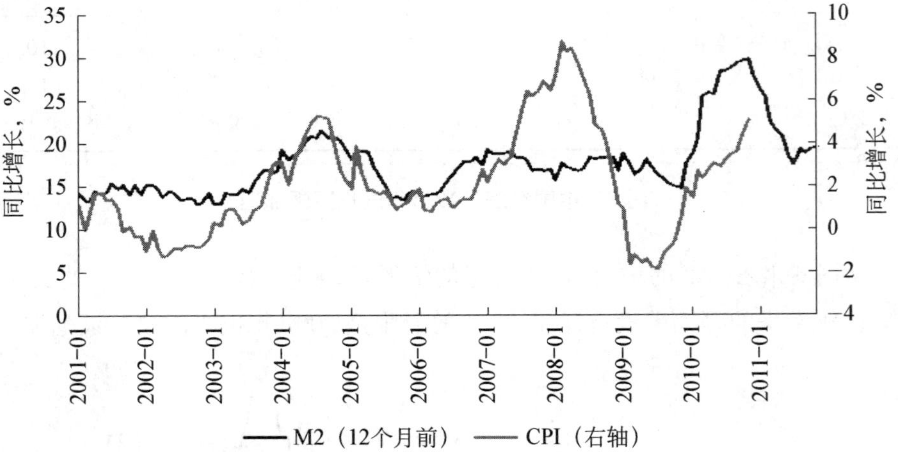

图 8　货币主义在中国的困境，M2 与 CPI 上涨关系竟不明显

2001 到 2006 年广义货币增加了，增加不快，2009 年广义货币增加百分之 32 点几。通胀是负的；一般的经验，通胀是在发了货币以后 18 个月。你看一下图 7，到 2011 年通胀一直在 2 到 3，你可以不信，但实际上加一点也不是太严重，中国的严重通胀还没出现。

看图 8，非常有意思，通胀对 CPI 没有直接的关系，到 2009 年发现 M2 高增长的时候，CPI 是负的。

中国的通胀跟芝加哥期货市场的价格直接关联，特别是与大豆、玉米、粮食直接关联。至少广义货币对通胀没有关系，这几年做的研究数据也证明了这一点。在中国是这样的情况。

路透 Breakingviews 专栏作家哈钦森的最近一篇文章认为，近几年美国宏观经济渐渐离弗里德曼的理论相去甚远。广义货币供给，不管是所谓的 M2，还是 St. Louis Fed 的零到期货币(MZM)，在 2011 上升了近 10%(图 9)，而调整过的美国货币基数(较为狭窄的货币度量)则大涨了逾 18%。按照弗里德曼的经济学理论，货币供给应该跟实质 GDP 同比例增加。若其他参数不变，过去一年中货币供给增加 10%，而实质 GDP 增加不到 2%，其暗含的意思是通胀应该超过 8%，但这在美国并没有发生(图 10)。

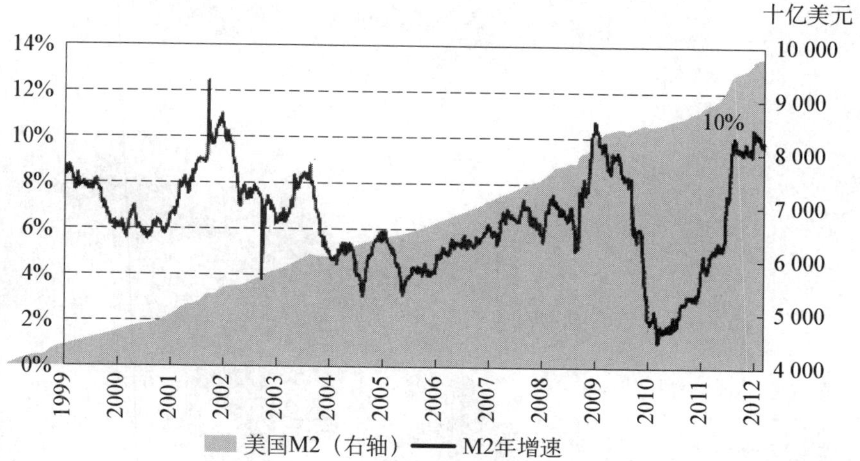

图 9 2008 年世界经济衰退以来美国 M2 的增长

资料来源：Bloomberg，中金公司研究部

经典货币主义通胀预言破产的一个佐证：2008—2009 大衰退以来美国四次量化宽松货币政策并没带来较大的 CPI 上涨：

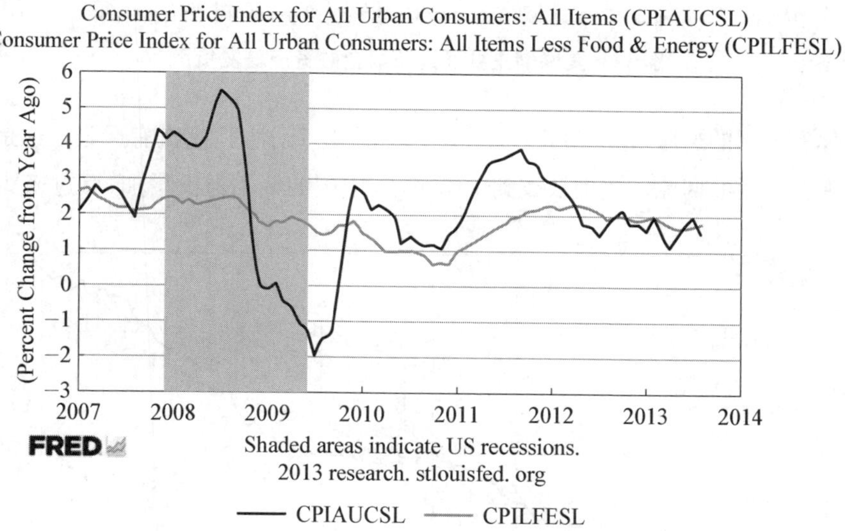

图 10 美国的 CPI 没有较大的上涨

美联储发了很多货币，跟中国不一样，它是对金融市场的贷款(图 11)。

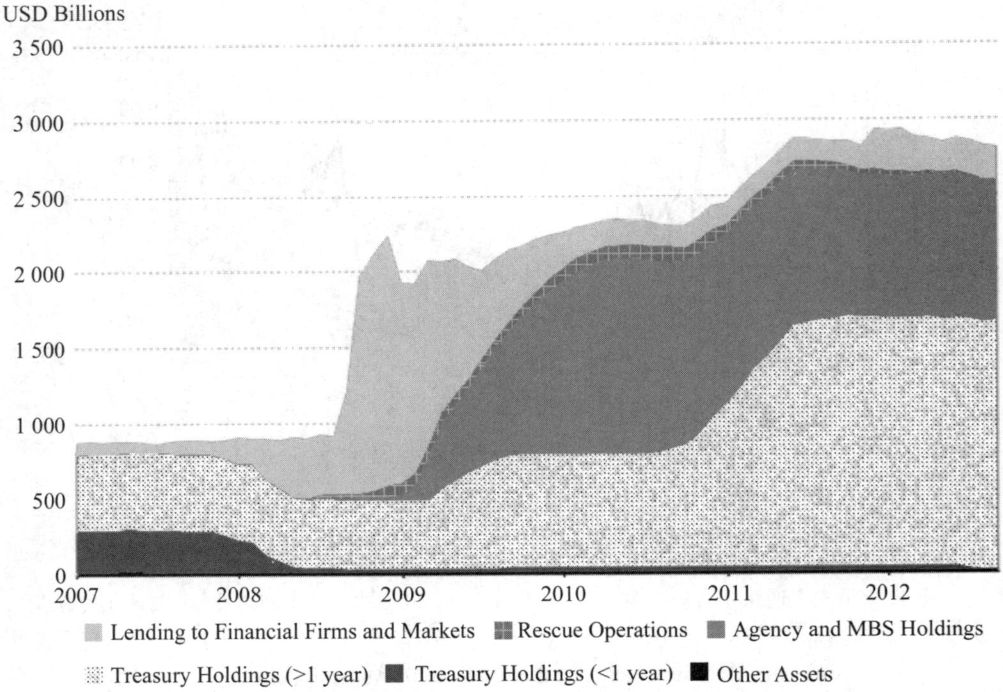

图 11　美联储主要通过获取金融资产增发货币

你看美国的通胀，这些货币不是 12 个月，不是 18 个月，它没有通胀。这是什么概念呢？美元的回流。我把钱放到中国来了，中国的钱不但没增加，反过来买你的

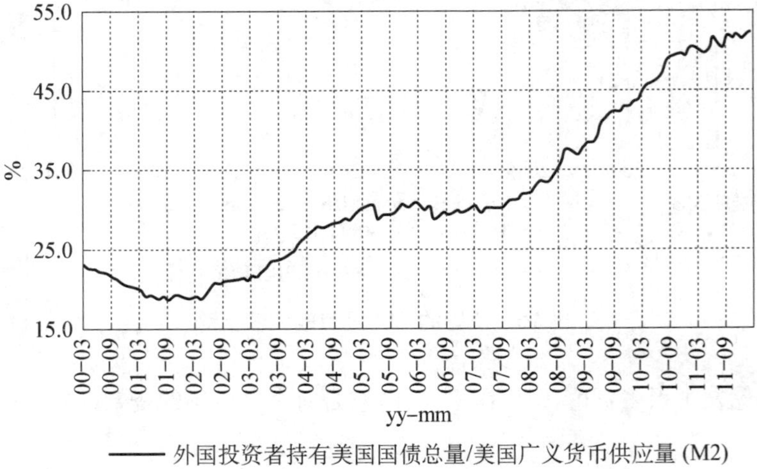

图 12　美元增发通过证券市场回流美国

国债，看一下回流的比例，2002 年不到 20%，现在是多少？50%以上的钱都回到美国去了。我们有 3.8 万亿美元的外汇储备，这怎么解释？

再看这个图（图 13），为什么美国没有通胀？美联储发现钱在银行贷不出去，钱到了银行，但银行的钱不断攀升，攀升多少？1.8 万亿美元。不断地攀升，贷不出去，没人贷款。看这里就知道为什么美国没有通胀，因为货币没有流向市场。

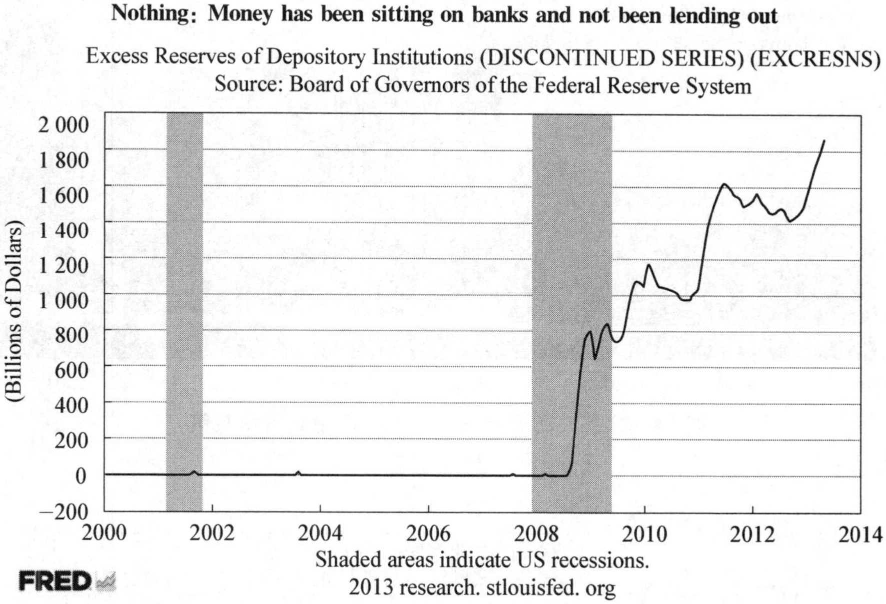

图 13 货币政策无效：美国经济多年已经陷入“流动性陷阱”

那么欧盟呢？2012 年之后，欧盟增加的广义货币简直是疯掉了，拼命地发货币（图 14）。但是，欧盟的失业率在上升，通胀率在下降（图 15）。这是不是又证明弗里德曼的理论不成立了？你发了这么多的货币，通胀率仍然在下降。

图 16 更能证明发行货币和通胀之间没有关系。上面的那条线是中国的广义货币 M2 和 GDP 的比重，下面的线是德国、英国、美国的情况。

金砖国家中印度、巴西、俄罗斯、南非等国的比重都不超过 0.8，但通胀都超过了两位数（图 17）。印度通胀这几年一直很高，俄罗斯 2013 年还很高，巴西最近下来了。他们比重 0.8 就通胀了，我们到 2 还没通胀，这又怎么解释？我觉得这些问题实际上都向传统经济学提出了根本性的挑战。

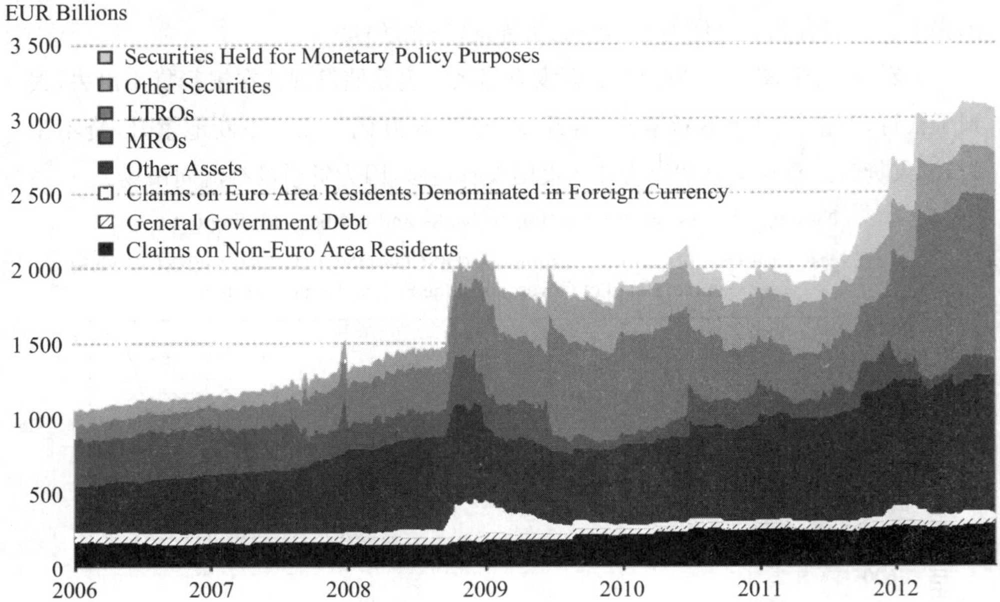

图 14　欧洲央行近年来也一直采取量化宽松政策

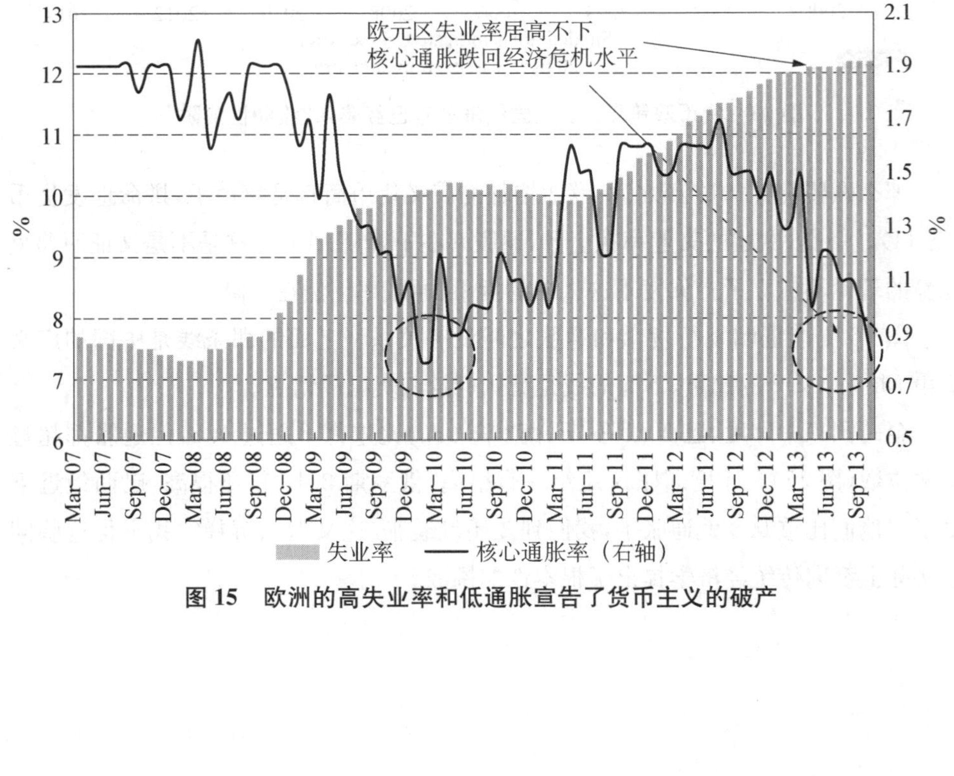

图 15　欧洲的高失业率和低通胀宣告了货币主义的破产

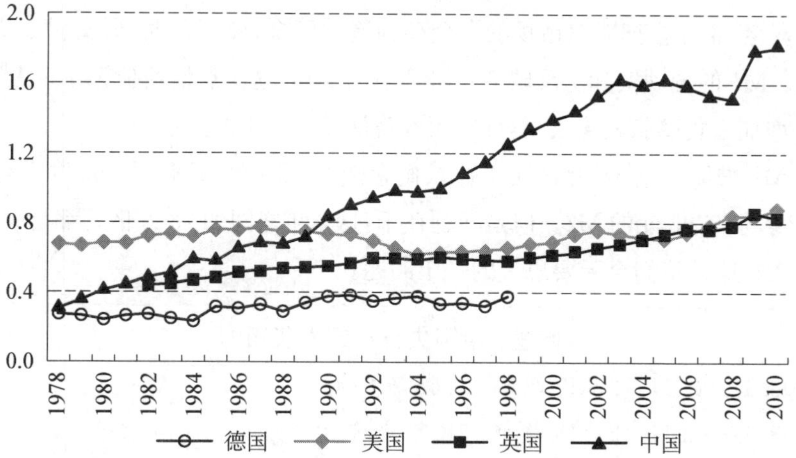

图 16　M2/GDP：中国与欧美主要国家的比较

M2/GDP：中国与新兴市场国家的比较：为什么其他金砖国家的通胀率都比中国高？

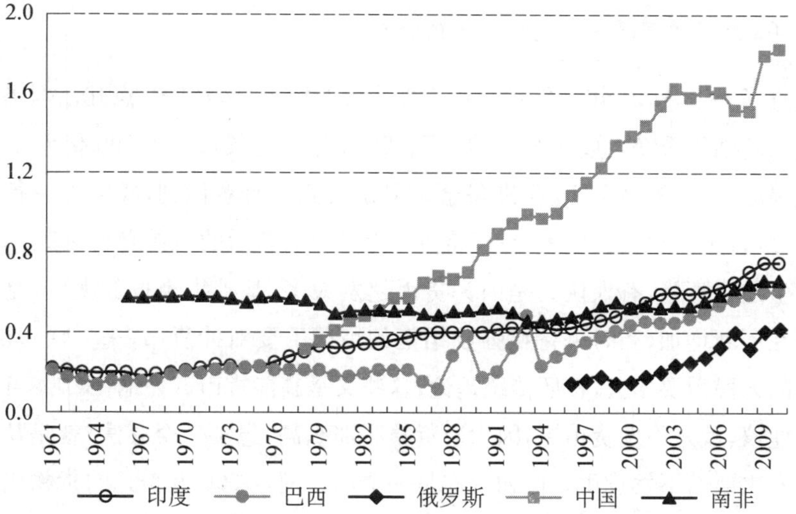

图 17　货币主义在金砖四国也失灵了？

那么央行是不是超发货币？看我们的数据。2009、2010、2011 年这 3 年央行印的钞票增加了 1.65 万亿元。M1 增加 12.36 万亿元，M2 增加 37.64 万亿元。M0 是流通的现金，M1 是 M0 加企业的活期存款，M2 是 M1 加上企业的定期存款和居民储蓄存款等。我发现中国的通胀跟 M2 没关系，跟 M1 直接有关系，非常有趣。

为什么呢？M1 增加的是什么？M1 增加，意味着企业的经济活动比较热，需要更多的流动资金，企业会把股票市场的资金存到流动资金，要买东西，要支付工资，要开工建设。M1 的变动实际上反映了经济活动的变动，这一点恰恰验证了菲利普斯曲线，M1 增加通货膨胀就上去了，证实了经济活动与 M1 的关系。

但 M2 增加了近 38 万亿元是什么概念呢？2010 年 GDP 是 39.79 万亿元，每元 GDP 多了 0.95 元的 M2。但是问题在于，这 3 年之间的 38 万亿元都是央行超发出来的么？这是我们今天要思考的一个问题。

问题：中国央行在超发货币？

- 2008.12—2011.12，M0 增加　1.65 万亿元
- 2008.12—2011.12，M1 增加　12.36 万亿元
- 2008.12—2011.12，M2 增加　37.64 万亿元

2010 年中国 GDP 总量 39.79 万亿元，
每元 GDP 多了 0.95 元的 M2!!!
这 37.64 万亿元都是央行超发出来的吗？

我查了一下，2009 年一年我们的广义货币增加了百分之 32 点几。但央行发了多少钱？基础货币净投放才 2 130 亿元。2010 年央行投放了 8 895 亿元。2011 年央行猛提准备金，提高了 13 次准备金。但是大家没有意识到，实际上央行在发货币，没有减货币。它投放更大，投了将近 2 万亿元。背后的机制是什么呢？2007 年之后发生通货膨胀，有人认为是因为货币超发太多，基础货币投放太多，是因为外汇储备在不断增加，当时央行在强制结汇的情况下要对冲货币，来一块钱的没有，七块钱的人民币要出去，按照传统理论，这些又是高能货币。易纲在 2008 年 2 月提了一个建议，就是不发货币了，因为通货膨胀那么高，想了一个办法，就是从 3 月开始央行发央票而不发货币。比如说你是一个出口商，1 000 万美元的货物出口到美国去了，钱打到你的账户上来。但是，这时候不给你 7 000 万元人民币，我不对冲，我给你央票，给你扣下了。央行是为了不发基础货币。但这留下来一个非常大的恶果。我们的外汇储备从 1.7 万亿美元一下子到了 3.1 万亿美元，这样十七八万亿元的央票发出去了。央票有半年期、一年期、三年期的。2008、2009、2010 年的央票在 2011 年差不多是到期的高峰，这时候出现什么情形？为什么央行连提了 13 次准备金率，央票到期了，通货膨胀 2011 年下半年又开始抬头。比如说，我提 0.5% 的

准备金率扣掉 5 000 亿元，但到期央票是 7 000 亿元，7 000 亿元的央票出去，2 000 亿元的差额构成了央行的正投放。整个 2011 年大家以为它是在减货币，实际上它是在放货币，放了 2 万亿元。2009 到 2011 年这三年才净投放货币 3 万亿元左右，但广义货币增加了 37.64 万亿元。2012 年央行发了 4.2 万亿元，比之前的三年发得还多。

央行到底超发货币了吗？

基础货币与广义货币增量之差在哪里？

- 2008.12—2009.12　央行净投放：2,130 亿元
- 2009.12—2010.12　央行净投放：8,895 亿元
- 2010.12—2011.12　央行净投放：19,070 亿元
- 三年共增加净投放货币：3 万亿元左右

（2012 年基础货币正投放约 4.2 万亿元）

- 从 2009 到 2011 年 3 年间，央行基础货币净投放为 3 万亿元，即使算入 M0 的净增 1.65 万亿元，央行总共才增发 4.65 万亿元，但广义货币增加了 37.64 万亿元，其中差额的近 33 万亿元是如何出来的？
- 经典的货币主义货币数量论能给予解释吗？

实际上到 2010 年之后，央行就感觉不得了了。我在文章里还讲，你央行傻不傻，等于把外汇背在你身上了，贬值是你自己的，结果我们损失很大，到了 2012 年后就没有采取这个做法了，基本结束了。

如果前面所说的是对的，3 年净投放才 3 万亿元左右，你用传统金融理论怎么解释呢？你会说是因为流通速度加快，虽然钱投得不多，但周转得很快，广义货币就出来了。但我们来看一下，广义货币这么涨，流通速度却这么小（图 19）。

你看一下，比较有趣的是什么呢？2009 年之后是中国广义货币快速增长期，央行基础货币投放并不多，货币流通速度减缓，但为什么货币乘数却不高？

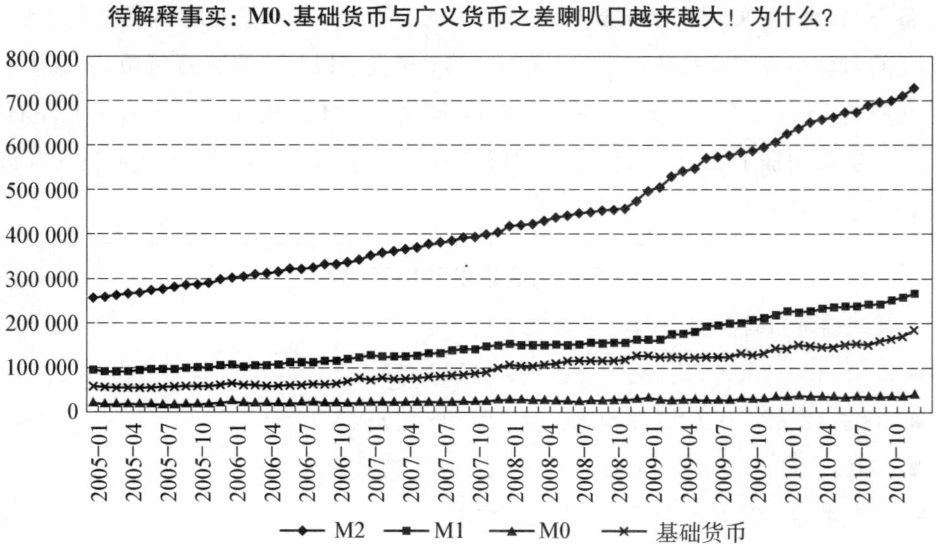

图 18 M0、M1、M2 之差

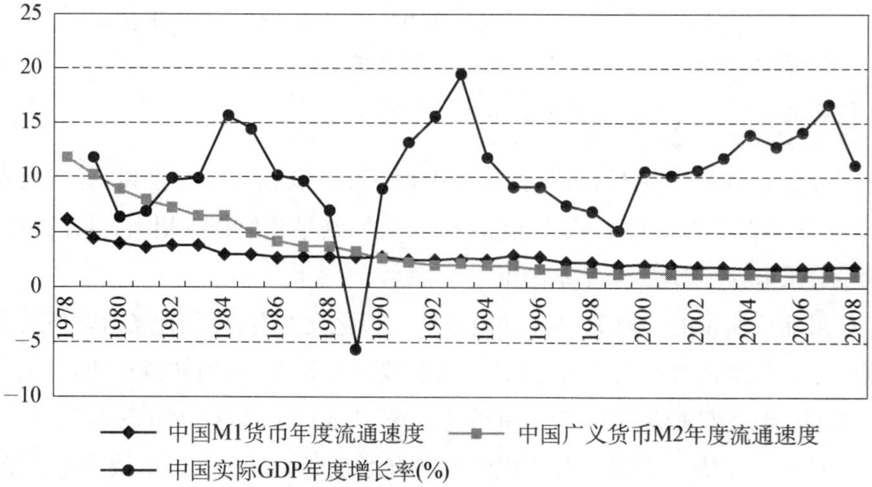

图 19 中国广义货币与狭义货币年度流通速度的变化

刘煌松（上海社科院经济景气研究室主任）：货币流通速度不可能上得很高的，流通速度的极限就是存款准备金率的倒数。所谓的货币乘数就是商业银行的货币再创造功能，商业银行的货币再创造功能是受到存款准备金率限制的。既然存款准备金率是 20%，所以流通速度是不可能超过 5 倍的。

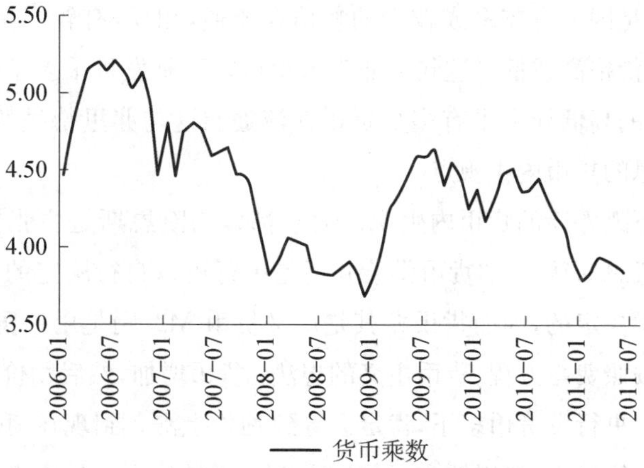

图 20　央行所提供 2006 年以来中国的货币乘数

韦森: 那 70 万亿元是怎么出来的?

刘煌松: 如果基础货币不再增加,M2 只可能到 130 万亿元,不可能再扩大了。这就是为什么现在资金这么紧张的原因。实际上现在银行无钱可贷,就是因为它的货币乘数已经接近极限了。通过它不断地再创造,它已经创造到了第 6 遍、第 7 遍、第 8 遍了,每创造一次就要乘 0.8,它现在到了 110 万亿元,不用再担心 M2 大幅度地增长了。除非大幅度地降存款准备金率,它已经没有货币再创造功能了。它在这个过程当中追逐利润,追逐利润造成了它拼命放贷。

韦森: 有个机制,我发现商业银行在创造基础货币。不知道你注意到这个现象没有?

刘煌松: 商业银行在创造基础货币,这是一个倒逼了。

韦森: 不是倒逼。困惑在于正投放不多,广义货币在猛涨,流通速度又不高。

刘煌松: 存款准备金率 2010 年提高了 6 次,2011 年提高了 6 次,但 2011 年 11 月 30 日开始下调了。

韦森: 对啊,下调了两次。其间提了 13 次准备金率,但实际上是正投放,而且很大,到期央票减去准备金扣下的差额,实际上是在放货币。大家以为它是在紧货币,实际上它是在放货币,在整个 2010 年下半年到 2011 年上半年期间。

如果这样来梳理问题的话,我们就会发现货币是央行投放的概念已经没法解释广义货币快速增长的原因了,只能从货币内生来找原因。

这是什么概念呢? 大家看一下马克思在《政治经济学批判》面说的一句话:“价

格的高或低，不是因为有较多或较少的货币在流通，相反，有较多或较少的货币在流通，倒是因为价格高或低。”这句话非常值得读。不是发货币多了，然后通货膨胀了，反而是价格的高低导致了有多少货币在流通。这与弗里德曼的理论完全相反了。这是马克思的货币内生观点。

我们看一下凯恩斯的货币内生说。大家都以为凯恩斯是主张货币外生说的，但其实相反。凯恩斯认为：“货币供给并不是央行可以自行决定的，而是由经济体系内的许多因素决定的，因而货币尤其是广义货币 M2，则是由一国经济活动内生创生出来的。”按照费雪方程、货币主义的想法：货币增加，然后物价上涨，几乎大家都相信这一条。央行发货币多了，肯定会导致物价上涨。到现在，我们的宏观控制还是这个思路。反过来，凯恩斯主义的货币内生说是什么？是价格上涨了，导致货币变多了。这里面导致中国货币变多的主要原因还不是 CPI 推不动，而是资产价格上涨，这是广义货币增长的另一面。

我们看凯恩斯的理论和目前大家所说的差别在什么地方。凯恩斯的原话是这样的：“银行系统不能直接控制单种商品的价格和生产要素的货币报酬率。它实际上也根本直接控制不了货币量；因为现代银行制度的一个特点是：中央银行在一个规定的贴现率上通过随时买入某种被批准的证券来释放货币。……实际上这意味着，在当今世界，对物价的控制是通过控制投资率来实现的。”[《货币论》(下)第 31 章]这句话要命，凯恩斯的伟大就在这里。实际上发行货币影响投资率，这是凯恩斯的一个伟大发现。“中央银行当局除了通过银行利率或公开市场操作来影响投资率外，什么也做不了。”这是凯恩斯 1926 年写的书。他对现代经济的运作讲得多么清楚。

凯恩斯说：“确实，银行家并不否认在某种意义上他能够创造信用。他进行这种创造所需要的实际上只是一定比例的黄金。当一家银行在英格兰银行的准备金余额超过了通常的需要，他便能向工商界贷出一笔增量贷款，而这笔增量贷款就会在这家银行，或其他银行的资产负债表创造一笔增量存款。相信英国工业资本的运营量取决于英格兰银行金库中的黄金储备量，无异于相信别人的鬼话。”这是后凯恩斯主义的核心。凯恩斯的货币内生理论，在后凯恩斯主义学派中得到了进一步明确的阐述和发展，他们提出的观点是：“当人类经济社会进入信用货币阶段后，货币主要是通过商业银行贷款而产生，因而事实是银行贷款创造银行存款，而并不主要是央行在主动地向经济体内注入货币。”你也可以由此理解，美联储发了那么多货币，但银行不贷款，广义货币就不增加。我觉得后凯恩斯主义是从凯恩斯那里拿来了一个闪亮点。

2011 年春节，那时周其仁在《经济观察报》上写了关于货币的 32 篇文章。有篇文章讲了一个观点，是典型的货币数量论观点。他讲了伊拉克蜜枣的故事，大家可能看到过这篇文章。他的意思是说，当时在 1962、1963 年，中国的通货膨胀一下子到了百分之百，很厉害。当时陈云就想了一个办法，一下子从伊拉克进口了大量蜜枣，把蜜枣投放市场上，把货币收回来了，通胀就下来了。

我看了这篇文章后，在绍兴给他发了个邮件，我说其仁兄啊，你这个事情现在根本不可能。现在我们有 50 万亿元货币了，不要说伊拉克蜜枣，就是把南非的黄金都拿来也不行。大家知道黄金的储量才多少？全球的黄金储量兑换成美元，也才 1 万亿美元。把钻石都拿来你也收不回来这些货币了。我说这个观点不成立。那天春节，我们通了 20 多封邮件，他在后续文章中还提到我的观点。

实际上是价格上涨导致货币增加，而不是货币增加导致价格上涨。按照明斯基(Minsky, 1986)的观点，货币主要不是央行外生供给的，而是“产生于为投资而融资和资本资产头寸融资过程之中”。这几年广义货币增加实际上并不是央行在投放货币。我的研究发现，这一巨量货币的创生，主要是各级政府和国有企业为巨额投资融资和以房地产行业为龙头的资本资产头寸融资的结果，同样各行各业工资性收入上涨(包括一部分人灰色收入大幅度增加)也是其中的原因之一。可以这样理解，中国过去几年广义货币之所以迅速扩张，主要原因是在政府 4 万亿元刺激经济计划促动下商业银行信贷急遽膨胀的直接结果，而外汇储备增加所导致的基础货币增加只是次要原因。

我们现在看得比较清楚了，4 万亿元实际上是虚晃一枪，在财政政策上虚晃一枪。是不是扩张性财政政策，就看你的财政赤字，财政赤字越大，越是扩张。我们财政赤字在 2009 年、2010 年都没超过 1 万亿元，财政赤字并不大。实际上这几年温家宝的政策是什么？2009 年的 4 万亿元是个冲锋号——我要刺激经济了，各个地方你只要敢报项目，我就敢批项目，批项目银行就给你贷款。造成了 2009 年银行贷款 13.6 万亿元，这个数字没敢报。央行上报的是 9.6 万亿元，实际上少报了 4 万亿元，没敢报。拼命地发放贷款(图 21)，然后广义货币上去了。这就是 2009 年一年广义货币增加了约 28%。造成这个结果，主要是贷款创造存款(图 22，图 23)。

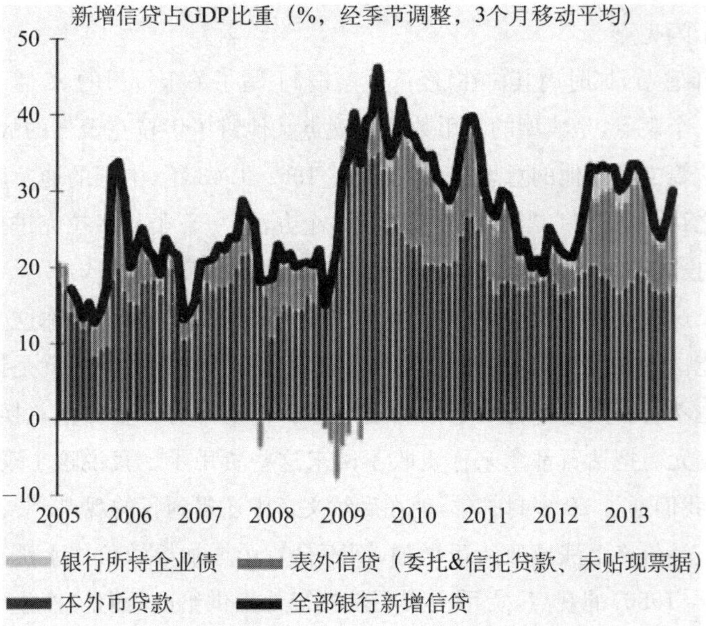

图 21　近五年来银行信贷在中国经济内快速增加

数据来源：人民银行. CEIC. 瑞银证券估算

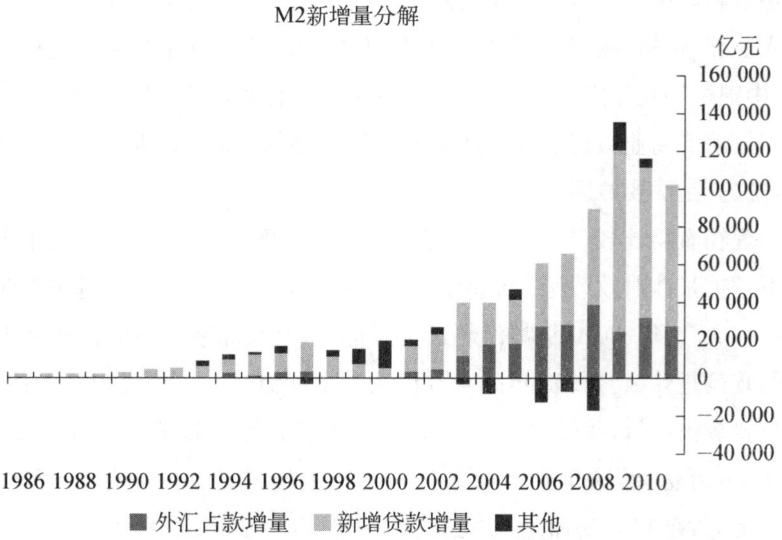

图 22　1986 年以来中国 M2 增量分解

资料来源：Wind. 中金公司研究部

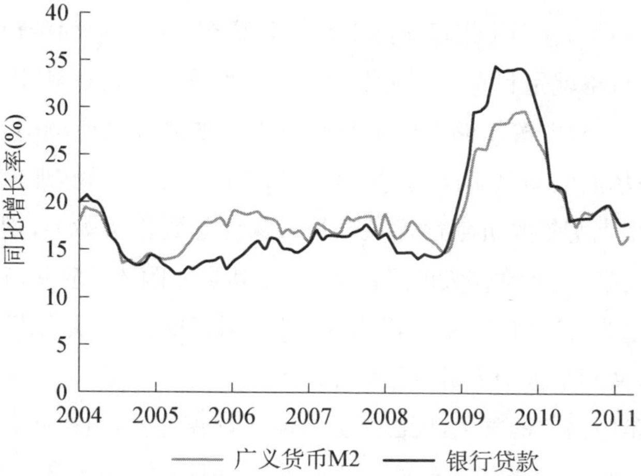

图 23　货币内生：广义货币几乎随银行贷款同步增降

下面简单给大家讲一些经济学思想史——货币、利率、投资、资本形成与商业周期：从魏克塞尔到米塞斯、哈耶克与凯恩斯。

我们看一下熊彼特在《经济分析史》第 31 章讲的一个观点，我觉得非常有意思。他说从 1876 到 1913 年这段时间在人类历史上出现三大经济学家：第一位他首推瓦尔拉斯，第二位是马歇尔，完成了从古典经济学到新古典经济学的转变。但是这两个人讲的都是产品市场的均衡，有价格没有货币。第三位就是魏克塞尔。

瓦尔拉斯：一般均衡

马歇尔：局部均衡

魏克塞尔：货币均衡

图 24　熊彼特认为 1876 年到 1913 年间，人类历史上三位最伟大的经济学家

魏克塞尔说人类进入近代社会以后，实质上有两个市场，一个是金融货币市场，一个是产品市场，这两个市场实际上密切联系在一块。前面的市场是货币对资本的价格，这个价格就是利息。他又提出了一个概念——自然利率(natural rate)，这个自然利率是说投资等于储蓄时的均衡利率。如果金融市场不发生矛盾，不发生问题，产品市场的波动是小波动；如果金融市场一发生问题，那就是大萧条。所以熊彼特认为魏克塞尔的贡献远远没有被大家注意到。实际上，魏克塞尔在财政学上也有很多贡献，是非常伟大的经济学家，尤其是他阐述了货币均衡和产品均衡的关系。他一生非常凄惨，一辈子没有什么钱，当家庭教师，跑到巴黎听一个学期瓦尔拉斯的课，又到维也纳去听庞巴维克的课。

庞巴维克是门格尔的学生，庞巴维克影响了魏克塞尔，也影响了米塞斯。魏克塞尔反过来又影响了米塞斯。米塞斯最重要的一部著作是他最早的著作《货币与

图 25　经济学家之间的影响与论战

信用原理》,这本书里提出了奥地利学派的商业周期。米塞斯又影响了哈耶克。魏克塞尔又直接影响到哈耶克。凯恩斯基本上就把魏克塞尔的理论直接拿过来,他的自然利率的概念在凯恩斯的货币论里讲了很多,后来凯恩斯不用这个概念了,用了资本的边际收益率的概念,革命性的概念由此开始。但是凯恩斯和哈耶克他们两个,严格来说都师承一个地方,他们就发生了这个论战,实际上争论的是货币在现代经济中的作用,这我就不再仔细讲了。这一点看起来似乎仅仅是学术史的东西,但对现实却是有影响的。

据克鲁格曼讲,芝加哥大学教授、诺贝尔经济学奖得主罗伯特·卢卡斯在2003年的美国经济学年会上所做的主题发言中,先是指出宏观经济学是"大萧条"催生出来的一门学科,然后他宣布,这门学科已经走到了告别过去、另辟天地的时刻,说"预防萧条的核心问题,实际上已经解决了"。克鲁格曼还进一步解释道:"卢卡斯并没有说商业周期——即至少已经伴随了我们150年的衰退与扩张的不规则的交替——已经一去不复返了,但他确实声言,到了这个时代,商业周期已被驯服,针对商业周期的任何举措所带来的益处都会微不足道。"(克鲁格曼,2009,《萧条经济学的回归》,p9)

连刚刚卸任的美联储主席伯南克(Bend Bernanke)甚至到2004年还声称,现代宏观经济学已经解决了商业周期问题。在卢卡斯、伯南克和其他主流宏观经济学家自信已经认识和掌握了人类经济体系的运行法则的时候,显然当时他们当时并没有预想到在三四年后就发生了现在这场世界性的经济大衰退。这难道不是对当代主流经济学的一个莫大的讽刺?

值得注意的是:罗伯特·卢卡斯曾把哈耶克的货币与商业周期理论视作为自己研究的先驱。但是,他把哈耶克与凯恩斯的理论中缺乏现代数量工具视作为时代的不足:"在第一节中我所引用的休谟的那段关于动态过程的话使我落入了凯恩斯的《货币论》和哈耶克的《货币理论与商业周期》之中,这不会引起任何时代错置的感觉。……而且所有这些理论家都希望从一般均衡的角度思考问题,认为人们在做着长期最大化和跨期替代的事情。他们诉诸非均衡的动态理论,只是因为他们所能利用的分析手段使他们别无选择。"卢卡斯还进一步解释道:"对当代读者来说,这些对货币变化真实作用进行理论研究的智慧思想,仍会给当代读者留下深刻印象,但也清楚地表明,缺少现代数量经济学的手段,试图讨论艰深的动态问题是徒劳的。哈耶克、凯恩斯及其同时代的人很想做出种种假设,提出某种像是模型的东西,可是他们根本没有能力用自己的理论做出预期。"

但在 2008—2009 年全球金融风暴后的世界经济从萧条艰难复苏的今天,难道我们认为像卢卡斯这样具有极高深数学分析工具的当代经济学家们就能为现实经济的运作做出正确的预测了吗?如果说 2008 年以来的这场世界经济衰退之前,几乎没有经济学家给出预警,现在哪家学派对西方国家的经济萧条有处方?哪一个国家推出了好的政策?你不是还是采取凯恩斯的政策,就是降低利息率,刺激总需求,增加货币供给吗?美联储把货币涨了这么多,经济有效率吗?经济恢复了吗?欧盟又恢复了吗?日本的安倍把通货膨胀定到 2.1%,做到了吗?连想把通货膨胀搞上去都做不到。所以这里面我觉得,我们经济学家确实要从头思考,到底问题在哪里?我们的宏观经济学看起来是讲货币市场与产品市场的均衡,其实还是讲实体部门的均衡。

这里真正做了工作的是托宾。他认为:"金融和资本市场至多不过是储蓄和投资的高度不完善的协调者,我怀疑合理期望也不能补救这个缺陷。这种不能协调是宏观经济不稳定性和宏观经济稳定政策的一个基本源泉。目前的宏观经济理论或许过于只注意劳动市场,凯恩斯也曾发现竞争不能协调劳动的供求。"托宾在 1969 年发表的《货币理论中的一般均衡方法》中,阐述了将货币需求理论的凯恩斯主义资产选择方法与一般均衡分析相结合的观点,提出了他的著名的"Q 理论"。托宾 Q 反映在货币政策上的影响就是:当货币供应量上升,股票价格上升,托宾 Q 上升,企业投资扩张,从而国民收入也扩张。根据托宾 Q 理论的货币政策传导机制为:

$$\text{货币供应}\uparrow \rightarrow \text{股票价格}\uparrow \rightarrow Q\uparrow \rightarrow \text{投资支出}\uparrow \rightarrow \text{总产出}\uparrow$$

但托宾现在面临着一个新问题,现在来看,美国的股市在上涨,但投资没有增加,这个链条不往下走了。

我基本讲完了,我最后总结一下就是:凯恩斯主义的失灵、货币主义的过时,奥地利学派经济学幽灵的回归,经济学的缺环与中国经济学人的未来使命。

现在已不是金属货币和纸币时代了,而是数字货币(digital money)时代了,数字货币时代看来产生了六大问题:

(1) 货币到底是什么?电脑数字而已?

(2) 在互联网的数字货币时代,货币是怎样产生的?

(3) 尤其是在中国这个人人都不怎么遵守正式规则的社会里，货币银行体系到底是怎样运行的？

(4) 电子和数字时代的来临对银行和金融系统产生了什么挑战？对货币理论和经济学理论又产生了什么挑战？货币乘数和货币流通速度这样的过去的术语都在失去理论分析意义和实际理论价值？

(5) 货币、利率、投资、资本形成和商业周期之间的关系又将是怎样的？

(6) 一个突然进入数字货币时代的中国，未来是否会突然产生金融体系的断裂和大的商业周期？

(7) 各国的货币制度史亟需研究。中国正在形成一个世界历史上从来没有过的中央银行系统。这个银行制度和中国108万亿元的广义货币对未来几十年中国经济增长和商业周期的关系是什么？一个有50多万亿元GDP的经济体对应一个30多万亿元的央行资产，这对一个国家的未来发展意味着什么？

我们的GDP是55万亿元左右，而央行的资产有31万亿元，央行又不受任何控制，愿意怎么玩就怎么玩，这对中国社会意味着什么？同时，我们有12万亿元的第一财政，加上别的，一共有18万亿元控制在财政部手里。31万亿元央行的资产，18万亿元控制在政府手里的钱，什么叫国进民退啊，这个东西才是真要命，占30%—40%的财政控制在政府手里。中国是个什么体制，将怎么延续，这是我们都要考虑的一个问题。

最后，我以凯恩斯的一段话给自己敲警钟。他在《通论》序言中说："撰写这样一本书，笔者沿着陌生的道路摸索，如果想要避免过度的失误，他必须极度依赖批评和对话。人要是单独思考太久，什么愚蠢的事情都可以信以为真了。"我就怕自己是个外行，会不会走火入魔，所以请大家批评。

潘英丽(上海交通大学安泰经济与管理学院金融系主任)：我补充几点。我原来做硕士的时候，研究的是魏克塞尔的动态货币均衡理论，没有出书，那是一本小的硕士论文。我硕士期间是研究西方经济思想史，跟你应该说还是可以交流一下。刚才你提出了很多很有趣的问题，确实是要我们思考的。

我想到几点给你做回应，一个是关于宏观经济的缺陷。我个人认为有三大缺陷：第一，它是没有货币金融理论的。它假设储蓄等于投资，就完成了，就把整个金融抹掉了。第二，它没有考虑到全球化。顶多是考虑开放体系，所谓的开发体系就是小国的利率等于美国的利率。实际上，生产、金融已经全球化经营了。第三，微观金融理论里的市场有效假说。它假定信息充分的情况下，市场可以发现真正的价格或价值。宏观经济学是有缺陷的。

关于中国的问题我补充一些。实际上按照弗里德曼的观点，通货膨胀等于货币的增长速度减去经济的增长速度。但在中国，通货膨胀不等于这个差额，有一个很大的缺口。在20世纪80年代到90年代中期，我们的M2平均增长25%。通货膨胀大概7%还是8%，经济增长算它是10%吧，这样有七八个百分点不知道跑哪去了。包括21世纪以来货币增长速度减去经济增长速度，肯定是超过通胀的。这两段时间为什么这个等式不成立，我们说超发货币跑哪去了，实际上这跟中国的特殊阶段有关系。这就是中国在特殊的时期进入一个货币化过程。

我们改革开放之初的1979年，当时的M2占GDP的25%。也就是说经济有1/4是使用货币，还有3/4是不使用货币的。这个3/4的经济都开始使用货币、商品化的时候，央行大量投放货币不引起通胀，它被吸收掉了。21世纪也发生了这个事。到了1993、1994年出现了大的通胀，这时候M2等于GDP的百分之百，也就是说前面的货币化过程完成了，继续大量投放就引起通胀。21世纪又大量投放货币，但没有引起通胀，很重要的一点就是土地的货币化。你说我们现在房地产的市值大概有多少？房地产的市值恐怕有200万亿元，可能一二百万亿元吧，这一二百万亿元的货币化一定会吸收货币嘛。

韦森：货币是资产的净值。

潘英丽：你需要货币来交易或者来标价，那你就需要投放货币了。这是中国比较特殊的两个时期，前期是经济的商品化和货币化，后期是土地的货币化。所以周其仁讲的一条是对的，他说：我们现在面临的问题是什么呢？假设货币是水，那么资产就是面粉，有的时候面多加水，有的时候是水多要加面。你刚才讲的理论，先是经济的内生，它价格上来了，然后要增加货币，这叫面多加水。经济活动量扩张了以后，它对货币有需求，就面多加水。现在的问题是什么呢，是不是面临水多要加面？这就是我们现在提出来的新问题，要不要让农村土地入市，这是加面的一个方式。第二个方式就是人民币国际化，到国外去拿资产，用国外的资产把人民币吸收掉。这是水多加面的两个方式。这是关于货币化我做的补充。

另外一个，关于消费物价指数。通胀这个概念呢，现在看来用消费物价指数肯定是有局限的。事实证明现在是越来越多的资产膨胀，房地产、股票，或者各种各样的金融工具，包括大宗商品也可以金融化，都会吸收货币。消费物价指数肯定是有缺陷的，不能够反映真实状况。按照张军的看法，就算是消费物价指数，我们也是低估的，服务的价格、租金都是低估的，所以为什么我们的服务业看上去比例比较低。所以只看销售物价是有缺陷的，需要补充。

还有一个问题，刚才讨论得比较多的是 M2，M2 涨得这么凶。其实 M2 还不是全部，还有影子银行，现在用一个新的概念——社会融资总额。社会融资总额已经远远超过了 M2，所以 M2 还不是全部。

另外，我谈一点实体经济和金融的关系。前两天国际货币基金组织总裁拉加德说全球要防范通缩。后来有经济学家提出不同的意见，认为不会有通缩的危险。我个人感觉中国现在面临通缩的压力。先讲通缩的危险。这跟你的观点有点接近，你不认为通胀是大的问题，对吧？

韦森：对，我不认为通胀是大问题。

潘英丽：但现在的问题在哪里呢？实际上我们主要是没有新的产业，找不到新的增长点。一般从历史上来看也好，或者是从美国的情况来看也好，实体经济出问题了，金融才会出大泡沫。因为资本都不去实体经济了，没地方去，房地产也好，基础设施建设也好，制造业也好，都不能再投入了。那资本去哪里了呢？就去既要短平快，又要来钱的，就一定是制造泡沫去了。我们现在的产业扭曲带来新增长缺失，在这种情况下通缩的风险很大。

我们现在银行业贷款也好，存款也好，是虚增的，现在有一个词叫“存贷款虚增”，或者说是金融机构自娱自乐。银行到年底了，要做信贷，要做存款指标，银行里的员工要分奖金，这时候银行会找老客户，让你来帮忙把指标做上去。假如我们企业还过得去的，你以后总归要求银行的吧，怎么能跟他断交？他要求你帮忙，你就必须帮他操作，这时候你多付利息，等于是保持良好信贷关系所需要做的一个社会资本的投资，就有存贷款虚增这样一种情况。

现在的问题在哪里呢？同业拆借的利率一直在跳跃，最近有个理财产品已经破产了，已经到期违约了。刚才讲这种操作，实际上就是银行普遍缺钱，或者说流动性很紧张，我们 M2 这么多，社会融资总额也上得这么快，为什么金融业缺钱？实质是它的存量信贷玩不转。也就是说它贷下去的东西全部收不回来，利息也收不回来，现在你要让人家付利息，先得给人家贷款，用你的贷款再来付利息。这种情况下央行不放水，银行增量的钱就越来越少。因为本来是贷款到期再还，原来银行应该大部分是企业经营活动中的流动资金贷款，现在大量沉淀在投资项目里，然后又没有收益,盘不活,基本上是投在坏账的项目上。所以这种情况下,银行的流动性越来越紧张,要不断地通过同业拆借来应对某些产品出了问题,到期不能偿付的问题。现在的问题在哪里?同业拆借做得越来越大以后,说明中国金融存在系统性风险。原来是局部性的风险,比如1997年的时候,浙江、广东出问题。现在越来越多的是通过理财产品或同业拆借来弥补流动性的不足,或者是在资产出问题的时候来解救它,就把局部的风险变成了系统性风险,这是很危险的事。

通缩紧缩有一个很重要的原因,就是银行不敢贷款,银行不愿意放贷了。东南亚金融危机以后,我们银行出现了严重的惜贷,一直到2003年都是通缩。其实现在中国企业的负债率可能已经是全世界最高的了。按照私募股权投资(也包括投行)做的研究,现在企业的负债率占GDP的125%,这可能是全世界最高的。因为美国的负债率极低。这是中国最大的风险。当企业负债率达到70%、80%的时候,没有银行愿意贷款,这是一个很麻烦的事,后面会出现银行惜贷和通缩。

我发现还有一个很有趣的问题,我补充一下,这是韦森老师没有提到的。中国60多年采取的都是金融抑制政策,对吧?金融抑制政策叫低利率政策,人为维持低利率。官方维持一个利率,低于市场均衡水平,这是工业化战略的配套措施。鼓励投资,补贴企业投资,所以长期实行低利率。但是我们现在发现一个很有趣的现象,中国60多年的金融抑制政策没有退出,从本质上来讲是低利率政策,但我们又会发现利率其实是越来越高的。政府主观上维持低利率,鼓励大家投资,现在实际的情况是利率不断走高,而且越来越高。首先我们已经是全世界最高的地方了,美国是0.25,日本是零利率,现在还要做成负利率,通过通胀的方式把利率降到负的水平。中国的利率很高。有的说人民币要贬值,有的说人民币要升值,但从利差的角度来看,人民币升值的压力很大,这是很有趣的矛盾。

高利率实际上反映了实体经济的风险。地方融资平台18%的利率都要借,这是银行告诉我的一个信息。你去想,这有很大的问题。

实际上我们的国际论文集里有一个非常好的研究成果,是瑞士经济学家做的。他们用中国1 654个县的数据做的,做出来是信贷规模占GDP的比例超过最高水平以后,每增加一个百分点导致当地人均收入下降0.164个百分点,负增长,负相关。信贷跟当地老百姓的收入是负相关。其实道理很简单,因为我支持的项目没有效率,但利息要收啊,等于从当地抽血,抽到最后本金也坏账,所以最后是两败俱伤。假如还要国家买单,就是满盘皆输,这是中国的一个问题。

我就先补充这点吧。

左学金(上海社会科学院经济研究所所长):我听了韦森的报告很受启发,有一个问题建议您考虑一下,就是现在我们的问题在多大程度上是因为货币性质本身的变化造成的,在多大程度上跟我们国家金融系统的低效率有关系。这两个问题,我感觉从学术上要分割一下,否则有可能把我们自己金融系统的问题归入到金融本身的变化上来。这是我的一个不成熟的想法。

乔依德:谢谢潘老师,谢谢左院长的评论。

刘煌松:韦森老师讲得很全面,从学术史、各国的情况以及他在当中思考出来的观点都进行了阐述。我觉得挺有收获,挺受启发的。这次主要想研究的是回答一个问题吧,就是中国的货币到底算超发还是没有超发,社会上的议论也很多,每个学者得出来的结论也不太一样。

从逻辑来讲,什么叫超发,这个问题是首先要回答的。但我们也看了很多文献,其实这个问题很难回答,因为没有一个指标来确定是否超发,如果从央行的基础货币来讲的话,好像还比较容易判断,因为有一个数据在那里。从基础货币的绝对量,或者是增长速度,以及与国际上其他国家的比较,或者是与 GDP 总量的比较,似乎能够得出一些东西来。

但问题是,我们通常谈的货币不单单是讲基础货币,而更多的时候谈的是广义货币。广义货币就更复杂了,不单单是基础货币的指标,我们可能要用到 M2。如果单单看 M2,也比较简单,就是看 M2 的规模,M2 的增长速度,M2 跟 GDP 的比例。但是呢,总的来讲,我们初步的研究发现,实际上远远没有这么简单。每一个经济体有每一个经济体的发展阶段,它有它的历史。你如果割断了这个历史——刚才潘教授也讲到了这个问题——简单地与过去比较,或者是简单地做指标上的比较,这其实是不全面、不科学的。中国在这个过程当中,实际上前半段是一个商品的货币化过程,到后面是一个土地的货币化过程。

我前几天在研究通货膨胀的时候也发现,为什么说通货膨胀好像很难从 M2 和 GDP 的关系得到一个验证,实际上在 M2 里把土地出让金扣除掉,你会发现这个指标没有我们想象的涨得这么多。其实就说明了资产价格的问题,这实际上是国际上的难题,就是货币政策和资产价格之间到底来怎么样处理,货币政策要不要关注到资产价格,是关注好还是不关注好?如果要关注,你又怎么判断资产价格是合理的还是不合理的?这个问题解决不了的。

美联储的很多经济学家也在研究。美国的股票市场不断上涨，涨到了相当大的规模，证券化已经超了百分之一百多了，它实际上对经济周期产生影响了，对实际经济也产生影响了。这么大的规模，按道理货币政策是应该关注到资产价格的。但问题是没有一个逻辑的东西，没有一个依据，那怎么办？

中国现在面临一个很大的问题倒不是股票市场，股票市场是比较小的，而是房地产市场，现在房地产市场的市值我们初步算下来是150万亿元左右，跟GDP的比例差不多要250%了。多出10%就是15万亿元，多出20%就是30万亿元，它当然会对货币供应产生很大的影响。这两个东西是必须要考虑的，一是这个国家货币深化的程度或者是阶段，还有就是资产价格。货币政策肯定是关系很大的，但在理论上到底怎么样来处理？如果把这些问题回答出来以后，我觉得对货币是不是超发的讨论可能还要回到最本原的，就是央行的基本职能到底是什么。如果它完成了基本的职能，可能你就不能认为是货币超发了。我最终的结论是与韦森教授接近的，我认为不能说中国的货币是严重超发的，还真的不能说。

央行有一个非常重要的职能是促进经济增长，我们的经济增长还可以，第二个职能是要维持通货稳定，物价水平控制在一定的幅度内。从总体上来看CPI低估了通货膨胀，但应该说我们国家也没有发生恶性的通货膨胀。连续的、温和的、持续的通胀客观存在，有些商品的物价确实上涨了很多，但比如说粮食的价格、大米的价格，这40年来基本上没涨多少，要变成年度来讲，可能每年只涨1%—2%。通信产品、汽车价格还是降低的。这个目标好像也达到了。你说充分就业的话，好像我们也还可以。从央行最终的目标来看似乎也可以，至少不能算是超发太厉害。

我们做国际比较，情况太复杂。我们后来看了很多国家的M2，都不一样。80年代之前，整个西方超过90%的都很少，但是现在超过百分之百的国家很多很多。这跟经济发展的阶段有关系。

刚才韦森老师提到一个非常好的观点，就是说在整个数字化的货币时代里面，整个商业周期，整个货币理论是否要创新了？原有的理论是否不能够非常妥贴地解释，这里面到底怎么样？我觉得这是一个非常大的命题。当然这个工作量非常大了，因为对各方面的理论准备，包括各方面实际情况的了解，而且要非常客观深厚地了解，不是从某个局部，而是要全面系统的了解。我觉得这挺好的，看看以后再跟韦森老师来探讨学习。我就讲这些吧。

乔依德：还有其他的吗？

李辉文（湘潭大学商学院副教授，副院长）：今天是非常有收获。特别是韦森老师把思想史里魏克塞尔之后关于货币的争论挖出来。我原来是做思想史的，但是这一块相对来说比较生疏了。

我们最早是从研究 M2 和 GDP 的比重开始的。之所以重要，也是因为这个东西吸引了很多人的眼球，特别是国内关于 M2 和 GDP 的比重这么高，有非常多的人在研究这个问题，我们当时也关心过。我后来想，根据我们现在做的一些研究，发现中国的问题有一个很大的特点，就是中国的结构问题跟总量问题是交织在一起的。我们关注两个很重要的结构：一个是国有银行，国有企业和地方政府，这是一大块，类似于我们的公有制；另外还有一块更市场化的部分，表现为民间企业和民间金融。这两者之间我们感觉到是有分割的。有分割的话，就联系到了前面韦森老师讲的问题，其实在货币经济学里面，货币流通速度和货币需求是一回事。我们当时有一个猜想，现在也在拿数据看，还没有最终的结论出来。我们猜，可能国有银行、国有企业、地方政府之间会形成一个小的内部循环，然后民营企业和民间金融内部也会有一个信贷的循环。这两个部门之间有通道，但是不顺畅。

比如说，国有企业或者是国有银行有剩余资金出来的话，可能通过影子银行出来，但肯定不是一个低成本的方式，可能是高成本的。因为如果成本足够低的话，中国的经济即使不出现通货膨胀，也会出现非常厉害的投资过热，但实际上没有出现。

而且刚才有几位老师谈到银行的贷款很紧张，没有钱贷出来。但是如果我们看数据，中国银行部门的存贷差是非常大的，到 9 月末的时候应该超过了 30 万亿元，就是说中国的存款总额和贷款总额的差额超过了 30 万亿元。

韦森：还有 20 万亿元扣在央行了。

李辉文：1 月到 9 月，银行的新增存款和贷款的差额可能会有 7 万亿到 8 万亿元，也就是说从总的来看不应该出现银行没钱贷出去的问题。现在出现了，可能有些制度性的摩擦。

我们还关注到一个现象，回到韦森老师提出的问题会有些启发和参考的价值。大家特别关心地方债的问题，刚才潘老师讲到了现在地方政府面对 18%的利率还在这里融资。有的融资很显然就是高利贷，它借钱很重要的一个原因就是借新债还旧债。旧债就是在当年温总理扩张时候借下来的，现在要还了。这些地方债务的严重程度其实是分区域的，中西部地区比东部地区要严重。照道理，我们原来在学宏观经济学的时候认为，不要把总量问题和结构问题混在一起，货币问题是个总量问题，但其实中国很显然，比方说把中国看成两个国家，东部是一个，中西部是一个，东部的问题不严重，严重的是中西部。

赵冠弢（浙商证券场外市场业务部总经理）：中国不应该看成是两个国家，要看成有多少个省。作为一个基层投行人员，我一直认为，起码江浙一带，我没见过到18%的，中西部是有的，基本上10%—12%。怎么来还，很大程度上是通过卖地，土地财政。长三角地区的债务，特别是江苏，江苏已经上了黑名单，但是江苏的难题在某种意义上来说是可以被化解的。我举一个例子，宿迁。现在宿迁洋河股份的股价是哗哗地跌下来了。我们去宿迁的时候，我提了这个问题，当时宿迁大拆大建，建了许多新项目，以后怎么去还呢？他们说，新的土地；实在不行呢，洋河股份的大股东是政府，市场化出让掉，可以把前面几年宿迁政府的债全部还掉。

我的意思是，在经济相对发达的地区，地方政府是有一定的经营头脑的，它发的债是有一个估计的，基本上不会像有的文章中所写的出现这么严重的颠覆式破产的结果，像芝加哥或者是美国一样，这种事情是不存在的。中西部我没有接触过，我怀疑是存在问题的。

李辉文：我总结一下，中国有两个结构性的问题对于我们理解总量问题很重要。就是在国有银行、国有企业和地方政府之间，政府看得见的手伸得比较长的地方，可能效率比较低，货币流通速度比较慢；在市场化程度比较高的部门，流通速度快一些。如果是慢的部门在增长的话，这时候就会拖累货币的流通速度，所以M2比GDP高是可以理解的。另外，从区域上来看，可能东部比较健康，中西部是有问题。地方债的规模，东北和中西部占的比重差不多大，都是一半左右，但是东部的GDP要大得多。

赵红军（上海对外贸易学院教授）：结合潘老师提到的，我们的问题就是实体经济没活力，因为竞争很充分了，有这么多的资金都跑到虚拟经济来了。我想这抓住了当下经济当中非常重要的问题。如果我们看美国的话也是这样，绝大部分资金跑到虚拟经济去了。这可能跟目前的经济学理论有关系，我们传统的经济学理论对实体经济的把握应该说非常充分，可以这么讲，从亚当·斯密到凯恩斯基本上是考虑实体经济的。

对于货币市场的均衡，虚拟市场的均衡，我认为现在考虑得还是不够。货币到底是个什么东西，特别是韦森老师演讲当中提到一个问题，就是货币现在变成了数字化的货币,在历史上是金属货币,后来是纸币,再后来是虚拟化了,纯粹是一个数字。我们现在发工资,大家拿到的卡,拿到的这些东西,我认为超过了传统货币经济学理论对它的研究,也就是说我们传统的经济学理论在这一块是不足的。

网络经济一出来,经济学家对很多内容是不能解释的。我们今天来看的话,货币时代再加上网络时代,对将来整个世界的冲击是非常大的,特别对于经济学理论的冲击是非常大的。

韦森老师从学理的角度,从经济学最初的源头一直到奥地利学派,这个探寻是很有意义的。我们也在给三联翻译一套奥地利学派的丛书。我觉得从学理的角度看,奥地利学派在经济学的理论发展上不太受到重视,在政策领域,奥地利学派也没有在现实中受到重视。凯恩斯学派在今天的宏观经济学理论领域受到了大家极力的推崇。所以从学理的角度来看,我认为从经济学的最初源头,从奥地利学派那里借鉴一些思想来研究,是很有意义的一个方向。

我们今天对未来实践的了解,无非走两条途径:第一,实证经济学,我们从银行的业务当中找来些数据检验这个理论是不是很准确,这是一个方向。另外一个方向,就是韦森老师现在走的这个方向,我们从学理,从经济学最初的源头,从那些大家的经典著作中,我们把当时遗忘的内容重新拉回现实当中,看看还有没有好的研究。我觉得这是他今天演讲的意义。

乔依德:本来应该再鼓励大家多发言,但时间不早了,今天的会到此告一段落。我觉得我们今天的会很有意义。韦森老师讲了很多,从学术上、国际上的情况以及中国的现实,讨论怎么来理解M2等等。大家还有些评论、意见,对于我们下一步怎么理解货币内生,包括对我们中国经济,特别是货币经济、货币在中国经济所处的地位都有启发。我们今天的会就到此结束,谢谢韦森老师的演讲,也谢谢各位的参加。谢谢大家!

辑三　名家谈中国经济未来改革转型

■ 中国改革发展新阶段与公共治理变革

• 汪玉凯*

乔依德(上海发展研究基金会副会长兼秘书长、卓越发展研究院院长)：最近有两个情况大家可能比较关注。一个是党的十八大以后，中央加大了打击腐败的力度，揪出了不少“老虎”和“苍蝇”。大家在议论这个过程当中，也会提一个问题：怎么在制度上预防或减少贪污腐败的发生？这是大家比较关注的一个问题。第二个情况大家最近议论很多，就是中央出台了很多新的规定，如八项规定等，对公务员可能有一些压力。有些公务员似乎觉得受了委屈，要离开公务员队伍；也有人批评说这是“撒娇”。不管怎么说，在我们改革过程当中，如何正确对待公务员，还是一个很重要的课题。政府是由公务员构成的，要使他们发挥积极的作用，也要让他们跟整个社会的期望保持和谐，这很重要。我们很高兴在这样一个当口，请到了国家行政学院教授、中国行政体制改革研究会副会长汪玉凯先生。汪教授经常在报纸上发表一些文章或者接受记者的采访，他长期以来研究公共管理和行政改革，而且积极参与我们国家行政体制改革的实践。今天他演讲的题目是“中国改革发展新阶段与公共治理变革”，现在我们以热烈的掌声欢迎汪教授给我们演讲。

汪玉凯：大家晚上好。非常高兴能到上海和这么多重要领导，还有很多社科界的专家、朋友一起来做交流。上海是中国经济最发达的地方，也是人才高度集中的城市，我想北京和上海在很多方面都有共性。这次三中全会开了以后，大家看到，海内外的反响是非常强烈的。我看到有报道，说中共如果能把这60项改革实施的话，中国可能发生巨变。他们是这样来形容的。还说《中共中央关于全面深化改革若干重大问题的决定》(以下简称《决定》)远远超过了国际社会的预期。大家看最近紧锣密鼓出台的组织架构，前天公布了深改小组，他们说中国有史以来没有这么顶级的深改小组，外界甚至说这会不会变成第二个中央，有这种猜测。凤凰网刚才

* 汪玉凯，国家行政学院教授、中国行政体制改革研究会副会长。根据2014年1月16日在上海新锦江大酒店的演讲录音整理，未经本人审阅。

让我谈谈国家安全委员会，我说我不能谈。为什么呢？因为我不是搞安全的。习近平是主席，原来没有想到李克强还会进来，他和张德江是副主席。后面还会有小组公布，还要公布一个有关网络安全与信息化的领导小组，这个小组和我们有点关系。原来这个信息化领导小组组长一直是国务院总理，比如朱镕基或者温家宝。后来我们给中央提过建议，十八大后我们把报告提交上去，习近平有两次批示。我们建议，由总书记担任国家信息化领导小组组长，总理担任副组长，在中央层面设立信息化办公室。中央接受了这个建议。因为我是课题负责人，我的课题完成以后，报给国家信息化专家咨询委员会，我也是这个委员会的成员，就以委员会的名义报上去，引起了高层的关注。这个小组的主要文件已经下发了，但是没有向外宣布，叫网络安全与信息化领导小组。不是有一个国信办吗？把那个机构改造成新的网络安全与信息化领导小组办公室，工信部将把信息安全协调司和信息化推进司，几个司都过到这里面去，这个小组还没有宣布。

现在正在紧锣密鼓地为全面改革提供组织架构。所以，我想今天晚上围绕“中国改革发展新阶段与公共治理变革”这样一个话题，在不到一个小时的时间里，谈三点内容，和大家做一下交流。第一，就是改革发展新阶段对公共治理的挑战；第二，公共治理变革的重要性凸显；第三，排除改革的阻力需要更大的勇气和智慧。我完全从学者的视角来谈我的一些看法，因为是小范围的沙龙，所以我可以稍许放开一点。

我首先讲改革发展新阶段对中国公共治理的挑战。如果大家注意到的话，在这次《决定》里有个判断，是对目前中国形势的判断，基本就两句话：中国发展进入新阶段，改革进入攻坚期和深水区。我觉得我们 60 项改革，几乎都是建立在对这一新阶段的判断基础之上的。在我看来，可以概括为改革发展新阶段。为什么叫新阶段？我觉得新阶段有三个标志：第一，就是改革开放的整体格局发生重大变化；第二，传统的发展方式走到了尽头；第三，中国社会面临的风险有增无减。这三点是我们改革发展新阶段的三个重要标志。

首先，从改革开放整体格局发生的变化来看。我觉得现在改革开放整体格局，可以用三句话来概括。第一，中国改革发展取得巨大成就，但是人们对改革的认知度在大大下降。换句话说，现在中国老百姓，再也不像 30 年前那样支持改革，拥护改革。现在很多人反对改革，这种反对改革的声音，既来自社会公众，也来自社会精英，上层对改革的阻力也在加大。在目前环境下，重构改革的共识，比当年发动改革都难。第二，就是中国“双转”在快速推进——社会转型推进，体制转型推进，但是积聚了很多社会矛盾和冲突。我举个例子，在 20 世纪 90 年代，全国每年发生的群体事件平均 1 万起左右，这两年每年都在 15 万起左右，翻十几倍，这说明中国社会内在矛盾冲突激化了。为了维持稳定，我们大量增加公共安全支出。2012 年公共安全支出 7 200 多亿元，比军费开支多 500 多亿元，这 7 000 多亿元公共安全支出，多数都用来维稳了。为了维稳，我们大量增加公安干警，现在全国公安干警超过 200 万人。我前面给香港的高官讲课，顺便调研了一下，问你们香港警察和公务员是什么比例？他们说是 20 比 1，20 个公务人员中有一个是警察。我们内地现在是 708 万名公务人员，包含 200 万名警察，也就是说我们现在不到 4 个公务人员中有 1 个是公安人员，这个比例是非常高的，成本很高。为了维稳，我们不断出警。维稳在我看来是一篇大文章，不是靠出动公安干警能够解决所有问题的。第三，中国在国际上的影响力越来越大，中国在世界上的话语权越来越多，但是中国的形象不断地被西方国家误读。误读后面既有深刻的政治原因，更有复杂的经济利益，不排除少数国家想在中国策动颜色革命。但是我认为在目前这个环境下，更多的是大国之间的经济利益博弈。我们能不能保住过去 35 年来的改革开放成果，发现新的机遇，这对新的领导人提出了前所未有的挑战。特别是美国重返亚洲以后，中国国际环境急转直下。我们能不能有新的思维、新的战略，直接关乎中国的未来。这是第一个标志，改革开放的外部环境发生了变化，改革开放整体格局发生了重大变化。

第二个标志，就是传统的发展方式已经走到尽头了。这直接表现为，一方面中国经济快速发展，但同时我们付出了高昂的代价。经济快速发展，大家都很清楚，我说两个数据。1978 年改革开放起步那年，中国人均 GDP 还不到非洲最穷国家的三分之一，2012 年我们达到 6 188 美元，中国进入中等偏上收入国家行列，这是第一个数据。第二个数据，从 1978 年到 2012 年，这 34 年中，中国经济平均增长 9.8%，连续高增长 34 年。有人说这是一种历史性的奇迹。在充分肯定中国经济取得巨大成就的同时，也得看到我们付出的巨大代价。2012 年，我给中央党校讲了四个省部长班，他们请我讲的题目是“转方式、调结构与行政改革”。我当时提出一个“四个难以为继”的观点。这“四个难以为继”就是：第一，低成本出口战略，以金融危机爆发为标志，难以为继；第二，低端产业主导经济结构难以为继；第三，资源和环境的传统使用方式难以为继；第四，社会分配不公引发的社会问题使社会稳定的大局难以为继。这四个"难以为继"我不展开讲。我只举一个例子,比如说低端产业主导经济结构。大家知道,过去34年,我们达到9.8%的高增长,但是在我看来它是"三高"换"一高"——资金高投入,资源高消耗,环境高污染,换来34年9.8%的高增长。后面还得加一句话——低效率。我们大量消耗,透支资源,破坏环境,这是我们增长的前提条件。世界上流行三句话,叫"三流企业卖产品,二流企业卖专利,一流企业卖标准",最高端企业是卖标准的企业。而我们大多数是不入流的企业,没有自己的品牌、没有自己的技术,就赚人家组装的钱,这样永远成不了强国。这么大的国家,只在世界产业链的下端,在高端没有多少话语权,这是成不了强国的。我记得,我担任浦东新区的顾问,那天发聘书的时候,包括阿里巴巴的马云、北京大学的周其仁教授,每人上去讲20多分钟,我也讲20多分钟。我讲上海浦东、北京中关村在高端产业方面,要能够代表国家说话。我举个例子,比如说,乔布斯发明了iPHONE和iPAD,这两个产品一出来,就变成世界的标杆了。诺基亚在2012年还是世界第一大手机供应商,市值3 000亿美元,到2013年被微软用70亿美元收购了。为什么?创新不足。所以大家想想,为什么中央下决心淘汰落后产能,发展新兴战略产业,发展绿色低碳经济,我想核心就是要在世界产品高端有话语权。我可以举个例子。有个老先生,当年是江泽民的信息化顾问,80岁的老人,一次在张德江副总理的办公室作汇报,说到激动之时,竟然老泪纵横。他说他一生搞了60年电子,有三大遗憾:第一,中国到现在为止都没有形成自主可控的计算机技术体系;第二,中国没有形成自主可控的软件技术体系;第三,中国也没有形成自主可控的微电子技术体系。他说这三大技术体系,中国人完全亦步亦趋学美国,跟在美国人屁股后面学。俄罗斯的计算机水平比我们低了一截,但是俄罗斯不受美国人控制,是自主可控的。2010年,中国计算机获得世界第一名以后,很多人很高兴,当时也震撼了美国,我们叫天河一号A,比第二名美国计算机每秒钟运算快了800万亿次。当时震动了美国朝野,美国国会马上召开听证会,要白宫介绍情况,白宫介绍完情况以后,议员们松了一口气,说原来不要紧,核心技术始终是美国的。硬盘都是蓝剑生产的,操作系数都是美国微软公司生产的,CPU也是美国公司生产的,核心技术都在人家手里。2014年1月初,中国网络出现大面积瘫痪。全世界一共有13个根服务器,有一个总的根服务器放在美国,还有9个服务器也放在美国,外面就3个:荷兰1个,日本1个,英国1个。中国一个都没有。核心技术都受制于人。所以当时老先生跟张德江说,他建议中央应该像当年毛泽东、周恩来时代打中国原子弹的翻身仗那样，组织国家梯队打中国新技术翻身仗。如果说那次会议上，老先生的发言震撼张德江一个人的话，2013 年美国棱镜门斯诺登事件，应该说震撼了整个中国高层。这次中央为什么设立一个国家级的安全委员会，主要是应对非常规的安全。所以我们给中央的建议为什么能被习近平批示两次，就是设立以他为组长、李克强为副组长的网络安全与信息化领导小组，也是为这个来的。所以我说，如果我们在高端没有自己的话语权，那么就很难成为强国，这是我讲的第二句话，即传统发展方式走到尽头。

第三个标志是中国社会面临的风险有增无减。在十八届三中全会筹备期间，当时中央委托新华社搞了一个高层调研小组，在中央和地方做了很多调研，对一些重点专家一个个去访问。我有幸被叫到新华社总部去谈了一个下午，放开谈，不受任何限制，认为三中全会应该如何改，改哪些，可以放开谈。通过动态取样，调研小组把副本送给最高层。当时我说十八大以后，习、李上任得到很多好评，但是习、李上任不足以化解中国的风险，中国目前仍然面临很大的风险和危机。我从一个学者的角度来看，目前中国至少面临四种风险，第一是经济风险，第二是社会风险，第三是信任风险，第四是政治风险。现在经济下行压力越来越大。尽管公布的经济数据已经证实高层的主要判断，就是中国经济还没有出现大问题，我们提升经济增长的质量，有意降低经济增长的速度，这个判断从公布的数据也可以得到证实，但是经济发展的隐忧非常明显。在我看来，我们经济发展中最大的风险有三个：第一，房地产泡沫；第二，地方债务，原来公布 12 万亿元，这次家底摸清了，地方政府一共欠 20 万亿元；第三，影子银行，一方面流动性泛滥，另一方面银行圈钱。这三个方面是相互联系的，有一个出问题，就可能引起连锁反应。所以，尽管高层说经济没有出大问题，但是对经济高度紧张，心理底线是中国经济增长不能降到 7%以下。胡、温执政十年，尽管有很多问题，但是他们手上有一张牌，就是经济一直高增长，拿经济增长这张牌反过来解决不少社会问题。一旦经济增长速度降到 7%以下，就可能引发大规模的失业，社会振荡，这方面一点不敢小视。第二个，社会风险。社会风险最大的问题，就是社会利益格局整体被扭曲了。造成利益格局被扭曲的原因是多方面的，但是在我看来，主要有三方面。一是分配制度不合理。35 年来，我们"四大差距"没有一个被缩小，却被放大了——城乡差距、贫富差距、行业差距、地区差距。一端是中国 1.2 亿人没有解决贫困问题；另一端，中国富人在全世界兴风作浪。这说明分配制度出问题了。二是机会不均等，企业和人的发展不处在同一竞争起跑线上。国有企业过于强势，国有企业基本解决不了腐败，民营企业相对弱势。人和人的发展不处于同一个起跑线上，有权有势者的小孩发展空间很大。农民的小孩、草根的小孩，即使考上清华、北大一流大学，毕业以后也未必找到体面的工作。有人说中国进入全面的拼爹时代，拼老子。出现这种现象，就是阶层相对被固化了，底层往上的流动空间越来越少了，这就可能引发革命，甚至危机。你们想，王岐山为什么让官员看一本书《旧制度大革命》，他是学历史的，绝不是无病呻吟。王岐山让大家看这本书，就是说改革不能慢，改革慢了以后，可能爆发危机，甚至爆发革命。三是既得利益者兴风作浪，既得利益者在整个利益格局被扭曲中起到了推波助澜的作用。这三者叠加——分配不合理、机会不均等、既得利益者兴风作浪，扭曲了整个社会的格局，这是中国社会现在不稳定的根源。

第三个就是信任风险。我们给老百姓的承诺能不能兑现，医疗、教育、社保、社会服务方面的承诺如果不能兑现，不能让老百姓享受到改革开放成果，老百姓很难再次对党和政府信任。你看习近平上台不久，他做的第一个判断是腐败亡党亡国。后来他又做了一个判断，他说人心向背决定执政党的生死存亡。我认为习近平后来的判断更加接近问题的本质。这就是信任风险。

第四个是政治风险。我们能不能构建起制度的笼子，防止整个制度腐败的蔓延，不仅关系到反腐败本身，而且关系到我们能不能重构改革的共识，让老百姓第二次支持我们的改革。应该说，新一届领导人上任给解决这些问题和风险提供了重要的时间窗口，也奠定了重要的基础。但是他们成功上任，不足以化解这些风险，所以才需要以更大的勇气、更大的毅力去全面改革，通过全面改革来化解这些问题。这是我的第一个分析，改革发展新阶段对公共治理的挑战。

第二个分析，就是公共治理变革的重要性凸显。这次三中全会《决定》中确定的改革总目标，是相当多的人没有想到的。"完善和发展中国特色社会主义制度，推进国家治理体系和治理能力现代化"，前面一句话是前提，核心在第二句话——"推进国家治理体系和治理能力现代化"。我觉得，这个大目标的确立，不仅仅意味着我们最高领导层接受了现代国家治理的基本理念，而且应该说跳出了我们过去很多窠臼，把国家治理体系、治理能力现代化作为我们改革的总目标。这里面讲了三个核心，就是要让创造财富的各种源泉能够涌动，让社会活力能够得到释放，让改革成果被全民共享。国家治理能力现代化之下的核心点，是更值得我们关注的。那么，我们再分析一下，为什么说目前公共治理变革的紧迫性凸显呢？回想一下，我认为中国改革的内在逻辑正在发生变化。如果说过去30多年我们以经济改革为主导,以经济体制改革为主干展开各项改革的话,其他改革说到底是为经济改革服务的。但是我们看到,越到后来,党政机构、政府越来越成为社会矛盾的中心,成为社会矛盾的聚焦点。所以尽管这次三中全会《决定》说未来我们要以经济改革为牵引,以经济体制改革为重点,但是在我看来,经济改革目标的实现,主要障碍不在于经济领域,而在于政府,在于执政党,这成为目前的关键。所以我说公共治理变革的重要性凸显,而政府、党政机构处在公共治理变革的核心地位。为什么它们的改革重要性上升呢？至少有三个原因。一是其他各项改革能不能推进,在多大程度上推进,几乎都和政府、执政党有关。你看我们前面提到经济改革、政治改革、社会改革、文化改革、生态改革、执政党制度的改革,这六大改革每一项都和政府、执政党自身有关。为什么这次成立了六个专项小组？我理解基本可以看成两块,政治改革三个,占了一半：民主法制领域改革、纪律检查体制改革、党的建设制度改革,这三个专项小组,都和政治改革有关;另外就是经济和生态小组,文化一组,社会一组。整个政治改革占了三个专项小组。所以我说,以经济改革为例,你说收入分配制度改革、国企改革、金融改革、财税改革、投资体制改革,这些是经济领域的改革,好改的早改过了,剩下难改的都和政府有关,如果没有政府改革的推进,这些改革是不可能的。二是政府治理的能力直接影响国家治理的成效。我前面讲了,国家治理体系、治理能力包括很多内容,既包括组织体系、国家的法制体系、体制机制,也包括人的观念、管理观念、管理水平,是全方位的。在整个国家治理架构中,政府治理处在第一线,国家治理的很多目标通过政府治理来实现。如果政府自身问题不解决,能力不高,就会直接影响整个国家治理水平。三是从政府的问题来讲,现在我们至少还有三个迫切问题。尽管过去的六次改革解决了很多问题,但是现在从上到下,我认为有三个迫切的问题：其一,整个治理结构不够科学,不管党政的问题也好,政府内部的组织架构也好,都还有很多关键性问题没有解决;其二,政府管理中的深层次问题解决,一直没有得到老百姓的认可。比如说,转变政府职能滞后的问题,政府自身改革滞后的问题,行政审批过多过滥造成腐败温床的问题,还有社会管理、公共服务薄弱的问题。在这些关键问题上,老百姓不满意;其三是我们的政府形象。政府行为一直得不到有效控制,政绩工程、形象工程、劳民伤财,严重影响政府的形象。因此,公共治理变革的紧迫性可想而知。

未来中国公共治理变革路径和核心议题是什么呢？我觉得可以通过这几个路

径：一是要优化公共治理的体系和结构；二是突出政府改革，如转变职能，创新政府管理方式；三是提高公共治理能力，包括公务员队伍素质；四是加快建设法治政府和服务型政府建设步伐。通过这些路径，通过这些公共治理变革，我认为在未来这一轮改革中，从公共治理这个视角来讲，有可能解决五个核心议题。第一个核心议题是重构政府和市场关系，发挥市场在资源配置上的决定性作用，逐步使政府治理现代化。大家看到，这次把两个字改了。我曾经和吴敬琏先生在一个论坛上发言，他在我前面讲，他说他这次理解三中全会《决定》，最大的理论突破就两个字，把市场在资源配置中的"基础"作用改成"决定"作用了。你现在可以倒过来看，凡是影响市场决定的政府管理体制机制，都应该是改革的对象。政府只有在市场决定的基础上，才能发挥它的作用。我觉得，吴敬琏先生的判断是有道理的。要发挥市场决定作用，我觉得主要解决两个问题：一是政府要向市场放权；二是要开放市场。从开放市场来看，这次改革决定里面一大堆问题都是围绕这个展开的，包括建立统一市场体系、打破行政壁垒、开放金融、开放服务业、反对垄断、改革国有企业、构建公平的市场竞争环境。政府向市场放权，一共有五大举措，比如说减少投资审批、减少对生产经营活动的审批、减少不必要的检验检测许可认证，减少行政事业性收费、改革企业注册登记制度。前不久在成都，国家工商总局和四川省政府联合搞了一个工商管理高峰论坛，我和厉以宁先生被邀请作演讲。当时张茅局长说，他们这次改革就两句话，核心是两句话。第一句，先照后证。过去是先证后照，你把章盖完，所有证件办完以后发营业执照；现在颠倒过来了，叫先照后证，你今天注册，马上给你发营业执照，你可以营业了，手续补办都可以。第二句，没有注册资本的要求了。过去注册，普通的企业有注册资本金限制，现在没有了。这两个变动鼓励人们创业，降低市场门槛。宽进严管，先让人进来，进来再按照企业管理法管，不是一开始就把人挡在门外。这是第一个核心议题，就是重构政府和市场的关系，发挥市场的决定作用。政府只有在市场决定论基础上，再发挥宏观调控、市场监管，公共服务，等等。

第二个核心议题，是要全力保障民生，维护社会的公平和正义。我觉得过去这些年，中国改革受到老百姓最大的质疑，就是公平正义。比如说，我们的政策制定越来越有利于富人；在制定政策时，弱势群体、下岗人员、打工者的声音越来越小。大家看到，这次 60 项改革，有 18 项和民生有关，全力保障民生，体现社会公平公正。具体来讲，要加大对民生的投入，要加大与民生有关的体制机制改革的力度。这次提出体制机制改革，与民生相关的改革，目标都非常具体。比如说，取消事业单位医院、学校、科研机构的行政级别，这句话涉及120万家事业单位，3 000多万名在职人员，还有800多万名离退休人员。改起来有多么困难！再比如说，医院改革，不能以药养医，医药要分家；要保证教育公平公正，改革基础教育，减少考试科目；养老方面，公务员养老，企业养老，事业单位养老，三者要并轨，延迟退休年龄等。所有这些改革几乎都和民生的体制机制有关。还有比如说，对农村，农民是最大的弱势群体，要建成统一的城乡建设用地市场，让农民有更多的财产性权利，各种要素能够自由流动。我认为，这次改革很大的一个着眼点，就是要让公平正义照耀在农民这个最大的弱势群体身上。过去这些年，我们最大的教训之一，就是双重剥夺农民，不是有意的，是无意的，客观上，对农民造成双重剥夺。其一，从改革开放到现在，农村农民共有2.6亿人离土了。他们进城里后，没有和城市人处在同等就业起跑线上。他们干的全是最脏最累的活，拿到的报酬相当于城市人的一半，年龄大了，干不动了，到乡下养老，城市和他没有关系。数以亿计的农民被剥夺青春年华，这是第一重剥夺。其二，城镇化变成圈地化。我们城镇化根本变成一个城市空间的扩张过程。从2000年到2010年这10年中，中国城镇人口增长26%，但是中国城镇面积扩张了50%。为什么？这是土地制度决定的。我们土地制度规定，农村土地归集体所有，城市土地归国家所有。在征地过程中，给农民一些补偿。除了公共用地，剩下的政府高价卖给开发商，地方政府独享了巨额的土地增值收益，把农民这个土地本来的所有者，排除在参与土地收益分配的门槛之外。所以大家看到，征地越来越变成战争。据我所知，这次围绕土地制度改革是最大的争议焦点之一。要不要农民集体土地可以流动？这是争议最大的，都写进去了。有人说，中国将进行第二次土地改革，第二次土改的直接受益者是农民。

第三个核心议题是，创新社会治理，释放社会活力。2013年年初，孟建柱讲的四句话引起广泛关注：废除劳教制度，改革信访制度，改革司法审判制度，改革户籍制度。现在证实，全部被写到这个改革的《决定》中了。我觉得过去这些年，我们在社会管理方面有过一些创造，但是我认为整体上在很多方面走偏了方向；就是说，把社会管理变成了对人的行为管控。大家看到，这次完全是调过来了，就是社会治理主要释放社会活力。这次把国家管理变成国家治理，政府管理变成政府治理，社会管理变成社会治理，“治”和“管”这个字的改变，意义重大。所以大家看到，这次包括废除劳教制度、改革司法审判制度、省级以下司法实行垂直管理，将来可以建地区性的法院，主要是解决地方权力对司法审判的干预，要保证司法公平公正，为我们下一步司法审判相对独立奠定基础。此外，要对社会放权，四大类社会组织都放开了，取消双边管理，整个占 80%。行业协会和商会，科技的社会组织，公益的社会组织，社区服务的社会组织，基本都放开了。就是说，社会治理最终是要释放社会活力，不是把每个人管起来，把行为控制起来。

第四个核心议题，就是用法律构建制度笼子，用制度管人、管权、管事。我在很多地方演讲，说中国这种体制有很多优势，比如说可以集中力量办大事，比如说一方有难，八方支援。但是中国最大的软肋，就是到现在还没有找到一个四两拨千斤的管理约束公权力的制度设计。监管公权的主体还少吗？我算了算有六个主体，纪委一条线，监察一条线，审计一条线，预防腐败一条线，反贪一条线，巡视一条线。光主体就有六个，但是对一些单位的主要领导人，一个地方的主要领导人，几乎为零。我跟他们讲，咱们讲道理，你能不能给我找出来一个县纪委书记把县委书记给监督下去了？如果找不到，这个制度就是失败的。还有，为什么这么多人边腐败边提拔？他当市委书记、县委书记的时候，问题都暴露不出来，只有当他提拔到上一级政协副主席、上一级人大副主任，离开这个地方了，他当书记时的问题就暴露出来了。不是说共产党愿意提拔腐败分子，是没有办法去发现。此外，凡是在哪里当主要领导人，到这个市当市委书记，到那个省当党委书记，主要领导人是哪里人，他老家承包队就大量在那个地方包揽工程。他家乡的工程队，能在他所任职的地方揽到很多大项目。这是什么原因？如果你不能对这些作出科学的、令人信服的解释，就说明这个监督体制是有问题的。所以大家看到，这次专门设立了一个纪律检查的专项小组，下决心想解决中国的“软肋”。比如说，它利用法律构建制度，用制度笼子来管人、管权、管事，让人民有监督的权力，公开透明，构建权力清单，保障干部清正、政府清廉、政治清明。我说十八大提出的三清改革目标很重要，但是如果没有 708 万名党政公务人员个人的清正，政府清廉是空的，政府清廉是通过一个一个公务员的清廉、清正来保证的，只有公务员个人清正了，政府清廉了，我们才有可能实现政治清明。再就是创新监督的体制机制，所以大家看到，除了我前面讲到的省以下司法相对独立、垂直管理之外，要改变纪检监察体制，就是同一级党委再没有权力提名同级纪委书记、副书记了，由上级纪委提名，这个书记副书记是双重负责制，既要对同级党委负责，也要对上级纪委负责任。这就解决了王岐山所说的灯下黑的问题，就是一个县的纪委书记监督不了县委书记，一个市的纪委书记监督不了市委书记,这是重大的调整。再就是巡视制度的广覆盖、全覆盖,不仅党政机构,还有事业单位、国有企业。再就是对官员提出更严格的要求,比如说六不准,不准超标配办公室、不准超标配车等。

还加了一个叫"探索实行官邸制"。大家可能注意到了,这是我 2013 年主持的课题研究。我是中国行政体制改革研究会的,我们会长是魏礼群,他是大笔杆子,也是重要的智囊人物。我们 2013 年有若干课题,其中公车改革研究、官邸制研究是我主持的,主持完以后,2013 年 6 月就出来三个报告:一个是国外官邸制研究,一个是中国古代官邸制研究,一个是党政领导干部住房现状分析研究。三个报告出来以后,我写了一个不到 5 000 字的建议给中央,建议实行官邸制。魏礼群会长直接送给习近平和李克强,送给中央领导。后来我一看,这个完全被写到《决定》中去了,就七个字——"探索实行官邸制"。后来《决定》出来以后,我才把这个方案抛出去了,中央办公厅打电话把我的三个专题报告都要走了,不仅要看建议稿,还要看三个研究报告,要抓紧建立国家官邸制。我是从学者的角度提出建议,会不会按照我们的具体方案实施那不确定,但是方向已经定了。

第五个核心议题,就是加大党政自身改革力度,提高公信力,包括转变作风、降低三公消费、反对四风、公开透明等等。特别是"八项规定"出来以后,产生了相当大的影响。后来中央也找几个专家进中南海座谈,我也有幸被点名。我说过去中央没有少发决定,也没有少发制度,为什么都不起作用?这次作用为什么这么明显?我说我感觉就一条,就是政治局 25 个委员带头做起。你们想习近平上任后,第一次远行就到深圳,住商务酒店,吃自助餐,他的车队不让封道,跟邓小平学不让铺红地毯,一改中共高层领导出行的方式,产生强烈的反响。

我的看法是,现在高层领导是严厉治官。在 10 年以前,我提过中国公共治理的 14 字方针,第一句严治官,第二句善待民,第三句创新政体,第四句稳定银根。没想到 10 年以后,这届政府意图很清晰,严厉地控制管理官员,螺丝将会越拧越紧。现在制度化了,出台了党政机关节约条例、八项规定、反四风、严格清车,清办公室,螺丝越拧越紧。现在确实像刚才乔秘书长所讲的,引起很大的反弹。但我的看法是这样的,中国如果不治好 708 万名党政干部队伍的话,共产党和政府的公信力将很难再次得到老百姓的认同。这是一个痛苦的过程,可能会是一个大浪淘沙的过程。

但我的看法是,中国的核心问题在于用人,所有的问题都在于用人这个问题上。你看这次有一个党的建设制度改革领导小组，如果不解决用人问题，我认为很多问题解决不了。一把手用人，一把手说了算，我认为这是非常大的问题。我曾经对这方面写过一些建议，但是组织问题太大了。我的建议就是，在县一级，书记县长由一个人来当。书记县长由两个人当，绝对是错误的、不好的体制，绝对是闹矛盾的体制，很容易产生冲突。两条线一个人来当，书记县长一个人来当，人大主任不能让书记来兼。两条线选出一个一把手，还不改变党管干部的原则。共产党可以推荐人，推荐四个到五个合格的书记候选人，让党员代表大会投票。你演讲，党员代表大会认为将来谁当书记合适，投票出来，前三名就去竞争县长。你到人代会去演讲，竞争县长，最后人代会认为谁最合适，谁就既是县长又是党委书记。党这边推荐过来的三四个人都合格，就看谁能选上县长，这样的话，就是让党员和人民群众决定一把手。这样他就不会只对上面负责，也要对下面负责。第一个叫广泛任人唯贤；第二个叫任人唯信。我当一把手以后，我用哪一个部长，哪一个局长，我说了算，但是要承担连带责任。现在我们给你配一个县长，给你配一个局长，是组织部派的，这个局长可能和县长是有矛盾的，是顶着干的。你看国外也是，他有组阁权，他承担连带责任，一损俱损，一荣俱荣。这样既能体现共产党的执政领导地位，又能保证决策的效果和不腐败。人大主任是独立的一条线，纪检是一条线，两条线协助一把手。我现在要进一步完善我的这个建议，中央能不能这样搞不确定，主要是在我们 2 000 多个县、区采取这样的体制。

最后再讲第三个观点，排除改革的阻力需要更大的勇气和智慧。这次改革方案得到广泛认可，这个顶层设计不易。制订好的方案不容易，把好的方案变成现实更难。在我看来，公共治理变革要上下联动。从政府的视角来看，行政改革是整个政治体制的下端，它能解决的是政企分开、转变职能、降低成本、提高效率。而在我看来，政治体制还有上端，有四个更核心的要素，就是宪法的权威、政党的作用、社会主义民主、社会主义法制。这四个要素是整个公共治理体系结构的上层部分，更具有决定意义。所以我说要上下联动，不能只在行政层面做文章。

就我个人理解，在未来公共治理变革中，最大的阻力可能来自两个方面：一是既得利益，二是政府自身。我在三中全会前写过一篇文章，叫《冲破既得利益的藩篱是二次改革成败的关键》。我把过去这几十年的改革称为第一次改革，以这次三中全会为标志的改革称为第二次改革。我对既得利益有一个理论的界定，认为所谓既得利益，就是通过非公平竞争的手段和方式，借助公权力和政策资源，获取巨额利益的相关体。这里有三个关健特点：其一，它通过非公平竞争手段和方式，获取巨额利益；其二，它借助公权力和政策资源，获取巨额利益；其三，它获取巨额利益，主要指经济利益，但是也包括政治利益、社会利益。

我们来看中国既得利益的形态。在 2011 年，我在中央党校发表过一篇文章，系统分析了中国目前既得利益的表现形式。我还提出三个"灰色"：灰色权力、灰色资本、灰色暴利。就是主要靠公权力的影响力，通过子女、配偶、亲戚朋友，在市场进行资本运作，一夜之间就变成亿万富翁，这是最大的腐败，真正大的腐败。现在中国既得利益至少有三个形态：一是以贪腐官员为代表的权贵既得利益；二是以垄断行业为代表的垄断既得利益；三是以房地产和资源行业为代表的地产和资源既得利益。这三大既得利益，既掌握权力，又掌握资源，还掌握资本，羽翼丰满，实力雄厚，控制相当多的中国社会财富。

我们再来看既得利益的危害。在目前中国环境下，既得利益至少激化了三种冲突——官民冲突、劳资冲突、贫富冲突。社会上弥漫着仇富仇官的心态，群体事件的后面、大量黑色资本运作的后面，我们都可以看到既得利益的影子。所以我认为，和既得利益作战的危险还没有过去，你能不能战胜既得利益，或者既得利益最后吞噬你，现在还难以下定论。所以我说二次改革的成败，在很大程度上取决于我们能不能有效地遏制、战胜既得利益。

我们再来看高层对既得利益的判断。十八大以后，中央高层不断对整个改革的趋势做判断，比如说，改革进入深水区；改革要啃硬骨头；改革没有坦途；改革要涉险滩；改革准备付出成本。《决定》还说，实践发展永无止境；解放思想永无止境；改革开放永无止境；改革只有起点，没有终点。这些说法都说明一个问题，就是当前的环境下，改革难度大、阻力大、风险大。那么再看高层对既得利益是怎么判断的。十八大后不久，李克强说，动利益比动灵魂都难。习近平多次讲，要有更大的勇气和决心，冲破利益固化的藩篱。习近平没有直接用既得利益四个字，但是在我看来，他说的利益固化，主要就是指既得利益；包括进一步对整个反腐败说很多狠话，比如刮骨疗毒，猛药治病，反腐败不设上限，清除害群之马，所有这些，我想他都是有所指的。这些判断就说明，既得利益已经在事实上成为中国改革最大的阻力和风险，这是第一个阻力。

第二个阻力来自政府自身。政府不是有意识地制造阻力，它自身的惯性就可能对这次全面改革形成阻力。主要在于三个方面，一个是观念，一个是审批制度，一个是部门利益。这三个方面有可能构成政府对这一轮改革的阻力。审批和部门利益,我不讲了,大家都很清楚。我们现在这个审批结构,几乎可以看做是由计划经济转向市场经济过程中演变出来的怪胎。温家宝 2002 年上任的时候,国务院的主要部委有 4 300 多项行政审批,他搞了 6 次改革,精减掉 2 490 多项。他交给李克强的时候,国务院还有 1 700 多项。李克强说,他在未来五年要拿掉三分之一。他这届政府一共要拿掉 567 项,2013 年 3 月到现在不到一年,就拿掉了 334 项。审批改革如果不到位,改革很难成功,向市场放权,向社会放权,都会落空,而审批改革的难度和阻力是很大的。此外就是部门利益,权力部门化,部门利益化,利益个人化,个人利益团体化。我重点讲观念的障碍。我觉得如果没有 708 万名公务人员观念的变革,没有观念的更新,肯定会成为改革的阻力。观念中核心的有三个:政府的角色观念、服务观念、法治观念。

我以法治观念为例,大家都很清楚,政府权力受到严格的法律限制,叫法律不授权,政府无职权。政府权力和公民权力是相反的。公民权力在法律上规定的是你不能做什么,不能杀人,不能放火。但是法律规定对政府来讲是你只能做什么,没有规定的你都不能做。所以才有一句话叫依法行政,依法行政的另外一个解读就是政府的所有作为都要有法律依据,否则就是乱作为。

所以大家看到,习近平上任以后,非常重视法治,包括这次三中全会,也讲到法治中国,要树立宪法的权威。

由此我想到当年美国总统布什讲的一段话,他说人类千万年的历史,最可贵的不是令人眼花缭乱的科学技术,也不是文人们写的那么多浩瀚的著作,而是人类驯服统治者,把统治者关在笼子里,让他不要害人。布什说,这个笼子就是国家的法律。布什继续说,他现在正站在笼子里向你们讲话。所以我说,如果没有正确的法治理念,我们官员都可能成为这次改革的阻力。所以,在中国这样的环境下,就要以更大的勇气和决心来化解阻力,靠共识,靠思想解放,靠创新。如果当年没有邓小平发动真理标准的讨论,"文革"难以被否定;如果没有 1992 年邓小平南方谈话,中国改革到不了今天。所以我说这个全面改革方案的实施,又到了这样的关键时刻。我们越敢出手,越敢于在关键领域推进改革,我们面临的危机和风险越能够化解,越能够获得老百姓的信任和支持,共产党的执政地位会越巩固。反过来,越畏首畏尾、瞻前顾后、不敢出手,不仅危机难以化解,老百姓信任难以获取,甚至会威胁到共产党执政本身。这大概就是在新的历史条件下,中国改革发展的辩证逻辑。

好，谢谢各位。

乔依德： 非常感谢汪教授给我们做了一个很精彩的报告。我想了一下，可以用16个字来概括：论述全面，重点突出，条理清楚，立意新颖。他的一些观点还是很新颖的。下面我们抓紧时间，大家可以提一些问题。

谢荣兴： 提一个关于反腐的问题。我觉得中纪委就像家长管孩子，可以棍棒底下出来三个北大生，也可以出来一个李天一。那怎么更加有透明度呢？上海市委统战部召开座谈会，我提了意见，我说中纪委能不能让民主党派也一起参加，看一看案子是怎么回事，增加透明度。为什么？因为我们认为，可能协调得好就没事了，协调得不好就抓起来，这就是家长作风。所以我觉得，您是行政学院的，能不能要求让民主党派参与中纪委的办案工作。

汪玉凯： 我是一个学者，高层对我的定位是体制内学者，不是社会学者，所以我们经常递交一些建议。对这个问题，我再思考一下，我认为非常有意义，提得很好，谢谢。

乔依德： 还有没有问题？如果没有问题，我们今天的沙龙就到此结束了。我们再次以热烈的掌声为汪教授的精彩演讲表示感谢。另外也感谢大家来参加我们的沙龙，这是农历新年前的最后一次了，也预祝大家新年快乐，明年再见。

■ 改革推进中的央地关系和改革央地关系

• 张文魁[*]

乔依德：张文魁教授是国务院发展研究中心企业研究所副所长，他演讲的题目是“改革推进中的央地关系和改革央地关系”。这个问题非常重要，十八届三中全会报告中虽然没有专门一章说这个问题，但这个问题在很多章节中都有所涉及。我也留意到，十八届三中全会以来改革的很多方面都有人在研究，但琢磨央地关系的并不多，至少我看到的不多。

几星期前，我在《财经》杂志上看到张文魁教授很长的一篇文章，觉得很受启发，所以请他给我们做一个演讲。最近报纸上有一些关于上海 2030、2040、2050 规划的讨论，我看到了很多专家的发言，他们有时候拿上海和纽约、伦敦相比，但这种分析完全没有注意到上海与中央的关系，与纽约市、纽约州和联邦政府之间的关系是不一样的，我觉得这么一种简单的类比是有问题的。下面大家以热烈的掌声欢迎张文魁教授给我们演讲。

张文魁：大家晚上好，很高兴到上海发展研究基金会主办的沙龙上来和大家做一个交流。我的题目是“改革推进中的央地关系和改革央地关系”，听起来好像比较绕，我跟大家解释一下，这其实是两个相互关联，但又各自独立的议题。

十八届三中全会开完以后，规定了这么多的改革，按照审改办的分解，一共是 300 多项，要在 2020 年以前完成。这些改革项目要完成的话，到底中央和地方各自应该发挥什么作用，采取什么行动，才能有力地尽快推进改革？

如果我这么说，大家还觉得比较抽象的话，我可以举例说一些 2014 年以来，就是十八届三中全会开完以后，我们包括我个人遇到的很多纠结和困扰。我是研究国企改革的。三中全会开完以后，中央通过了一个全国性的改革大纲，这个蓝图就描画出来了。地方上根据这个蓝图、目标和路线来制定各自的改革意见和方案，然

---

[*] 张文魁，国务院发展研究中心企业研究所副所长。根据 2014 年 11 月 21 日在上海新锦江大酒店的演讲录音整理，未经本人审阅。

后去推行,这应该是可以的。

上海在2013年12月率先出台了上海市国企改革的指导意见。到2014年11月为止,全国有20个省市自治区出台了国资国企的改革意见。但是中央的还没有出来。上海的已经出台了,应该是根据地方的指导意见去推行了,但实际上可能还不是这样。最近国务院成立了一个国企改革领导小组,这个领导小组的职能,在很大的程度上是根据领导的意见对地方国资、国企的改革进行指导和把关,是带有这么一个任务的。实际上也反映出中央可能觉得地方是不是会抢跑或是跑偏,有这么一个担心。前两个月,中央深化改革领导小组办公室经济生态组就组织了八个调研小组分赴全国各地做国资、国企改革调查,一是听意见,另外就是给很多地方公开打招呼(特别是包括财政部也到地方上去):你们先不要动,哪怕你们的方案出来了,指导意见出来了,你们也先不要动,要听一听上面的想法。按照这么一个思路,哪怕是三中全会开完了,蓝图画完了,也就是吹响冲锋号了,你还是要听上面怎么来排兵布阵、发号施令,可能是有这么一些倾向出现。

我们的文件是说要发挥中央和地方两方面的积极性,要尊重地方的首创精神。事实上中国改革开放30多年以来,很多的改革是在基层先实验,中央没有文件,或者中央有一些原则性的说法,但并没有很详细的政策和文件的规定。默许你去闯,然后中央总结经验教训,形成一些规范的做法在全国推广,基本是这么一个套路。事实证明这一套更有效,国企改革就是从四川开始的,承包制是地方开始的,股份制更不用说了。三中全会以后说得很热的土地制度改革,我不知道上海的情况怎么样,重庆、成都、广州很多都是这样的,实际上国家并没有很明确的说法,而是在观察调研地方上的一些做法。

如果后一种做法更有效的话,那么前一种倾向现在又出现了。这就导致了三中全会之后形成的改革热度在不断冷却。2013年这个时候改革的热度是很高的,大家也很积极,有一些地方是摩拳擦掌,现在明显是在冷却。所以我们要推进改革,就存在一个如何处理央地关系的问题。这实际上会涉及一个更基础性的问题,就是央地关系本身应该怎样改。如果央地关系本身有一个清晰的改革目标、改革蓝图,那么我们推进改革就很清楚了。就按照这么一个很稳定的、很清晰的央地关系,各尽其责,各司其职就行了。所以我想这两个问题在中国都非常有意义。我先从第二个基础性的议题讨论,讨论完了之后,再和大家说一下我对第一个议题的一些看法。

央地关系为什么需要改革？我想首先一定是中央意识到央地关系有很多的问题没有理清。所以，在三中全会的文件中涉及了很多央地关系改革的内容。央地关系改革在三中全会文件里没有专门的一章，而是分散在各个部分里面，累加起来比某些专门的内容还要多。

比如，三中全会说的直接面向基层，量大面广，由地方管理更方便有效的经济事项一律下放基层管理。加强中央政府宏观调控的职责和能力，加强地方政府公共服务、市场监管、环境监管、环境保护的职责。中央的宏观调控要加强，地方的市场监管、社会管理、环保要加强，有条件的地方探索推进省直管县的体制改革，这也是一个央地层面再划分的问题。建立现代财政制度，建立和发挥中央和地方两个积极性，这个也属于央地关系。建立规范合理的中央和地方的政府债务管理和风险预警机制，这是说财税和债务的问题。发展基层民主，健全基层选举议事公开机制，这是说基层的民主和问责机制。减少行政执法层次，加强食品药品等重要领域的基层执法力量，这些执法系统至少是双重管理的一个系统，但现在又说加强基层领域的执法力量，到底以后的关系怎么处理？如果是双重的，就不能叫做基层执法力量。还有党务层面的，推动党的纪律检查工作，双重领导体制具体化、程序化、制度化。这也涉及问责的问题。前面说到了发展基层民主，健全基层的问责机制，你对地方老百姓负责的事是不是做好，老百姓是不是满意，要基层问责，同时要纪检双重领导，这些关系怎么处理？然后还有国有资产要归属清晰、权责明显，产权的归属要清晰，要正确处理中央和地方的关系，坚决维护中央权威。

我说了这么多还不全，涉及很多央地关系的内容，这说明中央意识到央地关系需要处理。因为中国虽然不是一个联邦制国家，但是有十几亿人口，960 万平方公里的土地，应该可以说至少是五个半层级——中央、省、地级市或地区、县、乡，这是五级，加上村可以说是半级政府。全球没有这么大的另外一个体系的国家。各个层级的关系怎么样处理是非常大的问题。

如果说这些文件还比较抽象的话，我们来看一下现实问题。现实问题非常突出，可以从三个方面来看央地关系。

第一，从财政和公共服务的角度来看。给大家看一下这张图(图 1)，收入大部分是在中央，支出大部分是在地方。

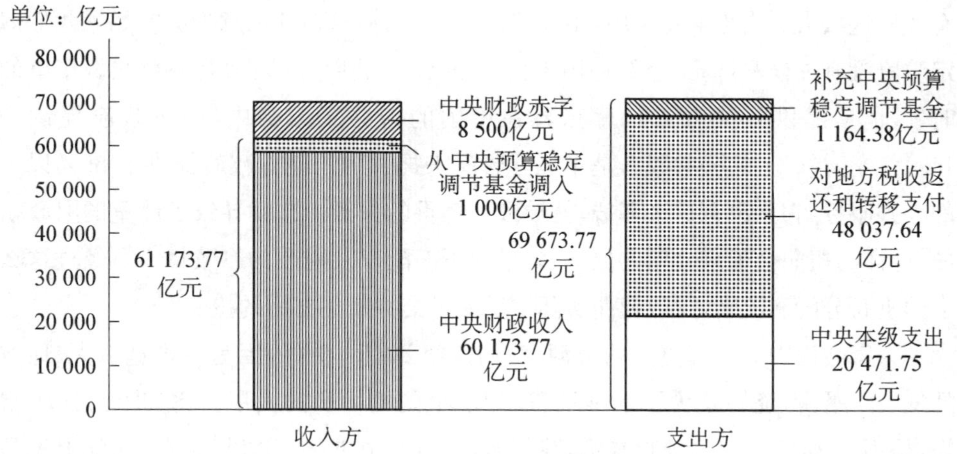

图 1　2013 年中央财政平衡关系

这是一个什么概念呢？看一下图 2，全国财政收入总量中，47%是中央在收。中央收这么多也可以啊，那你要承担这么多的公共服务，别人要花啊。但实际上支出当中，中央只占了 14%略多。如果中央的绝大多数支出是用于转移性支付，这是有问题的。

转移性支付不是说不能有，法国的转移性支付也比较大，但是任何别的国家没

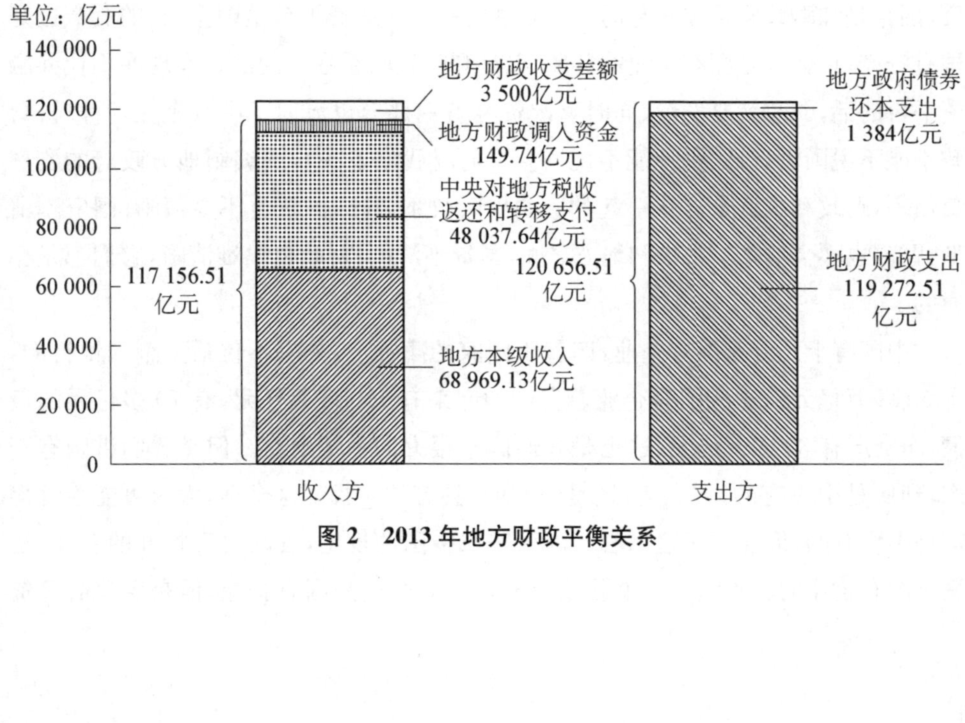

图 2　2013 年地方财政平衡关系

有我们这么大。支出的总量中，中央只占了14.4%，这是什么意思呢？如果我们假定政府没有失误和挥霍，全部是用于公共事务、公共服务(因为公务员在做正事的时候，也是提供公共服务)，意味着在中国的公共服务当中，中央政府提供了14.4%，85%以上的公共服务是靠地方政府来提供的。地方政府提供了85%以上的公共服务，它又没有这么多钱，就导致了严重的失衡。这就导致了严重的财政扭曲，这样的扭曲会带来效率的低下、效果的不匹配以及财政的腐败行为。经过这么多的重新分配和流转，财政扭曲实际上反映了公共服务方面的扭曲。

大家会说中央掌握更多的资源，我们的统筹能力更好，因为中国这么大，地方的发展不平衡，统筹是为了削峰填谷，为了全国更均衡的发展。比如上海比较富裕，是不是多收一点，青海比较穷，我们多给一点，中央该干这种事啊。实际上不是这样子的。我领导的"我国共同富裕的道路"的研究成果，2014年在《改革内参》上发表了。过去的十几年当中，我们大量的转移性支付没有出现削峰填谷的情况，反而是出现了逆效应。转移性支付没有缩小城乡居民收入差距，没有缩小不同阶层之间的差距，没有缩小地区间的居民收入差距，反而是差距扩大了。城市居民所获得的转移性收入比农村居民获得的更高。所以中央财政统筹这么多，没有发挥作用，这值得我们反思。从财政和公共服务来看，有很大的扭曲。

第二，从国有企业和国有资产的角度看。为什么要从这个角度看？首先，国资、国企是和财政联系在一起的。比如融资平台。融资平台是国企，它的资产也是国有资产，负债也是国有企业的负债，也是和财政联系在一起的。你现在不让弄融资平台的话，财政就要发债，同时财政资金有一部分也流向了国有企业，所以讲财政不能不说国资，讲国资不能不说国企。何况我们下一步要编制地方政府的资产负债表，财政和国资是连在一起的。如果财政不清晰，国资也不会清晰；国资不清晰，财政也不会清晰。中央和地方之间，国资不清晰，财政也很难清晰，它们都是相通的。

中国有十几万家国有企业，归属于国家的净资产，如果不包括金融和银行的，有30多万亿元。这些国有企业总资产加起来有100多万亿元，有70多亿元的负债，净资产有30多万亿元，这也是我们国家很大的一笔财富。但是我们讲国有资产，到底是中央有的，省有的，还是市有的，县有的？我问这个话，大家可能会觉得都是中央有的，但还不能这么看。因为按照中国的规定，县政府筹资办的企业，是属于国有企业的。青海某一个县政府筹资办的企业是国有企业，但是乡政府筹资办的企业就是集体企业，不是国有企业。我们乡是一级政府，村是一个集体。青海的县可能还不如广东、上海的一个乡政府有那么多的人和钱。按照道理来说，乡政府办的企业，资产是可以自己处置的，因为是集体企业。国有企业就不可以了，哪怕是县政府办的，哪怕它没有拿中央的一分钱。从理论上来说，它是可以充公的；不光理论上，实际上也是这样：如果县里办的一个国有企业要上市，一部分国有股卖掉的话，要交中央的社保基金，尽管它从来没有从中央得过一分钱。这里面有很多的问题。

自然资源市场就不用讲了。我们说国有土地，实际上土地和中央没有什么关系，省里都管不了。用益物权、国有土地转让收入，大多数是市一级或更低一层的政府使用，但是有关的指标又在非常高的层次，甚至有些指标需要总理去批。这就导致了责权利特别不清晰。这就是为什么地方政府要使劲搞土地财政。名义上是国有的，但用起来时钱是地方政府的，为什么不用呢？这就导致了中央和地方的博弈，中央老是说地方怎么怎么样。

第三，从权力分配或者民主治理的角度来看。国家85%以上的公共服务都是地方政府来提供的。按照道理来说，地方政府提供了这么多的公共服务，承担了这个责任，就要有相应的行政权作保障。没有行政权作保障，怎么提供这个公共服务？但事实上，行政权在中央和地方政府的分配，既不清晰也不稳定，这是非常大的问题。我们前面说到食品药品的监督，包括十八届三中全会说的城管问题。有很多城管执法是很野蛮粗暴的，但是没有城管真不行。露天烧烤，占道经营，很多类似的事情，附近的居民有意见。现在大妈跳广场舞，市民觉得政府不作为，应该管的你没管。乱扔垃圾、污染的就不用说了，这是典型的外部性，都需要政府来解决，都需要行政权。但是权力的划分非常不清楚。所以我们现在看到很多城管、食药监督、环保都不作为。为什么不作为？出了事，你不知道是谁来给你问责。也许最直接的，中央就给你问责了，说你看天津的城管怎么怎么了，你没有什么太多道理可以讲，马上就被处理了，那谁去做事呢？

而且我们地方行政权的来源主要是中央，而不是立法机构，中央给了你多少权力，你就有多少权力。这样的话，我们很多的权力比如工商行政、食药监督，你分不清是垂直的还是非垂直的，很多都是双重的。你可以说双重好，经费地方出一半，或者办公场所地方出一半，但是授权和问责到底是谁说了算？这是一个很大的问题。

关于民主治理，我主要讲地方民主治理。不管你是不是喜欢，民主治理肯定是一个趋势。那什么是治理？治理就是没有更上层来管你了，你就需要治理了；如果有更上一层来管你，你就不需要治理，因为你是一个中层干部，有上面的领导来管你。我们作为一个单一制的国家，如果把它完全作为一个垂直体系，把它完全作为一个金字塔的体系，只有顶层的那个金字塔尖是需要治理的，下面的各个层级都由其上级来管理，如果打你板子，那是上级打你板子，你不需要治理。但是这种垂直的金字塔体系，在中国现在已经远远发挥不了作用，我们先不说它是不是合理，而是它发挥不了作用。

所以地方治理一定要建立起来，这种治理就是民主治理。85%的公共服务是由地方提供的，这么多的公共服务是地方提供的，如果没有地方自己这个层面的民主治理的话，光靠上面打板子，上面准备一万个板子也不够，上面的人就成了打板子的人。这样的话，就会像我们在段子里面说的，所有的人都在一棵树上往上爬，最上面的人是最好的，因为可以拿着板子打别人；在下面的不管是不是有理，永远是被人打的，这个社会是有问题的。从这个角度看，中国的央地关系也存在着很大的问题。

我从这三个角度分析央地关系，这些问题这么严重，应该怎么办？我不提方案，作为学者只提基本的方向。刚才大家都讨论了智库的问题，要提具体的政策和建议，当然也是对的。我觉得实际上很多时候，中国的智库能把基本事实搞清楚，把基本逻辑讲清楚，把基本方向指清楚，我看就已经很好了。如果前面几个基本的事实都没有弄清楚，道理都没有讲清楚，逻辑都没有想清楚，那么提的建议也是乱七八糟的。

我这里说的基本方向，是水平分工和当地化的委托代理，这是我们的基本方向。为什么要提这么一个基本方向？水平分工是什么意思？这其实就是说，我们政府不管是什么层级的政府，都是提供公共产品或者公共服务的，你是干这个事的。我们纳税人纳税，政府提供公共产品，私人产品由市场提供，公共物品要政府来提供。公共物品有很多，这一堆的公共物品里，有哪些是全国性的，哪些是地方性的，一定是可以分的，要分清楚了。如果是全国性的公共物品，需要你中央政府来提供的，你就去送，送到千家万户；如果是地方性的公共物品，就由地方政府来送到千家万户。这样，中央政府和地方政府是水平分工的关系，不是我前面说的那种垂直问责的关系，不是上级打下级板子的关系，而是中央政府和地方政府都要做快递员，是你中央的全国性的公共物品，你就一定要送去，你也要干自己的活，而不是当一个工头。地方政府就不用说了。

当然我也要澄清一下，这里说的分工关系，并不是要否定上级政府对下级政府通过某些形式保持管理和被管理的关系，毕竟中央政府对地方政府还是有约束的。有人说联邦制，联邦政府和州政府之间不是上下级的关系，就是一个平衡的关系。当然我们还不是这个样子，但这种水平的分割关系一定要引入。引入以后就好办了。我说的这么多事，我们一件一件来分析，看哪一些归中央，哪一些归地方，各司其职；除了外交国防，什么事是该中央管的就提上去。像美国这样的大国，联邦政府直接提供的公共服务有30%，很多是我们没有的。

现在很多人会说基本的养老服务可能以后是不是由中央来管更好一点，建立一个全国统筹的体系，这我就不多说了，但也有一些争论。垂直性的管理关系就是上级给下级指派任务，下达计划，授予权力。水平性的管理关系，不同的层级分别承担，分别提供相应的权力，你提供公共物品得有这么多的行政权力，不是来自上面的授权，而是来自地方民主治理和同级的这种授权。

这里其实就涉及当地化的委托代理关系。当地化的委托代理关系实际上是很好理解的。很多学者都将民众与政府之间的关系定义为委托代理关系。那么地方政府提供地方性的公共物品，当然需要地方民众来委托它做这个事，授予它这种权力，所以当地化的委托代理机制，是需要建立的。这就意味着当地民众对当地公共物品的偏好可以进行选择，而不是由中央政府直接来给定。比如上海，我们可能对基础教育、文化娱乐这些公共物品更加看重，那么就需要当地政府来提供这些方面的公共物品。而西部地区可能对创造一个良好的经济环境招商引资更注重，这些都可以通过当地化的委托代理机制来实现。

水平分工关系和当地化的委托代理机制，其实有很多的理论都可以用来论证这是可以确立的，我就不多说了，有很多研究公共选择和地方财政的学者。确立这么一个水平分工和当地化委托代理的基本方向之后，我想我们央地关系未来的愿景应该是这个样子的：一级政府，一级财政，一级产权，一级公共服务，一级公共物品，一级行政权利，一级民主权利。有这么多的一级，什么意思呢？就是每一级政府都有自己相应这一级公共物品的提供。在此基础上，得有相应的财政资源和相应的国有资产产权。我所谓“相应的”，是说地方独立自主的而不是中央政府转移支付的。需要建立一种自主的财政；同时承担相应的职责，也通过当地化的民主治理来授予相应的行政权力，这就是我们央地关系未来的愿景。

说了这些以后，我们回到前面说的第一个议题，就是改革推进中的央地关系，这就非常好解决了。总的来说，明显带有地方性公共事务的事项就由地方政府来推进改革就可以了，没有必要搞顶层设计，或者由顶层吹冲锋号，没有这个必要。而那些全国性的外部性的事项，或者全国性的公共物品的事项，和地方没有什么关系，没有必要由地方大胆尝试总结经验，中央直接去办就行了。这意味着我们以前强调的"中央顶层设计，基层大胆探索"，或者"中央统筹协调，地方勇于实验"，这种改革方法存在着严重的误区，改革没有办法推进。

我先说中央的，经济学说的总量管理肯定是一个全国性的公共事务。中央降息，利率市场化，货币政策是典型的总量管理。这肯定是由中央去定，我不知道对于利率市场化地方该怎么定。再说地方的，地方性的公共物品或者局部的一些事项，就应该由地方来直接推行。小型区域性地方金融机构的设立，设立的审批权或者是牌照权，到底是不是需要中国银监来发一个牌照？没有必要。我们现在是由银监会来发的。以后只要是区域性的，都由地方来负责，像美国的社区银行和联邦就没有什么关系。即使产生一些外部性，也是地方上的事务；但不排除在金融方面，有全国性的监管机构进行监管。

对于国企，一级政府有一级产权，国有资产应该是分级所有的。我们说的国家统一所有，以后是需要改的，不是统一所有，而是分级所有。只有分级所有，每个地方政府才能对国有资产真正地负起责任，也才能真正关心怎么去改革，提高效率，提高竞争力。如果是分级所有的话，我们就没有必要全国统一搞一个国企改革方案。中央的国企改革方案管你央企就可以了，那是你的资产。省一级的改革方案，管省一级的就可以了。市一级的就在市里去弄，这是它的财产，愿意混合还是独资还是全卖了，它来说了算。如果资产流失了，当地化的民主治理会来问责的，用不着中央来打板子，还打得不对。

土地也是一样的，中央政府出钱买的那就是中央政府的财产，地方搞的就是省的财产，完全可以这样划分。甚至是教育改革，也没有必要搞全国性的招生方案。省立大学招生是搞统考还是推荐制，让它自己去弄，出了乱子，省里的民主问责会有一个治理机制。用这样的方法来推进改革的话，中国的改革就会搞得生龙活虎，地方上 30 多个省市自治区相互比较、相互竞争，就会出现一个竞争的优化。一个地方出现了一个好的方向，全国都效仿，我们的体制才可以往前走，这就是我希望出现的改革新方向，谢谢大家。

乔依德：非常感谢张所长在一个小时的时间里，给我们做了非常精彩的演讲，对我国央地关系的现状做了描述，也对今后改革的方向提出了自己的看法。下面是我们提问和评论的时间，大家有什么问题可以提出来，这是我们沙龙的一个特点，不是单纯的报告，而是有互动的形式。

刘根法：想请教一个问题。现在要处理好政府和企业的关系，首先是要对政府的职能进行界定，比如上海自贸区提出的负面清单管理。下一步有没有可能对中央政府或省政府的职能进行清单管理？中央政府的 1 700 多项审批权限中，现在已减了 600 多项，这里面有没有把一些轻的权限放下来，重的留下了，或者在整个过程中把权力下放到一些行业协会里去了，有没有这样的情况？

张文魁：谢谢你的问题。今后肯定是会往负面清单管理的方向走，不管是地方政府还是中央政府，这是写到三中全会文件里去了的。据我所知，国务院领导对这个事抓得还是挺紧的。但老实说能不能解决问题，我是有疑虑的，一个负面清单如果就能解决问题，那世界也太简单了，也太小看政府了。

为什么这么说呢？这又要回到当地化的委托代理。我为什么总是提委托代理呢？这也不是我发明的，无论是研究经济学的，还是研究政治经济学的，都在用这个概念。委托代理之间，有时候是没有一个清晰界限的，哪一级政府的权力边界是什么，并不能非常清晰地在一个负面清单里表现出来。

我这么说，你可能会觉得太含糊了。在美国，有困难找警察，警察应该管的事情不是清单里可以列出来的。打老婆了，打孩子了，老婆孩子哭了，你可以找警察，也可以说是政府和民众之间有一种不完全的合约。在这种情况下，企图用清单把事情都列得很清楚，这是很难的。政府会说这是清单上没有的事，你找清单啊。没有这么简单，这是一个方面。

另外更重要的是，如果没有当地化的民主治理和中央层面的民主治理，一个铁笼子都关不住老虎，一张清单就可以限制政府乱摸的手？这是很难的。我举一个例子，很多年前温总理就讲，我们要通过行政许可法和行政诉讼法来限制政府的权力，许可你有权力才可以设置行政审批权，否则就不能设立。通俗地说，行政诉讼法就是你乱来我可以告你。这两个法律比负面清单更有效力，这是法律通过的，你还可以诉讼，但又有何用呢？行政许可法出来以后，政府就不搞审批制了，搞备案制，备案其实就是注册制，搞的也是和审批制一模一样的。所以，关键还是限制政府的权力。怎么限制呢？我刚才讲了这么多，不是通过上一级政府限制下一级政府，而是通过同级的民主治理来限制，这是非常重要的。谢谢。

陈伟恕：其实对于这个问题，地方政府的领导是最有发言权的。我作为局外人来谈一下。中央和地方的关系，可以说60年来一直在折腾，今天讨论这个问题，又有了新的含义。但是讨论这个问题有两个前提问题：第一，中央也好，地方也好，融合在一起就是政府和社会的关系到底怎么样，这个基本的界定要清楚。你说了很多，但从逻辑上说必须把这个层面分清楚，哪一些是属于社会的。第二，中央政府和地方政府的关系是不是要有一个新的认识。过去我们什么都是垂直的，现在说要民主，这个过程中，中央政府和地方政府的机制要考虑如何加以改进。这两个问题要根据中国的现状循序渐进地解决，我们不能脱离中国的现状照搬美国。中国走出了这么一步，那么这两个基本面该如何逐步改进？——我认为这样会理得更清楚一点。

张文魁：谢谢。首先说政府和社会的关系怎么样理清。我还说了地方政府之间相互竞争，最后出现一个竞争优化的问题。这是什么意思呢？就是说政府和社会之间，也就是政府到底该有多大，该管多少，这个边界是在哪一个地方。其实理论上并没有一个特别清晰的边界。而且可能针对不同的人群还不一样。有一些落后的地区，或者是传统的地区，希望政府包揽得更多一点，管得更多一点，也不要什么选举了，宁愿是政府全包了。这样的情况下，我认为如果有水平性分工和当地化民主治理，就让当地老百姓进行自我选择，然后相互去比较和竞争。现在这个社会可以让老百姓自己选择在什么地方居住，很多农村人口去北京，北京远远超过了2 300万人。很多地方上的人去了北京，实际上是抛弃了当地的公共物品的提供，需要北京的公共物品。

不同的地方，如果是水平性分工和当地化民主治理的话，老百姓是可以自己选择的。这就会出现竞争优化，政府和社会的边界在哪里，生活上应该是管得多还是管得少，这是很有用的。我前面也应用了一些国外文献，他们做了很多地区之间的竞争优化的分析，非常有用。为什么在城市里很多人不住在市中心了，而是去郊区住，就是因为现在政府公共用品的有效性。地方水平性分工和当地化委托代理，有助于识别政府和社区的边界在什么地方更好，而且是有多样化的选择，竞争优化的机制是起作用的。

乔依德：我谈一点评论和想法。刚才说到了美国是不是可以谈，我觉得美国可以谈。“文化大革命”中毛泽东就提到，美国的联邦制我们要研究。只不过我们没有好好研究，其实是可以借鉴的。刚才你说我们中国也不一定要学美国的联邦制，但我感觉你多少还是借鉴了某一些方面，你是用另外的术语，比如地方水平性分工、委托代理，不知道我这个观察或理解对不对?

张文魁：乔秘书长很敏锐。但我为什么不用“联邦制”这个词呢？现在的俄罗斯是叫联邦，下面还有共和国。原来苏联是叫联盟，实际上也是一个联邦。美国当然也是联邦制了。英国不是联邦制，但苏格兰可以议会投票，就是中央政府允许苏格兰投票决定是否退出。所以“联邦制”这个词，在美国是一回事，在前苏联和俄罗斯是一回事，在英国又有退出联邦的机制。不是很专业的研究人员可能会不注意。我这里说的基本方向可能还不是特别清晰，所以我宁愿用水平性分工和当地委托代理，这更多带有经济学分析的味道，没有联邦制那么简练，但更可能说明我背后的一些逻辑。

我想再说一下，毛泽东年轻的时候就搞湖南自治运动，驱逐张敬尧。但在毛泽东之前，有东南互保，然后有联省自治。新中国成立以来，在毛泽东时代，1950 年代和 60 年代，上收和下放都是要轮的。中国在意识形态上没有解决这个问题。不是说他们不聪明，他们比我们聪明多了，毛泽东比我们聪明多了，也不是他们没有想到，《论十大关系》讲了很多这样的问题，一定是某一个地方出了问题。就是我们的思路到底是从哪里着手。这个地方出了问题。如果按照传统的分久必合、合久必分的思路，是走不出这个命题的。所以我从公共物品的角度，实际上是从现代政府的职能到底是什么的角度入手，以及从委托代理，这个带有公共选择色彩的角度入手来讲这个问题。我想这样才能跳出原来的思考框架。与其说我今天提供了良好的方案，还不如说我今天引入了一个新的思考框架，这应该有助于我们思考未来的央地关系。

缪其浩：我是外行。尽管你想办法用了很多经济学的语言来描述这个问题，但这个话题好像是一个敏感问题，包括政府的授权问题。现在很多人喜欢谈治理，治理背后的整个体系就变成政治了，是不是这个问题还是政治学的问题?

张文魁：我这里引用了很多布坎南的文献，布坎南是一个经济学家，获得过诺贝尔经济学奖。我的意思是，经济学和政治学是联系在一块的，从这个角度来说肯定会涉及政治体制改革。但我不是政治学家，作为一个经济学者，我从经济学的角度来研究这个问题更加得心应手，而且也更清楚一点。政治体制改革也没有必要回避,因为这也在我们中央的议事日程里,更何况国家治理现代化也是一个政治命题。如果没有国家治理的现代化,就没有国家秩序的稳定化。所以尽管我是研究经济学的,我也担心国家秩序是不是能够稳定,也就是国家的持续稳定问题,靠传统的维稳方式不解决根本问题。

我写过文章,中国未来最大风险的爆发点不是金融危机,不是地方债务危机,不是房地产泡沫破裂,而是央地关系。一旦爆发,我们没有任何预案,因为没有研究,基本上不让研究。我前面讲了,在清朝这是一个问题,在民国这也是一个问题。新中国建立以后,大家说没有问题。但是靠强权或集权来维护这个关系,会使这个框架越来越刚性。为了不使这个框架破裂,一定要越来越刚性,越来越没有弹性,最后一旦崩裂就会出很大的问题。所以我希望有越来越多的学者理性地研究这个问题。

乔依德: 非常感谢张所长为我们做了一个精彩的演讲。我们以热烈的掌声对他表示感谢。我也对大家参加今天晚上的沙龙表示感谢,沙龙到此结束。

■ 中国土地制度改革

• 周其仁*

乔依德：今天我们非常荣幸和高兴地请到了北京大学的周其仁教授给我们做"中国土地制度改革"的演讲。关于周其仁教授，我就用不着多介绍了，大家都很了解，这两天微信上很多人都在转《南方人物周刊》对他的专访——《在江湖与庙堂之间》。其仁对中国问题做了很深入的研究，他经常会做一些调研。现在他是上海市政府决策咨询委员会委员，最近一段时间一直在上海调研。另外，我也要补充一下，其仁也是我们上海发展研究基金会学术委员会的委员。有一次他跟我说，你们的研讨实录是原汁原味记录下来的，恐怕现在全国没有人这么做了。我觉得这对我们也是很大的鼓舞。为什么呢？现在有很多偷懒的办法，就是把视频放到网上去，但是老实说，我很少会花两三个小时坐在那里把视频看一遍，但是整理出来的东西二十分钟就能看完，不想看的也可以跳过。所以我们还是本着这样一个精神把沙龙搞好，研讨实录也要做好，这也可以说是我们的品牌，我们会继续做下去。闲话不多说，下面我们以热烈的掌声请周其仁先生给我们做演讲。

周其仁：非常感谢各位，依德叫我来介绍一下土地制度改革的情况，我只能尽我所知把这个情况跟大家做一个介绍。有些问题的看法分歧非常大，虽然土地制度不复杂，但是土地制度引起的问题挺复杂。我们这个沙龙挺好的，有一个直面问题充分讨论的好传统。我先介绍一下我们这个土地制度。通常我会用到三个圈圈(图1)。

第一个圈是占地面积最大的农用土地，对于农用土地，我们搞了一套人民公社集体化的制度。后来发现有问题，于是从1978年以后慢慢改，改成集体所有制下的农户家庭承包责任制。这是第一块。

大家再看最右边这一块，就是城市土地。在原来的计划土地制度下，它是不准

---

* 周其仁，北京大学教授。根据2014年4月28日在上海新锦江大酒店的演讲录音整理，未经本人审阅。

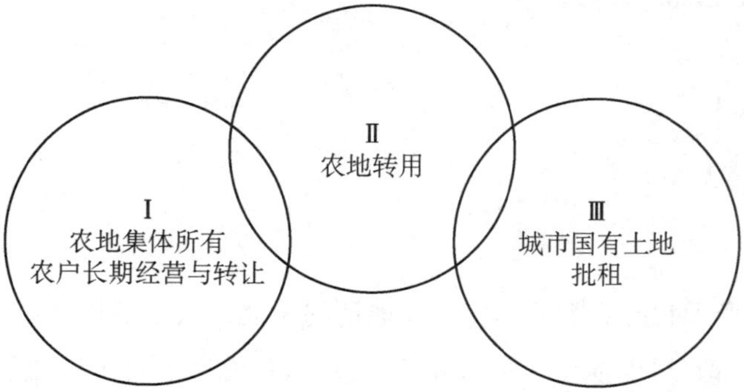

图1　土地制度三部分

买卖、不准租赁，也不准转让的，完全由政府通过划拨来解决土地的配置。大概到1987年，这个制度开始慢慢发生变化。由于改革开放，外资进入中国，进来办厂要落地，这块地却不能划给它。所以从这时候开始，我们进行了一个变革，就是把原来不准买卖、不准租赁、不准转让的土地，变成可以依法转让，然后形成一个土地批租的市场。就是所有权还是不卖，但是使用权可以卖40年、50年、70年，放到市场上来。这样就形成了一个城市土地市场，然后也用这个市场来为城市建设筹资。这是第三块。

现在看来问题比较大的是中间一块，就是原来不是城市，但是随着几亿人进城，城市在扩大，原来农民的地、农村的地、种田的地变成了工业用地、城市用地，这块地现在叫农地转用，就是农业土地变成了非农业用地，这是现在矛盾冲突比较严重的一个领域。所以概括地讲，整个土地制度就是这么三个部分。

下面我简略地给大家介绍一下已经发生的变革，还留下哪些问题以及还可能或者正在进行哪些改革。

第一就是我们形成了农村集体所有制、小农经济。共产党打天下是靠发动农民，发动农民的办法就是提出土地改革纲领，就是把全国的土地按农民的人口进行一次变更，让无地少地农民从地主富农（主要是地主）手里分到一些土地。这是建国开始时的情况。一搞建设，发现这个制度还要调整，所以就搞了初级社、高级社、人民公社，把已经分给农民的土地再合起来，合成一个集体制。这个集体制在当时是解决了很多问题的。实际上国家在搞工业化的时候，非常重要的一个问题就是怎么获得积累，因为工业化要有很多投资，要搞资本形成，我们国家打了那么多年的仗，又没有海外收入，又没有殖民地，这个积累问题怎么解决呢？实际上最后就是通过人民公社这个制度，通过农民做贡献来完成的。有了5万个左右的公社，就有了组织，粮食就可以低价收上来，城里就可以维持一个低工资，城里低工资就可以维持一个较高的工业积累，然后就可以上所谓体系基本健全的工业体系，国防、重工业、两弹一星都是在这个基础上搞起来的。它的问题就是农民本身的问题解决得不好，大量低价粮食交给了国家，再加上公社这个体制在鼓励生产劳动方面有一些缺陷——就是大锅饭，大家一起干活，干多干少怎么去区分呢？如果区分得不清楚，多干的人就觉得吃亏了，劳动积极性就不像每块地由每户人家种那么高。所以这套制度也有麻烦。

遇到冲击才会要求改革。人民公社制度遇到的第一波冲击发生在1959—1961年。由于大跃进，农村经济规模过大，决策上所谓头脑发热，最后就形成了一场饥荒。刘少奇后来讲“三分天灾七分人祸”，在和平年代正常的年景下，造成有很多人口非正常死亡，主要是农民。这个冲击就使得我们对原来的体制作出了第一步改革，实际上就是中央起草了一个农村经济政策的九条紧急意见。其中有一条宣布，原来已经收到人民公社的土地拿一部分出来做自留地。这是在全盘土地公有下打开的第一个缺口。从所有权来说，这个地还是集体的，但是使用权划到每家每户，种什么由你定，种出来的东西归你。实际上这是给人民公社加了一个保险阀，万一再出岔子，农民至少有一个补充口粮的机会，补充副产品的机会。但从制度变量看，它形成了第一次所有权、使用权分离的过程，所有权还是集体的，但是使用权可以划到户里去。这部分土地大概占人民公社土地的5%—8%，这是1961年以后做成的一件事。

1961年在局部地区如安徽、内蒙古、河南，还发生了一些包产到户，就是除了自留地，把更大的生产队的地包到农户里头去了。这对当时度过饥荒是做了贡献的，但是这个做法没有被高层接受。后来形势一好转，开了八届十一中全会，重新举起阶级斗争旗帜，最后就把那个风潮压下去了。这是第一波。

第二波发生在1977年，毛主席已经去世。1977年安徽一些地方又遇到干旱，所以有一些生产队，像小岗就开始又一次秘密地包产到户，因为小岗在历史上就搞过，知道这个办法可以多打粮食，于是重新搞，可以叫基层首创。然后县里头说，没办法，县里没有救济粮，就允许他们搞。正好碰上万里在安徽当省委书记，万里和他的省委常委也说支持搞。当时华国锋主席在北京主政，高层还是有不同意见，但是一些省委支持，所以它作为地方试验就保留下来了。一保留下来，它就蔓延，用这个办法打粮食可以解决农民温饱问题。1978年我们大概有2.5亿农村人口，自己种粮食自己却吃不饱。他们给国家、给城市、给工业交粮食，但是自己的温饱问题没有解决。所以一旦包产到户管用，又没有一巴掌打下去，它就开始蔓延，蔓延到最后，就变成一个普及全国的新体制。

从指导思想上看，它纠正了过去的做法：就是不要认为北京想的一套是最有效的，要通过实践试试看。什么办法行，什么办法受群众欢迎，那再用党的权威、国家的权威去承认它、保护它。这是通过五个一号文件解决的。从内容来看，"包产到户"的这个"产"，开始就是包一个产量，但是很快，只要这种承包时间拉长再拉长，最后发现承包的就是土地资产。你包一块地去种，交给国家多少，剩下的就是你的。所以这个集体制已经跟人民公社时期的集体制不同了，它实际上是所有权归集体，使用权已经长久地交给农民，承包给农民了。用我们的语言讲，它是用合约创造了一个新的财产权利，就是集体所有制条件下的农民长久使用、经营、收益、转让土地的权利。整个过程是从20世纪80年代初开始，直到2002年全国人大通过了《中华人民共和国农地承包法》，把改革成功的东西写进了法律。这时候集体所有制还在，但是这个集体没有很多经济功能了，它主要就是发包土地。集体不再共同耕作土地，也不再对这个土地的经营负最后的全盘的责任，它唯一的功能就是到期把土地发包给农民，由农民来承包，这大概是在2002年。

到了2008年的十七届三中全会，最后对中国特色社会主义在农村的基本经济制度的定性就不是完全的集体制，而是集体制下的农户长期承包经营。承包法里面规定是30年一期，到期再包。到了2008年十七届三中全会，干脆就讲农民承包这个土地叫"长久不变"，从30年期改成"长久不变"。外国记者问：什么叫"长久不变"？温家宝总理答记者问说："长久不变"就是永远不变。

你说这个改革完成了吗？就农地而言，它还有一条尾巴，什么尾巴呢？虽然政治上、法律上都说长久不变，但是集体内部还有一个变的因素。大家到农村去看，农民家庭人口是在变化的。今年承包的这家，儿子长大了，成家了，娶媳妇了，生孩子了，那里是女儿嫁出去了。所以家庭之间的人口，实际上随着时间在变动，如果承包的地不变，家庭之间的土地数量就会有问题。所以一些地方就要求调整土地，就是过一段时间按照变动的人口重新调整土地。如果还要调整，就不是长久不变；如果不调整，家庭之间人均拥有的土地量就不一致，这个尾巴还留着。

一部分地区采用湄潭试验出来的办法。湄潭是贵州遵义下面的一个县，它在1986年就提出要试验。当时改革深化，农村进一步该怎么改呢？就选一些地方做试点。当时胡锦涛是贵州省委书记，后来省委农工部派了一个小组到湄潭去。湄潭是自己提出来要做试验的，叫做“增人不增地，减人不减地”，就是不因家庭人口变化而调整土地。劳动力多的，家庭人口多土地相对少的，可以把这个力量引到当地开发，因为当地有几十万亩的荒山草场。不要光在耕地上打主意，给一些贴息贷款，给一些技术辅助，给一些种苗，可以去开发荒山。1988年我们在湄潭跟当地人一起，看他们搞试验。2012年我又回湄潭去看了一趟。25年来他们坚持到现在，就是增人不增地，减人不减地，家庭之间的土地边界非常清楚。剩下的劳动力怎么解决呢？往外走，不再高度依赖于土地上了。这个改革应该是成功的，也写进了2003年的土地承包法，就是在承包期内，增人不增地，减人不减地，维持人口和土地之间稳定的关系。不要让土地来回变动，土地要是来回变动，就没有人好好种地，特别是没有人好好用农家肥保护地力。

但是农村还有另外一个法，写进宪法的，叫村民自治。村民自治有六项内容。第一项内容就是集体土地怎么承包。这两个法实际上是不一致的。一些地区愿意调地，如果人数多，投票说要求调地，那就可以援引宪法里面规定的村民自治，那就调。一些地方可以引用2003年土地承包法。所以现在到农村去看，一些地方是定期调一下，一些地方是不调的。那么调的地方就永远有一个问题，就是土地的长期边界老要动。现在进入到工业化阶段，大量的农民工走了以后，农业规模经营就遇到新麻烦。比如一家公司到农村去承包土地，50年、70年现在都可以跟你签，但是签好之后发现这个合同不牢靠，为什么不牢靠呢？因为只要这个村庄的家庭人口在变动，就要求重新调整土地。对外合约的长期性不牢靠，城市的农业集团去投资就遇到这个麻烦。因为城里没有这个问题，城里不能说你们家邻居人口多了，就分你们家的房。但是农村还有这个尾巴，这是过去那个时代留下来的。这是我要介绍的第一个圈。

我个人的看法，在农用土地方面，实际上这个制度大概可以适应生产力的要求：第一，它鼓励人们好好种地；第二，如果劳动力走了，可以把这个土地转包。这个关系都是长久的。小尾巴就是一部分村庄人口变动了，会要求重新调一次地。不会每年调，调地也很麻烦；隔十几年实在差异太大了，就调一次。这是要给各位介绍的第一部分情况。

农地改革概况：

1. 预演：大饥荒与自留地

2. 包产到户之“产”，开始是产量，后来就是农地的使用权和经营权

● 从包产合约，发展成界定土地利用权的合约

3. 从使用权、收益权到转让权

4. 底层首创、地方承认，再上升为中央政策

5. 2002年《农地承包法》：农户长期依法承包，30年不变，“集体”到期发包土地

6. 2008年，十七届三中全会明确“长久不变”

7. 但在“集体”内部，按人口不断调整土地的传统未能完全实现“长久不变”（对照湄潭试验）

“农地转用”体制分两个通道：

1. “农地转用”通道1：农民和农村自用的建设用地。

(1) 以集体成员权无偿分配宅基地

(2) 在村庄权力结构下，分配农村经营性建设用地

(3) 房、地分家，农民房屋可以买卖，但宅基地和农村建设用地却不允许合法转让

(4) 政府干预与介入（授权省政府决定“合法的农村人均宅基地面积”）

2. “农地转用”通道2：政府征用农民集体土地，转为城市建设用地。

(1) “城市土地属于国家所有”

(2) 永久地把农民的集体土地转变为国有土地

(3) 强制征用，非自愿交易

(4) 政府对“集体”，非对农户

(5) 由政府规则、决定补偿准则和水平并执行

第二部分要介绍的是图1最右边那个圈，即原来的国有土地。我们过去一直有个历史记忆，认为土地买卖是造成两级分化的原因，富则怎么样，穷则无立锥之地，然后农民起义。很多中国人的脑子里面都有这么一个图景，认为革命胜利以后，特别是搞了社会主义之后，最重要的是要严禁土地买卖。过去土地买卖租赁都是上刑法的，买卖土地就是刑事问题，不是民事问题。

这种法律安排，遇到外资进来就有问题了，港商来了怎么弄呢？当时说你来办

厂吧，这样我们的人就不逃港了，最早的开放就是这么来的。你逃到香港是去干什么呢？当时习仲勋在广东调查清楚了，说去打工，打工两三年就寄钱回来盖房子。所以最后广东省领导叫香港把厂办过来，办过来我们的劳动力不就不用逃了吗？否则十万人冲边界也是很大的事。但是后来一同意外资进来，这块地怎么办？它不是国有企业，不可以直接拨地，所以就开始调研。差不多在1986年组织这个研究，一年就把宪法、土地管理法都做了修订。第一，是农村的经验，所有权和使用权分开处理，所有权还是不买卖，使用权可以转让。第二，因为靠近香港，学了香港的措施。1840年我们把土地割让给英国后，香港土地在法律上是属于皇家的，皇家的土地怎么用呢？就用一个办法，批租给市场。土地还是属于皇家的，不变，但是使用权可以批租，最长的曾经批出来999年的使用权，700年的、300年的都有。大家都来投标，要用地的说这块地多少年期我出一个价，出价高者得。政府一看这个办法挺好，所有权可以维持，我们还是社会主义不变，使用权可以拍卖，使用权一拍卖钱就来了，钱来了就可以用来投资。那时候财政是很弱的，城市要搞基础设施、基础项目，最后发现土地可以有一个资本化的过程，实际上是把土地的未来收益权今天让出去，就把现金套进来，就用这个钱进行开发。这个学问大陆原来都不懂的，最早香港商人来，说你们有地怎么会没有钱呢？我们领导人就说地是地，钱是钱，地不是钱啊。香港人说地就是钱，只要土地有了市场，只要有价，只要这个价格会上涨，构成很多人的预期，就有人为了这个土地未来上涨的权益，今天来付现金给你，这就是资本化。这套学问就搞起来了。

搞起来的时候，有一件事很有意思，仔细看1987年的宪法修改，前头说中华人民共和国实行土地公有制，一种公有制是国有，一种公有制是集体所有，然后讲中华人民共和国的土地不得买卖不得租赁不得转让；下面接了一句说“土地使用权可以依法转让”。按道理宪法的意思是说土地有两种，国有土地、集体土地。但是宪法写上“土地使用权可以依法转让”这句话的时候，这个“法”在什么地方呢？没那个法。那个法还没开始起草，先写进去，有这个方向，然后组织起草。起草之后，1990年出来的是《城镇国有土地使用权出让和转让暂行条例》，集体就没有讲，最后真正流转起来的是城市国有土地，就是已经在政府手里的地，可以拿来拍卖，可以拿来市场化。但是农村集体土地不行。其实在珠三角，今天大量“三旧”问题，就是当年香港商人过来，很多在农村集体土地上就盖厂了。像南海、东莞那一带，一大半建设用地都是港资，叫“三来一补”，占地很多的。但是它们没有法律地位，一直都没有。这也是这个改革留下的一个问题。

这个改革带来的另一个问题是什么呢？大家知道政府手里的地是可以卖钱的，经济越发展，大家对土地的需求越旺盛，这个地就越贵。我们2013年是4.2万亿元的土地出让金，财政也就10万亿元预算，4.4万亿元是预算外的收入，这个动力是非常强的。这就波及我们土地制度的第三个圈，就是这个地原来是农民的地，不是城市内国有的地，现在有了土地财政的强大动力，就要往外扩张，就要把原来种地的地变成搞建设的地，这是第一个冲动。第二个冲动是可以拿到手里来，可以市场化。

我们现在研究一下，农地一旦发生用途转变的时候，我们的体制是什么样的？我们这个体制是双轨的，第一条轨道就是在农村内部，有一些土地是可以转成非农业的，转成建设用的。哪一些地呢？其一，孩子长大了，结婚成家，领一块地盖房子，这一块地叫宅基地，这个是无偿的。用我们的语言讲，它是一种成员权，只要是集体的人，到那个年龄就有权利要这块宅基地。这是我们当时的人民公社制度形成的，历史上也没有这个东西，对不对？历史上，你家的地用来盖房子可以，你不能到别的地方要一块地。但是我们在集体制的情况下，都有权了。其二，乡镇企业搞起来以后，经过一定的程序，你可以占一块地盖厂。但是这块宅基地和这块乡镇企业用地只能农民自用。你这个房子盖了，你住在里头没问题，法律保护你。但是你说你到城里打工，这个房子空出来，要转手，不行！不能市场化。乡镇企业那块地，比如砖瓦厂，农村占了很多这种建设用地，只能自用。因为最后法律上开口子允许进入市场的只有国有土地。这就是第二条轨道。

农村原来不是搞建设的土地，不是搞工业和城市的土地，想转过来搞，一定要先转变土地性质，用土地部门的行话叫变性。变什么性呢？集体所有制变成国有制。这些年，土地方面的国有化推进是很快的。为什么呢？都在上项目、搞建设、扩大城市。而我们的宪法里面又写了一条“城市土地属于国家所有”，这是改革以后的宪法突然冒出的一句话，“文革”时候的宪法都没有这句话。但是“城市”没讲清楚，一做规划，上报民政部，民政部一批，说这块区域划为城市，它里头的土地都是国有的，根据宪法就是这样的。这部宪法通过的时候是1982年，当时城市是很小的，现在扩大了，法律有这一句，所有的城市土地都是国有土地。

原来不是国有土地的现在怎么变成国有土地呢？征用。征用就不是你愿意不愿意了，不能说你同意就拿来，不同意就不拿来，你也不能讲价钱。征用就是做了规划、做了计划、立了项，行政批准以后志在必得的，赔多少由政府定，规划由政府做。这一方面让中国近期的工业化、城市化高歌猛进，另一方面也让国家和农民的关系发生某种对农民不利的变化。因为农民没有还手的机会，也没有讲价钱的机会，体制上规定就是被征用。当时为了国家重点建设，为了降低成本，财政去赔钱，能赔多少呢？所以一开始法律规定，这个赔偿标准都定得很低的。比如1999年土地管理法的规定，是不超过原用途的20倍。以很低的价钱就把土地拿过来，于是矛盾就来了。

我们首先来看，这种体制对土地资源配置的效果到底怎么样。一方面说很好，台湾人就说佩服大陆，一划，地就拿过来了，说修什么就修什么，我们那里一搞搞十年。所有土地私有权清晰的国家(或地区)的人到我们中国就佩服这一点。你们建设为什么快？土地没麻烦，不用谈判，不用讲价钱。但是这种体制还有另外一面，因为一般讲城市化，它是人口密度提高的一种空间布局，农村住得很散，城市住得比较集中。所以按一般正常的逻辑，工业化、城市化推进当中，耕地会增加。日本明治维新以后，一万多个村庄消失，消失之后就把土地平了，成为耕地，成为绿地。中国到目前为止没有看到这个效果。

新矛盾：土地资源配置

1. 何谓“城市化”？

(1) 恩格尔定律决定农业份额将持续下降。

(2) 人口与资源的空间集聚将不可阻挡。

2. 按一般逻辑，城市化进程将大大提高土地的集约化利用程度，随着城市发展，农民人数减少、农村空间收缩，农村的耕地或绿地资源也相应增加。

3. 可惜，中国至今还是一个“例外”。

(1) “土地城镇化超过了人口城镇化”！

(2) 农村建设用地也加速扩大。1997—2004：全国城镇、工矿用地净增158万公顷，农村居民点净增9.88万公顷(城进乡进)。

(3) 城乡建设用地“双扩张”，夹击耕地，使“18亿亩耕地”成为中央政府严加保护的对象。

中国到目前为止，看到的现象很有意思，就是土地划进城市的速度比人口转为城镇人口的速度快，叫做“土地的城镇化超过了人口城镇化”。这个术语在全球所有的城市化文献里面是第一次出现。因为全世界讲城市化，都是讲城外人变成城里人了，城镇人口占总人口的比例叫城市化率。只有我们是地划进去，划了很多。为什么划进去多呢？因为土地财政。一块地七十年的价钱，未来七十年的收益，今天拿来就花了。我们政府是换届的，下一届来了，还得用地啊，不占地就没有钱，那我再划一块。这次长期城市规划总算写进去说城市要有一个边界，不能无边的，无边最后损害城市，我们现在城市摊得太大。

我们的城市都是国家概念，不是城市概念。原来上海非常紧凑，到1958年，一下子把江苏10个县划进来，上海就宽松一点。但是你看上海六七千平方公里，在全国城市里头是小规模城市。北京有多大？北京有1.6万平方公里。哈尔滨是5.3万平方公里，比荷兰还大，荷兰这个国家只有4.2万平方公里。我们把城市越划越大，投资就越来越不经济，投多少钱才能投出一个城市来？浦西投了多少年啊？对不对？浦东新区成立之后，政府开专家座谈会我去的，浦东1 000平方公里，我当时就讲，没听说过1 000平方公里的金融中心，我说那是农业中心，这话引起了徐麟书记的重视。就是这点投资可不要在1 000平方公里上铺，铺的话哪一块都建不好。但是这种现象已经成为了现在的主旋律，没有办法，这个游戏规则已经形成，谁上去玩都是这么玩，你这一届扩一圈，我这一届摊大饼。那农村是不是缩小了？农村也没有缩小。城市在扩大，农村也在扩大。为什么呢？农村的游戏也不能停，你们家孩子到年龄领了一块地，我们家领不领？我也得领，谁到年龄也得领一块宅基地啊。所以很多农民进城打工已经不住在农村了，赚了钱回家盖房，春运把人运回去住一段，不到一个月。我们的资源就是这么配置的。

从资源配置来说，我们跟城市化的正常趋势是有一点错位的，因为城市化就是密度提高。而土地城镇化超过人口城镇化，把这句拗口的话翻译过来，就是密度在降低。从改革开放以来，全国城市密度下降50%。那为什么要高额投资啊？有必要铺这么大面积投资，需要把北京的地铁拉那么长吗？北京地铁的上面都是什么样子？不是高密度城市型的，是很多城中村，很多低效利用的土地，底下都是每公里十几亿元的地铁投资。这就是我们的经济效率。专家们一算，说城市化会节省土地，城市扩大了，农村会收缩一点，因为两亿人转到城里来了。你看他们做规划就是这么做的。

土地规划与实际执行

1. 土地规划纲要(1997—2010)	
(1) 规划增加:城镇用地	+133.47 万公顷
独立工矿用地	+53.33 万公顷
	+186.80 万公顷
(2) 规划减少:农村居民点	−189.80 万公顷
(3) 三项用地,规划总量减少	−3.0 万公顷
2. 实际执行(1997—2004)	
(1) 城镇、工矿用地净增	+158.0 万公顷
(2) 农村居民点净增	+9.88 万公顷
	+167.88 万公顷

希望城镇用地增加 133.47 万公顷,独立工矿用地增加 53.33 万公顷,加到一起是 186.80 万公顷,这是 1997 年到 2010 年的规划。希望农村居民点能减少一点,那么多农民走了,城市扩大不就是因为农民进去要扩大吗?那就希望它减少 189.80 万公顷。三项用地加到一起,城市增加,工矿用地增加,农村居民点减少,总的希望到 2010 年减掉 3 万公顷的建设用地,可以扩大耕地,扩大绿地,扩大生态容量。实际的结果是,城市扩大,农村也扩大。所以为什么老是说 18 亿亩耕地红线呢?18 亿亩,到底谁在入侵中国?谁在占我们的地?没有,是中国人在占中国人的地。就在这个土地制度下,改了一个半半拉拉的土地制度,占地的冲动很大,节约用地的动力不足,城乡都是这样。然后你看城市地价一直在涨,大量土地没有好好利用,这些都发生在我们这个国土上。

这是我在成都拍的照片(图 2)。你看农民很穷,我们去访问农户,退后一看,门

图 2　成都一农户家的占地

图 3　云南大理市喜州镇文阁村一户人家的占地

口带后院的树林占了多大一片地，占着没有什么价值，房子占着，一点办法都没有，都是地呀。这些地已经不是种庄稼的地了，都是非农用地了。

这是我在大理拍的照片(图 3)。我去开会，下飞机后出租车司机跟我聊，我说我先去你们家看看。他家离大理 40 分钟的车程，他跟他老婆两个人在大理打工，

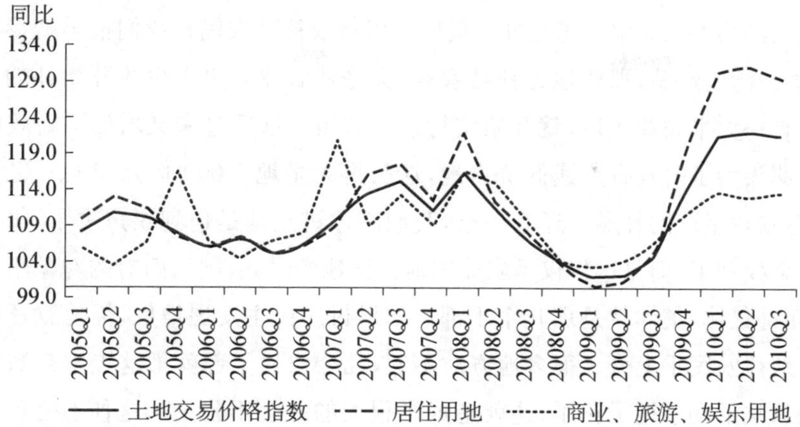

资料来源:国家统计局. REICO 数据库

图 4 在城镇地价节节上涨的同时,农村大量建设用地闲置

租的房子,7 岁的孩子交给爷爷奶奶带,爷爷奶奶两口人就住在这个房子里头,400 平米的地基,700 平米的建筑面积。那是 2007 年拍的。大理市内卖得最贵的土地,375 万元一亩,这在全国来说是低水平吧。可是你比比看,这家人就是 400 平米,400 平米就是大半亩了。你们看,贵的贵,散的散,并存。

于是收入分配就变成让全国人民揪心的一个新闻话题,动不动就点了,动不动就闹了,动不动就钉子户了。这里面有个问题,我刚刚介绍了,国家征地要拿财政去赔,财政没钱,怎么保护重点建设?所以过去征地的补偿是非常低的。1999 年的土地法规定,国家征用一块地,青苗要补,上盖要补,就是你盖的房子要给你补。这块地是永久资产,怎么补呢?按原用途,种玉米的,按过去三年的平均收入乘不超过 20 倍。一亩地一年 800 块钱,20 倍,1.6 万元。而且原来的措词叫不超过 20 倍,定了一个上限,没有规定下限。所以这怪不得地方官员,谁上去也得这么干。为了解决这个问题,有的时候动用行政手段,甚至动用司法手段,拿地呀。更大的一个动机,地拿过来,那一头就可以市场化,就可以批租。有了这个动机以后,客观上就使得国家机器跟农民之间的关系不知不觉之中就在变化。后来闹得太厉害了,把它提高到 30 倍。30 倍不行,说经国务院批准可以超过 30 倍。当然现在问题已经转变到另外一边了,现在很多政府去拿地,30 倍,休想。我一会儿再介绍这个情况。

农民增收乏力,一方面土地以低价被拿走,另一方面农民收入增长减缓。农民是最大的一个人群,农民收入不上来,内需有什么戏啊?造出来的产品只好出口,国内市场没有太大的消化能力。那么怎么办呢?农民收入低演变成政治问题,城乡收入已经相差3.3倍。怎么办？最后动用财政补贴农民。我们很早就参考了日本、中国台湾的经验，那些地方补贴农业，都是从农业人口很少才开始补的。我们现在还有一大半农业人口，就开始实行这个政策。这反过来又增加了财政的一个压力。那头为了财政省点钱低价拿地，这头再大量地1 000亿元、2 000亿元发下去，进行农业生产的补贴。还有一条，我们刚才讲土地是包到农户去了，每户农民都有一个权利了，但是这仅仅是农业用地。征地的时候，国家面对的对象不是每个农户，而是集体，集体就是那几个干部。如果村庄民主发展得好，征地款还可以比较公平地往农民手上分。很多地方对不起，几个农村干部就把这点本来数额不足的征地款吃了喝了用了花了，这就造成了很大的社会不公正。这种不公正不是因为个别干部的道德出了问题，它是体制性的。这是制度带来的一个问题。

新矛盾：土地收益分配

政府征地+城市土地的拍卖批租，大幅度提升土地收益，也带来城乡收入差距拉大。

1. 农民增收遇到体制性障碍

(1) 被征土地按"原用途的20—30倍之价补偿"，不足以补偿农民土地财产权益；

(2) 农民增收(产品、打工、分享土地增值)后劲乏力；过早依赖财政补贴农业；

(3) 在农民之间不能公平分享征地补偿

2. 靠近高土地租值的城郊农村，自发参与对农地转用收益权的争夺，冲击现存体制和政策，也大大加重政府行政与执法成本("小产权"现象)

土地问题成为城乡社会矛盾的一个焦点。

第二个问题就是你拿地，拿去就卖，卖了高价，慢慢地农民也知道了。大都市周围的农民就开始参加土地分享。先是我不让你拿走，然后我不单不让你拿走，我还要参加开发。

那就是小产权房。怎么会有这么多小产权房？我们的土地市场把农民唤醒了——不就是我们的地嘛，现在怎么一亩地几百万、几千万、上亿元，最后不就是盖了东西变成钱嘛，农民自己也盖。然而我们的法律不承认它。理论上是违建，没有手续，可是你去看看，就包括我们首都。从北京大学出发你骑车二十分钟看看那些房，很多真假难辩，到底哪个是商品房，哪个是小产权房？只有一条，小产权房的价格比商品房便宜，因为它不用缴税。这就形成了一个第二市场。房价涨得越快，小产权房越受欢迎。在我们整个治理当中,在我看来就是一个失败。说它非法,又不能消灭它;说它大量存在,又不给它法律地位,就形成了一种两元结构。

我们有一些城市比如深圳,你去看看,那里是一比一,就是有一平方米合法建筑,就有一平方米的法外建筑,我们现在不敢叫它非法建筑。深圳老乡可厉害了,说国有土地是你的,但房是我的,你拆这个房得补。然后市场有需求,因为他的房便宜啊。深圳 1 500 万人,大概 700 多万人都住在这些地方,我们通常叫它城中村或者什么村,就住在这里头。房子越盖越高,三十多层。靠得近的叫贴面楼,就是楼和楼紧挨着,快贴着了;远一点的叫握手楼,就是说这个窗子的人把手伸出去可以和那边窗子的人握手。倒是很节约利用土地,但是不利于消防。因为就那一点地,在宅基地的基础上就盖房了。这是我们现在城市化中的一个现象,说明我们这个土地制度改革还是面临一些问题的。

我的观点就是:农业土地改革了,城市土地也改革了,但是这个改革,用我的话说是半拉子工程,改了一些,也一部分进入了市场,但是形成了一个“非市场+市场”的奇特组合。于是它就有奇特的动力机制,产生一些奇特的矛盾,然后就让我们的城市化面临两难:要顾及农民,顾及社会冲突,那就要叫停。朱镕基任内和温家宝任内都叫停过,规定一年内农用地不准转为非农用地,都用过这个办法。但损失也很大,多少投资想落地,就是没有地,只好停了。可要是不停,社会冲突就上来了。这是两难的事,这三个圈改了一半,有的地方留了一个小尾巴,有的地方留了一个大尾巴,是不是就这么陷于僵局,是不是这样就可以长治久安了?作为我们基本经济制度,是不是永远这么搞下去?这是 2000 年以后,土地制度改革方面蛮重要的问题。

两难抉择

1. 加快城市化进程,与有效利用土地和空间资源、公正分配土地收益存在着矛盾。

(1) 为抓住工业化、城市化加快发展的历史机遇,不惜强力冲过“利益失调的危险地带”,还是为缓和潜在的冲突,不得已减速、叫停城市化、工业化?

(2) 为当前的税收、利润、租金和就业增长,不惜大幅度减少耕地,还是为“保 18 亿亩耕地红线”,抑制、牺牲土地的更高收益?

2. 能不能找到协调、兼顾复杂利益矛盾的现实途径,是我国土地制度进一步变革的中心难题。

中国有一个现象，逼来逼去就逼出一些办法来了。2004 年就逼出一个“增减挂钩”。它的背景是这样的：省长书记到北京问国土部要地，没有地就没法上项目，没法扩大投资，没法让 GDP 增长。国土部的另一头是国务院，温家宝总理寸步不让，任期内 18 亿亩耕地不能再少了，要严控土地供给，实施世界上管理最严格的土地制度。中央和地方在这个事情上是顶着干的。国土部夹在中间。最后逼来逼去就逼出一个东西了。因为我们有大量的农村建设用地，但它不是耕地，所以就逼出一个办法，说不只城市土地可以流转，农村集体建设用地在某些条件下也可以流转，弥补了 1990 年法规(《城镇国有土地使用权出让和转让暂行条例》)的缺陷。因为原来说土地使用权可以流转，土地有两种——国有土地、集体土地，都应该流转，那才叫市场化。结果我们当年把国有土地条例放出去之后，集体土地就没有一句话。这次把这句话放出去了：“在符合规划的前提下，村庄、集镇、建制镇中的农民集体所有建设用地使用权可以依法流转。”也很有意思，你要再问法在哪，回答是没有。可以依法流转，但是法还没有起草。到今天这个“法”还没有。但是，在国务院的政策文件里头，给松了一个口子。

逼出来的“增减挂钩”

2004 年国务院下发《关于深化改革严格土地管理的决定》(28 号文件)，其中第 10 条指出：

(1)“在符合规划的前提下，村庄、集镇、建制镇中的农民集体所有建设用地使用权可以依法流转。”

(2)“鼓励农村建设用地整理，城镇建设用地增加要与农村建设用地减少相挂钩。”

问题是，“依法流转”之“法”在哪里？“流转”、“挂钩”的确切含义是什么？采用何种具体的形式？

在局部地区探索解决全局难题的改革实验。

更有意思的是第二句话，叫“鼓励农村建设用地整理，城镇建设用地增加要与农村建设用地减少相挂钩”。我开始接触这个问题时看不懂，因为土地是不动产，对不对？这块地不能搬走，它不是粮食啊。你这里怎么减，那里怎么加，怎么挂钩，没有头绪。后来我就问了，调查发现，这个政策的形成实际上是有经验基础的，就是有一些地方先有这个事：不是不给指标嘛，一年就给成都 5 万亩用地指标，不够用，那怎么办？把农村的建设用地节约下来，把它复垦成耕地。

成都的探索

1. 主题：城乡统筹、还权赋能

(1) 2003 年学习江、浙“三个集中”，提出合理配置空间的问题

(2) 2004—2007 年运用“增减挂钩”政策，为“三集中”筹资并组织实施

(3) 2008—2009 年启动农村产改：确权颁证、鼓励流转、建立土地交易市场

(4) 2010 年以来，城乡全面的要素流动与用地制度改革

(5) 北京大学国家发展研究院综合课题组：《还权赋能：奠定长期发展的可靠基础——成都土地制度改革实践调查报告》以及后续研究报告

2. “指标换资金”，利用土地级差规律

3. 在征地制度内增加弹性，加大对农村农民的返还

4. 土地整理：价量齐动

—1.5 万元—2.5 万元/亩；年均整理 3.4 万公顷

5. 村庄整理(“挂钩”)

—2006—2008 年：15 个挂钩项目区，申请周转指标 6 980 亩，其中城镇建新区使用 5 331 亩；平均合 15 万元/亩

6. 统规自建、统规统建

—类似村庄整理，15 万元/亩

我们后来就跑到成都去看，怎么这里省，那里就可以加，不动产怎么动起来。原型是这样的：农村有大量的建设用地，比如宅基地、破房子、砖瓦厂、建成的集体的设施，都已经不是耕地了，但是非常散。用什么办法？刚才讲的文件里头有一句话，先通过土地整理。什么叫土地整理呢？就是进行一笔投资，做一个规划，把这片区域重新整治一下，耕地给弄平，弄平之后就省出一些地来。省出什么土地？怎么去把这个增减挂钩搞起来？就是利用整治，土地整治就是：西南的土地因为不平，就用田埂去挡水，如果地不平，田埂占的地本身就很多，投资搞平之后，这个田埂系数可以下降。田埂面积占耕地面积的比例，有的地方要到22%，那么投资搞平、水沟取直之后，就可以腾出来一些地。腾出来的地就使耕地扩大了。耕地扩大了之后，这个指标就可以拿来做建设用地。这个大概是最早开始搞的。每亩地投上6 000、8 000、1.2万、2.2万元（投资随着人工上涨而逐步提高），就可以腾出一些土地的指标来，这是早年开始搞的。

后来发现更大的潜力是村庄里头。集体所有制就是你们家占了地，我们家也要占，大家都占，全部占的地就非常大。村庄怎么解决这个问题呢？我提供一个示意给大家看（图5）。

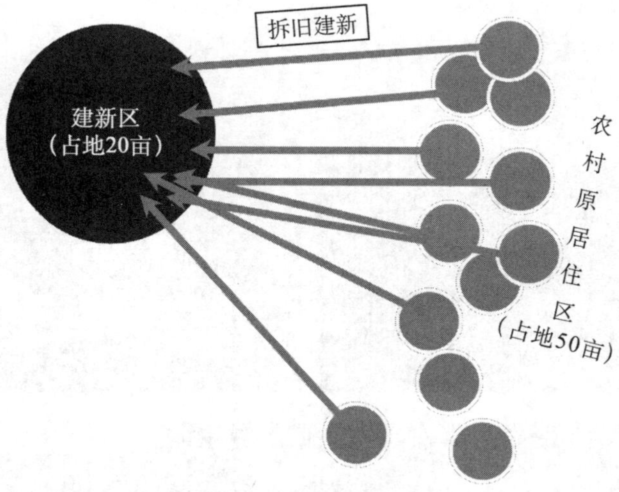

图5　农村的拆旧建新之一

图5中的小圆圈就是建设用地，已经不是耕地了。那么做一个规划，确定一块地区叫建新区，如果说老的社区占地50亩，就规划出一个建新区占地20亩，小一

点。最重要的工作，是要让农民能接受这个项目，这里面最大的就是业主利益关系，老房子怎么办，老的占用土地怎么算，补多少，新房子怎么算。算好了，就可以进行拆旧建新，把原来的房子平了，到新村里面去住，老的地复垦成耕地。这要一户一户来，很大的问题就在于农民是不是愿意，要一家一家地算。因为从土改以来，农村的宅基地关系是非常复杂的，有的是违建的，比如给他划两分地，他建了三分；有的是土改留下来的，好大一块地，但他是合法的。农村有好多这些问题，要一个一个去料理。料理完了以后，把旧房子拆了，就开始复垦，一块一块变成耕地（图6）。假定有两户人家不同意，他就不参加，就留着。同意参加的一共是 48 亩，那就从 48 亩变成了 20 亩，新村当然要建得好一点，有一点基础设施，有的还有下水道。这就相当于节余了 28 亩土地出来，其实这个土地还在村里，只不过用途变化了，原来是建设用地，现在变成耕地了。变成耕地，原来的建设用地权就可以在空间上移动，所以这个过程叫做"星星对月亮"。

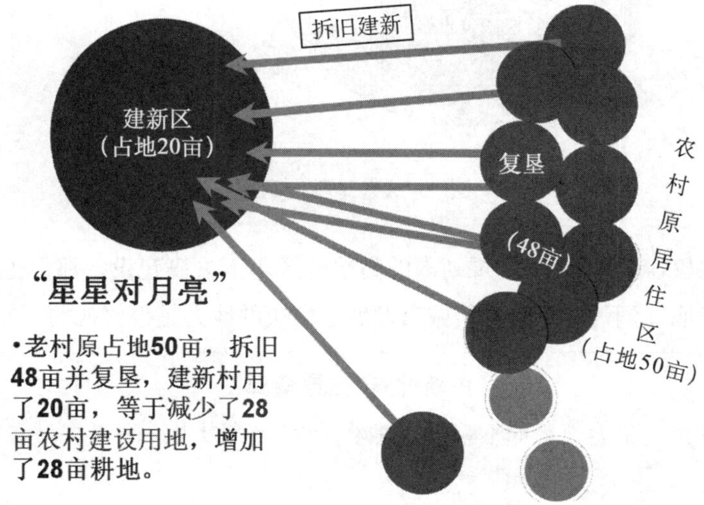

图 6 农村的拆旧建新之二——"星星对月亮"

农民原来住在"星星"上，现在住在"月亮"上。"月亮"小一点，"星星"总面积大。节省出来的差额，就可以利用级差地租了。因为城市都是城中贵，近郊便宜一点，远郊更便宜，这是地价规律（图 7）。

如果从地价低的地方，把一亩建设用地复垦成耕地，把这块建设用地挪到地价高的地方去，然后把原来地价高的地方的耕地挪到地价低的地区去，这就倒腾出一笔钱来了。用这个钱去补两头，就是补农村盖新房子的钱，补规划的钱。我看过以后，说实话蛮佩服的。我没有想到土地可以这么配置。我要一再申明，他们从2002—2003年就开始这么做，2004年被国土部的一个文件总结，然后得到国务院办公厅的批准。这是从底层来的东西，等于重新配置位置资源，不动产可以动，第一步就是做区划、拆旧建新，第二步把节余建设用地的权利抽象出来，变成一个标的物进行转让、买卖。我过会给大家看这个价是怎么形成的。第三步，谁出价买到

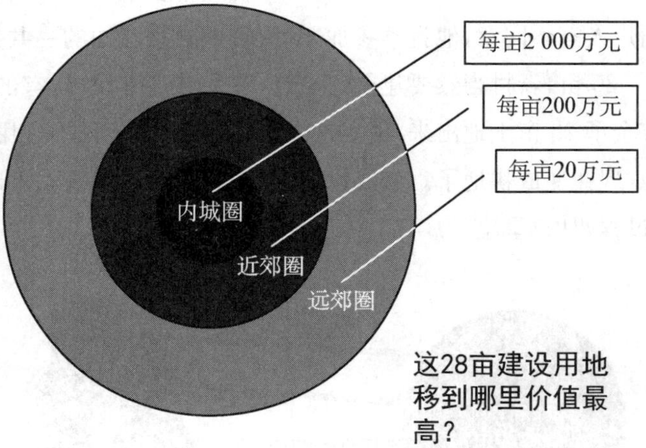

图7　级差地租的利用

了建设用地权，就可以在一个规划内的高地价区落下去搞建设。那你也不亏，对不对？你买来地，落下去，在前两年城市发展非常快的地方是很值钱的。

重新配置“位置资源”

1. 在土地用途管制的框架下，“建设用地”本身就是一种具有潜在市场价值的权利

2. 如果此权可以转让，那么土地就可以“移动”：

- 第一步：在低地价区域，村庄重建减少建设用地，并将其复垦为耕地
- 第二步：把结余建设用地的“权利”，抽象出来有偿转让
- 第三步：购得建设用地权的一方，有权到高地价区“落地”，即把那里原来的耕地改为建设用地

● 这等于把建设用地移到高地价区、把耕地移到低地价区

3. 在高地价区把农地改为建设用地，带来一笔追加的收益，当这笔收益能够覆盖：(1)购“建设用地权”的费用，(2)落地费用，以及(3)所有相关的制度费用，上述土地移动就具有了经济合理性。同时，总的耕地面积并没有减少

实质上我理解，它就是把建设用地移到高地价地区去，把耕地移到低地价地区去，然后释放出一块资源来重新建设农村，同时也支持城市的土地利用。

这里是一个实例，在成都邛崃羊安镇仁和社区(图8)。当时他们在做规划，这是一个建新区的中心地带图(图9)。拿出这个方案，新村准备怎么建，一户一户要谈，有户型的，规划设施都要上去，城市文明要到农村去。然后你去选，家里多少人走了，多少人留下，新房有多大，新房跟旧房之间怎么补贴，就是这么一套成形的做法。

图8　成都邛崃羊安镇仁和

当然这是通过基层组织在做。我去访问的大队支部书记给我的名片是法人、董事长，经营项目有5 000亩廉价土地。我问哪来这么多地？原来四川成都

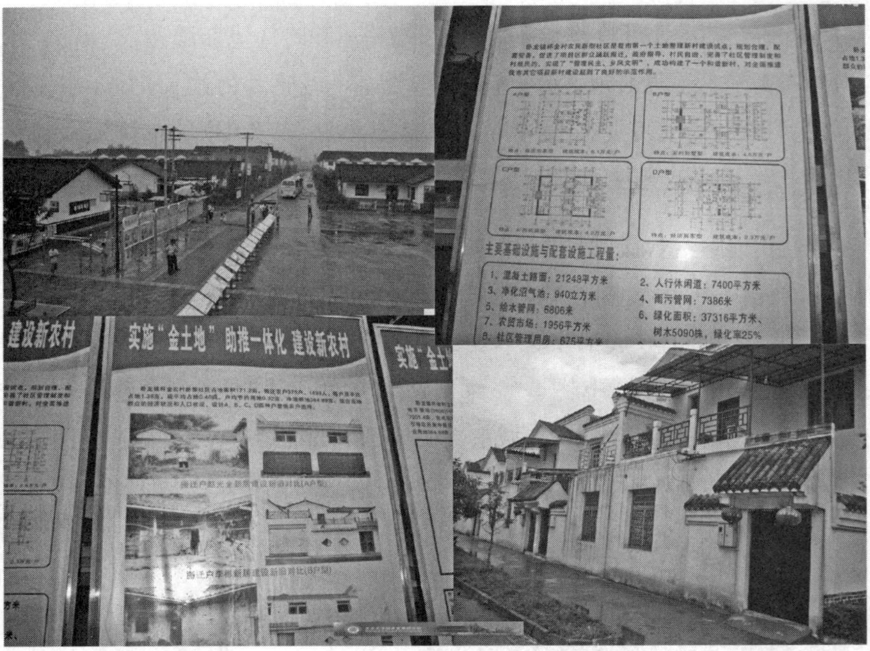

图 9　仁和社区的规划

周围住得非常分散,几百户人家腾出来的地,然后就形成成片的耕地可以招商,现代农业公司可以去,有很多闲散劳动力可以给你用。他最得意的是建成了这么一批新村,新村当中还有养老院,他取名叫民福院。孤寡老人怎么办?孤寡老人没有钱也没有房子,有破房子占着地,过去一点办法没有,除非民政拨钱。现在就用他的地倒,你在规划里面把它做好,孤寡老人占的地都是资产,只要民福院盖得小一点,腾出来的地多一点,把这个地有偿转出去,拿回来的钱就可以盖新房子,就可以请人给他们做饭,就可以请护工。这完全是社区建成的一个民福院(图 10)。

当然这里面最困难的就是签约工作,因为每家每户情况都不同,账很难计算。还有一个环节叫复垦,这个我不太懂,就是把原来房子拆掉之后,然后来回耙地,耙完上肥料。

最危险的就是基层干部会不会胡来。就是赶农民上楼,把地卖了,这是最令人害怕的一件事。成都到 2008 年把这个经济流程做通。接下来就是权利问题了。谁的房谁的地,历史怎么形成的,不把这一环弄好,贸然去搞增减挂钩,又是干部替

图 10 仁河社区民福院

图 11 复垦的土地

农民去挂钩，最后社会矛盾还是会尖锐。

我们蛮欣赏成都的是，他们2008年就发起了一场农村产权制度改革，实际上就是确权。先量宅基地有多大，合法还是不合法，违规还是不违规，弄清楚了就颁证。耕地多少，山林多少，房屋多大，普遍确权。县以上人民政府正式颁证，跟城市居民一样。我们城市房改房以后，都有房产证、土地使用证、契税证，但农村居民没有这一套。成都有500万农村人口，开始以为一年能搞完，后来发现三年才搞完，全部确权到位。每户人家都能拿出这几个本子来，然后就把这个十七届三中全会讲的“长久”写上去了，这个土地使用期限是长久的。原来是三十年的，哪年到哪年很好算，现在叫“长久”了。温家宝当时在北京说“长久”就是永远不变。我们去问农民，这个“长久”是什么意思？农民说长久的意思就是“只要你们不变，我们就不变”，这是农民的回答。

2008年成都农村土地确权

1. 新挑战：“权利主体不明、边界不清”，很容易在“三个集中”过程中引发矛盾和冲突。

2. 2008年成都农村产改，以普遍的确权，界定农民的农地承包权和宅基地使用权，并使之拥有权威的法律表达。

(1) 清资核产、止纷定争。

(2) 确立农民在土地流转中的主体地位，从根本上消除城乡统筹改革中的系统性风险。

(3) “契”+“约”：扩大土地合理流转范围，增大农民财产性收入，促进土地更集约利用。

3. 目标：改变城乡产权不对等现状，为市场配置土地资源奠定基础。

4. 规模：1 100万户籍人口，500万农民，1.2万平方公里，20区市县。

5. 结果：从2008年1月至2010年下半年，共颁发《集体土地所有权证》3.38万本，《集体土地使用权证》166万本，《农村土地承包经营权证》180万本（涉及1 000万地块）。

6. 配套：户籍改革、生产要素在城乡间自由流动、城乡规划、村庄治理机制……

同样地，东边、西边的边界到哪里，不就是我们财产登记、财产注册这套人类文明的成熟技术吗？只是过去不把农民放进来。成都的这条经验已经被吸收了，最近的几个中央一号文件都说在全国范围搞确权，土地、山林资产确权。确了权，首先他可以保护自己——这是我的家、我们家的，谁来乱侵犯，至少有个凭据。(图 12)

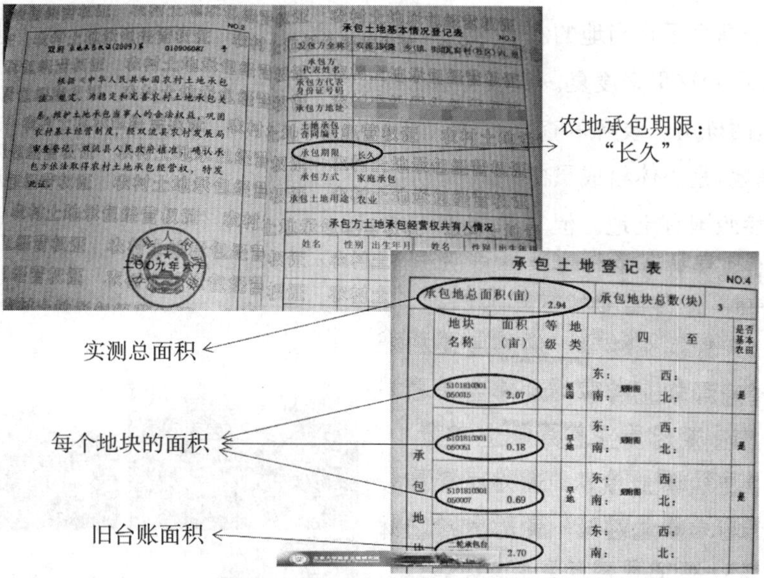

图 12　承包土地基本情况登记表、承包土地登记表

确权在灾后重建中也发挥了作用。2008 年汶川大地震后，很多房屋损坏。灾后重建的时候这些凭证就帮上忙了。损毁了土地，中央和省补助 2 万元钱盖房子，钱不够，怎么办呢？最后成都出台了一个地方政策，就是可以用宅基地抵押，每户人家跟当地的农信社借 6 万元用于灾后重建。抵押的时候，土地关系要清楚。本来确权是很费劲的，把历史上的事弄清楚，到底谁家的地，要费好大的劲。宅基地可以用来申请抵押贷款这个经济功能开发出来以后，确权速度就提快了，因为不全弄清楚，就借不到这 6 万元钱。所以地震对成都的实验客观上也起了一个推动作用。可以抵押之后，发现还有一个新的筹资办法。有一些农村如茶坪村，虽然房子震得一塌糊涂，可是位置很好，靠近青城山，在青城后山里头。成都很热，夏天很多城里人把老人送到农村去住几个月，一直有这个需求，可以把农村房子改造得好一点，让城里人住得舒服一点。过去不可以的，我刚才介绍农村的地只能自用，不能为城里人用。因为它是改革实验区，再加上地震这个特殊情况，就发明了一个城乡联建政策。什么叫联建呢？震毁房的农民没钱盖房，6万元又不够，就可以去看看有没有城里人对这个位置感兴趣，谈妥了以后，就可以用宅基地跟城里人合作，你盖一个，他盖一个，你们自己去谈。市政府就管一件事情，城里人必须先把农民的房子盖好，才能盖自己的，就管了这一件事情，最后就形成了这么一个新的格局(图13)。这个高个子是当地的农民，姓王，这个矮个子姓邓，是成都的市民。他以前一直把父母送到这里来度夏。现在有这个机会，有联建政策，最后邓出钱，王出地，盖了后面这两栋房。政府审查以后，给他们双方都办了土地使用权证。因为它还是农民宅基地，是集体给成员的永远的划拨，不用价的。他这个证写的是40年使用期，就是参照国有土地。但它是集体土地，转让给你40年。代价是什么呢？代价是你要出资，要把老乡这个房盖起来。就是这么一个概念。

● 灾后开发重建，就是灾区农民拿部分宅基地使用权，交换城里人的建房资金

● 关键是提供合法框架

—颁证：集体组织外成员首获“集体土地使用权证”(40年与无年限的差别)

—“三方合同”的制度创新作为配套

—复垦完成、农户房屋验收完成为前提

● 规模与收益

—第一户联建：出让100 m^2 宅基地换取238 m^2(建)清水房，合160万元/亩

—35户联建：出让集体建设用地10亩，约合40万元/亩

—全村10户联建成功，101户有联建意向，总投资超过1亿元人民币

图13 茶坪村灾后重建中的城乡联建

有人会问，40 年之后怎么办呢？我要问你，你的房子是多少年？70 年。70 年之后怎么弄？现在这个房子他已经住进去了，理解吗？这个前提就是你同意还是不同意，你同意就来。这是契约。说什么 40 年之后就走人，实际上没有那回事。因为我们有物权法，物权法为解决这个问题已经补上了一个环节，就是 40 年到期，或者 70 年到期，你有优先续约权，他不能随便把你赶走。但是没有解决的是另外一个问题，就是 40 年或者是 70 年之后，地价该怎么补。因为他付的是原来 40 年的地价，我们付的是 70 年的地价，到时候怎么补地价，这个问题在物权法起草的时候没有得出一致的意见。所以现在解决了一半，还有一半没有解决。这都是愿打愿挨的，就是这个政策已经讲清楚了，你愿意来投这笔钱，拥有 40 年的这个房子的居住权、使用权。你看这个搞开了以后，就发展成了一个新的做法，刚才讲的是一对一，后来就发展成一对多，多对一，可以跟十户人家一起签，然后把十户人家的地统一规划，旅游、乡村开发就有用武之地了。下面这个是我们去的茶坪村，都江堰下的一个行政村，通过联建进去的资金有 2 亿多元，修得非常漂亮，最后村民就住到这样的房子里去了(图 14、15)。原来很多村民都要爬山，现在迁下来。只要同意，就用这

图 14 联建的都江堰茶坪村(之一)

图 15　联建的都江堰茶坪村(之二)

个办法,原来的地复垦,变成林地,变成耕地,做一个价,然后建公共设施。这是大队部,这是旅游设施,这是给投资人盖的房。最后就找到了一个平衡点,不需要把地一定征为国家所有才能非农业利用。这就突破了原来的单一的路线。

然后,也可以把这个土地的权利拿出来公开拍卖,出价高者得,这就形成市场了。最早在锦江区形成了招拍挂(图 16),过去只有国有土地招拍挂,现在集体建设用地也可以招拍挂,发现价格,政府抽税就是了。

后来成立了成都、重庆两个土地交易所。我写过一篇文章,就是看了邛崃这个例子,我知道这里头有个机会。但是这个价格发现机制不太好,原来是把土地腾出来卖给县土地部门、土地交易中心、储备中心,给农民一亩地票,权利就让出来了,15 万元、12 万元、18 万元,根据供求定价格,但是要经过政府。后来发现这是可以交给市场的,组织一个公开市场不就行了嘛。

重庆曾经在网上征集对重庆搞城乡统筹的意见。我试着把这个意见通过邮箱发过去了。领导签名回了信，说这个意见他们感兴趣，问我什么时候到重庆来跟黄奇帆副市长谈。我后来就去找奇帆了。最后这两个交易所就成立了。黄奇帆的知识就比成都的干部多一点，因为他是筹建浦东开发区的，参加过筹建上交所，去纽约股市看过，他说这个像股票，叫什么呢？叫地票。就是不把土地实物资产拿出来，把原来盖房的那个权拿出来，就叫地票。这是地票拍卖场所(图 17)。你拍到，就可以在重庆的规划区内找一块去落实。原来要等北京给你指标，现在就可以在指标外找到一个盖房的机会而没有违背政策。为什么呢？因为耕地没有减少。无非是把这里的这块耕地移到那里去了，把那里的房子移到这里来了。那你说瞎折腾什么呢？就是因为有差价。

集体土地招、拍、挂：锦江区

- 首批经由公开招、拍、挂转让使用权的集体建设用地
- 首批 20 余亩，另有 2 000 余亩随后，涉及农户 4 500 余户
- 先确权：承包地到户，建设用地到组
- 招拍挂收入→股份公司→农民(股东)
- 出让收益不如预期，但仍达到 80 万元/亩(2009 年初)、130 万元/亩(2009 年 7 月)
- 关键：农民直接成为交易中相对主动、平等的出让方

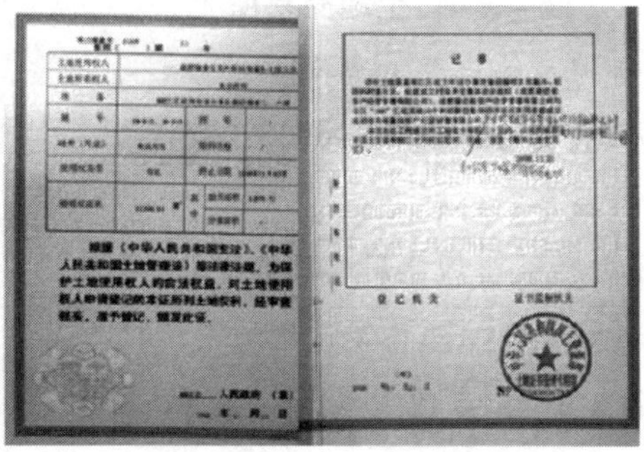

图 16　锦江区集体土地招、拍、挂

图 17　成都、重庆成立农村土地交易所

土地交易所

背景：重庆、成都城乡综合改革试验区

“试办土地交易所的建议”(《南方周末》2007 年 10 月 13 日)

1. 什么是土地交易所？怎样办？

(1) 土地交易所是转让土地使用权利的专业市场。

(2) 试办阶段，建设从农村集体建设用地使用权的交易入手，其中包括村镇公用建设用地、乡镇企业(含与他人合作办企业)用地，以及农户宅基地的使用权。

2. 为什么要办？

(1) 当前经济生活中存在着一些难以解决的矛盾；试办土地交易所，一方面利用高涨的城市化需求为新农村建设筹措资本，另一方面经由农村建设用地的节约，在严格保护耕地的前提下，增加城市化供地规模。这是一石二鸟的改革试验，值得一试。

(2) 试办土地交易所的根本目标，是实现我国所有土地同制、同权、同价。

3. 难题和风险

农民自用的建设用地权一旦经由市场竞价，可能表现为惊人数目的货币财富。如何确保进入转让过程的农民土地物权不被攫取和侵占，确保土地指标交易的公开和公正，是办土交所的第一难点。应明确，这不但是经济体制改革的试验，也是政治体制和行政体制改革的试验。

房子盖在什么地方最优，不是光由我们官员去定，可以交给市场来定，最后定出一个东西，那头农民就可以拿到钱盖新村。这一套调通以后，后续的事我们都难以相信，原来都要经过政府，后来发现农民也可以盖，有了市场之后，农民就可以自己来搞重建，这就是金陵二组的例子(图 18)。

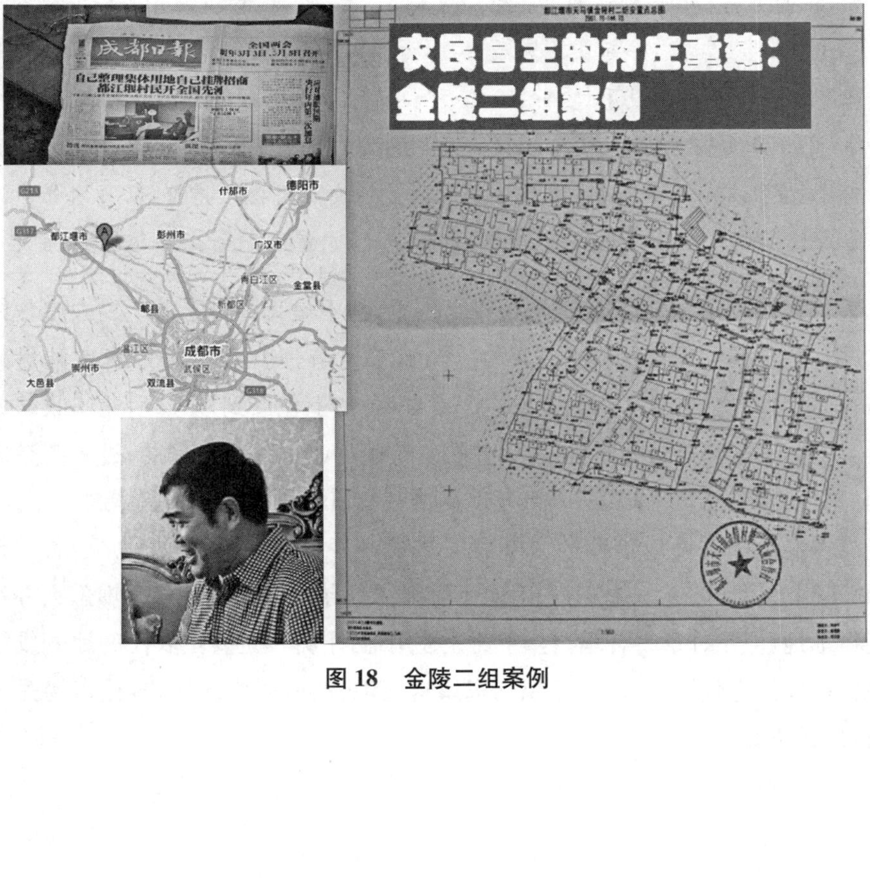

图 18　金陵二组案例

这个人是生产队长，也是农民。房子震塌，在村里听大家意见，他在外面做过生意，知道有这么一个新政策。他把账拿过来算清楚，最后180户农民跟着他一起干，建新村。怎么筹资呢？办法就是把老房子平掉，因为老房子90%已经震垮，把房子清平变成耕地，新村建起来，其中一部分地拿出来复垦。他用了150亩地，农村建设用地重新整理了，40亩用于建新村，还有110亩。其中76亩，每亩15万元的对价，从温江区换得了1 140万元重建资金。还有30多亩地，因为位置比较好，成片，就拿到刚才说的那个土地交易所去竞拍，最后以每亩44万元成交，竞了好几十手。买去干什么呢？是搞养老产业的企业买的，也是40年使用权，每亩44万元，就是这块林地，它叫林盘地(图19)。这又筹了1 000多万元，所以最后把新村建得非常像样。这里是建起的新村，还有茶馆(图20)。

金陵二组案例梗概

金陵村2组共78户农户，283亩土地，2008年5·12大地震中，90%以上房屋损毁；2009年初，经村民大会和2/3以上村民同意，决定按“节约用地换取重建资金”的办法，开展村庄重建；经反复测算、协商、申请和缔约，最后本组60户、本村外组124户，一起实施灾后重建，于2009年底建成“金陵花园”新村；共整理了150亩农村建设用地，除40亩用于新村建设外，76亩复垦为农地，按每亩指标15万元的对价，从温江区换得1 140万元重建资金；余下34.02亩，因地块成片、独立又有较好区位，拿到成都农村土地交易所公开竞拍，以实地资产40年使用权、每亩44.2万元成交，共筹得1 504万元重建资金。

我们可以看到，土地制度改革说难是很难，但不是无路可走的。过去粮食体制怎么改？一毛钱一斤粮食收了农民30年，后来也是一步步这么改的，收购量减少一点，增量部分交给市场，刺激农民生产粮食，再加上包产到户，然后逐步收缩增购部分，扩大市场部分，最后时机成熟，并轨。城镇房改也是改出来的，过去都是国家分房，单位、机关分房，1997—1998年就搞成一个市场化的城市房屋体制。

这些经验都是可以借鉴的。事情虽然难，但可以分步做。征地，不能一天收缩，缩小到最后还要有一块，工业用地还要征。搞导弹怎么办？修大坝怎么办？这个还得征地，但是补偿得合理。至于商业性用地，干嘛一定要把农民的地变成国有土地？可以让它直接入市，按照规划来用这些地，然后相应地抽税，让市场去发现价格，配置资源。

图 19　出让的林盘地

图 20　建起的新村

当然这会触动很多观念。第一,是担心土地买卖造成两极分化。其实我们历史上,不是土地买卖本身导致两极分化。我们小时候听过大地主刘文彩的故事,你仔细看他的地是哪来的?是买卖来的。钱是哪来的?钱是他哥哥那里来的,他哥哥是四川军阀,也当盐官。他在外头挣了钱,用这个钱到处买地,成了大地主。所以不是土地买卖必然导致两极分化,最重要的是国家权力是不是受到约束。过去很多人不是纯粹靠勤劳、靠买卖、靠眼光就成大地主的,勾结官府,权力不进笼子,真正的两极分化是从那里来的。我们过去把这个账算到市场的头上。

第二,我们认为集体土地,多一个人就分一份,这是最好的。城里有社会保障,农村有土地保障。农民真正脱贫,实际上是农民的数量要大幅度减少,要跟农业在产出结构当中的比例相符。我们现在农业产出的比例是多少?10.1%。农业GDP是GDP的10.1%。农村户籍人口多少?65%。去掉18%进城打工的农民,还有47%。这是造成农民贫穷的根源,你以为那块农地可以保护农民?人数越来越多,分得越来越少,这能保护农民?这是不现实的。农民也要纳入整个社会保障,社会保障就是工业、城市服务业的所得建立的保障体系。农业那个生产体系建立不了单独的保障体系。

还有就是土地涨价,不是因为农民的贡献,是因为修了地铁,修了基础设施,所以土地涨价要归公,土地不能卖那个价。这是税收问题,要让价格发挥配置资源的功能。其中不是农民贡献的部分,可以通过税收抽走,全世界没有说土地卖了钱都归地主的,都归土地所有者的,但这个税是可以进行调节的。还有用途管制等方面,限于时间我就不讨论了。

我要向各位报告的是什么呢?就是从经验来看,我们国家土地制度改革改了一半,留下的矛盾很多。现在从局部的经验来看,它是有可能走通的。成都的经验,重庆的经验,长沙的经验,浙江一些地市的经验,天津的经验,其实现在经验是非常多的。但这么多农村房屋不能抵押,正规金融从农村撤出,高利贷控制农村。为什么土地、房屋不能抵押?在温州乐清,农房买卖早就成潮流了,所以金融机构就敢接受农民房屋抵押,因为有一个流通的市场。这对农民起步做工业、做生意帮了很大的忙。

这就是我们这个土地制度的历史形成,其中是有很多麻烦,但如果认真改,还是有希望的。就是这么一句话,谢谢各位。

小结

1. 土地制度改革可借鉴的经验：

(1) 粮食统购统销改革

(2) 城镇房改

2. 路线：逐步缩小征地范围、集体建设用地入市

3. 触动的观念与利益：

(1) 土地买卖必然导致两极分化

(2) 集体所有制土地是农民的社会保障

(3)"土地涨价归公"

(4) 用途管制(规划)不靠市场机制

(5)"建筑不自由"

(6) 土地财政与土地金融

乔依德：我想大家都同意周教授给我们做了一个非常精彩、主题突出、条理清楚的关于土地制度的报告。对这个问题，我们前两天在上海财经大学也开了整整一天的研讨会。说老实话，我的收获很大，他每一篇在《经济观察报》上的文章我都看。其实只用了一个多小时的时间，差不多就把你这一年每星期写的东西都浓缩在了一起。下面我们抓紧时间，大家有什么问题可以问周教授。

夏善晨：周老师，一直听说您的大名，今天听到您的报告，感觉非常好。我一直在海外游学。中共十八届三中全会之后，海外的智囊人物也跟我讨论中国土地制度的小产权合法化问题，现在确权需要一段时间。但是有一个问题，他们让我请教您，就是这个确权是不是意味着我们集体土地制度的瓦解，是不是会造成后期的私有化？

周其仁：这是一个高难度的问题，确权到最后是什么，对不对？因为我比较相信习惯法，我的看法就是一个产权制度的形成，不要一天时间就做出一个结论来。就像圈地运动，英国当年人口一增长，农产品价格一上涨，就要对土地重新划清楚，公用土地重新分边界，持续了大概两到三个世纪才慢慢成形。所以我一直主张，就是现在生产力有问题了，要解决，往前走一步，再往前走一步，到底走到哪一步，用不着急急忙忙用一个词给它概括出来。其实我介绍的集体土地长久地承包给农户耕种，你说这是什么制度？一方面你说集体所有制还在，但是这个集体就做一件

事——把土地包出去，过去还是30年包一次，“长久”以后包一次就完了。你说它叫什么制？它是私有还是公有？愿意炒你就炒。我实际上不太喜欢炒，叫什么都行，解决问题最重要。要让种地的人好好种地，要让盖房子的人好好盖房，至于叫什么，这方面我们的智慧挺多的。包产到户，历史上曾经发生过多次，到最后中央承认它合法地位的时候就不叫包产到户，叫家庭联产承包责任制，翻译成英文好长一串，但还是那个事，就是那个关系。我觉得实际的关系比较重要。至于将来我们是不是像现在一样一听见土地私有制还那么紧张，这个将来再说，现在先把这些问题解决。有小尾巴要解决小尾巴，有大尾巴要解决大尾巴；把过不下去的问题解决了。我有一点这种渐进的立场。

左学金：周老师，听了您的报告，我的收获很大。上海的三个“集中”做得很早。

周其仁：成都就是从这里学的。

左学金：对，但是上海的问题是试了大概八九个居住点，银行贷款80亿元还是90亿元，最后做完了还不了钱，为什么呢？农民集中了以后，整理出来的地没有出路，最后就“死掉”了。

周其仁：什么叫“整理出来的地没有出路”？

左学金：没有出路，他就做农场什么的，那时候还没有“增减挂钩”。

周其仁：他留在当地用掉了？

左学金：他就搞成集体农场什么的，集体农场的劳动生产率未必比农民更高。农民集中去住，银行贷款还不了，当然就没法做下去。

周其仁：没有形成地票。

左学金：对的，所以重庆和成都应该说在上海的基础上往前走了一步，这一步能把资金回笼是很关键的。我有两个问题。第一个问题，成都和重庆这两个地方的做法是不是很复杂？如果是真正的市场经济，在土地用途规划的基础上，就是允许直接按照市场价买卖土地，然后再收税，这样是不是更简单一点？特别是成都，将48户集中在一起，很可能20年以后，这个地方就没有人住了。因为2000年到2010年，有六个中西部省份的常住人口是下降的。这个趋势今后会越来越明显。直接买卖会比较简单一点，不要搞那么复杂。这是第一个问题。

第二个问题，实际上我们国家的土地制度，除了政府向农民征地有很多问题之外，在建设用地使用本身上也有很大的问题。比如说我们现在要转型，工业用地的价格按照200个城市平均，只是商业用地和住宅用地的1/7到1/9。这里的转型，工业用地怎么转成住宅用地、怎么转成商业用地，也是很大的一个问题。我感觉，对于上海来说，可能这个问题比征用农民的耕地问题更大，因为上海主要是用好现在的建设用地，不是扩大建设用地，这个方面的问题很大。想请教一下周老师。

周其仁：第一个问题，我们开始看也是有同感，这么复杂，绕来绕去。后来说服我的就一条。你现在说要更痛快的办法，我马上给你想出来，就是土地市场，就是买卖土地嘛，愿意盖就盖，不愿意盖就拿钱，干吗非要变成楼然后再倒？它有一个麻烦，我们现在讲的这套，就是你讲的比较容易的这套，它现在吸收得进去吗？能变成政策吗？能变成法律吗？这就是交易费用问题。

左学金：三中全会说得很复杂，说农村建设用地入市什么的。

周其仁：说得很复杂，现在都有很多人不同意。说得简单更不同意。

左学金：我感觉这个说法太复杂，你简便一点，就是政府拿农民的耕地……

周其仁：你给我一个例子看看，只要按简单的办法能做到我就同意。给我一个例子都行。没有！中国土地上的这个迷雾，我告诉你，你不想绕，就走不出来。但是成都后来的做法又不同了，只是今天没有时间讲。它最后是个选项，比如你们家的人全走了，我是不是一定要盖个新房呢？你可以选，它叫货币补偿，就是直接拿钱，再也不在农村范围里面建任何房了。现在郫县农民都懂了，县委书记也懂了，费劲给盖一栋农民房，将来又不能市场化。现在直接把这个房盖进商品房地区，那个房将来又增值了。这些都是后话。

中国这个事情怎么说好呢？要一步一步走，走一步说服一批人，再走一步再说服一批人。问题是我们国家的土地制度，就这么绕还绕不出去。当然你说有一个地方，比如上海，能不能找个地方试试这个简单的买卖的办法，愿意卖就卖，愿意买就买，国家抽个税。作为方案，我肯定投你的票，但是要看见才算。如果没有人同意，那就是在思想当中非常简单，在实践当中不可行。我为什么肯定成都的做法？它是绕，是麻烦，但是它把这个征地制变成可交易的东西，拐来拐去变成不要强制了，同意就来，不同意拉倒。可以有溢价机制，溢价的范围可以扩大。这是第一个问题的回答。

第二个问题我觉得非常重要。上海的工业用地大概占已建面积的25%，这在世界城市里都是罕见的。原因就是我们人为地对土地进行了分配，工业用地、商业用地，各种类型的用地。工业用地不是完全竞价的，很大程度上是协议转让的，而我们招商引资，为了让企业来，经常低价去拉人家来。只要价格一扭曲，它的需求量就大,占的地就多,现在已经变成全国非常普遍的一个问题,就是大量占用工业用地。所以现在深圳也开始改革,就是把工业用地改成综合用地,原来是低价的,要补一个地价。这个地价怎么补,怎么形成补地价的机制,就变成利益之间找平衡的一个难点。

我们在成都调查结束以后,在深圳做了一年的调查,调查报告大概这几天就可以完成了,主要是这个题目,而且是很重要的一个题目。

乔伊德: 你们注意到没有,报纸上说上海自贸区也在把工业用地变成综合用地。

左学金: 这个建议是我们提的。

周其仁: 你看有一些企业就做得很好,比如天安数码城。

张朝晖: 土地制度改革中有一个问题,你刚才提到 2013 年政府有 4.2 万亿元的土地出让收入,怎么让政府从这里面退出来?而且现在这时候风险又比较大。

周其仁: 所以不能一天就结束征地制。一天就结束,现在很多账都趴下来了。因为把很多钱借给你,就是知道你将来还能征地,现在你突然停止,所有的债务链就要断。所以确实不存在一天就结束征地制度的可能性,但是不逐步缩小不行。现在征地制的土地财政有什么问题呢?我在各地看,这也是我们这两年调查的一个重点,很多城市就像刚才左学金讲的,人都跑了,它还在大干,还在上项目,那个项目一定会死的。有很多地方上八车道,盖音乐厅,这块账早晚要死。

我们的看法就是要把相应的改革措施跟上去,就是账一坏,就把征地权收掉。中国地方政府的账最后是中央财政的账,因为不是联邦制,地方政府不负最后责任的。哪里出问题,第一要处理人,第二要剥夺征地权,这是一条路。第二,启动土地税和物业税。因为买一块地,没有道理一下子把 70 年的土地收益计入房价,这是我们现在高房价的形成原因之一。第三条非常重要,要使土地财政转向,就要靠发债。发债有什么好处?就算县委书记级别够,但项目不好,金融市场也不买账,要让金融市场帮地方政府去把关。大家都想建设城市,这个心情可以理解,要把项目拿出来给大家看,给金融机构看,给中间机构看,给债权人看、挑选,那有些项目就没戏了。

融资机制起来以后,就不怕进一步去改革这个土地财政了,新的路不开辟之前是很危险的。世界上很多城市都是靠土地财政搞起来的。我一二月份在纽约哥大做访问,纽约建了那么多东西,一百年前就修地铁,哪来的钱?发债呀。只要债权人相信这个城市的未来，有的是钱，为什么一定要把农民的那块地拿去抵押呢？对不对？所以中国城市建设筹资，从不会用土地到会用土地是一个进步，但是还应该再进一步，因为最后还钱不是靠地而是靠这个项目做对了，是靠在人们集聚的地方去修基础设施。修了一条路，老有车跑，钱当然最后会回来的。人都没有的地方也去搞，行政主导的城市化建设，就会给我们的资源配置带来很大浪费。所以要转向，最后才是解决土地财政的问题，这是要有时间的，还要有很好的设计和计算。要顾及几头，不能贸然推行，只因为老百姓不高兴就把征地制度废了，这个做不到。要探索。

乔依德：“增减挂钩”，你刚刚讲的是四川和重庆，那里的地比较多，像上海怎么做？或者你同意不同意这个“增减挂钩”可以跨省，现在是不允许的，这是第一个问题。第二个问题，你上面讲的路线是逐步缩小征地范围，集体建设用地入市。但是三中全会讲的是集体经营性建设土地，不是笼统地讲集体建设用地，你也知道陈锡文有很多讲话。想听听你的意见。

周其仁：对的。挂钩实际上是一个发动，最后是要形成一个交易，交易一定要把半径拉长，半径越长的交易越好，因为发现的价格越好。而且实际上半径越长的市场，它监管越容易，但现在受行政范围的限制。所以成都在这件事情上是做不过重庆的，重庆连续五六年每年两万亩地票交易，成都辖区小，重庆是30个地州。我们一直提议，适时要把它变成全省，比如成都做到全省，然后再适时跨省。但是这要看决策者的决策。最好形成西南的土地交易中心，形成土地交易所，变成一个金融架构，这是对第一个问题的回答。

第二个问题，其实你到基层去看蛮简单的。我们写文件的都会说建设用地、经营性建设用地，什么叫经营性？实际上说宅基地不行。刚才我讲的茶坪村那个姓王的和姓邓的两个人交易时遇到这个问题，就是农民把宅基地让给一个非农民，现在的法律上就有障碍，试验区先行先试，但是不能违法。那里还没有自贸区这个架构，当时还没有这个政策条件。他们怎么做的呢？所以说基层永远有智慧：我跟你谈好了，我这个宅基地让给你一半，你也同意给我盖一处房，我们也同意了，剩下怎么办呢？把生产队找来，我把我这块宅基地退给生产队，生产队再把这块地转让给你，把双方协议变成三方协议。这块地一退给生产队，就不是宅基地了。他再一转让，不就经营了嘛，不就经营性建设用地了嘛。

夏善晨：恐怕不是那么简单的。农民申请宅基地是他的权利，但是申请是向县级人民政府土地管理部门申请，而不是向村里申请。县级是最低的国有土地管理机构，但是对宅基地的规划是一定要县里批准的。

乔伊德：这个问题留存，给其仁出一个题目，你可以继续做下去，《经济观察报》上可以继续写。我想今天晚上大家收获都很大，因为时间比较紧，我们再次以热烈的掌声感谢周其仁教授。也谢谢各位来参加我们的研讨活动。今天的沙龙到此结束。

■ 绿地改革创新和企业国际化之路

• **张玉良***

乔依德：各位来宾，今天我们非常高兴地邀请了绿地集团董事长、总裁张玉良先生来给我们做演讲。大家都比较熟悉张董事长，我就没有必要在这里介绍了。大家知道，绿地不但在国内各个城市搞开发，现在也在国外搞开发，不但跟方的东西——砖头打交道，现在也和圆的东西——金融打交道了。这次他刚好在北京开会，茶歇的时候，我看到他还没有发言，记者还没有找他，我就“抓住”他，请他来给大家演讲。下面我们就以热烈的掌声，欢迎张总给我们演讲。

张玉良：尊敬的延照市长(胡延照，曾任上海市副市长)，尊敬的各位领导、各位专家和朋友，大家晚上好。今天非常高兴能够跟在座的各位做一个交流，做一个汇报。其实在座各位都是我的老师，特别有一部分是我的长辈。对于绿地的成长、绿地的发展，他们都很了解，特别是延照市长更了解。在这个过程当中，他们给我们的支持也特别大。所以我觉得，首先还是要由衷地感谢各位。今天我想讲，我们这个企业的成长在上海国有企业当中比较另类，这跟上海市委、市政府、国资委以及其他相关部门的高度信任密切相关。我们不认为自己有什么本领，我们认为是人家对我们比较放松、比较信任，所以给我们创造了环境。前几天，乔秘书长在北京，正好国务院发展研究中心的中国发展高层论坛上我有两个演讲，所以碰到他。我讲的也是国有企业改革的问题。当时我们两个商量了一下，决定讲讲绿地国有企业改革的问题，讲讲绿地的国际化。

我觉得自三中全会以来，中国政治体制改革与国有企业改革大概是全球最关注、最热门的两个方面。近期我们集团领导也在忙这两件事。首先讲一讲绿地的国有企业改革，讲混合所有制。这在上海国资改革当中非常有影响，也是“上海国资国企改革 20 条”出来以后，全国研究比较多的。我本人也专门去国务院做过汇

---

* 张玉良，绿地集团董事长、总裁。根据 2014 年 3 月 27 日在上海新锦江大酒店的演讲录音整理，未经本人审阅。

报。我们认为此项改革非常值得拥护，实践证明中央十八届三中全会是对的，所以我要把这个题目讲一讲。第二讲一讲国际化，我们的国际化实际上从 2013 年开始，进步很快。我们的混合所有制整体上市，在国际专业金融机构中评价比较高。我们的市值，按照现在还没有批的市值，已经超过 1 200 多亿元了，上汽下来就是我们，在上海市值排第二。大家很容易把绿地和万科相比较，万科市值 800 多亿元，我们是它的 140%，说明大家还是比较认可我们的。我想汇报几个情况，首先是简单汇报一下我们集团的基本情况。我们这个企业是在 1992 年，以 2 000 万元注册资金成立的，到现在 22 年了，集团在这 22 年间的进步还是比较快的。大约到 2013

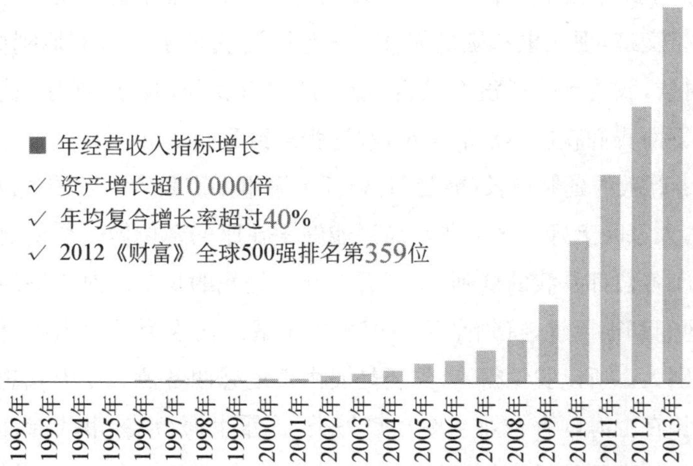

图 1　绿地集团历年经营收入变化情况(1992—2013 年)

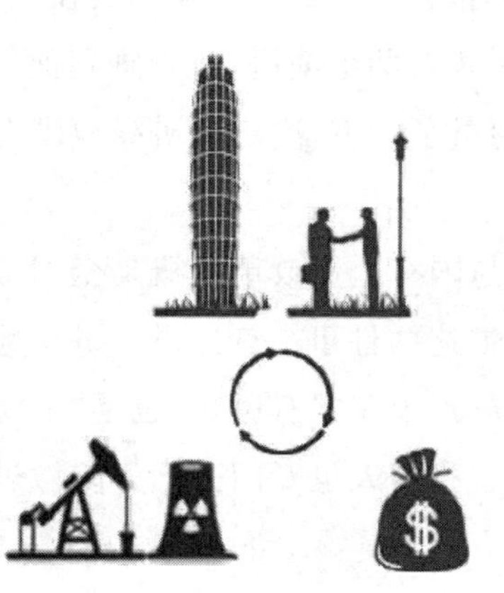

绿地集团业务主要涉及房地产、金融、能源、酒店及商业、建筑、汽车等，并基本形成“房地产主业突出，金融、能源等相关产业并举发展”的多元产业经营格局。

图 2　绿地集团的多元经营

年底,我们的资产规模已经超过了 3 600 亿元,22 年涨了 18 000 多倍;净资产 600 多亿元,也涨了 3 000 多倍。2013 年的年收入超过 3 300 亿元,平均每年增长 40%。特别要讲的是净资产回报率,连续 8 年超过 25%,高的时候是 30%—35%,净资产回报率是资本市场特别看重的。

我们在 2012 年《财富》全球 500 强排名中排在第 359 位,估计 2013 年的排名还能提升 80 位。2013 年我们的增幅在全球 500 强当中排第三,在中国 89 家全球 500 强企业当中,我们是增速第一。2014 年还会增 80%。而且集团的成长性还非常好,所以我比较有底气。在这个过程当中,我们当然要稳健,因为有稳健,才能不断成长。

还有一个情况就是全球布局。在国内,除了西藏和台湾,我们在其他省都有布局,而且重要项目都在省会城市和重要地段,共进驻了 80 多个城市。在全球的 4 大洲、9 个国家、13 个城市也都有布局。我们和人家不同的是,都布局在一线城市、一线国家。除了亚洲以外,在美国主要是洛杉矶、纽约,这两个项目的规模都比较大,都在核心位置;洛杉矶的项目在大陆会的位置,10 亿美元;纽约的项目在布鲁克林区,60 万平方米,他们说 30 年来美国房地产规模最大的就是我们;在多伦多,也是最核心的位置,在多伦多电视塔边上;在伦敦是金融区,还有一个在市中心的老啤酒厂;在澳大利亚的是在悉尼市中心,紧邻海德公园。除此之外,还有在泰国和韩国、马来西亚。绿地集团已经是一个全球布局。

我们的发展过程分三个阶段。第一个十年(1992—2001 年)是“上海的绿地”,我们只在上海做,资本比较小,十年做成了中国 500 强。第二个十年(2002—2011 年)是“中国的绿地”,从江西开始,又做了十年,做成了世界 500 强。从 2012 年开始,实际上我们已经在做全球化了,成为了“世界的绿地”。2014 年是我们比较快速成长和快速收益的一年。所以,现在我们提出来的目标,是要在未来十年做“世界的绿地”,一是从量上,二是从质上、从布局上。按照国家商务部定的三个指标,年度投资、年度收益、年度利润占整个集团的总投资、总利润、总收入的比重都超过 20%,成为全球的跨国公司。我们大概经过了这样三个阶段。这是我想跟各位报告的第一点,即现在绿地的状况。

第二点,报告一下我的主要体会。从国有企业的发展来看,根本在于活力、动力、竞争力,从中央三中全会到上海市委的决定都非常正确;如果没有动力,那就没有活力,没有活力,谈它的竞争力,是不现实的。从我们企业的成长来看,我觉得一个企业的成败，根本在人，但关键在制度，我们讲的制度就是改革、股份制、混合所有制，这些制度对于绿地的发展起到了巨大的推进作用。1997 年我们开始搞混合所有制，那时候中央国务院有文件允许的，叫持股会，实际上就是现在的合伙人公司。后来我们逐步以各种形式，通过各种市场方式调整，一直到 2013 年，在市委、市政府的直接帮助支持下，我们引进了战略投资者，变成了真正的混合所有制企业，而且国有持股低于 50%。

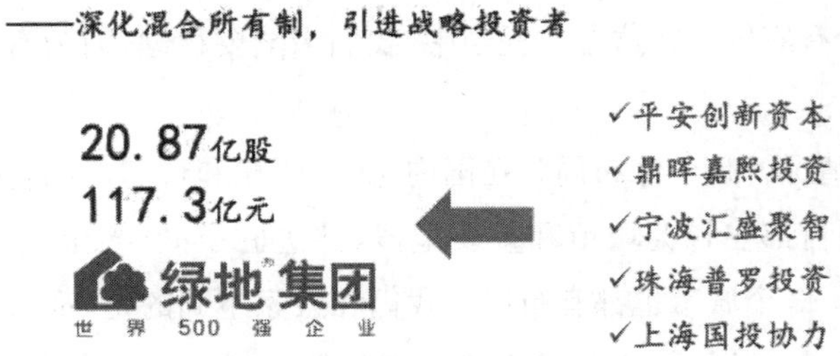

图 3　绿地集团追求体制创新

国有持股低于 50%，在中央层面上当然有各种各样的说法，有各种各样的要求，也提出了各种各样的企业应该有不同的比例。像非垄断性行业，据我对中央政策的了解，是非常鼓励混合型所有制的，这是比较清晰的。目前我们主要在做上市，刚才提到了，在政府的直接推动下，争取直接上市。上市以后，绿地肯定是中国目前最大的行业制造公司，我估计也是上海地区最大的。上汽 1 400 多亿元，我们 1 200多亿元，如果未来运气好一点，可能在上海是市值最高的一家公司。

在机制创新方面，我们这么多年的体会是什么呢？我们有一系列成长机制的配套，这起到了至关重要的作用。比如通过机制创新，我们可以有用人创新，如果没有这个制度创新，我们的用人很难创新。大家都知道，国有企业的干部讲组织配置，很难讲市场配置。我们这个企业从农委建委分管的时候，就开始在用人方面讲求市场配置。初期，全民的岗位只能用全民，干部的岗位只能用干部，干部岗位不能用全民工人，但是我们从刚开始成立起，这个机制就给了我们很大的帮助。混合所有制结构这种企业制度，在奖惩激励机制上，还有制约机制上，给了我们很大的帮助。因为利益与所有员工或者说与持股员工都是密切相关的，这种紧密度不是一般的企业搞点奖金的概念。这种制度可以让我们比较放开，既有激励，又有约束，搞得很紧密。这个机制还可以让我们把经营机制搞得很好；我们的经营机制非常灵活，与市场非常近。如果你是传统的国有企业,就非常难。现在做全球化过程当中,更是这样,如果董事会没有职权,都要报批,全球的项目基本都吹光了。我们刚开始的时候也不习惯,当时国务院批下来一般是 6 个月,我们跟人家谈判一定要坚持 6 个月,但是人家不跟你谈 6 个月。我们现在尽量是 3 个月,现在商务部、发改委都是比较明智的,进行了改革。那么这个过程当中,靠的是什么呢? 靠董事会、股东会的机制来做决定。否则对于传统国有企业的经营者,国家还没有批,你怎么敢擅自把钱弄出去,擅自把项目定下来呢? 可想而知,肯定做不到。传统国有企业的项目原来都是要国资委批,不批是不能出去的。当然上海国资委还是比较开明的,在前几年做了一些改变,大的企业可以报自己公司股东会批,但是一般的企业也要报国资委批。

在这种机制下,还可以解决企业内部管理当中的授权问题。所谓的授权,是指我们把大的投资、重要人员的任用、负债规模等等这些决策集中在集团总部,其他的则完全按市场情况统统放到各个公司去,这样效率会很快得到提升。在我们行业里面也有多种形式,有的是把所有东西都收上来,有的是把所有的东西都放下去,我们基本上把大的东西放在上面,一般的东西放在下面,采用这种机制授权,进行控制。授权机制对于我们内部的竞争机制也有很大的帮助。

我们企业开会是这样的:每季度开一次会,每季度都有考核,按照考核结果,分数高的到前面来,分数低的到后面去,分数再低的出会场,撤消建制。支撑是什么呢? 就是董事会。几年前上海国资委也开始搞了,领导请吃饭,排位置按照你的利润收入加权计算,排在第一位的坐一号,排在第二位的坐二号,也在用这个机制。当然,现在不吃饭了,这是另外一回事。我觉得这个竞争机制是无形的压力,不仅是钱的问题,更重要的是面子问题,你今年坐第一排的,明年坐第二排了,后年坐第三排,心里很难过的。这个东西的来源是什么? 是所有制的董事会决策机制给它做了支撑。

还有就是分类管理,我们的平均工资水平比同行业低,但我们就算同样一个单位,内部工资水平差距也很大。我举个例子,在我们的房地产公司,做得比较差的可能年薪 80 万元,但是做得好的可以有 300 万元收入。在常规的国有企业,职工如果差一个级别,就基本工资来讲,收入是差不多的,但在我们这边会差 3 到 4 倍。靠什么呢? 靠总的制度,内部的分类。至于年终考核奖,差距就更大,更可以放开。

这种机制是非常重要的,有利于经营团队的长期思考能力。对这个问题,现在中国很多专家做了很多研究。过去讲国有企业一定要轮岗,这个轮岗实际上到底是好还是不好? 我个人认为,一个企业如果不给它 5 年 8 年的时间,它是做不起来的，我是有深切体会的。很多省长跟我讲，他们有个规定，干部在一个岗位上不能超过5年，我说那就错了，最好不能少于5年。正常情况下应该是这样，除非他干不好，那是另外一回事。如果他5年就换岗，他可能焦虑不安，不能按持久的商业模式去经营，就会采取短期行为。因为今年工作业绩做出来了，可以拿奖金拿提成，如果做不出来，奖金要下来，职务也提不上去。从这方面来看，因为有这样一种长期机制，就做长远考虑，和他的商业模式有很大的关系。我举个例子，有的国有企业把一些资产卖掉，当年的报表很好看。后来国务院国资委出了一个办法，出售存量资产的，考核只能算一半，不能算全部。是什么原因呢？因为他要走，当然把前面的卖掉就结束了。我们则是倒过来，我们要让这种机制持久长远，就必须考虑要将很多东西留下来。我们2013年的评估，资产就涨了77%，为什么？历年留下来的资产，肯定算价值。当然我们地产评估，可以按收益法评估，也可以按照原来投资的价值。所以是靠长远的机制、长远的商业模式。如果没有这种机制去支撑团队的长期稳定，他不会这样做，每个人都一样。我们为什么能做到这样呢？因为他觉得，在我们这里是一个长远的占有，这种制度支撑他。我举个例子，我们的16个高管，70%都是在这里工作15年的，他们从来没有想过今年做完，明年就走了，如果他明年走了，就不是这种商业模式，也不会考虑资产的长期持有。所以我觉得，国企的改革，所有制和制度，尤其是所有制，对整个企业非常重要，乃至于是根本的制度。很多人看不懂绿地，认为它没有钱，风险一大就倒闭了。但是20年来，它有这么好的成长，实践已经告诉我们，绿地是最注重长远持久发展的。

表1 绿地集团的房地产主业居行业领先地位

2013年房企销售面积TOP7			2013年房企销售金额TOP7		
排名	公司	销售面积	排名	公司	销售面积
1	绿地	1 660	1	万科	1 709
2	碧桂园	1 652	2	绿地	1 625
3	恒大	1 605	3	万达	1 301
4	万科	1 517	4	保利	1 251
5	保利	1 081	5	中海	1 170
6	万达	1 058	6	碧桂园	1 097
7	中海	991	7	恒大	1 083

第三点，我想讲讲我们下一步的发展目标。上海市委、市政府非常关心我们，希望我们成为中国的跨国公司，现在我们正按照这个目标去努力。2014 年我们会有超过 4 000 亿元的收入，400 亿元的利税，同时进一步加强全球化的步伐。我们希望 2014 年绿地在转型当中，继续保持高速成长，并加快国际化的步伐；希望 2014 年在资产市场取得更大的进步。在管理方面，按照跨国公司的要求，实施全面的管理再提升。按照年度目标，在十二五期末，我们完成 5 000 亿元的规模。与此同时，我们希望在未来三年，实现 8 000 亿元左右的规模和收入，这是我们的下一步计划和目标。

这是我想讲的第一个方面的情况，跟各位汇报绿地过去的 22 年，我们在改革当中，不断通过抓改革、抓创新，提升我们企业的动力、活力、竞争力。第二方面，讲讲国际化。我们从 2010 年开始思考国际化。最早的时候，我们想做资源，在海外投资政府项目。当时国家开发银行跟我提了很多一揽子的中国援建项目，说这些援助项目做完后，再去换当地的资源回来，帮他们建保障房，建社会功能的项目，做市政道路，去换资源回来。结果弄了两年没弄成。我们后来想想，发展中国家恐怕政局很不稳定，做生意看来做不成。所以后来就调整思路，觉得做生意一定要和政局有关，当然还要考虑汇率等其他因素。于是 2012 年开始，我们就调整了思路，要到政治稳定、社会稳定、市场有潜力的地方去做项目。另外我们特别考虑什么呢？要和中国市场的延伸结合起来，中国人留学出国、投资移民到哪里，我们就到哪里。

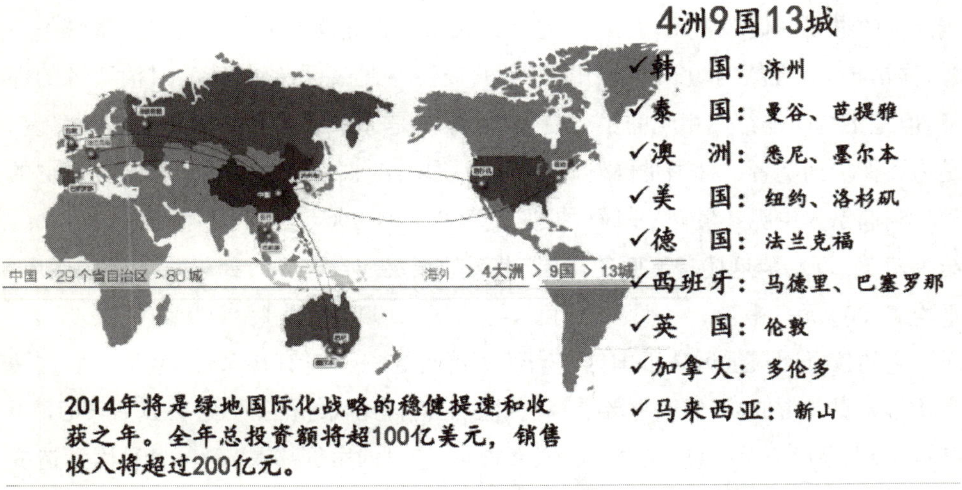

图 4　绿地集团国际化的总体情况

这是我们比较优势的市场，实际证明也是正确的。我举几个经典的案例。为什么绿地今天快速成长这么有底气呢？因为通过几个项目实践下来，证明这种思路是非常可取的，而且是非常好的时间段。前面讲到，我们现在在全球4大洲、9个国家、13个城市有投资。

我们把这13个城市分为两类：一类就是靠近我们周边的，泰国免签了，济州岛不要签证，也是落地签的；另一类就是留学、移民、旅游三个地方。我们到目前为止，一共投资了200亿美元，2014年海外的收入可以超过200亿元人民币，按照现在的项目2015年可以到400亿元。

另外一个特点，就是我们的项目都是在市中心的综合体，既有住宅，也有办公楼，还有酒店，酒店主要是作为配置的，不是单一的。影响比较大的是纽约、洛杉矶、悉尼、伦敦，这几个项目特别大，位置好，功能全，规模大。从这些代表性的项目来看，我们自己也是比较有底气的。

我举两个例子。2013年我们在韩国投资，一共投了1 000万美元、10亿元人民币，在2012年投的，付了5%的定金，到2013年4月付的钱。我们在当年就收回了12亿元人民币，这是现金流。每平方米的成本，类似于国内的1.6万元，我们卖平均2.3万元，后面价格还要上涨。投1.6万元的成本，赚6 000元，跟国内比也算是收益非常好的。另外，就是杠杆特别强。实际的投资，有的项目是半年，有的项目是9个月。悉尼的项目，我们改建了一栋楼、一个酒店、一个商场，我们当时投1亿多澳元，2013年3月付了5%的定金，6月付了5%的定金，9月付清，到11月我们当年就收进了3亿多澳元，大概20亿元人民币。当然澳洲的预售房收入管理不一样，你销售完，售款的10%可以用，90%的钱要存在银行，银行作为对消费者的保证，但是银行同样给你相应的银行贷款，实际上是你承担了存款与贷款的利息差，是为了保护消费者。韩国是例外，完全和中国一样，收完就可以用。那么在悉尼的项目利润是多少呢？最初的时候，投资预算成本11 000元一平米，定价13 000元，结果卖17 000元，这还是下面的楼层，上面的楼层还没有卖。如果是上面的楼层，平均18 000元一平米。一平米的利润，等于从11 000元到17 000元，有6 000元。所以它的投资回报远远高于国内。当然不能说这些项目有普遍性，但是我们这两个项目做得非常成功，原因主要是我们进去的时机比较好。我们进去以后，2013年全年，特别是后三个季度，伦敦、纽约、洛杉矶、悉尼的房价都涨20%，各种因素造成我们的营业额非常好。

我们的商业模式怎么做呢？还是做中国市场的延伸，还是做自行开发，因为现在有各种做法，有的是做财务投资。我们认为，既然是一个房产开发公司，应该把开发的能力充分发挥出来，不是只做投资不做管理，我们是全系统的管理。

在做法方面我们有几个特点。刚才讲到，第一是把握市场。总体上，我们对海外媒体说是做全球市场，实际上就是做中国市场。因为在海外你要说做中国市场，人家马上会很担心：你是不是做中国城，你会不会对它造成社会不稳定？全世界的主流媒体2013年全来过，像《华尔街日报》了、BBC了，都过来采访过这些问题。我们对他们讲，不用担心，我们这个市场不是单做华人。其实，华人是主体。特别是亚洲周边，基本80%以上都是卖给中国人，澳洲市场也是80%卖给华人。洛杉矶的项目我们还没有开盘，是2月开的工，现在第一期的两栋房，据我目前的了解，不用特别销售，基本上已经订光。现在大量华人移民的这个市场简直是惊人地成长。当然这个因素是多方面的，大家都知道，有些人认为钱放在国内不安全，有些人希望在国外有固定资产等等。服务华人，我觉得这个市场目标非常清晰。第二，就是中产阶级的成长，买房子的基本都是中产阶级。第三，就是自主开发，自己建团队。我们除了必须合资的项目以外，多数都是自己管理，这样有主导权，效率更高。第四，是追求可持续发展。

在这个过程当中，有很多事要我们去研究，就是研究怎么让它更持续。比如我们充分利用国际一流的专业机构，因为它们比中国的房地产机构成熟得多，无论是政策，还是专业技术、服务能力等方面的研究。比如产品定位，在海外，只要你花钱，它们有完整的一大堆产品定位、市场报告。它们的法律机构更加完善，法务全方位提供服务。资金你要多少给多少，只是成本问题，根本不必担心国内出去的资金。现在我们海外的资金，国内出去的非常少，基本上都是靠海外，当然我们还有一个在香港的平台，香港资金可以比较自由地进出。国外的这些政策，如果你要用它，当然要研究好，这样能够使你更持续地发展，培养好自己的团队，不断克隆。

以上这些是我们的做法。大家都有共识，其实到最后，就是在全球竞争。所有中国企业，不到全球竞争，不能到达最高境界。所以我们认为，不管哪一个行业，过去出去的行业和现在出去的行业，差异性会比较大。当然国际化的道路在各行业会有差异，有的是产品类的，不管在哪里生产，想卖到哪里就卖到哪里，完全可以在中国生产，也可以在越南生产。房地产是就地生产，就地销售，它的全球化形式就不一样。但是我认为，所有行业的国际化是必经之路，这是不用讨论的。

还有一个，就是国际化实际上对于像我们这样的中国公司，也发挥着理财和在全球配置资源的重大作用。比如我们在海外做项目，在全球配置资源，像资金资源，还有各种专业技术服务资源，因此我们集团在全球家喻户晓。我有时跟领导开玩笑，说现在国际重量级人物来上海，一般要么先见你，要么先见我，或者见完我再见你，已经到了这个分量。我们到全球最牛的纽约市场、伦敦市场，他们隆重欢迎我们。伦敦市长跑到我这里来谈，他们的首相跑到中国来都要见我，希望合作。大家都知道，全世界的政府都在做两件事：一是提升自己工作效率，改善服务；二是招商引资。你说发达国家不招商引资，这是不对的，他们也要招商引资，我们见过很多总统、总理，也有各国的部长。2013 年澳大利亚刚换总统，投资贸易部长跑到我这边来，邀请我们再投资，征求我们的意见，还邀请我们作为中国首席代表参加 2014 年 20 国首脑会议的商业领袖聚会，等等。这种世界影响力，极大地提高了我们在全球配置资源的能力。同样，这反过来加强了我们在国内的影响力，人家觉得你在全球都能做，那么在中国肯定更没有问题，在中国各省区获取项目的机会就更高。同样，我们给各兄弟省带去的东西也更多，因为很多相应的机构、相应的专业都能跟进，不仅仅是过去在国内配置资源的能力。

我刚才讲了政界，再来讲讲商界。德意志银行盯着我们合作，汇丰银行希望给我们贷款。高盛号称全球最大的投行，2013 年 10 月我去访问，高盛的主席陪了半天。过了一个月不到，他又跑来找我。这种在全球配置资源的能力，在全球的感觉，完全变了，包括我们的员工、干部出差，都不一样。过去像旅游，点头哈腰，看到人家低人一等，现在是昂首过去。这不仅提升了国际配置资源的能力，也提升了在国内获取资源的能力。

最后，国际化有利于水平的提升。通过和国际接触，我们发现中国政府未来可能会自我改善的。我们也看到一些问题，比如说，我们发现我们的商业模式要不断完善，有的要建立，有的要创新。全球发达国家目前的状况，可能就是我们的明天。举个简单的例子，比如商业地产，在美国投资商业地产和在中国投资商业地产，完全是两码事。在中国如果一次性卖掉的，税收很轻，只有 20%。有的人以为很重，错！美国更高，在美国一次性卖掉税收是 40%到 50%，但鼓励你持有，持有的税收很低。在中国是倒过来的，你要在中国经营的话，税收更轻，可还是逃税。所以这种理念、政策都要重新完善。像韩国就有些我们中国要学的地方，人家交完税以后再投资，全额抵扣税收，鼓励再投资，这些政策比中国科学得多，先进得多。开发当中，我们企业也要全面提升自己。所以我想，国际化让我们开了眼界，提高了我们未来管理的能力。我相信绿地的国际化要不了两三年会更成熟，更有竞争力。我们也相信 2015 年能够做 5 000 亿元，我们的质量、我们的竞争能力，在中国的国有企业当中会进步更快。再次感谢各位，特别是感谢各位长期关心我们、支持我们，没有大家的支持，就没有我们。另外各位都是老专家，都是我的老师、导师，也希望继续给我们指点，谢谢大家。

乔依德： 非常感谢张总，在不太长的时间里面，很生动地把绿地的改革和国际化的经验跟大家分享。下面我们还有一些时间，大家可以提问题，各方面的问题都可以提。

王世豪： 首先非常感谢张总的精彩演讲。绿地为上海国企改革，也为上海的企业争取了荣誉，树立了旗帜，这也是上海人的骄傲。我想提两个问题，一是 2014 年以来中国经济出现了三个拐点。第一个就是全国各省市的人代会绝大部分都调低了经济的增长速度，这是 35 年来第一次。第二个就是连续上涨 15 年的房地产出现了拐点，有部分城市往下走。第三个是连续上涨了 8 年的人民币汇率出现拐点，往下走了。这三个是比较大的拐点。我想问，房地产的拐点是否会同时发生？展望国内的房产市场，它还有多长的兴旺期？第二个问题有关国际化。你的国际化确实讲得非常好。但是我想，这其实也是一个历史性的机遇，就是你说的窗口期，正好是中国开始资本输出，也是中国开始国际化，同时也是移民潮的过程。这样一步一步往下走，你觉得是否会继续下去？国际市场可持续发展的前景怎么样？谢谢。

张玉良： 第一个问题是关于房地产的。王行长是我们的老师，我们说房地产基本属于农民种菜养猪，银行属于喝咖啡赚钱，层面不一样。他刚才提的几个转折点呢，我个人理解，还是有所差异。第一，我觉得中国的经济跟全球经济不一样，比如中国经济由高速进入中速增长，但是不等于不增长，全球金融危机以后，经济正在比较快的上升。说中国经济转折呢，我认为也不能这么说。我觉得中国经济平稳地进入中速增长阶段，可能未来三到五年的增速是 6%到 7%，再过几年可能是 4%到 5%，不能说这是转折，它可能继续放缓速度。这是我个人的观点。因为全球经济发展存在规律。第二个就是汇率，我认为和第一个问题紧密相关，当然也和我们的政策有关，但是我不认为目前的阶段是一个趋势，可能到年底，或者过一段时间，我觉得汇率还会平稳，这是我对所谓经济转折的看法。

在这种背景下，说房地产市场出现拐点，说它爆盘等等，不符合情况。其实我们对2013年的中国市场早就规划了，刚才我跟有些领导交流时也讲，我们2012年就开始收缩，甚至不进三四线城市。原因很简单，房地产市场和经济成长性与人口积聚——特别是人口积聚——是紧密相关的，有人就有市场，没有人就没有市场。我们发现从2012年开始，三四线市场急剧下去。大家目前关心的问题是从表象来看，这种情况其实早就已经有反映了。而现在的特点是分化，像北京、上海，大概80%的省会城市，会持续增长。前两天在中国经济论坛，我有一个发言，我认为大概未来5到8年，房地产业会继续保持比较好的成长，这是基本面的变化，趋势的变化。当前只是出现一个新的特点，比如地级市、三四线城市，特别是没有产业、净流出人口的城市，肯定是下滑，并且已经下滑一年了。而且过去两年，有的地区房价炒得很高，自然应该下滑，甚至下滑得很厉害。但是，现在我们省会城市的资源，包括各种医疗、教育、就业资源，仍然在加速成长，所以人口也会增长，80%以上的省会城市都会成长，而它的成长就是市场。现在一般的省会城市，大概每年净增10%的人口，比如这个城市300万人，每年就有30万净增人口，增长快有45万人，增速在10%到15%之间。落后地区像西宁、银川，全省总人口比较少，就五六百万人，那么增长可能比较慢，可能每年净增5%的人口。

中国将来有近10亿人口要生活在城市。按照每个城市500万人口来计算，中国要有100个500万人口的城市，现在有多少500万人口以上的城市？除了上海、北京、广州、深圳、西安、成都，其他大部分省会城市一般只有300万到500万人口。集中度比较高的省份只有一个核，像郑州、武汉这种城市也只有五六百万人，可能要增长到800万到1 000万人口。其他省会城市像南昌、合肥，连300万人口都不到。想要100个500万以上人口的城市，在未来6到7年当中，按照我们三个新农村规划和国家最近出台的一些文件，这些导入城市的地产依旧不错。

经济结构转型对产业地产的需求量也非常大。有人说商业过剩了，有人说办公楼过剩了，过剩都是分化的表现。刚才王行长有句话非常精辟，说普涨的房地产已经没有了，非常正确。自2013年开始，房地产就已经非常分化了，产业地产当中，经济成长快、转型好的，商务地产成长非常好。2013年全年，绿地集团光商业地产就增长80%。有人问我，你们增长那么快，怎么可能呢？我告诉你，我们2014年平均还要增长50%，达到2 400亿元。2 400亿元是什么概念呢？2 400亿元的收入，在全球房地产开发企业中可以占第一名，是最大的公司了。当然我讲了，首先要坚持质量，是有竞争力、有效益的房地产，不是没有质量没有效益不可持续的数量。2014 年依旧会增长 50%，而且我很自豪地讲，这可能是底线。第二个问题问到我们这种模式在全球的可持续问题。我觉得对于每个企业，最有生命力的就是贴近市场，你有开发能力，有投资能力，有品牌能力，有全球配置资源的能力，就应该是可持续的。比如今年悉尼市场好，你就在悉尼多投一点；明年如果发现巴黎好，就转移到巴黎多一点，或者就集中在巴黎；如果发现纽约市场特别好，当然就到纽约。

大家都知道，纽约的曼哈顿，特别是时代广场，那不是南京路，是好几个南京路，那里每天的人流量是惊人的。2013 年我去了三次美国，我们的合作伙伴就在曼哈顿边上有一个酒店。每次我都发现酒店天天爆满，没有一次不爆满。我比较注意客房的市场调研，因为我们现在也有 70 个四星级以上的酒店，我对市场比较关注。所以我认为，现在全球经济复苏，在人口继续聚集大城市的状态不变的情况下，市场永远存在，就看你自己的竞争能力。所以我认为，我们的全球发展模式是可持续的，因为我们的体制机制是适应这个市场的，灵活应变市场，再加上开发能力、品牌、资源，这种模式应该是可持续的，谢谢。

左学金：首先恭喜绿地集团取得这么大的成就，在上海是一个非常好的榜样。我有两个问题，第一个是关于国际化。现在绿地在国外 9 个国家、13 个城市开发楼盘，是外国人设计的还是我们自己设计的？这些项目的管理团队中，有多少是当地人，也就是外国人？第二个问题：绿地在国外以现在的模式建设房地产，但主要买家是华人，这样的模式是不是能够持续很长时间？你有没有判断它的持续时间？如果非常成功，国内很多房地产公司会不会都照绿地这个模式去做？但是能够到国外买房子的中国人毕竟还是有限的。这就是我想请教的。谢谢。

张玉良：第一个问题讲到设计。实际上我们国内的项目几乎都是国外做的。我们现在用的设计公司，都是全球一流的设计公司，国内的设计公司基本只做配合，除非是简单的住宅。好一点的都是海外在做。在国外的，也都是国外在做。从这个意义上来讲，国际地产开发的专业化很强，是不一样的。在其他方面，如果更有市场拓展能力，就有竞争优势，实际上就是国际水平了。我们的管理层呢？由于开创初期可能还需要防范风险，目前的核心人员都是从国内派的。但是要不了一两年，恐怕核心人员的一半也会是当地人。目前的普通员工就是当地人。现在在招聘时，我们基本上注重一半是外国人，一半是华人，这些城市的华人都很多，他们在当地也有这样的专业，也有这样的活动圈，我觉得是比较有优势，比较合适的。随着时间推移，我觉得国内派遣的人会减少，当地人会增加，外国人会增加，华人会减少，我们基本是这样判断的。开始的时候，我们觉得他们的效率和速度可能和我们的管理文化有差距，可能会影响效率，所以初期先这样做下去。

第二个问题是关于全球华人市场。对于全球华人市场，我是这样看的：首先富裕人群的资金外流仍将持续，再加上现在出国旅游的人数很多，预测，未来三到五年每年出国旅游人数 2 亿人次以上，将带动巨大的需求。当然，我们做的也不仅仅是华人市场，我们也有很多好的地段，很多市场本来就不是只针对当地国家或者当地城市的，其他国家的人也会来买。美国《华尔街日报》全球总编跟我说，你的市场竞争力首先在于对华人是巨大市场，因为在中国的消费市场当中，我们的消费量实在太大了，知名度高，一般来说客户会买中国公司的房地产，因为觉得比较安全。

至于国内的企业是不是都像我们一样出去，这得看能力。现在国内企业已经出去不少，但是成规模成批量出去的大企业还比较少。这需要两个条件，一是自主条件，企业如果不具备自主条件，它就根本没想去，去或者是被逼的，或者为了有个品牌，有个形象。二是要发自内心。如果具备了这两个条件，再看是不是具备实力和竞争力。总体来看，未来三年我们这个行业的企业会加快国际化，这是肯定的。谢谢。

乔依德：谁还有问题吗？如果没有问题的话，我们再次以热烈的掌声，对张总的精彩演讲表示感谢！我也利用这个机会代表我们基金会，对绿地集团表示感谢。张总也是我们的理事，对我们基金会的活动一直给予支持，因为我们是非营利公益性组织。特别是在 2013 年，我们从原来新闸路比较小的地方搬到绿地集团的边上，绿地集团给我们提供了免费使用的办公室，让我们的办公条件有了很大的改善。我利用这个机会，对绿地集团、对张总表示感谢。今天的沙龙就到这里结束，感谢大家的参加。

辑四 名家谈中国经济未来

国际视野

■ 全球挑战与策略应对

• **林建海***

乔依德：各位来宾，我们今天晚上的沙龙即将开始。在沙龙开始之前，我有件事情要向大家宣布，可能我们基金会的一些朋友已经注意到，这两三个星期，在上海各大报纸以及电视台上面，有一条很简短的消息，宣布我们基金会的理事会最近进行了改选。我们理事会的原理事长沙麟先生，因为年龄比较大，他坚持要退休。现在我们重新改选了理事会，选出了新的会长，他就是我们以前的上海市副市长、原上海市人大常委会副主任——胡延照先生。我们用热烈的掌声表示欢迎。以后胡会长会经常参加我们的活动，沙理事长有空也会来参加我们的活动。

下面开始我们今天的演讲。今天演讲的嘉宾是林建海先生。林建海先生毕业于对外经济贸易大学，1981 年到美国加州伯克利大学留学，之后在乔治华盛顿大学获得国际金融学博士，从 1989 年开始进入国际货币基金组织（IMF）工作，至今差不多已经 24 年了，相继担任过亚洲部经济学家、政治发展部高级经济学家等等，各个部门一直在做。2010 年 3 月担任 IMF 副秘书长，2012 年 3 月升任 IMF 秘书长，他是从我们中国大陆出去的除朱民以外，又一个在 IMF 担任高级管理职务的官员。今天我们非常幸运地，趁他回国探亲路过上海的时候，请他来给我们做一次演讲。他演讲的题目是“全球挑战与策略应对”。下面我们以热烈的掌声欢迎林建海先生。

林建海：大家好，今天非常高兴有时间和大家见面，在座的很多都是老朋友，有些是新朋友。对于上海，我是比较熟悉的，尽管不太会说上海话，但是能听懂一部分，所以这次回到上海，感觉比较亲切。今天天高云淡，蓝天白云，前几年到上海来，我觉得还是雾蒙蒙的，今天上海的天空非常漂亮，所以觉得心情也非常好，谢谢依德的介绍。今天晚上我想利用较短的时间，向大家介绍一下目前全球经济所面

---

* 林建海，国际货币基金组织秘书长。根据 2013 年 8 月 13 日在上海新锦江大酒店的演讲录音整理，未经本人审阅。

临的一些主要问题，还有我们新兴市场国家面临的一些问题，最后我再简单介绍一下一些长期的发展趋势，这些趋势今后对我们国家的发展可能会带来一些影响，应当引起大家的关注。最后我会留一点时间请大家提问。

第一部分是全球性的挑战。我们全球的经济究竟面临什么问题和挑战呢？我觉得大体有这么几个方面。第一个方面，我们今天的全球经济正在复苏，但是复苏速度不均匀，比较缓慢。国际货币金融组织称它为三重速度复苏，即不同速度。这是什么意思呢？欧元区今年仍然是困难重重，增长率预计是负数，负百分之零点六，不太理想。众所周知，欧元区的疲软对我们中国的出口也有一定的影响。发展比较不错的是新兴市场国家，包括我们中国，尽管最近增长率有所减缓，但是依然可以预计增长率为5%，2014年可能略高一点，达到5.5%左右。而介于这两类国家之间的是美国，美国经济正在复苏，金融市场恢复得比较快，加上它的房地产、汽车行业也在增长。为什么呢？因为美国的货币政策是非常宽松的，这就提供了比较有利的复苏条件。对于日本，我觉得也应该提一下，大家都知道，近半年来日本采取了非常宽松的财政、货币政策，实际汇率贬值将近20%，综合种种因素，给它的经济复苏带来契机。第一季度日本经济增势不错，增速为3.5%，市场信心有所提高，所以日本政府还是比较高兴的。但是从长期来看，日本经济还面临着很大的困难。一是它的人口增长非常缓慢，这是一个长期结构性问题。二是日本潜在的经济增长率比较低。三是日本的债务非常重，这一点待一会儿我会介绍。三个因素综合起来看，日本中长期前景还是不容乐观的。这是全球经济问题的第一个方面，即经济复苏速度比较缓慢，不均匀。

第二个重大的挑战，就是失业率。我们粗略估算了一下，全球有2亿人失业，其中7 000多万人是年轻人，也就是说，每5个失业者中，有2个年龄不高于24岁，所以这是一个很大的问题。我们再深入看一些主要国家的失业率，在危机发生之前，2007年的平均失业率为6.4%，危机发生以来，大家看这幅图(图1)，除了德国之外，几乎所有国家的失业率都大幅上升，西班牙、希腊的失业率高达近30%，有一半年轻人失业，这个挑战是巨大的。我们再看看欧洲的情况，这是2008年的德国地图(图2)，深色区域表示失业率比较高，达到12%以上。到了2012年(图3)，深色区域越来越大，浅色区域也很大，这意味着什么呢？这意味着失业率在欧洲特别严重。美国的失业率原来是10%，现在是7.5%，下降了一点。这是第二个方面，即高失业率。

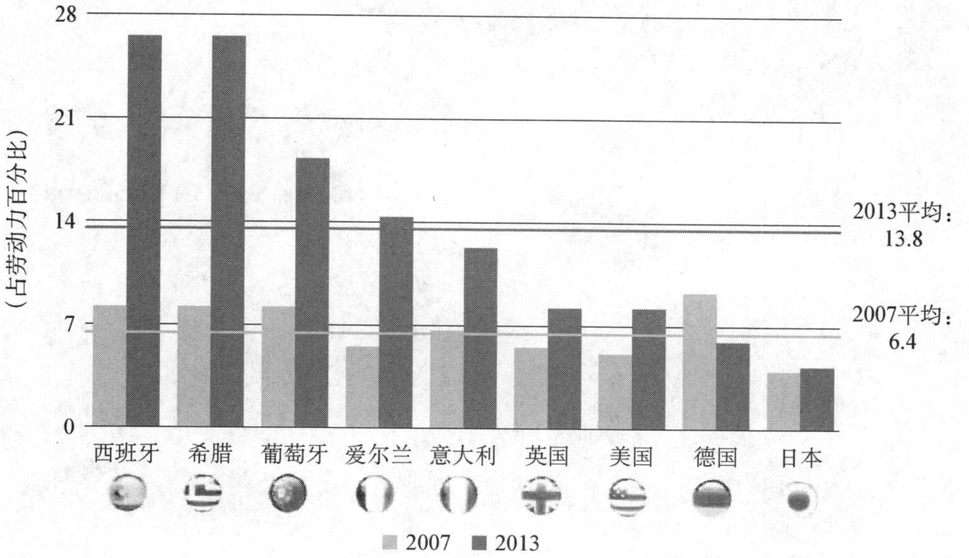

图1 高失业

图2 2008年欧洲失业状况

图 3　2012 年欧洲失业状况

第三个国际经济面临的问题是高政府债务(图 4)。我们来看一看,2007 年金融危机发生之前,当时除了日本政府债务较高之外,其他国家的债务水平比较低,低于大家公认的 GDP 的 60%水平线,这是我们所认为的可持续发展国家债务水平。对于日本,我们说它的可持续性可以高一点,80%的 GDP,为什么呢?因为日本的债务结构不一样,它主要以内债为主。看看现在,所有国家的债务都上升了,包括日本,日本的债务水平接近 GDP 的 250%,这是很高的,美国也超过了 100%,好多国家都创历史纪录,所以高政府债务也是一个很大的问题。那么大家就会问了,为什么会出现这么高的债务呢?关键就是危机发生以来,三大因素推动了债务上升。大家看看这张图(图 5),除了日本债务持续上升之外,实际上意大利、葡萄牙、爱尔兰、美国,在危机之前债务水平都比较平淡,没有上升,危机一来迅速上升。一是 GDP 增长率很低,或者为负数,所以债务和 GDP 的比例就上升了。二是国家税收下去了,因为经济活动比较脆弱,所以税收上不去。三是国家开支增加了,为了使经济恢复增长,许多国家采取了强有力的财政开支措施,这三个因素结合在一起,共同推动了政府债务水平的大幅上升。

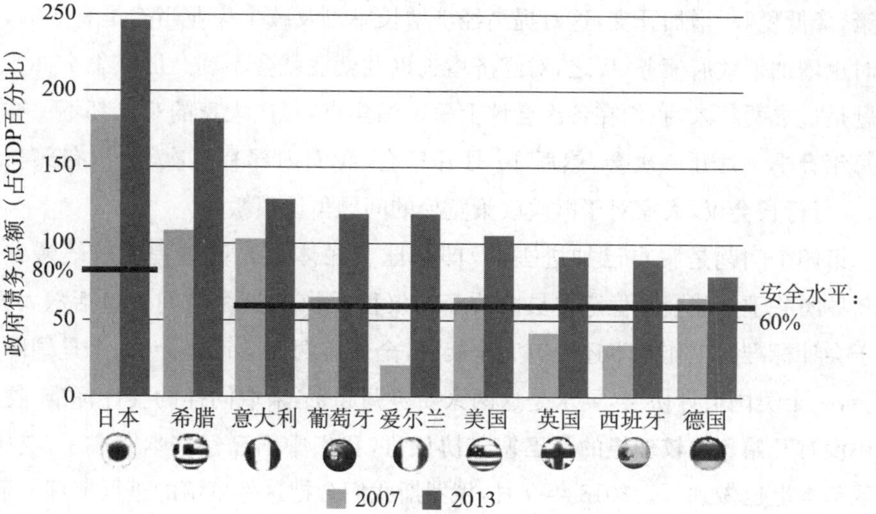

图4 高债务

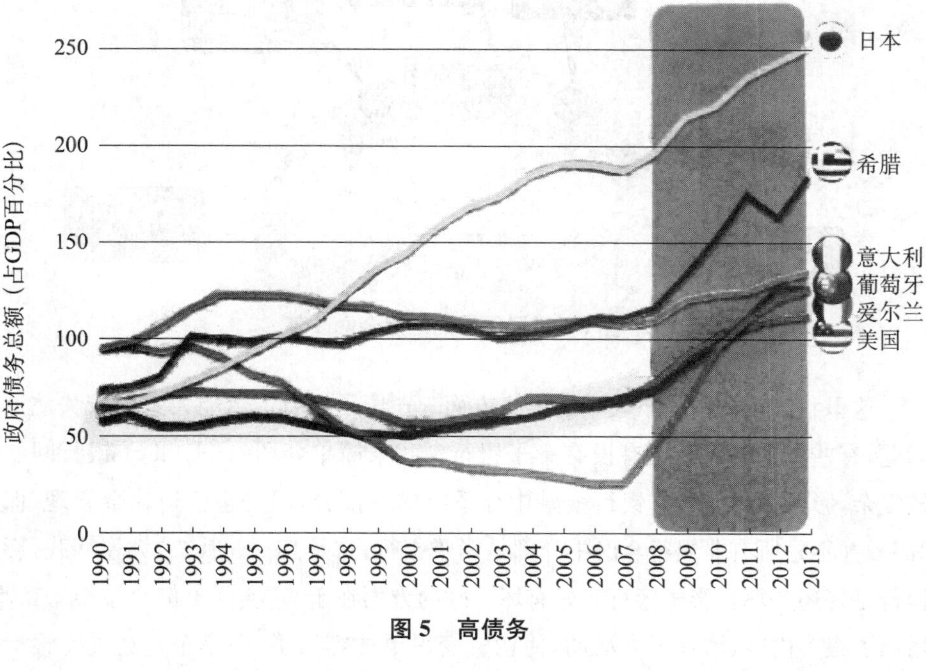

图5 高债务

那么这三个重大问题——低增长率、高失业、高债务问题，会给制定经济政策带来什么困难呢？我待一会儿会较为详细地分析。比如说财政政策，要放松财政政策，降低税收，增加开支，这对提高经济增长率以及减少失业当然是有效的，然而同时也增加了政府债务；反之，对经济增长以及就业就会不利。那该怎么办？这个问题是过去两年来，我们在各次会议上争论的焦点，每次大家的观点都不一样。我们每年春季 4 月开一次会，然后 10 月开年会，我们内部有五次会议，有部长级会议、央行行长会议，大家对于财政政策宽松的问题争论很激烈。

第四个问题是我自己加进去的，即全球金融体系改革进程比较缓慢。这是 G20 集团关于全球金融稳定委员会改革的议程（图 6），这个时间表包括六大方面。对于会计标准的工作基本还没有完全展开，全球有两大会计协会，一个是国际会计协会，一个美国会计协会，要求是这两家要协调起来，采取同样的会计标准，这项工作还没有开始。比较理想的是巴塞尔协议Ⅲ，我们中国已经基本完成了，美国、欧元区基本上也做到了。2013 年 9 月，俄罗斯我们会把这件事情的进展梳理一下。

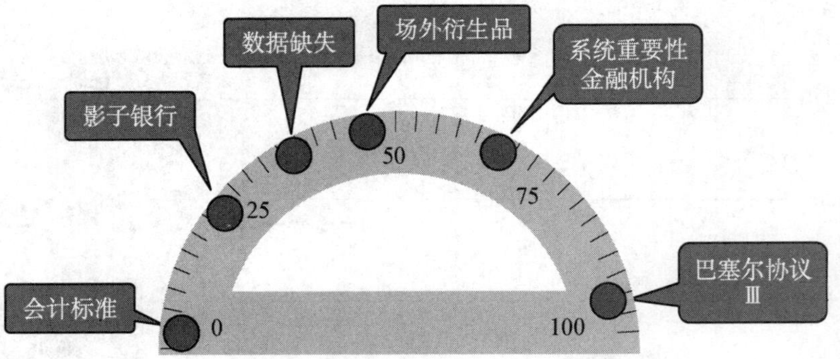

图 6　进展缓慢的国际金融改革

这里我简单介绍一下其中的第二方面——影子银行。可能大家比较关注这个问题，有些人也会问中国有没有影子银行？我来简单介绍一下。影子银行问题比较复杂，影子银行属于非银行金融中介系统的一部分，但是包括退休金管理、保险等等，并不是所有非银行金融中介都是影子银行，这是其一。其二，大家问我，影子银行是好还是坏？影子银行有好有坏。好的方面在于，它实际上健全了金融市场，增加了很多内容，增加很多活动，使融资变得更加容易了，中小企业通过非银行中介融资，包括信托投资公司等等这些做法，对金融市场发展是有好处的。但是它的监管方面还是比较弱，因为影子银行是看不见摸不着的，我们知道它在那里，但是又不知道它有多大，在做什么事情，监管比较弱的话就带来一些风险，这也是 G20 金融管理委员会正在研究的工作之一，如何采取措施，来监管影子银行。那么影子银行的规模到底有多大呢？它的规模还是非常大的，在这张图上（图 7），银行和非银行机构加在一起，规模大概超过了 230 万亿美元，这是什么概念呢？非常大的概念，我们全球的 GDP 可能就是 60 万亿美元左右，比它少很多倍了。大家看这张图，右边是非银行体系，影子银行大约占三分之二，可能是 65 万亿美元左右，大约占全球 GDP 的 110%。所以这个数字还是非常大的。对于影子银行的监管，就是 G20 和我们的工作中心之一。监管方法有两种。一般来说，有很多银行也是从事非银行中介活动的，所以可以通过银行直接干预或者直接监管，这是一种方法。另一种方法是直接对某种影子银行的活动进行监管。比如说对冲基金，影子银行的私募活动，也属于影子银行，需要进行直接监管。这个问题国际间正在讨论，2013 年 9 月在 G20 的峰会上会提出一些方案来。以上是四大困难与挑战。

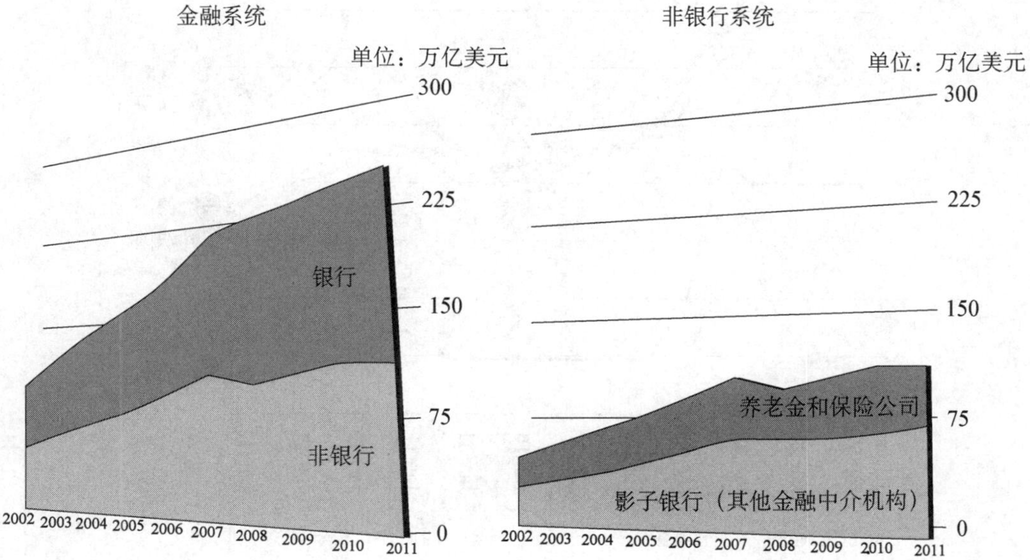

图 7　什么是影子银行

对于欧元区，在国际上它有自己独特的困难。第一个问题就是信贷渠道不畅通，大家看一下这张图（图 8）。2008 年以来，欧洲央行采取了大动作，把政策利率从 4%下调到 1%，我们看看商业银行信贷率，法国、德国商业银行的信贷率稍微下降了一点，然而意大利和西班牙基本没有什么变化，和危机之前大同小异，为什么呢？政策利率下调之后，银行信贷率照样不动。从另一个角度来看，我们以德国为基准，看看其他五个国家，这五个国家是希腊、爱尔兰、意大利、葡萄牙、西班牙，政府债券利差，也就是发行政府债券要支付的利息，与德国发行债券支付利息的差在2012年很大。这是为什么呢？因为当时大家对欧元区不太看好，认为风险很大，所以要求这些国家的国库券支付很高的利率，现在政府债券利率下降了。为什么下降了呢？因为欧洲央行采取了很大的动作，所以市场认为这些国家的风险下降了。但是我们看看银行的信贷利差，这五个国家和德国比，不但没有下降，反而上升了。那么问题就来了，为什么会这样？原因在于，欧元区银行体系还没有完全恢复过来，它的整个资产负债表还是比较脆弱的，有很多问题银行还没有解决好，所以银行要么不愿意过多信贷，要么要求借方提供较高的利率，从而导致银行信贷渠道不畅通。信贷渠道不畅通，影响整个经济的恢复和增长，特别是对中小型企业。

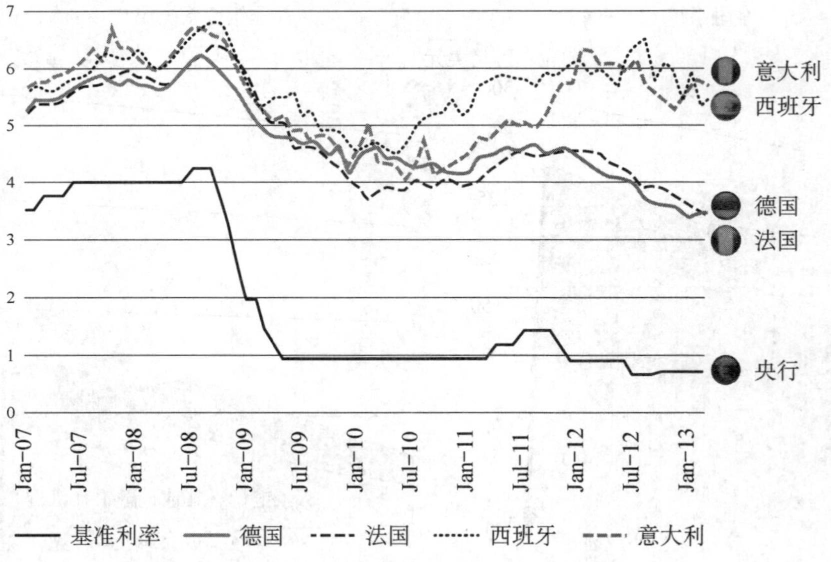

图 8　欧元区银行贷款利率和央行基准利率

欧元区的第二个问题是什么呢？经济竞争力消失，从这张图上（见图 9）看，劳动力成本上升了，代表竞争力非常弱，劳动力成本下降了，说明竞争力很好。我们可以看到，德国、奥地利、比利时的竞争力比较强。而爱尔兰、希腊的竞争力比较弱，为什么呢？有两个原因，一是工资因素，大家看到，相对于欧元区 17 个国家来

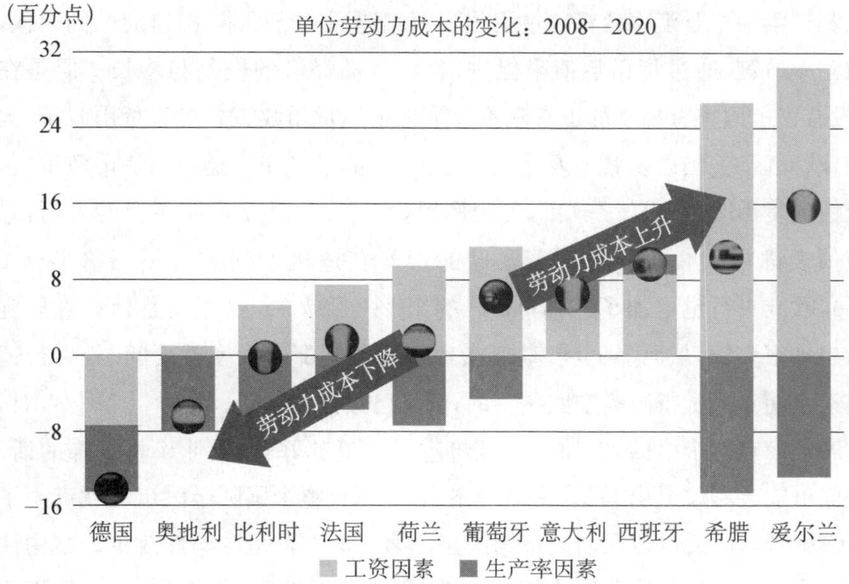

图 9 单位劳动力成本的变化

说，德国的工资水平是比较低的，低于欧元区 17 个国家的平均工资水平，我们再看看爱尔兰和希腊，右边的工资水平很高。经济不增长，工资反而高，整个竞争力也就失去了。

我们再看第二个因素——生产率，欧元区的生产率基本上还不错。所谓生产率，就是每个工人在一定时间内的产值，所以希腊、爱尔兰或多或少地弥补了劳动力工资水平高带来的不利影响。危机发生以来，这些国家都采取了改革措施，希腊、爱尔兰的劳动力成本有所下降，也就是说竞争力略为上升。这两个因素综合起来，我们就会发现这一点。这里浅色代表竞争力有所改善，深色代表竞争力有所下降。左边是爱尔兰、希腊、西班牙，它们的竞争力或多或少下降了。为什么呢？实际上倒不是因为工人工作更努力了，或者工作时间长了，而是因为很多工人下岗了，所以产值好像没有变，然而工人下岗了，这样一算，好像生产率提高了。

欧元区的第三个问题是对欧元区解体的预测。2012 年的今天，市场非常敏感，觉得欧元区解体的可能性是存在的，但现在大家认为，欧元区解体基本上是不会发生的，所以这种预测就渐渐消失了。为什么呢？这与欧元区自身的经济改革，包括欧元区央行强有力的动作有关。

面对这么多问题，我们有什么工具呢？学经济的人一般都知道，应对危机有四大工具。第一个是汇率政策。过去很多国家遇到经济困难、出口疲软的时候，就会采取汇率政策，通过货币贬值来促进出口，带动经济的恢复与增长。但是在欧元区，没有一个国家有独立的汇率政策。第二个是货币政策。对于货币政策，大家都知道，欧元区、美国以及其他发达国家像英国，都已经在广泛使用货币政策，包括非传统性的货币政策，也就是QE，美国用得很多，所以几乎所有主要的央行，它的资产负债表都在大幅度扩张。美联储的资产在危机期间扩大了三倍半（GDP的20%），欧洲央行也增加了三倍（GDP的10%—28%）。这张表是什么意思呢？就是印出来很多钱，从而降低利率，刺激经济增长。那么大家就要问了，央行还有没有政策空间？我觉得政策空间是有的，但是已经是很小了。实际上5月22日，美联储主席伯南克有个讲话，假如美国经济进一步复苏好转，失业率再下降的话，那么美联储可能会考虑退出QE。讲话一出来，一下子整个国际金融市场就产生了大波动，包括美国、欧元区以及新兴市场国家。第三个工具是结构性改革。结构性改革是什么意思呢？也就是劳动力市场改革，国有企业改革，价格自由化，投资环境的改善等等。按照我的理解，这些改革是根本性改革，就像一个人生病一样，不是靠吃药，而是靠自己的力量，增强自己的体质，根本的是提高经济竞争力。但是这些改革往往需要较长时间才能达到预期效果，不是说我现在改革，马上就能见效，它需要比较长的时间。第四个就是财政政策。刚才我们提到了，财政政策要实现三大目标是比较困难的。那么什么叫财政政策调整呢？就是减税，增加开支，采取比较宽松的财政政策。如果增加税收，减少开支，财政政策就紧缩了，对经济就不利。那么什么是最合理的组合呢？是多税收，少开支吗？什么是最合理的速度呢？多快多慢？这个问题，在过去一两年争论很激烈，大家看法不一。这就要根据各个国家的情况来定。一般来说，在一个国家的经济恢复比较慢，失业率非常高的情况下，我们采取相对宽松的财政政策，先让经济恢复过来。就像一个人身体不好时一样，先吃点药，让身体先恢复起来再说。如果一个国家的债务非常严重，在国际市场上根本借不到钱，或者利率很高，当然就没有选择了，必须采取紧缩财政的措施。从根本上来说，需要在整个经济领域里面，找出一个平衡点来。经济政策的选择，实际上就是要寻找一个比较理想的平衡点，而最大的难点就在这里。

减少政府债务，达到可持续发展水平，这条道路是非常漫长的，所谓任重而道远。从这张图上（图10），大家可以看到，所有的国家都已经开始行动了，也就是进行财政调整，但是道路还是很漫长的。

周期调整后的基本财政余额（占潜在 GDP 的百分比）

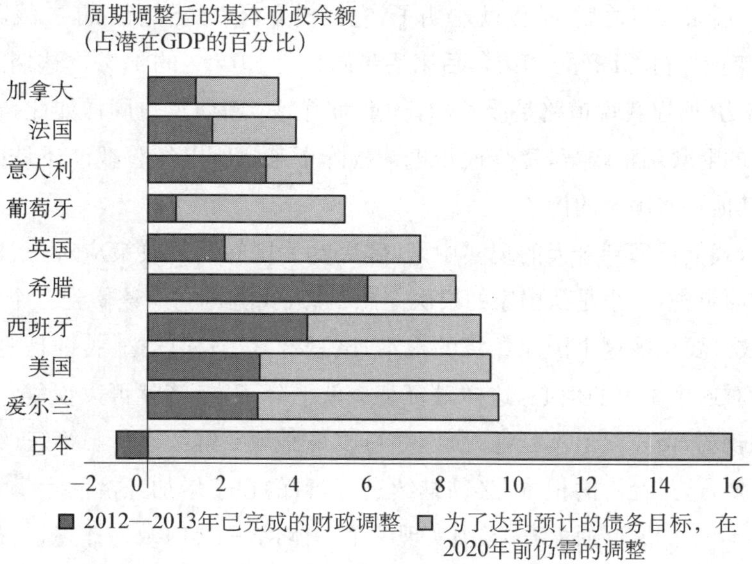

图 10 通往可持续债务之路

我们来看看日本的情况。日本是高债务国家，我们粗略估计一下，日本从现在到 2020 年，每一年政府的财政盈余占 GDP 的比例都必须比上一年提高两个百分点，到 2030 年以后，还需要保持一定的财政盈余，这样才能把它的债务降下来，达到 GDP 的 80%，所以这个过程是非常艰难的。把这个财政盈余每年递增 2%，那是非常不容易的，税收要大幅度上升，日本就考虑增加消费税，从 10%提高到 12%。然后我们再来看看历史上发生过什么事情，比如第一次世界大战以后的英国。当时英国参加战争，花了很多的钱，它的债务从 1915 年低于 GDP 的 50%，上升到 1918 年的 119%。面对这么大的债务，英国政府开始有点紧张了，于是就采取了财政紧缩政策，1918 年的财政支出是 GDP 的负 22%。它打算在五年之内，就把财政逆差扭转为顺差，产生占 GDP 的 9%的盈余了，一来一回，财政收入增加 GDP 的 31%，它的调幅很大很大，目的就是想把债务降下来，降到 GDP 的 60%。但是有没有做到这一点呢？没有，不仅没有，而且债务占 GDP 的比例迅速上升，从 1918 年的 119%上升为 1923 年的 195%。为什么呢？因为它的经济不仅没有恢复，反而萎缩了 25%。为什么会萎缩呢？关键是因为它的财政政策过激，动作过大，经济根本没有喘息生存的机会，不仅没有增长，反而几乎死掉了。就像一个人身体不好，希望通过吃药马上好起来，但是药下得太重了，身体受到了根本性的影响。有了这个例子之后，后来二战之后，英国就聪明了，它慢慢来，债务当然很高，二战花了很多钱，1946年债务占GDP的270%，后来逐步调整到1975年的47%。这期间经过了30年的努力，所以我说道路是漫长的，任重而道远。新西兰也同样如此，它采取了比较缓慢的财政调整政策，逐步逐步把债务降下来。所以经验教训还是比较深刻的，还有其他一些国家的例子。

那么，我们再回到今天的现实中来，解决欧元区问题的政策应对是怎样的呢？要从两方面考虑，一个是从国家的层次上想一想，我觉得它应该做到三个方面：第一，财政政策要反映这个国家经济的根本，该紧就紧，该松就松，关键是要恢复好，增强市场对这个国家的信心，这样融资利率就下降了，经济就可以恢复。第二，银行体系比较弱，信贷渠道不畅通，所以银行改革必须要继续进行。第三，结构性改革非常重要，这是经济的根本，必须继续进行，目的在于增加经济的竞争力。从整个欧元区17个国家层面上看，必须实现两个一体化，一是财政一体化，二是银行一体化。

目前银行一体化工作正在进行，但是还没有到位，它包括三个方面：第一，必须建立同样的银行监管机制。第二，必须建立同样的银行决议机制。银行出问题了，希腊出问题了，怎么解决？意大利出问题了，怎么解决？或者德国出问题了，怎么解决？所以要建立统一的银行决议机制。第三，建立统一的存款担保制度。这一点对银行体系稳定性会起到保障作用。这些工作都在进行，但是难度非常大。国情不同，大家的看法也有不同。所以还需要一段时间，才能达成共识。这就是全球经济面临的四大困难以及加上欧元区的几个困难，目前正处于这样一种状况。

现在我们来谈新兴经济体市场。下面这幅图是上海的情况(图11)。大家都知道，1990年上海浦东还是比较落后的，连楼房都没有，今天不得了。新兴市场在危机期间表现非常不错，增长率比较高，维持在6%的水平。如今的新兴市场，已经是全球非常重要的组成部分。大家可能知道，20世纪90年代，也就是20年前，当时我们中国作为新兴经济体，对全球经济增长贡献高达四分之一。在21世纪头7年里，新兴市场为全球经济增长贡献50%。危机发生以后，我们新兴经济体为全球经济增长贡献高达四分之三，单独中国一个国家大约为全球经济增长贡献三分之一。我们再看看国际贸易方面，同样地，90年代我们的国际贸易占全球国际贸易的比例

图 11 上海的变化

很低，约为 16%，而现在是 37%，接近 40%。此外，我们的增长速度非常快。

但是新兴市场也面临着困难或者挑战。什么困难呢？一个就是国际资本流动波动性太大，给经济带来很多压力或者挑战，包括政策压力以及一般的压力。这张图中(图 12)，上面表示资本流入，下面表示资本流出，深色是债券，浅色代表股权进来。大家看看这里就会明白，7 月 13 日，由于之前伯南克的一通讲话，整个市场大波动，很多资金从新兴市场调出去了，退回去了。他们觉得美国的利率可能会上升，因为美国将紧缩货币政策使利率上升，于是把资金撤出来。这样一进一出，对我们压力很大，这是一个挑战。

第二个挑战，就是新兴市场银行信贷增长比较快。看这张图(图 13)，我们中国的"粗线"是趋中，但是趋中的增长率也已经远远超过了我们名义 GDP 的增长率，即通胀水平加上实际 GDP 的增长率，久而久之，可能会带来一些问题，待会我还会谈到。

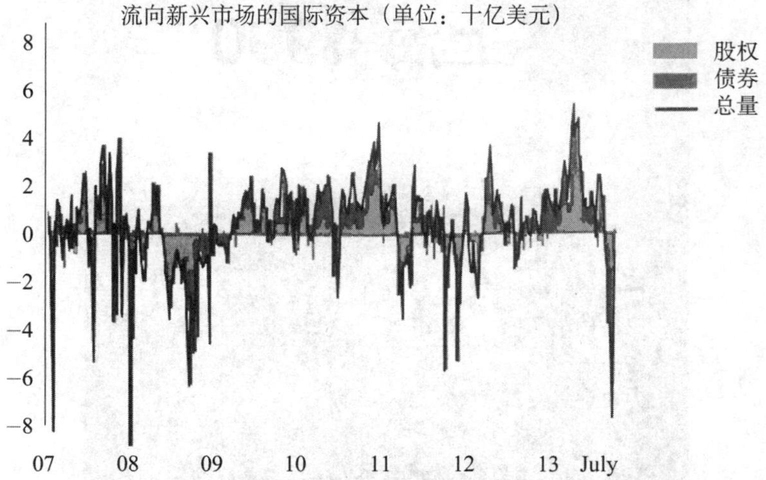

图 12　流向新兴市场的国际资本

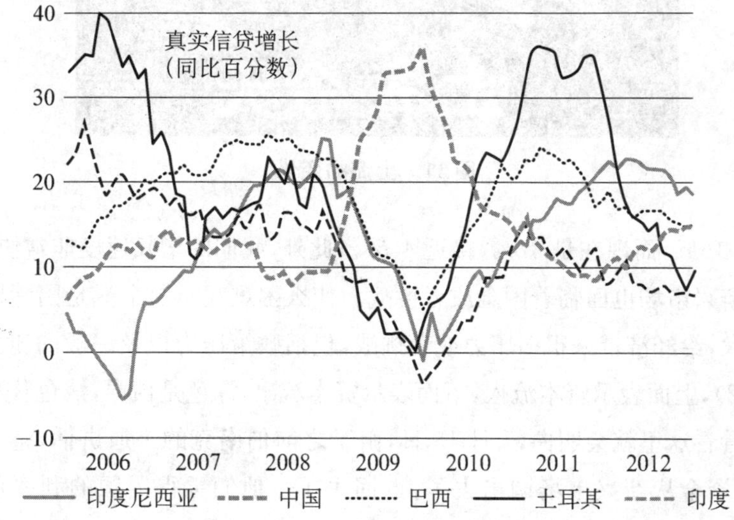

图 13　新兴市场信贷增长

我们简单看一看中国的信贷。从这张图上(图 14)，我们可以看到，2008 年以前中国的信贷占 GDP 的比例大约为 135%。这是比较平稳的，没什么变化的。然而 2008 年后，这个比重就大大上升了。现在达到了 200%。为什么呢？当然是因为我们政府增加开支以应对危机。当然还有其他一些原因。因此我们的信贷增长还是比较快的。

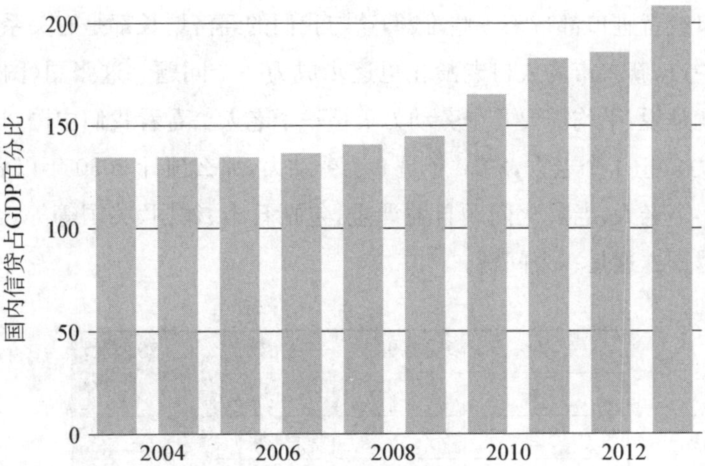

图 14 中国信贷占 GDP 的百分比

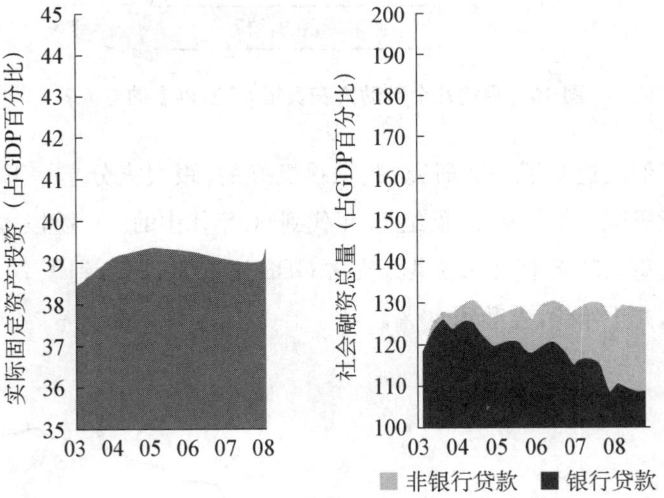

图 15 实际固定资产投资和社会融资总量

我们再看看投资。固定投资(见图 15)是非常平稳的,2008 年社会融资总量也非常平稳,基本没有变。深色的代表银行信贷,浅色代表非银行中介信贷,当然银行信贷下降,非银行信贷增加,信托公司信贷增加。危机发生以来,突然间我们的固定投资大幅上升,从占 GDP 的 39%迅速增加到 45%左右。银行信贷和非银行信贷都急剧上升,所以新兴经济体面临的困难与这一点也是有关系的。这是信贷方面。新兴市场还面临第三个困难,也就是大宗商品价格波动很厉害,这给新兴市场国家的出口或者进口都带来一些难题，这与我们的经济增长都是有关系的。

还有一点，新兴市场人口老龄化也逐步成为一个问题。这张图(图 16)是什么意思呢？就是说，平均需要几个劳动力负担一个老人。看看我们中国，1990 年平均 11 个劳动力负担 1 个老人，2010 年是 9 个劳动力，那么预计 2030 年以后，4 个劳动力要负担 1 个老人，老龄化问题日益严重，包括日本、德国、美国等等，今后这个负担会越来越重。这是一个问题。

	1990	2010	2030
日本	6	3	2
德国	5	3	2
美国	5	5	3
中国	11	9	4

越来越重的负担……

图 16　平均几个劳动力在负担 65 岁以上的老人？

此外，我们最近搞了一项研究，我觉得挺好的，跟大家分享一下。这张图(图 17)是什么意思呢？就是从 20 世纪 50 年代到 90 年代中的三个阶段，发达国家开支占 GDP 的比重。50 年代开始公共开支占 GDP 比重为 20%，到了 70 年代，上升为 30%，到了八九十年代，上升到 40%。

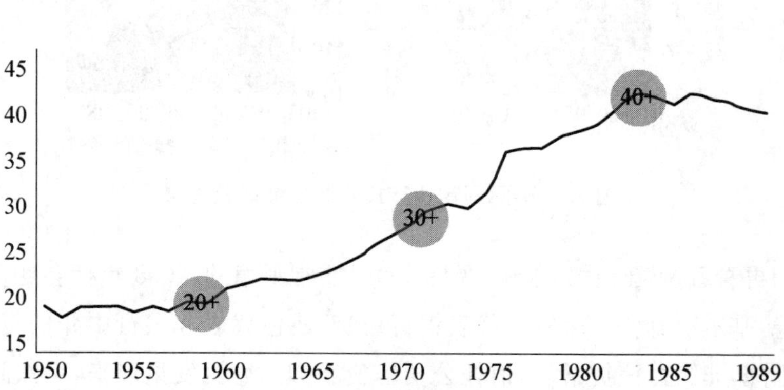

公共支出占GDP百分比的简单平均，1950—1989

图 17　发达国家公共支出曾经迅速增长

这是为什么呢？随着经济增长以及收入的提高，大家对保险制度、教育、医疗等基础设施的需求就上升了，于是政府开支就增加了。那么这说明什么问题呢？我们看这张图（图 18），就是新兴市场的人均 GDP 与发达国家的对比，也就是说，平均来看，新兴市场国家现在的人均 GDP 水平，仅相当于发达国家 50 年前的水平，他们的 50 年前就是我们的今天。刚才我们说到了，他们 50 年前公共开支增加就很快，从 GDP 的 20%上升到 40%。依此推理，新兴市场经济体是否同样面临政府公共开支的压力呢？所以这又成为一个新的难题或者需要我们关注的挑战，这个是比较新的数据，最近才拿到的。

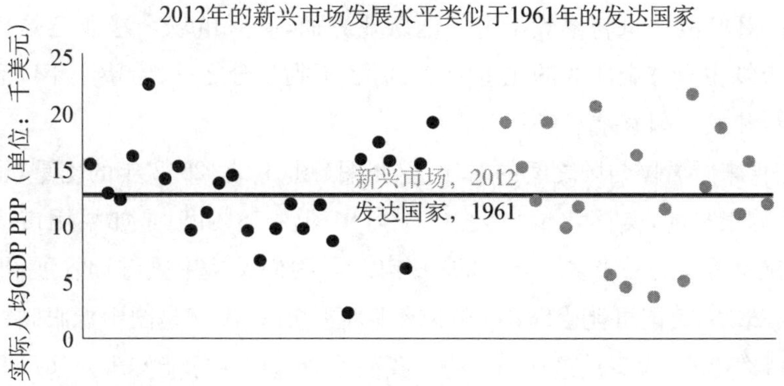

新兴市场：阿根廷，巴西，保加利亚，智利，中国，哥伦比亚，匈牙利，印度，印度尼西亚，墨西哥，巴基斯坦，秘鲁，菲律宾，波兰，罗马尼亚，俄罗斯，泰国，土耳其，南非。

发达国家：奥地利，澳大利亚，比利时，加拿大，瑞士，德国，丹麦，西班牙，芬兰，法国，英国，希腊，香港，爱尔兰，以色列，意大利，日本，韩国，荷兰，挪威，新西兰，葡萄牙，瑞典，美国。

图 18　新兴市场国家与发达国家的发展水平对比

印度尼西亚的卫生开支占 GDP 的比例很低，约为 4%，中国的教育卫生等加在一起是 6%，相当于当年发达国家在同一发展阶段一半的水平。所以政府开支今后也要关注起来。面临这么多困难，新兴市场的政策应对也是四个方面。一是财政政策，我们觉得财政政策也需要因地制宜，做好准备，未雨绸缪，要重建财政的空间，一旦有什么风险，我们至少可以应对。二是货币政策要谨慎一点，货币政策与汇率政策，其目的是要防止经济与信贷片面过热。三是要进行金融体系改革，新兴国家的金融体系改革都相对比较弱，我们国家也同样如此，所以金融改革已经成为一个很重大的问题。四是结构性改革，刚才说了，结构性改革非常重要，在我们国家，要争取确保可持续包容性的高增长率。这要靠结构性改革。

最后一部分，我想简单谈谈长期趋势。我们看过去 2000 年的 GDP 增长率。1800 年之前，整个全球经济以中国、印度、欧洲为主导，单单中国一个国家的经济占全球 GDP 的 40%。后来我们落后了，欧洲继续保持强盛，继而美国出生了，出生幼儿也非常强劲，逐渐取代我们在全球 GDP 中的地位。往前看的话，我们希望到 2050 年，中国 GDP 的比重越来越大，所以我们叫它“重返未来”。从全球角度看，将出现多极化的世界经济。GDP 的比重如果以购买力平价计算，新兴市场略高于发达国家；但是如果以市场汇率来算，我们还低于发达国家。十年以后的今天，新兴市场国家 GDP 的比重将继续上升。金融业方面，新兴市场金融业还是比较脆弱的，新兴市场占全球金融业的比重为 27%，还不到三分之一，希望十年以后逐步接近于一半，和发达国家差不多。

我们再来看看国与国之间的对比，这张图(图 19)是 2012 年的比重，也是以购买力平价算出来的，美国比重最大占 23%，中国占 18%；但是如果用市场汇率来算，我们仅是美国的一半多一点。2030 年以后，我们希望中国继续发展，把这个比重扩大为 28%，美国可能会缩小，日本缩小得更快，印度就是图中像眼睛一样的区域，可能继续上升，大概是这样的态势。我们希望这些目标能实现。如果我们把一个国家比较重要的指标，像 GDP、人口、军事开支、技术卫生教育等各方面综合起来考虑，弄个综合指数，那么当今世界，只能这么说，还是以美国或者欧元区为主导。

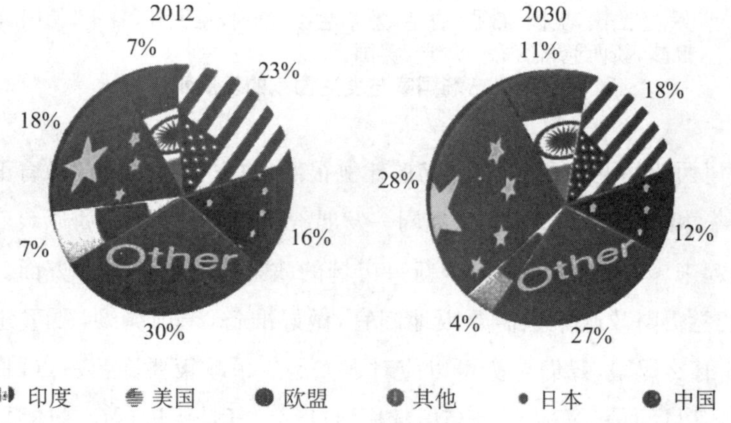

图 19 GDP 占世界经济的比重

希望到2030年的时候，我们中国继续发展，继续加强，进而接近于欧元区和美国的水平。希望到2050年以后，我们能成为最大的经济政治国家。

随着经济的发展，收入的提高，广大民众对美好生活的追求和向往也会加强，这是一件好事，但同时也是一个挑战，这要看我们如何应对。这张图（图20）反映的是经济和民主程度的关联性，简单来说，白点就是某个国家，因为比较敏感，所以我们就不把国家名称放进去。这里可以看到，靠左边收入比较低的国家，一般中央集权比较强；往右边推过去，收入逐步提高，人们对美好生活的向往和追求就越来越大。所以我们要追求高质量的包容性增长，我觉得和这些都是有关系的。

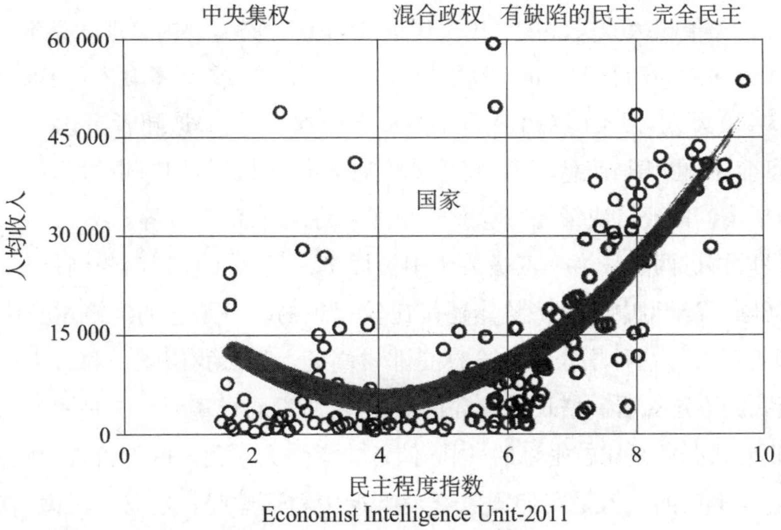

图20　经济与民主程度的关联性

气侯的变化与经济增长之间有相互作用，一方面经济增长会对气侯变化产生影响，另一方面，气侯变化也会对GDP产生影响。一般研究气侯问题非常难，大家现在普遍认为，在今后50年内，全球气温升高2.5度的可能性是存在的。如果说这个假设成立的话，会怎么样呢？全球气候升温了，对GDP影响非常大。影响程度最大的是－4.9％，这是在印度，每年增长率将降低4.9％。非洲的年增长率将降低3.9％。地理位置越往南，影响越大。这是很粗略的推算，不可能非常准确。

再来看看非政府组织，大家可能都比较清楚，包括你们这些研究机构，近年来发展非常快，80年代比较正规的非政府组织有600多家，现在接近4 000家，这些组织的影响力越来越大。每年开年会的时候，我们都会请他们过来，让他们提供建议，因为他们对当地的经济、社会发展与政治都比较了解，他们的建议我们都听，我们尽可能地发现他们的观点。这也成为国际社会、经济活动中非常重要的组成部分，所以我们也不能忽视，这是一种趋势。

还有一点，当然是技术革命以及信息革命的影响，这是大趋势。地球是平的，大家都知道，很早很早以前就这么说了。现在我们的新浪微博有5亿人在使用，Facebook有将近10亿人在使用。这是什么意思呢？整个国际成为一个整体，任何信息包括政治、经济等，瞬时可以到达地球的任何一个角落，这个影响是非常大的，这对我们经济决策也起到了很大的作用。我们天天关注微博，看邮件，看新闻，这个大趋势也是值得大家关注的。以美国的Twitter为例，德国总理默克尔的追随者大概有4万多人，我们IMF是140多万人，英国首相是200多万人，美国总统的追随者有3 400万人，但美国有个唱歌跳舞的年轻偶像，他的追随者多达4 100万人。这种信息变化，也就是信息革命，将给我们带来很多机遇，同时也给我们带来很多挑战，包括我们的经济决策、商业活动、经济活动、社会活动等等。

我最后再讲两点。第一点是关于中国经济。我从北京到温州到杭州，大家都提这些问题，我觉得中国经济整体还是比较理想的。一是它的经济增长率稳中有进，7.5%、7.8%，这种增长率在全球是非常高的。当然我们觉得和过去比好像降低了，但我倒不这么看。增长率非常重要，但是质量同样重要。二是我们的财政以及国际收支状况还是比较平稳的，国际储备非常强大。我们的物价也比较平稳，整体来看还是不错的。但是我们国家有没有近忧和远虑呢？也有。远虑，就是经济增长模式转变的问题。过去我们是高储蓄、高投资、高出口，往前看应该怎么办呢？根据经济增长的原理，我们需要看四个因素——人口、土地、资本、技术。我们的人口红利，预计2020年到2025年就会消失，人口红利将不复存在。土地非常有限，资本投资也不可能永久保持在GDP的50%。剩下来的就是技术更新，带动整个效率的提高，以高效率来保持我们经济增长的高速发展，这是一个关键。我们现在的效率提高不多，我们在提投资向消费转变，消费当然很重要了，但应该加一点高效率。那么效率来自何方？技术更新、制度改革、国有企业改革，然后是科技信息化、企业管理现代化、人才培养、教育等等，综合各因素就可以逐步提高效率。效率就是一个人在一定时间内生产的产值有多大，只有提高效率，才能保证经济高质量地持续增长。这是远虑。我们国家对这一点非常重视。近忧，刚才我提到了，现在非银行中介增长比较快，不是说有问题，而是说需要关注。还有一点，我们地方政府的债务越来越大，地方政府的投资融资也需要引起关注。

我这次回来，很多人对我说，他们对国际货币基金组织似懂非懂，能不能介绍一下？这里我很简单地说一下。这个机构是1944年成立的。二战以后整个全球金融体系市场特别是外币市场，非常脆弱，非常混乱，这个机构的宗旨就是维护国际金融外汇市场的稳定发展。当年还成立了世界银行，就是帮助欧洲战后恢复经济发展。现在世行的主要任务是扶贫项目的信贷，我们负责国际宏观经济的分析、监控、调整这方面。第二点，关于IMF的职能。第一方面是国与国之间关系，包括多边经济磋商。每年来中国一两次，就近期的经济情况以及中长期展望，提出我们的一些看法以及经济应对政策。第二方面是信贷。一些国家遇到困难了，我们现在的可用资金大概是1万亿美元左右，可以用来提供信贷。像希腊、葡萄牙等国家需要钱，我们给它信贷，信贷量比较大，一笔可能高达500亿美元，目的就是增加它的财力，让它能够进行经济改革，恢复经济发展。第三方面是技术援助。一般都是免费的，包括培训计划，帮助成员国家加强机构治理管理，特别是财政部、人民银行方面。当年我们成立的时候，成员国总共有44个，台湾当时代表我们国家，1986年我们取代台湾。现在我们有188个成员国，全体雇员有3 000多人。中国雇员在1989年是两个，后来三个，现在是120多个，所以发展还是比较快的。中国在机构里占的份额，现在是3.9%，美国占17%，美国最大，日本其次，接下来分别是德国、英国、法国、中国。我们现在正在进行治理改革，2010年同意的治理改革正在进行中，希望它能尽快到位。到位之后，中国的话语权就上升到6.1%左右，仅次于日本一点点。到时候美国还是最大，之后是日本、中国、德国、法国。这次到位之后，我们将马上开始下一轮的改革讨论。当然下一轮改革时，中国的经济还在上升，所以中国的份额将越来越大。对于金砖国家，也就是中国、印度、巴西、俄国，2010年改革到位之后，这四个国家都将是我们的十大股东之一了，所占份额就会比较大。我们有董事会，代表了188个国家，董事会是常驻的，每天开会，一年有400多次会议，这些会议都由我来安排，从早开到晚，所有的经济磋商、信贷等都是要通过董事会批准的。美国、德国、日本、英国、法国、中国、沙特这七个国家是独特的，剩下的那些董事代表很多国家，像非洲一个董事代表25个国家。IMF非常重大的决策，需要85%通过，包括配额的改革以及资金利用方面。因为美国拥有17%的决策权，所以有些方面，美国可以拥有否决权，因为需要85%才能通过。目前是这样的情况。近年来，我们和G20等协作非常密切，好多方面都是共同的，他们开会我们都去，他们的好多会议也在我们这里举行，包括部长级会议。我就简单介绍到这里，留一点时间给大家提问，谢谢大家！

乔依德：非常感谢林建海秘书长，他以广泛的国际视野，对当前全球经济的三个主要问题，做了比较全面以及非常有条理的解读。下面我们有一些时间，留给大家提问题，或者进行讨论。好，先请王行长。

王世豪：感谢林先生的精彩演讲，也感谢你为我们中国人争了光。我想问一个关于近忧远虑的问题。近忧呢，2013年中国经济在外贸上，碰到环太平洋的TTP和欧美6月的TTIP的双重夹击。外汇上遭遇5月22日的美元升值和2013年日本的3月20日黑田行长上任之后，日元贬值的双重夹击。人民币实际上在升值，发达国家回迁高端制造业，东南亚国家与我们竞争低端制造业，在这三重夹击下，你认为当前中国的发展趋势如何，有什么好的对策？远虑的事情呢，你刚才讲到，对于今后的30年、50年，相当多的中国人都非常乐观，都讲未来将远远超过美国。但你倒是看看，要达到这一个远景，有什么必备的条件？实际上，也有相当多的不利因素，有没有可供中国发展的资源？中国有13亿人啊。我就提两个问题，谢谢。

林建海：你提的问题非常好，非常深刻，也非常及时。实际上在我看来这两个问题是相关的，近忧远虑，都是相互联系的问题。怎么理解呢？我们先看近忧。对于出口市场，我刚才说到了，欧元区增长非常脆弱。对我们中国来说，欧元区是很大的顺差，这方面我觉得不仅仅是2013年，预计2014年、2015年，可能对我们出口的压力依然很大。美国虽然正在复苏，但是复苏的速度并不是太快，所以对我们出口的压力也在那里，日元就更不用说了，你刚才提得非常对，非常好。总体来说，这对我们出口行业的压力还是很大，困难重重，所以我们现在出口增长缓慢，甚至是负数。从全球来看，近期有两个地方的出口市场还是比较好的，一个是非洲，当然从量上来说并不大，但是我们也不能忽视。第二个是拉美，拉美实际上出口市场潜力很大，我们不能忘记。出口的对策，一般在于多元化，对一个区域或一个国家来说，多元化是非常重要的。如果要我说有什么好的办法，这和远虑有关系。总体上看，我们过去是高储蓄、高投资、高出口，经济发展到一定阶段，单凭这三高是不能维持高增长率的。为什么呢？我们的劳动力价格提高了，而且越来越高，可以往西部转移，当然也可以去东南亚，比如说越南，好多产品从越南出来，还有斯里兰卡、孟加拉、巴基斯坦，他们的劳动力价格比我们还低。因此产业、产品的提升问题，短期问题就变成中长期问题了。所以说，经济的转型，我们说它是远虑，实际上也是近忧，怎么样尽快使经济增长模式转型达到预期效果。我刚才说到了，实际上出口也好，制造业也好，最终出路靠效率，不是光靠投入，投入很重要，但关键还是靠效率，人的效率。效率来自何方？就是我刚才说到的，一定要提高管理水平，推进信息化、技术更新、教育等等。这既是一个中长期问题，又是一个短期问题。

出口市场面临困难比较大，也许在今后一两年，甚至在更长时间内是一个问题。那么如何克服这个问题呢？第一，市场多元化，产品多元化。第二，就是把这个问题和中长期改革连为一体来考虑，使我们整个经济更上一层楼，打下基础。我记得韩国在20世纪90年代末金融危机的时候，韩国非常悲观，因为它向IMF借了一笔钱。我当时在基金的政策部工作，好多韩国人都哭了，并且好多妇女把自己的金项链金手镯拿出来贡献给国家，说不要向国际货币基金组织借钱了，这是一种耻辱，他们还在背心上印了字"IMF是耻辱"，当时非常悲观，觉得韩国的经济没有出路了。然而它调整得非常快，适应得很快，不仅没有失败，反而做得非常成功。现在韩国的经济实力很强了。

还有一个故事，当时在80年代末90年代初，韩国有两个公司——现代、大宇最厉害，现代公司继续存在、不断发展，大宇就消失掉了。当时韩国也非常悲观，因为韩国经济是靠大企业支撑，台湾是靠小企业支撑。所以大宇不成功，他们也比较悲观，那么企业的去向如何？它经过调整，现在大宇消失了，三星起来了，三星更厉害，占了全球很大的市场份额。所以这就需要我们去了解适应整个全球经济格局的变化。总体来讲，20年、30年、50年这种大趋势，虽然它不是我们做决策的依据，但观察一下，琢磨一下，可以开阔我们的思路。不是说我们国家就一定会做到这一点，要做到这一点，需要做很多工作。经济转型的问题也在于人口红利没有了。好多中等收入国家就是这个道理，经济水平发展到一定时候，人口红利没有了，劳动力成本上来了，不积极改革，经济就陷进去，出不来了，再也不增长了。而我们国家，我觉得现在中央、国务院非常重视，他们也非常清楚这一点。我在新华社做报告，我说好多措施是明智之举，我想经过努力，我们不会掉进这个陷阱，我们一定会更上一层楼，但同时这也是一个痛苦的过程。谢谢。

杨燕青：感谢林老师在这么短的时间内，给我们做了一个广度、深度、厚度都非常一流的报告。我非常快地问几个问题。第一个，我们看大趋势，就是新兴市场加上发展中经济体引领全球经济，这是从危机以来IMF几次提出的大趋势。这两天正好有一个研究机构,叫 Breach Water,它有一个非常有意思的统计结果,它预测2013年的全球GDP里面,发达国家将占到60%,新兴市场只有40%。虽然它不是用PPP,就是根据GDP的名义值来算的,但是它得出一个不同的趋势,认为发达市场又将引领全球市场增长,新兴市场引领全球市场的趋势将被逆转,从PPP和非PPP来看,有时候各有各的道理,但是对于这个趋势,IMF怎么看?IMF是不是还坚定地认为这个趋势没有受到任何挑战,没有逆转的可能?这是第一个问题。第二个呢,最近从全球到中国,互联网金融都特别热,大家就在考虑,到底该不该监管?那么从IMF的角度来看,对于这个新的互联网金融监管的态度是怎么样的?最后一个问题是IMF怎么看待中国统计数据的质量问题。从全球的框架来看,中国是属于特别差,还是比较差,或者说还是凑合?因为我们知道中国的数据质量是在平均线以下,请林老师给我们做一个解答。

林建海:对于GDP,是由市场汇率还是由购买力平价来计算,大趋势是假设的,实际不一定能做到。是假设新兴市场能保持过去五年、十年的增长率继续前进,可能达到一个什么局面,但不是说金砖国家一定会做到,我们也无法推测,没有一个机构能推测说一定能做得到。整体来看,新兴市场发展潜力依然存在。为什么呢?它的人口和发达国家比,相对优势还是存在的。经济发展的其他要素的发展空间依然很大。特别是如果金融业发达了,会为经济的推进以及持续增长创造更有利的技术条件,这是不可否认的。对于发达国家,我们都知道,像美国的经济,一般来说,潜在的增长率约为3%,而新兴市场可以认为是5%—6%。由此推理,应该说,新兴市场的比重将会逐步上升。趋势很难说逆转,除非发生重大的危机,除非很多新兴市场国家,比如我们中国陷入中等收入陷阱里出不来了。有没有可能?也是有可能的。预测10年、20年、50年后的大趋势,这是假设,并不是说一定会发生。

第二个是关于互联网金融的问题,我不是非常清楚,所以我觉得很难评价。但是不管怎么样,我认为银行监管和银行业的发展,目标应该是一致的。监管的目的,也是为了保证整个金融业稳定发展,而金融业稳定的发展,也是我们银行从事具体工作所期望的目标。我们不希望互联网金融上去了,过两天就掉下来了,这将给整个经济,给银行和企业本身带来很大的损害。当然互联网金融监管就比较复杂了,监管需要数据,这是首先要做到的,没有数据怎么监管呢?所以对于数据,不一定是中国存在问题,全球都存在问题。我刚才说到了,数据的采集非常困难。为什么呢？好多非银行中介机构的所作所为不反映在银行资产负债表上，那怎么知道它做了什么？所以这是一个问题。我觉得，两个目标是相同的，监管需要数据，在此基础上，再考虑如何监管。监管既要保证银行体系的稳定运转，又要促进金融业的发展，所以要在这两者之间找一个平衡点，这当然不容易了，但是必须要这么做。所以我觉得，银行业务也好，非银行业务也好，互联网金融业务也好，都应该接受同样的监管制度，从而有利于银行业的持续发展。

第三个问题是关于统计数据的质量问题。我是这么看的，我们国家的统计数据，我觉得进步非常大。因为我 1989 年进 IMF 的时候，我们在东南亚开展经济磋商，其中绝大部分的时间用于搜集数据。我印象非常深刻，出差之前两个月，就把我们要求的数据做成表格，寄给要去的国家了。我们到的第一个晚上，看到这些数据乱七八糟，有些根本对不上号，我们花了一个星期把数据全部理出来。经济是很好玩的，它是一个球体，经济球体分成四块，一块就是供求，供应和产出。产出是农业、工业、服务业三大块；需求是消费、投资、进出口。消费分两块，政府这一块来自财政，政府的消费来自财政开支，政府的支出也来自财政。第二块是财政政策，把所有的财政政策理一理。第三块是货币，因为财政要借钱，涉及货币政策，所以要把货币政策全部理出来。第四块是对外部门，就是国际收支债务。当时我们对金融体制不太关注，关注是在危机发生以后，我们突然间发现，金融这一块非常重要，所以花了很多精力研究，现在我们对全球金融市场了解还是比较透彻的。当年碰到金融问题，我们就问世界银行，世界银行给我们分享报告，现在我们是非常领先的。所以市场经济合为一体，就成为经济整体。假如说一个国家的数据造假的话，比如说，韩国 1998 年外汇储备数据就造假，明明没有那么多，硬说有那么多，但是也不能说它假，它当年外汇储备 1 000 亿美元，但这 1 000 亿美元里面绝大部分贷给商业银行，商业银行又把它弄到国外去了，实际上它的外汇储备不实用。所以有的国家有时候为了达到某种目的，可能会给我们不同的数据。第一年，我们很难查出来，为什么呢？国际收支表里面有个项目，叫做错误和遗漏，就是你资产负债表不平衡的时候，就放在错误遗漏里面，这样国际收支表就平衡起来了。这个错误遗漏在第一年可以很大，如果第二年错误遗漏没有了，我们就会问去年是那么大的数字，今年为什么突然间就没有了？是不是数据统计好起来了？如果不是，说明去年造假了。所以一个国家可以造一次假，但是不可能永远造假，最终我们会查出来，查出来就糟糕了。当年数据非常短缺，非常不容易，中国也一样。多少年来，我们给中国提供很多技术援助,每年派很多人来和中国一起提高数据的质量。我觉得,今天我们基本的数据统计还是非常不错、非常全面的。你说100%的准确可靠,那不一定。为什么呢?不是说造假,而是统计是一层一层来的,还有统计方法都是不一样的,省市县一级一级往上报的时候,都不一样的,不是说有人有意造假,把GDP弄大一点或弄小一点,不是这样的,而是统计口径不同,统计方法不一样,所以最终不一样。比如我举一个马尔代夫的例子。20世纪90年代马尔代夫的消费物价指数CPI是通过市场调查得到的。怎么调查的呢?我们国家的统计比较健全了,是每天要调查的,调查多少个商品,定期的市场,定期的对象,定期的产品,定期去调查,你才能摸出一套物价的规律来。马尔代夫那里的CPI非常不稳定。我就纳闷了,这是怎么回事呢?后来我找到了他们的统计局,统计物价的是一个女的,有三个小孩。她是这样说的:我一个星期调查一次,有时候两次,有时候三次,小孩需要我的话我就调查一次,小孩可以让我脱身的话就两次、三次。我问她,你是几点去做市场调查的?她说这要看小孩,可能早晨,或者晚上,或者下午,都可以的。我说,你下午去,这个市场就不一样了,她说当然不一样了。所以我就知道,怪不得物价是这样的。像这种情况你能说是有意的吗?当然不是,但是没有人告诉她。统计还是比较微妙的。还有你哪里来的消费数据?就靠市场统计调查,统计哪一个地区,是不是同一批人,是不是同样的产品等等,这还要看人家心情好坏,心情好的话,物价比较平稳,心情不好,物价就上来一倍了,所以是这么一个情况。总体来看,我觉得我们国家的统计数据还是不错的,大体上还是比较可靠的,进步非常大。当然统计数据是非常不容易得到的,不是人为的造假,而是技术处理比较难。

徐永:谢谢林秘书长。我有一个问题,也是比较宏观的一个问题。前几十年,中国经济高速增长,也积累了比较高的债务,现在潜在增速下来之后,也是一个去产能去库存去杠杆的过程。我们看到中国央行2013年的立场是比较坚定的,但是货币政策执行起来,商业银行的应对还是比较脆弱的,流动性也会有一些问题。我不知道你怎么看待目前在去杠杆的过程中中国金融机构的稳健性问题,到底硬着陆的风险有多大?谢谢。

林建海:我简单说一下。我觉得你说得非常对,30年的成绩是非常巨大的。我记得90年代初,我去IMF后不久,当时刚好苏联解体,大家争论非常激烈,就像现在争论财政政策一样激烈,比现在还激烈,就是中国的改革和俄罗斯的改革,究竟哪一种改革的成功概率更大?当时绝大部分人认为,俄罗斯的改革一定会成功,中国的改革在很大程度上会失败。为什么?经济是一个整体,不可能改革一个方面,而不动其他方面,中国是摸着石头过河,走一步算一步,俄罗斯是整体改革。几十年后,我们明白了,中国改革还是很成功的,成绩非常巨大。所以从这个角度看,我还是非常相信我们国家的这种能力,现在领导能力越来越强。不仅在国内,在国际上,过去我们的代表都是不说话的,开会时我老怕他睡着了,开董事会的时候一句话不说。现在不一样了,现在大家发言是很有水平的,非常得体,该说的、不该说的,什么时候说、什么时候不说,掌握得很有分寸。你别说,人民银行还是人才济济,很厉害的。人民银行也好,财政部也好,我对我们国家领导人的能力还是非常有信心的。这里就涉及你刚才提到的问题,即流动性问题。我们国家面临着一个困难,就是整个银行体系还是比较弱的,不是非常发达,不像出口产业那样发达,所以这里就存在一个问题,如何协调监管和发展之间的矛盾,平衡点怎么找?如果去杠杆化太快了,就会硬着陆;如果不去理它,可能就成问题。以我的理解,硬着陆的可能性不大,那么就软着陆,经济增长比过去缓慢,然而经济增长比较稳定,质量比过去高,这是一点。第二点有关银行的去杠杆化,据我来看,目前流动性不至于造成重大的问题,但是我们需要关注,需要重视这个事情。社会融资的总量,从GDP的135%上升到将近200%,这就要引起重视了,贷出去的钱是不是都是高质量的?是不是都能拿回来?是不是都流进了高产值行业?是不是浪费了?这就是现在要引起高度重视和关注的问题。

缪其浩:你前面展示的一张图(图13　新兴市场信贷增长),我发现其中有一年中国的趋势和其他国家完全相反。就是2009年这一年,中国的信贷特别高,可能是因为"4万亿"。但是所有的其他国家,都是一个低谷,这么一个绝对的差别,我非常奇怪,能不能做点说明?

林建海:这个问题提得非常好,非常具体。2009年,我们"4万亿"出去了,信贷增长非常快。2010年以后,除了土耳其,基本上这些国家在10%—12%这个区间,而我们中国的信贷增长率下降了,从很高的位置下来,因为基数开始很小,突然间因为"4万亿"元上去了,使得基数很高了,所以增长率就下来了,这是由基数的变化引起的。如果一平均,又不一样了。关键就是说,近一两年来,2011年和2012年,我们的增长速度加快了,从低于10%上升到15%左右,上升得比较快了。所以你看一下图(图14　中国信贷占GDP的百分比),这就造成2008、2009年的GDP百分比往上跳,2010、2011年基本不变,然后近期又上得很快,分两级跳,跳得很快。

关键是最近上涨很快,可能会给银行带来很多压力,也许我们要高度重视的就是最近上去的这种情况。再看看社会融资总量,上升得很厉害,这一点也需要关注。也就是说,这么多钱出去了,最怕的就是形成不良资产,造成浪费,这个钱不知道到哪里去了。现在国家关注的并不是增长快与慢之间的矛盾,而是质量问题。非常感谢。

乔依德: 其实前面那张图和这张图还是相吻合的,固定资产投资也是2008到2009年上升了,跟信贷增长方向是完全吻合的。我们的演讲就到此结束,让我们再次以热烈的掌声,对林建海先生的精彩演讲表示感谢。我也代表基金会和我们的合办方社联,对大家在如此炎热的天气来参加我们的沙龙活动表示感谢。

附录:IMF秘书长林建海先生与国内学者的座谈*

乔依德: 今天我们很高兴地请到了林建海先生。在沙龙正式开始前,我们先开个小会。

徐明棋: 我先提个问题。FSB(金融稳定理事会)与IMF(国际货币基金组织)之间是怎么样的关系?FSB是不是相对独立的?它跟你们之间的工作怎么衔接?

林建海: 金融稳定理事会是相对独立的,它的总部现在设在BIS(国际清算银行),目前使用的是BIS的人手,但是相对独立。

它的主要工作有六个方面。第一个方面是关于国际会计体系的协调,目前有两大会计体系,国际会计协会与美国会计协会,需要在它们之间协调;第二个方面是加强银行业数据的搜集;第三个方面是关于影子银行;第四个方面是场外衍生品的监管;第五个方面是系统重要性金融机构;第六个方面是巴塞尔协议Ⅲ。这六个方面都要在G20峰会上拿出方案来。这些方案的起草由IMF、WB(世界银行)、FSB负责。

施箐: 我有个问题。IMF对成员国提出的改革措施和建议是以什么样的机制来保证或促使它们得到切实实施的?

林建海: 有两类机制,一类是双边机制,一类是多边机制。双边机制也有两个途径。第一个是第四条款磋商,IMF会跟成员国进行双边磋商,内容是关于政策、对策、措施、方案等等,每年一次。对于一些大的经济体,我们有专门的小组,来分析研究它们的金融制

---

* 根据2013年8月13日在上海新锦江大酒店林建海先生与国内学者的座谈录音整理,未经本人审阅。

度和金融体系,因为如果大的经济体在金融方面处理得不好,可能会对其他国家带来不利影响。这是双边机制的两种做法。第四条款,还有专门对金融银行体系的分析报告。多边机制的做法有好几种,一个是每年有两次大型出版物,一个就是全球金融稳定报告,4 月和 10 月各发布一次,然后 7 月和来年 1 月各更新一次,这是很大的报告,发布之后,网上也会有的,报告会非常系统地分析整个全球金融市场体系的情况、前景、问题以及对策。多边机制还有其他的一些研究报告,有几个比较大的,一般都是在 7 月发布。至于贯彻的问题,因为双边机制是一种义务和责任,一般来说政府比较重视,除非有人提出建议,认为它没有依据,完全不成立。如果他们觉得这个有依据,一般来说他们也会赞同,也会逐步落实,因为这对经济也有好处。多边机制呢,是一种指导性的意见,它没有义务。多边关系,像 G20 的很多报告,包括全球经济展望、金融市场等等,都是从我们这里出去的。而 G20 本身也没有说 G20 成员必须要做到,没有这种要求。一般来说,这种建议是好的、合理的、可行的。双边的话,一般第二年我们会再回来看看,在过去一年里,去年提的建议,有没有得到落实,如果没有,为什么?有什么困难?如何来继续贯彻落实?

乔依德:我提一个问题,金融危机以后,现在关于份额、投票权或者治理,有两次方案,第一次方案已经在 2010 年得到落实。第二次提出来,应该是 2012 年 10 月,现在主要是美国的问题了,国会没有通过。那么对于这件事情,你觉得前景会怎么样?你觉得这件事情会继续拖一段时间呢,还是会很快得到解决?

林建海:你说的对,2010 年在两个方面进行改革,一个是配额改革,要求翻一番,我们现在 3 600 亿美元的资本额要达到 7 200 亿美元,这个翻一番要求拥有 70%股份的配额国家通过,这是一点要求。当然在 2010 年,我们还有一个改革,就是现有的董事会,24 个董事中,有 19 个是选举出来的,另有 5 个董事是美国、日本、德国、英国、法国的,其他国家都要选举。中国、沙特情况特殊一点,自己代表自己,而有些国家就不一样了,像非洲,一个董事代表 25 个国家。拉美也好,中东也好,选举对它非常重要。这个背景因素有其不合理性。所以改革就是要使所有的董事全变成是选举的。当然这一条涉及 IMF 的章程,章程一修改,涉及国际法,因为它是国际条约,所以问题就大了,必须通过国会,要么是总统,要么总理,要么外交部长签字,连央行行长、财政部长签字都不允许,这非常复杂。这是美国国会的事情,美国国会必须通过,国际法的修改才能成立。第二条改革要求是必须要有 113 个国家同意,也就是 IMF 五分之三的国家同意,并且至少需要拥有 85%发言权的国家同意。现在我们有将近 150 个国家同意了,但是这 150 个国家所拥有的发言权加在一起才 75%,美国一家拥有 16%的发言权,所以美国拥有否决权,现在美国国会正在讨论,美国政府也正在努力,因为国会的时间表有时候难以确立,政府也很难知道国会的时间表。

我们希望，在2013年这件事情能落实下去，这样我们就可以开始下一轮改革的讨论。下一轮改革，按道理来说，改革必须要在2014年1月完成。所以时间对我们来说非常紧迫，我们等待2010年的改革一到位，接着马上加速进行。那么改革成功之后，中国的份额将是6.39%，排第三位；中国的投票权将是6.07%，仅次于美国和日本。改革到位后，金砖四国，南非不算的话，都是IMF的18个股东之一。所以下一轮改革，对于新兴市场国家，特别是我们中国，又将前进一大步。目前就是这样一种情况。

李蕊：我想问一个问题。在IMF看来，IMF和G20之间的角色定位是什么样的？除了像刚才您提到的，在报告上提供一些智力支持，参加G20峰会等作用之外。我想知道，在G20进行议题设置的时候，IMF有没有参与进去，它起的是辅助性作用还是指引性作用？

林建海：G20也是独立的。当然它的机构比较松散，没有秘书处，所以好多事务的处理一是靠东道国安排，二是我们协助它安排，比如它有很多会议都在我们这里开，这些会都是我来安排的，包括部长级会议、副部长级会议，还有工作会议。它的过程是这样的：先把专题分成六七个工作小组，有金融监管制度的，国际税收的，投融资的，IMF改革问题的，这样分成几块，工作小组一般由七八个国家的副财长或者央行副行长组成。在这个基础上，它边讨论边拿出方案，然后提交给副部长或者副行长讨论。在这个基础上，再提交给部长级讨论，部长级讨论之后，再提交给首脑讨论，就这么四个等级。我们的工作是：在每个等级里我们都介入，工作小组的一些讨论需要什么资料，我们尽可能提供。我们和G20是独立的关系，又是协助的关系。对于副部长级、部长级会议，也都是一样的道理，包括它的公报，我们都在一起参与讨论。因为好多东西涉及专业性问题，它没有一个固定的机构。东道国有自己独特的看法，它可以加一些议程，这样就要看东道国怎么看待这个问题。比如有些问题在东道国比较重要，就可以放在议程里面，成立工作小组来研究分析，这一点东道国有一定的自由度。所以整个过程分为四个等级，我们在每个等级层次都起到协助作用。我们还给它提供一个比较专业的经济报告，就是G20的Mutual Assessment。他们开部长级会议时，我们都提供好几个背景报告，包括全球经济展望，区域经济展望等专题的报告。如果他们需要国际税收报告，我们就提供支持，或者是其他方面看他们有什么要求，我们尽可能提供协助。

李蕊：您刚才提到Mutual Assessment Process（相互评估程序），能不能具体再谈谈？

林建海：2010年前因为这场金融危机，大家就觉得国与国之间的关系越来越密切，比如美国金融危机，波及欧洲，波及新兴经济体，而欧洲的金融危机，又波及美国，波及新兴市场。怎么看这个问题呢？当时作为一个设想，我们把20多个重要国家的经济捋一捋，看他们之间的关联如何，然后提出来几个比较主要的指标，来衡量国别经济的发展趋势和影响。比如说要达到全球经济平衡增长，看什么指标呢？当时争论比较激烈，一些人认为应该看国际收支经常账户的平衡问题，中国当时存在很大的顺差，他们就说，应该依据顺差大小来确定该不该进行内部的经济政策调整来协助国际经济平衡发展。后来德国、中国不太同意，说不应该看经常账户，应该看贸易账户，我们中国当时贸易账户顺差比较小，国际经常账户顺差比较大，德国也一样。美国觉得应该看国际储备，德国和中国说不行。用几个指标，贸易平衡、政府债务等来衡量这些国家的经济大致处于什么状态，它的政策该不该调整，如果不调整，可能会对全球经济带来什么影响，相互之间应该怎么去做。这也不是法定的，是一种自发性的相互监督的一种做法，所以叫做 Mutual Assessment Process。

徐明棋：根据你的判断，2013 年的 G20 会有什么新的议题？因为最近欧美、俄美的关系有了变化。

林建海：估计近一届还是一些传统性话题，应该没有实质性的突破，包括全球经济的展望。也能涉及几个话题，包括欧债危机以及美联储的退出政策、时间以及策略。当然也可能涉及平衡增长问题，都是老生常谈的问题，没什么特殊的。第二块就是国际金融银行体系改革问题，第三块就是国际税收，还有一块是俄罗斯比较感兴趣的投融资问题，特别是基础设施，也包括中小型企业融资的经验教训。还有 IMF 的治理改革，俄罗斯很有兴趣，我们当然更有兴趣，巴西也有兴趣，基本上来说，新兴市场国家大多都会有兴趣，包括韩国、印尼、南非。有一些新兴市场国家，改革对它也不一定有用，所以这个矛盾是很大的。美国的股份大体上不会下降太多，只会下降一点，它只要确保 15%的发言权就行了。关键是欧洲要丢掉很多发言权，欧洲放弃不等于所有新兴市场国家都得益，放弃的份额有一半是给了中国。在 160 个新兴市场国家里，好多国家特别是非洲国家，计算出来的份额远远小于它现有的份额，所以要保证它们维持现有的份额，美国的份额又基本不动，欧洲、日本的份额就要下降。大致是这样一种情况。所以欧洲就不愿意了，不愿意也没有办法，算来算去，怎么算呢？

乔依德：不管是计算份额也好，投票权也好，都是有公式的。这个公式现在在评估，本来应该在 2014 年 1 月 1 日完成，可能来不及完成，可能要拖。这个公式当中，我记得好像有四个主要内容，包括 GDP 等等，那么现在的争议是怎样的？中国是希望 GDP 占的权重大一点，其他国家或者是美国希望别的方面比重大一点，主要的分歧是什么？

林建海：总体来看是三块，美国、中国、欧洲。美国希望最好是单独的 GDP，其他不要考虑了，太复杂了。如果是单独 GDP 的话，美国希望用汇率来计算，这是一块。欧洲也赞同用GDP，但是不要用PPP（购买力平价法，Purchasing Power Parity），要保留开放度指标。开放度对欧洲非常重要，因为欧元区17个国家，它的贸易往来、金融往来很密切，所以开放度这个指标对它非常重要。但是开放度对美国不太有利，对新兴市场国家也不太有利，所以就产生矛盾了。对于我们新兴市场国家，当然是GDP最重要，同时也希望PPP加大，开放度起码应该减少，最好是不要这个指标。这三家处于这么一个状态，所以现在还在讨论怎么样比较好。最终都是政治妥协，不是说谁对谁错。大家都明白，这么算对这些国家有利，那么算对那些国家有利，最终是国与国之间的政治妥协。记者采访我时，我说配额问题需要理解与妥协，这是没有办法的，一共就是100%，你说中国要拿很多，谁愿意拿出去？为什么要拿出去？那就需要理解了。国际经济格局变了，那么是不是它一定要按照你计算出来的份额来拿？这就是妥协问题。受益者妥协一点，人家就同意了，同意之后，我们就成功了。

乔依德：人民币进入SDR，2010年评估了一次，在两个指标当中，贸易是可以的，但是freely usable（自由使用）这点不够。我记得在2012年戛纳G20峰会前，好象是IMF理事会，也开会讨论过货币进入SDR篮子的标准，现在也没有完全统一的看法，这方面的进展怎么样？2014年年底是要进行评估的，你估计2015年人民币进入SDR的可能性大不大？

林建海：人民币现在在国际贸易里使用也越来越多了，但是在国际金融领域用处还没有像贸易发展得那么快。衡量一个国家货币的指标就几点，一是可兑换性，二是在贸易和金融活动中所占的比重。对于人民币来说，两个比重都还比较小，金融就更小，也没有自由兑换，我觉得综合起来考虑，可自由兑换这一点可能是更为重要的。大家都知道，人民币进入贸易使用的比重一定会增加，这毫无疑问，它的发展趋势就是这样的。不能完全可兑换，就成为一个问题。理论上来说，要求可兑换也是对的，不能说它错。应该允许人家买卖，也应该允许人家在这里投资，进来出去，也应该允许人家在国际市场上兑换，这本身也是对的。所以，如果说这一点不变，我觉得这个事情很难讲。国际间也得讲道理，我们是大国，但是道理还得讲。目前还没有谈到这个事情，现在正忙着危机、欧元区的问题，忙着新一年的改革，我们谈得很多的是改革问题，还没有谈到进入SDR问题。当然你说的对，2014年开始，我们就要开始想这个事情了，有些人认为人民币不管怎么样，都应该成为SDR的一部分，而发达国家一般认为，可自由兑换应该是一个条件。还有一点就是说，从技术角度看，人民币如果成为SDR的一部分，关于它的利率计算，因为SDR的利率是weighted average（加权平均值），那么用什么工具来算它的利率？所以金融市场应该是自由的，比如美元，美国6个月的国库券是美国的基本利率，英镑主要是由伦敦拆借率确定，那么如果是中国的人民币，我们以什么利率作为 SDR 的计算利率？这是技术性问题，不是原则性问题。所以我估计 2014 年这个时候，可能会有比较激烈的讨论，并且 2014 年又是布雷顿森林体系建立 70 周年。

徐明棋：人民币利率应该市场化，建立人民币离岸市场，将来伦敦、法兰克福都会搞起来，人民币的使用范围会更广。

乔依德：很遗憾，由于时间有限，我们只能先谈到这里，以后有什么问题，书面再聊。我们现在要一起过去开始林建海先生的沙龙演讲了。

■ 金砖银行意味什么?

• 乔依德*

2014年是一个非常有意思和有意义的年份。2014年是第一次世界大战爆发100周年,也是甲午海战120周年,这两件事在我国和人类历史上都有重大的意义。2014年也是布雷顿森林会议召开70周年,在此之际,金砖国家巴西峰会宣布成立金砖银行,这二者有着密切的内在联系。

金砖银行的创建意味着什么?中国为什么积极参与其中?我认为主要是:第一,表明金砖国家对当前国际货币体系的不公正的不满,致力于推动国际货币体系改革;第二,有助于人民币国际化;第三,有助于上海国际金融中心建设;第四,有助于推动金砖国家和其他发展中国家的经济发展;最后,对我国地缘政治有积极影响。

第一,有助于推动国际货币体系改革。

布雷顿森林会议是1944年7月在美国新罕布尔州召开的。这次会议产生了两个组织:一个是世界银行,一个是国际货币基金组织,从而建立了战后的国际货币体系。美国最早想到战后重建货币体系是在什么时候呢?是1941年珍珠港事件发生7天以后。那个时候,美国兵舰刚刚被日本炸在军港里,作为美国财政部研究主管的怀特就已与财长摩根索开始启动研究这个问题,考虑战后国际货币体系应该是怎么样,这才是真正高瞻远瞩的顶层设计。

国际货币体系包括一些基本要素:货币本位,全球流动性,资本跨境流动,国际收支调节机制,各国汇率安排,等等。其中最主要的是货币本位。什么东西充当全球货币?以前是金本位,二次大战以后,是金汇兑本位,就是说美元跟黄金挂钩,其他国家货币跟美元挂钩,采用固定汇率。但是,这里面存在潜在的矛盾,美国要给全球提供流动性,当然它的国际收支就必然出现大量的赤字,但大量赤字却会导致

---

* 乔依德,上海发展研究基金会副会长兼秘书长,卓越发展研究院院长。根据2014年第18期"鸿儒论道"论坛上的演讲整理。

别国对其货币稳定性产生怀疑。别国要用手里的美元去换美国的黄金，美国的黄金虽然很多，但还是有限的。这个矛盾一直拖到1971年8月15日，美国总统尼克松宣布美元与黄金脱钩，导致这个机制破产。现在，国际货币体系实质上是美元本位。全球外汇储备的60%以美元计价。美元外汇交易量占全部交易量的大约80%。这样的缺陷是什么呢？一国主权货币充当了全球信用货币，该国国内的货币需求和供给必将与全球的信用需求产生矛盾。这也是全球金融危机爆发的原因之一，至少是外部原因之一。因为当前国际货币体系存在这个缺陷，各国政府、专业人士觉得有进行改革的必要。

今后国际货币体系会朝什么方向演变？2011年世界银行有一个关于多极化的报告，认为2025年可能会出现三种情况：第一，美元还是一家独大；第二，多元储备货币体系；第三，SDR特别提款权作为主要货币。最后，他们的结论是：最有可能的是多元储备货币体系，最不可能的是SDR作为货币，美元一家独大介于两者之间。

金融危机以后，各国都认为要对国际货币体系进行改革。在首尔G20峰会上，对IMF治理跟份额提出了一个方案：提款权扩大一倍，重新分配新兴市场在IMF的份额比例；中国的份额将从4%升至6.39%，成为仅次于美国、日本之后的第三大份额国，投票权也将从3.65%升至6.07%；欧洲国家原有的2个席位将分配给发展中国家；巴西、印度和俄罗斯也将跻身前十大份额国之列；美国投票权从16.75%降到16.5%，只降0.25个百分点，它还是一家独大。因为美国的GDP份额超过22%，GDP还是老大，投票权也还是老大。这造成了一系列的问题。现在改革没有办法落实，因为批准改革方案的条件有两个：第一个，IMF成员国要有3/5同意，也就是说113个国家要同意；第二个，投票权要有85%同意，因为IMF章程当中有一个规定，任何重大事项要求85%的投票权同意。美国的投票权有16点多，实际上就是一票否决。目前的状况是：成员国已经有146个国家同意了；但投票权还不行，只有77.07%，离85%还有差距，主要就是美国。美国一家不同意，就不能落实。这是一个很大的问题，引起很多国家，特别是发展中国家的不满。巴西总统在联合国大会上发言就讲了，如果IMF改革迟迟不能落实，则威胁到IMF的合法性。美国国内也是有呼声，要求美国政府实际上就是美国国会批准。

2014年3月美国几十个政经大腕，向民主党和共和党国会领导人递交一封信，要求国会尽快批准。你能想起来美国有名的人——鲍尔森、盖特纳、萨默斯、基辛格等都签名了。这封信完全是站在美国的立场来说的,不讲发展中国家的不满意、不公平,只讲对美国战略上的好处。格鲁吉亚跟俄罗斯闹矛盾,IMF 给它贷款;乌克兰闹,IMF 也给贷款。所以,他们完全站在美国的立场。但是,美国国会不理睬。所以,除非有重大的危机,除非外力很大,美国是不会采取行动的。

我们应该怎么办?首先,把自己的事做好。将经济做大,做强。进行国内金融改革,主要是利率市场化、汇率形成机制改革,逐步开放资本项目。其次,积极创造条件,以市场为导向,让人民币走出去,成为储备货币的一员。最后,加强区域金融合作,建立新兴国际金融机构。

新兴国际金融机构,除了金砖开发银行、应急储备金融安排,还有亚洲基础设施投资银行,它的基本框架谈判已经结束。上合组织也同意加快成立上合开发银行。这些机构的创建有几个作用。首先,具有信号效应,表明金砖国家对现有国际货币体系不公正的不满。因为国际货币体系改革方案,本来计划是 2014 年就要实施的,但没有实施,现在拖到 2015 年 1 月。拉加德有时候也讲得很硬,说"我们要有 B 计划"。实际上,B 计划很难在目前的框架中实行,因为美国有否决权。所以我们成立新的国际金融机构,这是一个信号,国外对这个事情非常重视。其次,具有补充作用,新兴国际金融机构是对现有国际货币体系的补充和纠正。再次,这是改革现有国际货币体系的备选方案。最近世界银行成立一个平台,叫全球基础设施平台。这也是一种很正面的回应。我们搞金砖银行,它搞了一个全球基础设施平台,金砖银行如果以后搞的好,也是一个备选方案。

第二,有助于人民币国际化。

为什么一个国家的货币要国际化?有什么好处?第一个是获得铸币税。所谓铸币税,就是印刷或者制作货币的成本跟它的面值差额。但这个铸币税其实并不是国际货币最主要的好处。根据世界银行的研究:20 世纪 90 年代以来,美元铸币税每年是 150 亿美元;2002 年欧元启动以来,每年铸币税是 40 亿欧元。麦肯锡的一项研究表明,由于外国原因购买美国国债,美国政府需支付的利息降低了 50—60 个基点,按 50 个基点计算,1990—2010 年每年节约资金成本约 330 亿美元(2010 年约 810 亿美元),这个好处要比铸币税高得多。另外,这个国家也可以回避汇率风险;宏观经济政策有更大的自由度,不必顾忌其他因素。还有一点,它拥有全球的战略优势,俄罗斯、伊朗都害怕美国哪一天不让它们用美元。当然也有风险,国内金融市场很容易受到冲击。所以,要求储备货币国家金融市场要有宽度,要有深度。另外，如果金融失衡过大，持续时间过长，会引发重大的经济危机。如作为主要储备货币国，它要提供流动性，其国际收支就是赤字，这也是一个问题。

现在人民币国际化处在什么阶段？常提到三阶段：从计价货币到投资货币，再到储备货币。但这个划分并非可以按时间分得那么清楚。三个阶段是同时开始的，只不过有的阶段有些功能比较重要。从2009年开始，贸易计价增长非常快，投资需求慢慢也快了，当然储备功能比较慢。假定2020年，我国资本账户完全开放，那个时候，储备功能增长速度将很快。

现在已经有越来越多的国家把人民币作为外汇储备了。欧洲中央银行在考虑将人民币作为外汇储备。英国已经发行了人民币债券。这说明人民币国际化已进入投资和储备为主的阶段，所以新兴金融机构应运而生，切合人民币国际化目前阶段所需。这有助于纠正目前我国对外资产与负债货币错配的情况。2009年底，中国的负债以人民币计价的比例为76.9%，资产以人民币计价的只有0.3%。反过来看，美国的负债基本是以美元计价的。这是什么含义？从长期来看，未来人民币是强势货币，美元是弱势货币。而以人民币计价的资产那么少，负债那么多，长期来说是要吃亏的。现在人民币走出去，金融机构推出去，就是要改变这个状况，增加人民币资产。

还有一个情况也很糟糕：我们对外资产与负债的结构不合理。2013年，我们对外资产大部分是外汇储备，外汇储备中大部分是美国国库券。我们对外负债，也就是别人对我们国家直接投资FDI占了59%—60%。美国就比较平均，别国对美国的投资也比较平均。这样会造成什么结果？最新的数字是第二季度外汇管理局宣布的：我们净资产大概是1.9万亿美元，但是我们净投资收益差不多每年都是负的。为什么？因为我们对外资产负债结构不对。别人对我们直接投资，收益会比较高，而我们大部分资产收益比较低，这样我们净投资收益就是负的，这是一个很大的问题。

现在这些新兴的国际金融机构搞起来，就能帮助我们企业走出去。金砖银行的核心资本是500亿美元，今后是1 000亿美元，这样就可以带动人民币走出去，带动更多的企业走出去，增长海外人民币资产。这些机构的资本金相对较少，而资产会很大，它们可以在国际市场上融资，因为信用比较好，主权国家作为大股东。就像世界银行，在国际市场上评级最高、利率最低。同样，新兴国际金融机构，除了一般发债以外，可以在中国国内以及国外发行人民币债券。

现在海外发债条件很好,因为全球利率很低。我们国内的利率高,现在国内发人民币债比较难,在国内发人民币债叫熊猫债,可能就是国际金融公司与亚洲开发银行发过。这一点对我们人民币走出去有很大的促进作用。

我们常听到一种说法"货币走出去,就必须伴随着贸易赤字",这是有问题的,不一定是这样。日本的经常项目只有一两年是逆差,基本上都是顺差。瑞士的贸易都是顺差,但是资本金融账户是负的。只有美国经常账户长时间保持逆差。有一种说法反对人民币国际化:"我们贸易顺差,人民币怎么可以走出去?"其实这是不对的。我国跟周边国家是贸易逆差,在越南、缅甸,我们的货币走出去了。所以,并不是说一定要在贸易上逆差,货币才能走出去。

第三,有利于上海国际金融中心的建成。

任何一个国际金融中心的基本要素,大概有几条:高效便捷的国际投融资服务;本外币境内外自由流通;金融体系较为全面、完善;国内外金融机构、交易场所较为集中。金砖银行在上海落户,会对自贸区金融创新产生一个化学效应,一加一大于二的倍增效应。首先,这会提高金融机构在中国的聚集度。金砖银行很多机构在这里,金融辐射率就会增加,也会增加金融服务等相关行业的需求。除了金融投资方面的人才,其他方方面面人才都需要,比如会计、审计等。金砖银行会创造一定的就业机会。亚洲开发银行现在资本金 1 600 亿美元,用了 1 900 人不到 3 000 人,按照这个算,金砖银行 1 000 亿美元大概会用 1 800 人。亚洲开发银行在马尼拉,其中菲律宾人占比 46%,如果按照这个比例,大概 800 多人用中国人。这个估算很粗略,但总归会提供许多高端的就业机会,相关的产业也会提供很多。另外,金砖银行的设立与运行,要进一步倒逼我们改革,开放汇率,逐步开放资本项目,否则运行就比较麻烦。

最后还有人才的引进跟培养。我们要吸引高端人才,同时对我们自己人才的培养,也有一个很大的需要。这里要特别强调一下,如果国际金融中心要走下去,对英语人才的需求是非常大的。李光耀在 2013 年出的一本书《论中国与世界》中,提到"不说别的,就说语言,你要成为世界最好的国家,你就要吸引全球最优秀的人才到中国,就凭这一条就有问题……语言的确是一个严重的障碍。"我们现在接触互联网很多都是英文。用一句西方谚语来说:"你不能改变它,就加入它。"所以,对外语的重要性一定不要低估。

第四,有助于金砖国家、发展中国家的经济发展。

金砖银行是为发展中国家提供长期融资，CRA是为金砖国家、发展中国家国际收支出现严重危机时提供短期融资，两个作用是不一样的。金砖银行对应世界银行，CRA对应IMF，虽然规模比不上，但功能是相对应的。

新兴市场国家现在为什么欢迎金砖银行和CRA？首先，金砖国家经济在高速增长后有所回落需要更多的金融支持。金砖国家在快速增长后，这两年经济上都有这样那样的问题，特别是原材料出口的国家——巴西、俄罗斯、南非。现在国际需求疲软，它们经济就会落后。特别加上美国要退出QE，它们的财政都出现赤字，经济发展需要更多的金融支持。其次，发展中国家基础设施的资金缺口巨大。世行行长一直说，整个缺口是10 000亿美元，现在每年提供的融资只有500亿美元。再次，现在全球经济形成了双循环。第一个循环是以前就有的，发达国家通过FDI输出资本密集型的技术和商品到发展中国家，而发展中国家出口大众商品、劳动密集型商品到发达国家。现在除了这个循环以外，出现了第二个循环。我们中国是第二大经济体，中国也有直接投资，也有资本输出。2013年年底，我国对外投资已经超过1 000亿美元，这对我们国家也是有好处——解决产能过剩，开辟新的增长点，创造新的机会。

最后，对我国地缘政治有积极影响。

所谓地缘政治的基本含义，就是政治力量的空间分布以及地理环境对政治力量的影响。对我们国家来说，地缘环境不是很好。我们周围有20个国家，全世界很少国家有那么多邻国。我国与一部分邻国存在着领土争端，最近似有恶化的趋势，对我们和平发展有干扰。

我们的对策是什么？邓小平的十六字方针(冷静观察、沉着应付、韬光养晦、有所作为)是否过时了？是否到了显示力量秀肌肉的时候？针对当前形势，我认为小平同志的十六个字方针，其基本精神还是有效的。要客观评价我国的地位，要克服骄傲自满的情绪。我们国家GDP是老二了，但是人均GDP是6 800美元，排在全世界第100位，这是很大的矛盾。为什么要克服骄傲自满呢？习近平在国庆65周年招待会上，特别对骄傲自满讲了一段话，他说："无论什么时候我们都不能骄傲自满，党不能骄傲自满，国家不能骄傲自满，领导层不能骄傲自满，人民不能骄傲自满，而是要增强忧患意识、慎终追远，始终保持艰苦奋斗的作风。"在国际上，这也是同样的。邓小平讲的搁置争议，共同开发，还是有效的。

虽然经济金融不能解决所有的问题，但是，我们要和平发展，和平崛起，经济金融是我们手里面强有力的牌，可以用这个牌来破解我们地缘政治的困局。习近平的"一带一路"构想具有重要的经济外交战略意义。新兴国际金融机构则是实现这一战略的有力工具。所以，构想是一个战略的东西，要去落实，包含贸易、投资。这些金融机构也是很好的实体，有纽带的作用。新兴国家的这些金融机构也是中国提供国际公共品的有效渠道，意义非常重要。

所以，金砖银行的创设具有里程碑的历史意义。它意味着金砖国家开始走向实体化，表明新兴发展中国家参与推动国际货币和金融治理改革的强烈意愿，也表明我国参与甚至领导这种努力、开创全球经济、外交新格局的坚定决心。